화이트헤드 철학에 입문합니다 Ⅱ
- 화이트헤드 철학을 처음 만나는 사람들을 위한 기초 입문서

미선 정강길 지음

초판 펴낸날 / 2019년 1월 20일
펴낸곳 / 몸학연구소
펴낸이 / 정강길
등록번호 / 405-96-10652 (2018년 11월 15일)
몸학연구소
서울특별시 금천구 가산디지털2로 98, 2동 209호(가산동, IT캐슬)
E-Mail: freeview21@daum.net
보급처: 유통

Entering into the Whitehead's Process Philosophy
by Misun Jeong Kang Gil
Copyright @ Jeong Kang Gil 2019
Printed in Seoul
Mommics Institute

ISBN 979-11-965984-3-3
값 25,000원

화이트헤드 철학에 입문합니다 II

- 화이트헤드 철학을 처음 만나는
  사람들을 위한 기초 입문서

제 2 권

미선 정강길 지음

"존재하는 모든 것은
그 자신과 타자와 전체를 위한
모종의 가치를 지니고 있다."

― A. N. 화이트헤드

화이트헤드 1차 문헌과 약어 표기

UA (1898). *A Treatise on Universal Algebra: With Applications* (2009), Cambridge: Cambridge University Press.

PNK (1919) *An Enquiry Concerning the Principles of Natural Knowledge.* Cambridge: Cambridge University Press.

CN (1920). *The Concept of Nature* (2015), Michael Hampe (Preface to this edition by), Cambridge: Cambridge University Press.

R (1922). *The Principle of Relativity.* Cambridge: Cambridge University Press.

SMW (1925). *Science and the Modern World.* (1948), New York: Pelican Mentor Books., 오영환 역. 『과학과 근대 세계』(2008), 서울: 서광사.

RM (1926). *Religion in the Making* (1996), New York: Fordham University Press.

S (1927). *Symbolism, Its Meaning and Effect* (1958), Cambridge: Cambridge University Press.

PR (1929). *Process and Reality : An Essay in Cosmology* (1978), Edited by David Ray Griffin and Donald W. Sherburne (Corrected Edition). New York: The Free Press., 오영환 역, 『과정과 실재』(2003), 서울: 민음사.

FR (1929). *The Function of Reason.* Boston: Beacon Press.

AE (1932). *The Aims of Education.* Boston: Beacon Press.

AI (1933). *Adventure of Ideas* (1967), New York: The Free Press.

MT (1938). *Modes of Thought* (1968), New York: The Free Press.

ESP (1947). *Essay In Science and Philosophy* (1968), New York: Greenwood Press.

D (1954). *Dialogues of Alfred North Whitehead.* Lucien Price (As Recorded by), Boston: Monthly Press Book.

● 차례

화이트헤드 철학에 입문합니다 Ⅰ

[제1권]

서문 – 왜 화이트헤드를 만나려 하는가?

제1장 화이트헤드의 생애와 학문적 여정에 대한 간단 소개

제2장 화이트헤드는 왜 하필 <형이상학>의 구축으로 뛰어들었나?

제3장 화이트헤드는 <어떤 방법>으로 자신의 형이상학을 구축할 것인가

제4장 범주 도식, 화이트헤드 철학의 주요 개념들에 대한 기본 도안

제5장 화이트헤드 철학의 핵심 개념, <현실 존재> 이해하기

제6장 현실 존재와 함께 <영원한 객체>와 <창조성> 이해하기

제7장 현실 존재의 합생 내부 들여다보기 (1)
– <포착>과 합생의 <초기 위상들>에 대한 이해

제8장 현실 존재의 합생 내부 들여다보기 (2)
– 합생 후기 위상의 <비교적 느낌들> 이해 : 물리적 목적, 명제적 느낌, 지성적 느낌

화이트헤드 철학에 입문합니다 Ⅱ

[제2권]

제9장 화이트헤드의 지각 이론 ―――――――――――――― 501
　　　― 인과적 효과성, 표상적 직접성, 상징적 연관

제10장 자연의 계층구조 ―――――――――――――――― 617
　　　― 결합체와 여러 사회들

제11장 화이트헤드는 왜 신을 끌어들인 것인가? ―――――― 745

제12장 우주의 창조적 전진: 신-나-타자 얽힘의 공동 창조 ――― 815

[부록] 화이트헤드 철학 이후의 수정 입장들 ――――――― 891
　　　― 존재[과정]의 이유와 모험

후기 ― 화이트헤드에게도 레닌이 필요하다?! ――――――― 953

주[註] (참조 문헌) ――――――――――――――――――― 975
찾아보기[Index] ――――――――――――――――――――― 995

● 일러두기

1. 본서는 가능하면 앞에서부터 차례대로 정독해주기를 권하고 있다. 왜냐하면 뒤로 갈수록 앞에서 소개된 개념들이 계속 누적되고 활용되면서 뒤의 새로운 내용들 역시 소개되고 있기 때문이다. 이 점에서 가능하면 슬로우 독서를 추천 드리는 바다.

2. 본서에 수록된 화이트헤드의 1차 문헌 출처는 본문 안에 표시했고 그 표기 설명은 다음과 같다.

   (PR 11 / 65)

   여기서 PR은 원서 *Process and Reality* 약어 표시, 그리고 앞 숫자는 원서의 쪽수이고, 뒤의 숫자는 국역판의 쪽수다. 다만 필자가 화이트헤드의 원문과 대조해 번역된 내용에서 약간 수정한 경우도 있기 때문에 가능하면 독자분들도 원서의 내용과 직접 비교해서 보길 권해 드린다.

3. 본서에 사용된 남녀 아바타와 몇 가지 그림 파일은 한글 문서 작업의 기본프로그램 안에 있는 그리기마당의 그림을 사용한 것임을 말씀드린다. 또한 본서에 인용된 화이트헤드 저작의 본문 내용에 대한 밑줄 표시들은 모두 필자가 강조해놓은 표시라는 점도 함께 말씀드린다.

▲ 알프레드 노스 화이트헤드 (Alfred North Whitehead, 1861-1947)

제 9 장

화이트헤드의 지각 이론
- 인과적 효과성, 표상적 직접성, 상징적 연관

"고대 그리스인들은 돌을 보고 그것이 회색이라고 지각했다. 그들은 근대 물리학에 대해서는 몰랐었다. 그러나 근대의 철학자들은 고대 그리스인들한테서 유래된 범주의 관점에서 지각을 논의한다."

— A. N. 화이트헤드

<인식>은 과정의 중간 단계일 뿐

철학에는 〈인식론〉epistemology이 매우 중요한 철학의 한 분과로서 자리한다. 그런데 화이트헤드의 형이상학적 존재론은 기본적으로 사변철학으로서 구상된 〈원자론〉이다. 그러다보니 화이트헤드 철학에선 〈인식〉knowledge이라는 것도 크게 보면 존재론적 활동의 범주에 속하고 있다. 무수한 생성과 소멸을 겪는 우주의 장대한 진화 과정에서 보면 인간 생물 종을 포함해 자연의 다양한 생명체의 활동들도 존재론적인 〈유기(체)적 원자들〉이 빚어내는 과정으로서의 사례들에 해당한다. 그렇기에 자연 속의 대상들을 인식하는 활동도 존재의 자기창출에 기여하는 과정일 뿐이다. 즉, 인식 자체도 자기창출이 되고 있는 존재론적 활동인 것이다. 따라서 화이트헤드가 보는 인식 활동은 그 자신이 제안한 유기체 철학의 존재론에서 볼 때 부차적 성격을 갖는다고 볼 수 있다.

"유기체 철학에서 인식knowledge은 과정의 중간 단계로 분류된다. 인지認知, cognizance는, 객체적 내용을 만족의 주체성 속으로 흡수하는 기능 가운데 들어 있을 수도 있고 그렇지 않을 수도 있는 주체적 형식의 유genus에 속한다. 그러므로 인지의 〈중요성〉은 구체적인 현실 존재에 있어서의 필연적인 요소가 아니다." (PR 160-161/336)

그에 따르면 인식 작용에 해당하는 인지(認知) 역시 〈현실 존재〉에서 보면 필연적인 요소가 아닌 것으로 간주된다. 대상을 알아차림 한다는 건 이미 존재론적 자기구성의 창출에 속하고 있는 것이다. 그러나 우주 진화의 역사에서, 예컨대 우리 인간들은 저 바위가 어떤 대상을 알아차림 한다고 보진 않는다. 그런 무기적인 존재들은 대체로 자연의 인과적 법칙들에 좌우되고 있어 〈대상을 인식한다〉고 보기는 힘들 것이다. 따라서 인지적인 인식 활동 자체가 모든 현실 계기들에 적용되진 않는다. 화이트헤드에 따르면, 바위와 같은 무기적인 것들을 형성하는 그러한 현실 계기들을 고찰해 볼 때 초기의 어떤 현실 존재는 〈인식〉을 갖지 않는 것으로 보며 오히려 후기의 어떤 현실 존재들에만 해당하는 제한된 사례로 보고 있다(PR 161/336). 따라서 자연의 진화과정에서 보면 〈인식〉은 초기에는 없다가 나중에 〈부가된 어떤 활동〉이 되고 있는 것이다. 그것은 결국 자연의 진화 과정에서 파생되어진, 어떤 2차적 경험 활동에 속한다고 볼 수 있다.

화이트헤드에 따르면, 자연의 진화는 그 과정에서 어떤 〈분기〉^{分岐}가 일어난 것으로 본다. 자연이 그 진화 과정에서 갈라지는 이 〈분기화/이분화〉^{bifurcation}에 대한 문제는 화이트헤드가 이미 중기 과학철학의 시기에도 씨름해왔던 것에 해당한다. 그런데 현재 인간의 경험 사례를 보더라도 크게 보면 어떤 두 가지 유형의 경험들이 함께 있음을 알 수 있는데, 우리는 잠을 자거나 무지하거나 의식이 없는 경험도 하지만 반면에 잠을 깨고 인식을 하며 의식을 갖는 경험도 하곤 한다(PR 161/336). 즉, 우리의 지각 체계—이 지각 체계의 신체에서도 특히 뇌가 중심이 될 것이다—를 구성하는 현실 계기들은 대상을 알아차리는 인식 작용을 형성하지만 그렇지 않은 경험 또한 존재하고 있다는 얘기다. 어쩌면 〈잠〉의 기원이, 신체 형성에 있어 초기 현실 계기들의 〈비인식적 활동 경험〉을 예증시켜주는, 존재론적 리듬의 한 요소일 지도 모른다.

지각의 토대로서의 신체, 신체 없는 지각이란 없다!

유기체의 지각 및 인식의 작용이 해당 생물체가 지닌 〈신체〉^{body}의 진화적 발달과 관련이 있다는 점은 분명하다. 따라서 이에 대한 생리학적^{biological} 설명들이 동원되는 것은 매우 자연스러운 설명 방식에 해당한다. 화이트헤드 철학에서도 〈신체를 가지고 있음〉$^{withness\ of\ the\ body}$은 매우 중요하게 다뤄진다. 왜냐하면 유기체의 지각 경험은 그 신체와 뗄레야 뗄 수가 없기 때문이다. 이미 화이트헤드가 정의하는 지각 이해부터가 물리적이고 생물학적인 신체 상태의 기능들로 보고 있다.

"지각이란 신체적 상태의 작용[기능들]이다(The perceptions are functions of the bodily states)." (PR 126/274)

그런데 이 신체는 또한 각별히 친밀한 세계의 한 부분이기도 하다 (PR 81/195). 따라서 근본적으로는 신체와 세계의 구별은 지극히 모호한 것에 속한다. 왜냐하면 신체 형성에서부터 이미 이 세계가 함께 결부되고 있기 때문이다.

"신체는 각별히 친밀한, 세계의 한 단편에 지나지 않는다. 데카르트는 〈이 신체는 나의 것이다〉라고 말했던 것과 꼭 마찬가지로, 〈이 현실 세계는 나의 것이다〉라고 말했어야 했다. 〈나 자신임〉$^{being\ myself}$이라는 나의 과정은, 내가 세계를 소유하는 데에서 비롯되는 나의 창시^{origination}이다." (PR 81/195)

〈나를 형성하는 과정〉이란 매순간 세계를 자기화^{appropriation}하는 과정으로부터 창조적 개시를 하고 있다. 화이트헤드 철학에서 보는 '나'라는 느낌은 궁극적으로 신체뿐만 아니라 전체 세계에도 그 뿌리를 두고 있는 것이다. 물론 일상생활에서의 우리들은 흔히 현실 세계와 분리시킨 신체만을 '나'로 간주하고 있긴 하지만 근본적으로 보면 그러한 〈신체의 형성에는 전체 세계가 관여>되고 있기 때문에 완전히 분리될 순 없다고 봐야 한다. 하지만 반면에 우리의 신체는 물리적이고 생물학적인 토대를 갖고 있기에 그와 같은 〈신체적 경험〉을 통해서 해당 신체가 속해 있는 〈세계〉를 또한 해석해내고 있다. 결국은 진화하는 자연 세계로부터 나온 신체가 역으로 '진화하는 자연 세계는 이럴 것이야'라는 식의 해석을 가하고 있는 셈이다.

"이 개관이 지지하는 견해는, 지각의 유력한 토대는 전달과 증대의 경로를 통해 자신의 경험들을 넘겨주는 여러 신체 기관의 지각이라는 것이다. 살아 있는 신체가 물리적 우주의 다른 여러 부분들에 관하여 알려진 것에 따라 해석되어야 한다는 것은 물리학에서 승인되고 있는 학설이다. 이는 건전한 공리이지만, 양날의 칼과 같다. 왜냐하면 그것은 우주의 다른 여러 부문이 인간 신체에 대해 우리가 알고 있는 것에 따라 해석되어야 한다는 역(逆) 추론을 수반하기 때문이다." (PR 119/261)

따라서 우리의 지각 경험을 설명하는 일도 바로 이런 점에서 애로사항이 있게 된다. 우리는 그러한 지각 경험의 신체를 벗어날 수 없다. 이 지점에 있어 화이트헤드는 유기적인 신체가 갖는 지각 경험으로서, 전체 현실 세계와 맞물려 있는 〈근본적인 지각〉이 있고 또한 진화적 발달에 따른 〈파생적인 지각〉이 있다고 보는 점이 있다. 즉, 〈근본적 지각〉과 〈파생적 지각〉 이렇게 크게 두 가지 방식의 지각이 유기체의 지각 경험들을 형성한다는 것이다. 이때 〈근본적 지각〉이 자연의 기본적인 지각 경험에 해당한다면, 〈파생적 지각〉은 진화적 발달에 비례해 그러한 자연을 이해하고 해석하려는 고등 신체의 지각 경험에 해당한

제9장 화이트헤드의 지각 이론

다고 볼 수 있겠다. 따라서 후자에 해당하는 지각 경험은 적어도 소수의 고등 유기체에서나 볼 수 있는 특별한 지각 경험에 해당한다. 그리고 전자의 근본적인 지각 경험은 유기체가 갖는 기본적인 지각 방식에 속하기 때문에 결과적으로 고등 유기체의 지각 경험에 있어서는 이 두 가지의 지각 방식이 함께 혼합된 것으로도 볼 수 있다. 완전히 별개로 분리된 독립적인 두 실체와 같은 그런 유형의 지각은 아니라고 보는 것이다.

우리의 지각 경험에 <근본적인 지각>과 <파생적인 지각>이 함께 있다고? 그게 뭘까?

자연에서 신체가 나왔으나, 우리는 자연의 신체를 통해서만 자연을 알아갈 수밖에 없는, 두 측면과 관련된 게 아닐까?

<변환의 범주>와 변환된 느낌

화이트헤드의 지각론을 언급하기 이전에 우선은 본장의 내용과 관련해 언급하지 않으면 안 될 매우 중요한 내용의 범주가 있어 이를 먼저 소개해보고자 한다. 그것은 다름 아닌 아홉 개의 범주적 제약들 중 여섯 번째에 해당하는 <변환의 범주>$^{Category\ of\ Transmutation}$에 대해서다. 이것이 중요한 이유는 자연의 진화가 낮은 단계에서 보다 높은 단계의 신체로 나아갈수록 이 <변환의 범주>가 매우 분명한 요인으로 적용되고 있기 때문이다. 당연히 이것은 <지각>의 문제와도 관련을 갖는다.

우선 화이트헤드가 언급한 〈변환의 범주〉가 무엇인지에 대한 것부터 알아보자.

> "범주 VI. 변환의 범주. (범주 IV, 또는 범주 IV와 범주 V에 따라) 전적으로 동일한 하나의 개념적 느낌이, 포착하는 주체에 의해서 현실 세계 속의 여러 현실 존재에 대한 유사하고 단순한 물리적 느낌들로부터 공평하게 도출된다. 그때 그 단순한 물리적 느낌들을 이 파생적인 개념적 느낌과 함께 통합해 가는 그 후속 위상에 있어 포착하는 주체는, 이 개념적 느낌의 여건을, 그 포착된 현실 존재들을 자신의 구성원으로 포함하고 있는 결합체의 특성으로, 또는 그 결합체의 어떤 부분적 특성으로 변환시킬 수 있을 것이다. 따라서 이런 방식으로 그 결합체(또는 그 부분)는, 그 포착 주체에 의해 영입된entertained 어떤 느낌에 대한 객체적 여건으로 특징화되어진다." (PR 27/93-94)

이 본문은 PR의 9가지 범주적 제약 중 하나인 〈변환의 범주〉에 관한 내용이지만, 아무래도 좀 더 손쉬운 설명이 필요한 대목이 아닐 수 없다. 이 〈변환의 범주〉는 앞의 범주4인 〈개념적 가치화의 범주〉와 범주5인 〈개념적 역전의 범주〉 다음으로 나오는 6번째 범주에 해당한다. 〈개념적 가치화의 범주〉가 물리적 느낌에 대한 〈개념적 등록〉을 말한 것이라면, 〈개념적 역전의 범주〉는 그러한 〈개념적 느낌의 2차적 발생〉에 대해 말한 것이다(앞의 8장 내용 참조). 따라서 〈변환의 범주〉는 이러한 이해를 깔고서 마련된 범주인 것이다.

화이트헤드가 말한 〈변환의 범주〉에 대한 내용 설명에 있어서는 우선 무엇이 변환된다는 것인지를 살펴볼 필요가 있겠는데, 여기서는 어떤 결합체^{nexus}를 포착하는 주체가 있다고 했을 경우, 그 물리적 느낌들로부터 도출한 어떤 개념적 느낌이 후속 위상에 있어서는 포착 주체에 의해 결합체의 특성인 것으로 변환될 수 있다는 점이 이 내용에 있어 핵심 골자에 해당한다. 좀 더 간단히 말하자면, 포착의 주체가 그 개념적 느낌의 여건을 후속 위상에 있어서는 그 결합체의 특성인 것으로 변환시킨다는 얘기다. 그에 따라 해당 결합체는 그 포착 주체가 영입한 어떤 느낌으로 특징화되어진다(characterized)는 것이다. 보다 쉬운 이해를 위해 예를 들어보자.

예컨대 〈하얀 분필〉이라는 결합체가 있다고 했을 때, 대부분의 우리는 이 분필을 하얗다고 지각하기 때문에 "하얀 분필"로서 통용하곤 한다. 아마도 "하얀 분필"이라는 일상적 언어로 통용하더라도 별다른 불편 같은 건 없을 것이다. 하지만 그 분필 역시 보다 미세하게 관찰해본다면 거기에는 하얀 색뿐만 아니라 사실상 거무튀튀한 색을 비롯해 여러 가지의 잡다한 색깔들도 얼마든지 발견할 수 있다. 단지 지배적인 색깔을 하얀 색으로 볼 뿐이다. 따라서 이 분필을 하얗다고 보는 것은 그 분필이 갖고 있던 어떤 특성을 지배적인 것으로 파악한 것에 해당한다. 즉, 분필을 하얗다고 보는 건, 어떤 특정한 〈영원한 객체〉에 대한 느낌을 마치 결합체의 특성인 것으로 일반화한 느낌이라는 얘기다. 우리가 조금만 더 주의를 기울여서 분필을 들여다본다면 분필이라는 〈결합체〉에는 하얀 색만이 아닌 여러 잡다한 색들도 지니고 있음을 금방 알아챌 수 있는데도, 우리는 그 해당 〈결합체〉를 "하얀 색"으로 덮어씌워서 매우 〈단순화〉시켜 파악해버리는 것이다. 잡다한 여러 색들도 함께 깃들어 있다고 하더라도 결국 "하얀 분필"로 〈단순화〉해서 이해해버리는 것이 우리 일상적 경험의 지각 사례인 것이다. 바로 이것을 〈변환된 느낌〉이라고 일컫는다.

"많은 현실태들에 대한 단순한 물리적 느낌들을 이처럼 하나(one)로서의 결합체에 대한 하나의 물리적 느낌으로 변환하는 것을 〈변환된 느낌〉transmuted feeling이라고 부른다." (PR 251/495)

분필이라는 사물은 〈결합체〉로서 그것은 여러 현실태들로 이루어진 공동체에 해당한다. 그렇지만 우리는 이를 하나의 단순한 특성을 갖는 사물로 이해해버리는 것이다(물론 엄밀히 말해 더 깊숙한 양자 수준에까지 이르면 사물이 지닌 고유의 본래 색깔이란 없으며 신체 형성의 관계로 인해 색깔도 함께 만들어진다고 봐야 한다. 저마다의 포착 방식인 주체적 형식들이 있을 뿐이다). 따라서 여기에는 일종의 〈단순화〉simplification의 작용이 있다. 이 같은 〈단순화〉로 인해 어떤 특정한 느낌이 두드러지게 지배적으로 강조될 수 있는 것이며 그럼으로써 그것은 사물들을 특징짓는 보다 명확한 느낌으로 자리하게 되는 것이다.

〈변환의 범주〉는 고등 유기체의 지각을 설명해주는 범주 장치

보다 놀라운 점은 우리는 이 〈변환〉이 갖는 〈단순화〉의 작용이 없다면 사물에 대한 지성적인 〈이해〉의 느낌을 갖기가 매우 어렵다는 사실이다.

"변환을 떠날 경우 우리들의 연약한 지성의 활동은 사물의 지배적인 특징을 꿰뚫어 보지 못한다. 우리는 오직 폐기를 통해서만 이해를 해볼 수 있다(We can only understand by discarding)." (PR 251/495)

"우리가 세계를 의식적으로 포착하는 보통의 방법은 이 변환된 물리적 느낌에 의해서이다. 우리는 외부의 여러 정신을 의식적으로 깨닫고 있을 경우에만 단일의 현실 존재에 대한 의식적 포착에 접근하고 있는 셈이 된다."(PR 253/498)

사물에 대한 지배적인 특성들을 보다 단순명료한 느낌으로 파악할 줄 안다는 것은 어떤 면에서 놀라운 고등 신체의 지각 작용이 아닐 수 없다. 사실상 변환은 미시 세계적 포착들로부터 〈거시 세계적 지각〉을 발생시키는 작용을 설명하는 점이 있다(PR 역 688). 물론 변환의 범주 자체만으로 의식에 이르는 것은 아니지만 그것은 고등 유기체가 갖는 지적인 정신성으로 나아감에 있어서는 첫걸음이 된다고 화이트헤드는 말한다(PR 254/500). 변환은 의식 이전의 무의식적인 감각적 지각의 발달과도 연관된 것이면서 지성적 느낌에 이르러서도 그것이 갖는 성격과 효용성을 더욱 분명하게 드러내주고 있는 것이다. 그런데 화이트헤드의 이 〈변환의 범주〉는, 일반적으로 우리가 어떻게 세계를 지각하고 있는지를 설명해주고 있는 장치에 해당하면서도 한편으로 이것은 『단자론(單子論)』*Monadology*의 철학자 라이프니츠가 그 자신의 철학에선 정작 〈혼란된 지각 이론〉으로 남겨놓은 점을 화이트헤드 자신은 이 〈변환의 범주〉를 통해 대처하는 것임을 분명하게 밝히고 있다.

"이 (변환의) 범주는 현실태에 관한 원자론적 이론인 유기체 철학이 모든 단자적^{monadic} 우주론에 내재하는 난처한 문제에 대처하는 방식이다. 라이프니츠는 그의 『단자론』에서 바로 그러한 난점을 〈혼란된〉^{confused} 지각의 이론으로 대처하고 있다. 그렇지만 그는 어떻게 해서 〈혼란〉이 생기게 되는지를 분명히 밝히지 못하였다."(PR 27/94)

이처럼 우리의 지성이 특정의 사물을 이해할 때는 〈다수의 잡다함〉을 제거해버리면서 효과적일만한 몇몇 지배적 질서의 특성만을 추출해내는 〈단순함의 사물〉로서 명료하게 파악하고 있는 것이다. 이것이 바로 고등 유기체가 갖는 〈추상의 힘〉power of abstraction에 해당한다. 따라서 변환은 합생의 고차적 위상을 갖는 소수의 고등 유기체에서 보다 특별한 의미를 갖는다고 볼 수 있다.

"소수의 고등 유기체에서만 찾아볼 수 있는 예외적인 상황을 제쳐놓는다면, 변환은 무시될 수 있는 강도를 갖는 물리적 느낌을 설명할 뿐이다." (PR 269/526)

"변환의 범주에 관한 검토가 보여주는 것은, 지성에로의 접근이 추상의 힘을 획득하는 데 있다는 것이다. 관계가 없는 세부적인 다수의 것들은 제거되고 현실 세계에 들어 있는 체계적 질서의 요소들이 강조된다." (PR 254/500)

〈단순화〉를 갖는 이 〈변환된 느낌〉은 정신적 극pole의 고양에 기여하지만 근본적으로는 〈결합체〉에 대한 느낌이기에 물리적 느낌의 정의에 포섭되고 있다(PR 232/462, 253/498). 화이트헤드는 이를 통해 데카르트주의가 낳았던 정신과 육체의 불행스런 분리 문제 역시 극복하고자 했었다.

"유기체 철학은, 어떤 중요한 점에서 데카르트주의에 연유한 철학 체계의 특성인 정신과 육체의 불행스런 분리를 혼성적인 물리적 느낌과 변환된 느낌의 학설을 통해서 극복하고 있다." (PR

246/487)

"변환된 느낌은 여전히, 그 변환의 역사가 무엇이든 간에, 최종적 주체가 그 결합체를 포착하는 작용으로서의 일정한 물리적 사실이다." (PR 253/498)

그럼으로써 화이트헤드의 이 〈변환의 범주〉는 미시 세계의 포착들로부터 어떻게 해서 거시 세계적 지각이 발생되는지를 설명해주는 한 장치가 되고 있다.1) 고등 유기체의 지각일수록 대상을 사실 그대로 복사하듯이 받아들이는 것이 아니다. 오히려 우리의 지각은 이를 〈변환〉시켜 받아들이고 있는 것이다.

변환이 없다면 지성의 활동은 사물의 지배적인 특징을 꿰뚫어보지 못하죠. 우리는 〈폐기〉를 통해서만 〈이해〉를 할 수 있답니다.

지각의 문제와 힘의 문제는 동일 : ① 인과적 객체화 ② 표상적 객체화

합생의 고차적 위상의 느낌들과 함께 앞서 우리는 〈변환의 범주〉에 대해서도 알아보았는데 이것은 〈지각〉perception에 대한 전반적인 문제와

512

도 연관된 것이다(PR 65/166). 이러한 범주 장치에 기반해 이제는 화이트헤드의 지각 이론을 좀 더 본격적으로 소개할 수 있게 되었다. 한 가지 특기할 점은 화이트헤드에게서는 〈지각〉의 문제와 〈힘〉^{power}의 문제는 동일한 것으로 간주되고 있다는 점이다. 화이트헤드는 "존재는 힘"이라는 후기 플라톤의 통찰을 따른다. 또한 그것은 플라톤뿐만 아니라 존 로크$^{J.\ Locke}$의 통찰에서도 엿볼 수 있다고 말한다(MT 119). 하지만 이들의 통찰적 언급들은 있었어도 이 점이 본격적으로 체계화되진 않았다. [* 참고로 현대 철학에서는 니체의 통찰도, 존재하는 것을 〈힘〉으로, 즉 〈권력[힘]에의 의지〉$^{Wille\ zur\ Macht}$로 본 점이 있다. 하지만 당시의 화이트헤드가 니체의 저작들에 대해선 크게 관심을 두진 않은 것 같다].

"지각의 문제와 힘의 문제는, 적어도 지각이 현실 존재의 단순한 포착으로 환원되는 한, 전적으로 동일한 문제이다." (PR 58/154)

이때 〈힘〉에 대한 학설에 있어 우선 화이트헤드는 이를 두 유형의 〈객체화〉^{objectification}로서 제시하고 있다.

"로크의 〈힘〉의 학설은 유기체 철학에서 두 유형의 객체화, 즉 (α) 인과적 객체화$^{causal\ objectification}$와 (β) 표상적[현시적] 객체화$^{presentational\ objectification}$에 관한 학설로 재생된다." (PR 58/154)

알다시피 〈인과〉因果란 원인과 결과를 아울러 이르는 말이다. 우리는 앞서 〈객체화〉에 대해서도 살펴봤었다(8장 참조). 화이트헤드 철학에서의 〈객체화〉란, 한 현실 존재의 가능태가 다른 현실 존재 속에서 실현되는 특수한 방식을 가리킨다(PR 23/87). 모든 현실 존재들은 해당 주체에게 필연적으로 〈느껴진다〉고 보았는데 이를 달리 표현해서 〈객체화〉로 지칭한 것이며, 그럼으로써 해당 주체에 〈내재된다〉는 것이다. 따라서 〈객체화〉라는 건 '해당 주체에게 〈느껴지고 있는 사태〉'를 의미한다. 해당 현실 존재의 생성을 성립시키는 여건으로서 느껴지게 되며 그로 인해 해당 주체의 자기창출 속으로 들어간다. 그리하여 〈객체화〉는 느끼는 자인 해당 현실 존재의 〈자기형성〉self-formation 작용에 기여하고 있는 것이다. 이 〈객체화〉라는 개념은 결국 존재론적 맥락에서 제시되고 있다.

"〈인과적 객체화〉에 있어서, 객체화된 현실 존재에 의해 주체적으로 느껴진 것은 그 존재 다음에 오는 합생적 현실태들concrescent actualities에게 객체적으로 전달된다." (PR 58/154)

일반적으로도 어떤 원인으로서의 결과가 일어났다는 것은 거기에 어떤 힘이 작용한다는 점을 시사해준다. 그런 점을 고려해볼 때, 어떤 대상적인 〈존재〉를 느낀다는 것은 그 〈힘〉을 느낀다는 것이며 그 힘은 해당 주체의 성립에 기여되고 있는 그러한 〈힘〉이라고 볼 수 있겠다. 그것은 해당 주체를 성립시키는 느낌 속으로 들어가고 있는 것이다. 그렇기에 화이트헤드가 말하는 〈인과적 객체화〉는 결국 느낌의 연속적 전달의 성격을 갖는 객체화를 말한다. 이 〈인과적 객체화〉는 결코 거부될 수 없는 〈객체화〉로서 주어진 과거가 현재 속에 인과적으로 내재하고 있는 성격을 지닌 것이다.

이에 비하면 〈표상적[현시적] 객체화〉[2])의 경우는 좀 더 복잡한 성격을 갖고 있다. 〈표상〉表象이라고 하면, 보통 감각적으로 외적 대상을 의식상에 나타내는 심상(心象)을 말한다. 그것은 말 그대로 대상과 관련해 어떤 대표성을 띠고 마음 안에 나타나는 모양 그림 같은 것이다. 이는 앞서 말한 원인과 결과로서의 〈인과적 객체화〉와는 또 다른 방식의 객체화를 드러내주는 말이다.

> "〈표상적 객체화〉에 있어서 관계를 이루는 영원한 객체는 두 조로 나뉜다. 그 하나는 지각 대상에 대한 지각자^{perceiver}의 위치에서의 〈연장적〉^{extensive} 전망에 의해 제공되는 것이고, 다른 하나는 지각자의 선행하는 합생 국면에서 제공되는 것이다. 흔히 〈지각〉이라 불리는 것은 표상적 객체화에 대한 의식을 말한다. 그러나 유기체 철학에 따르면 두 유형의 객체화 모두에 대한 의식이 있을 수 있다." (PR 58/154-155)

우선 〈표상적 객체화〉에 있어서는 여건이 되는 대상이 크게 두 조로 나누어지는데, 지각자의 위치에서 〈연장적 전망〉에 의해 제공되는 여건이 있고, 그리고 지각자의 선행하는 합생 국면에 의해 제공되는 여건이 있다는 것이다. 여기서 지각자의 위치에서의 연장적 전망에 의해 제공된다는 점은 과거로부터 오는 국면이 아닌 오히려 현재의 지각 주체의 경험과 관련해서 제공되고 있는 점을 일컫는다. 예를 들어 의자를 지각한다고 했을 경우 의자로부터 지각자에게 이르는, 과거로부터 계승되고 있는 〈인과적 객체화〉도 있지만 지각 주체의 경험과 관련해 떠올려지는 〈의미 이미지〉$^{chair\text{-}image}$로서의 객체화 작용도 있는 것이다[* 이 〈의자 이미지〉와 관련해서는 뒤에서 다시 또 언급될 것이다]. 이때 이 〈이미지〉는 지각 주체의 경험이 갖는 심상(心象) 또는 표상(表象)에 해당한다고 볼 수 있다. 우리는 같은 생물학적 구조의 신체라고 하더라도 의자에 대한 빛깔을 달리 지각하기도 한다. 빛깔뿐만 아니라 많은 점들이

제9장 화이트헤드의 지각 이론

이 의자에 대한 〈인상〉impressions에 있어서는 저마다 다를 수 있는데, 이 경험은 과거로부터 오는 〈인과적 객체화〉와는 다른 방식으로 작용되는 객체화에 의한 것이다.

이렇게 객체화의 두 종류인 〈인과적 객체화〉와 〈표상적(현시적) 객체화〉가 있다고 했을 때, 화이트헤드의 지각 이론은 바로 각각 이들로부터 성립되는 지각의 방식으로서 1) 〈인과적 효과성〉causal efficacy과 2) 〈표상적[현시적] 직접성〉presentational immediacy이라는 두 가지 지각 방식을 우리에게 소개하고 있는 것이다. 어찌 보면 존재론적 측면의 용어를 그의 지각 이론을 대변해줄 표현 용어로 재차 기술한 것으로도 볼 수 있겠다.

화이트헤드가 말한 두 가지 지각 방식 : ① 인과적 효과성 ② 표상적 직접성

이미 화이트헤드 연구자들 사이에서도 1) 〈인과적 효과성〉과 2) 〈표상적 직접성〉은 그의 유기체 철학의 지각론에서 제안된 중요한 두 개념으로 널리 알려져 있는 편인데, 이 두 지각 방식은 일단 그 명칭부터가 평소 철학 개념어들에 익숙하지 않은 분들이라면 더더욱 생소할 수 있는 용어들이어서 어느 정도의 거부감 역시 있을지도 모르겠다. 사실 화이트헤드의 지각 이론은 그의 난해한 〈연장적 연속체〉extensive continuum까지 결부되어 있어 매우 복잡하고 까다로운 내용에 속한다('연장적 연속체'에 대한 설명은 다음 11장 참조). 그렇기에 본서의 입문 단계에선 화이트헤드의 지각 이론을 상세하게 언급하는 것은 현재의 논의를 훨씬 더 복잡하고도 난해한 데로 이끌어 갈 수도 있기 때문에 우선은 큰 스케치로서 아주 간소하게만 언급해보고자 할 것이다.

① 인과적 효과성 : 과거의 정착된 세계에 대한 느낌

우리는 앞장에서 합생 과정의 초기 국면에선 직전까지의 과거 세계 전체를 순응적으로 계승한다는 점과 이 초기 국면에서의 물리적 느낌들은 피할 수 없는 〈인과의 작용〉act of causation에 해당한다는 점도 살폈었다(PR 236/470). 화이트헤드 말한 〈인과적 효과성〉도 바로 이러한 점을 유기체의 지각 방식의 용어로 개념화한 표현에 해당한다.

화이트헤드는 이 〈인과적 효과성〉의 지각을 다른 말로는 〈비감각적 지각〉non-sensuous perception이라고 불렀었다(AI 180-184 참조). 이 〈인과적 효과성〉의 지각은 다음과 같이 소개되어 있다.

"지각은, 여러 느낌의 색조에 의해 구성되는 것으로, 그리고 이러한 느낌의 색조를 통해 효과를 갖는 것으로서의, 과거의 정착된 세계에 대한 지각이다. 우리는 이러한 의미의 지각을 <인과적 효과성의 양태에 있어서의 지각>perception in the mode of causal efficacy이라 부를 것이다. 기억Memory은 이러한 양태의 지각의 한 예가 된다. 왜냐하면 기억은 궁극적인 지각 주체 M1, M2, M3 등의 어떤 역사적 경로로부터 기억하는 지각자 M에게로 유도되고 있는 여건들과 관계되는 지각이기 때문이다." (PR 120/264).

여기서 〈인과적 효과성〉은 과거의 정착된 세계에 대한 순응적 국면의 지각이라는 점에서 그것은 정착된 과거 세계에 대한 계승의 느낌을 간직한다고 볼 수 있다. 기억이란 것도 그런 의미에서 말한 것이며, 여기에선 우리가 의식상에서 떠올리는 그런 기억만을 생각할 필요까진 없을 것이다. 오히려 무의식에서부터 연속되고 있는 자연의 인과성에 대한 계승 전달의 느낌에 해당한다. 따라서 이때 말하는 과거란 하루

전이나 1시간 또는 1분 전의 과거를 말한 것이 아니다. 그러한 과거는 어느 정도 피할 수도 있지만 예컨대 0.001초의 과거적 현실의 경우라면 우리 자신에겐 피할 수 없이 이미 <현재 느낌 속에 들어와 있는 과거>라는 점에서 그것은 우리 가운데 "굽힐 수 없는 엄연한 사실(stubborn fact)"로서 자리한다. 그래서 화이트헤드는 이를 다른 곳에선 <직접적 과거>$^{immediate\ past}$라고도 불렀었다(AI 181).

화이트헤드에 따르면, 현재 속에서 다시 살아남아 잔존해가는 직접적 과거는 <비감각적 지각>의 가장 우수한 사례로 간주되어진다(AI 182). 이것은 현재 속에 들어와 있는 육중한^{massive} 과거지만, 그럼에도 이 <인과적 효과성>에 대한 지각 느낌은 일반적으로 우리의 감각적인 지각으로선 명료하게 떠올려지지 않으며, 오히려 <모호하고 불분명하다>는 점을 띠고 있다. 이 모호하고 불분명한 느낌은 <인과적 효과성의 지각>이 갖는 주요 특징에 해당한다. 그것은 우리가 결코 피할 수 없는 과거 세계로부터 정착되어지는 지각이면서도 거의 무의식에서부터 수용되는 그러한 성격의 것이어서 정작 의식상에선 매우 어렴풋하고 희미한 느낌 정도로 남아 있을 뿐이다. 화이트헤드는 이 <비감각적 지각>을 <자연의 연속성>$^{continuity\ of\ nature}$에 대한 한 측면으로 봤었다(AI 184). 이것은 화이트헤드가 합생 초기의 순응적 국면에서 강조된 근원적인 물리적 느낌에 해당하는 것으로서의 <인과의 작용>을 갖는 것이다. 그렇기 때문에 이 <인과적 효과성>의 지각은 모든 유기체의 지각 방식에 <근본적인 체질>$^{fundamental\ constitution}$로서 갖춰져 있다고 봐야 한다(PR 172/356). 바로 이런 점에서 필자는 앞서 <근본적인 지각>이라는 것을 언급한 것이다.

이 <인과적 효과성>의 지각은 모든 인식 활동에 있어서도 근간을 이루는 것이어서 유기체의 기본적인 지각 방식이라고 볼 수 있다. 즉, 우리의 감각기관에 의한 인식 작용이 대상을 어떻게 지각하든지 간에 기본적으로는 자연의 순응성과 연속성의 성격을 갖는 〈인과적 효과성〉의 지각으로부터 비롯된다는 사실이다. 그런 점에서 어쩌면 어느 화이트헤드 연구자의 표현처럼 〈인과적 효과성〉을 〈효과적 인과성〉efficient causality 으로 부를 수도 있을 것 같다.3) 그것은 말 그대로 효과(효력)를 갖는 인과성이다. 분명한 점은, 자연의 진화적 활동들은 끊임없이 과거로부터 연속되고 있는 인과의 성격을 기본적으로 갖고 있으며 이것은 모든 유기체가 갖는 〈근본적 방식의 지각〉이라는 점이다. 자연의 활동은 필히 과거를 수용함으로써만이 현재를 성립시킬 수 있다.

인과적 효과성이 정착된 과거 세계를 고스란히 계승하는 방식의 지각이라면 이를 명확히 인지한다는 건 힘들겠군!

그래서 모호하고 육중하다는 점이 이 지각의 주된 특징인 것 같아!

② 표상적 직접성 : 명확하고 뚜렷한 지각 느낌

반면에 〈표상적 직접성〉이라는 지각 방식도 있는데 이는 앞서 말한 〈인과적 효과성〉에서 파생된 또 다른 지각에 해당한다. 화이트헤드에 따르면, 이 〈표상적 직접성〉은 "세계의 〈연장적〉extensive 관계들에 대한 명확하고 뚜렷한 의식을 포함하고 있는 지각 방식"이라고 언급된다 (PR 61/159). 또한 이것은 "감각 기관에 의한 동시적인 세계에 대한 지각"이라고도 했었다(PR 311/598). 그런 점에서 볼 때 이것은 흔히 말하는 〈감각지각〉^{sense-perception}과도 유사한 것으로 본다(S 21). [* 물론 통용상의 미묘한 차이는 있을 수 있겠고, 또 다른 표현으로서는 PR에선 거의 쓰질 않는 〈감각표상〉^{sense-presentation}과 〈감각인식〉^{sense-awareness}이라는 용어들도 있겠지만 이들 용어에 대한 세부적 논의는 여기선 생략할 것임]. PR에서의 화이트헤드는 〈감각지각〉을 〈표상적 직접성의 방식에 있어서의 의식적 지각〉이라는 의미로 사용되고 있다고도 밝혔다(PR 36/113). 〈감각지각〉은 다름 아닌 우리가 통상적으로 명료하게 경험하는 시지각^{視知覺, visual perception}으로 간주될 수 있다(PR 36/113). 다만 화이트헤드가 〈표상적 직접성〉이라는 특수한 용어로 개념화 한 데에는 이 지각 방식에 대한 보다 정교한 분석과 복잡한 설명이 있음을 함축하는 점도 있는 것이다. 이 〈표상적 직접성〉의 지각에서는 보다 〈명확하고 뚜렷한 느낌〉으로서 경험되는 그러한 특징을 갖는다. 즉, 앞서 말한 〈인과적 효과성〉의 지각이 모호하고 육중한 성격을 띠는 것과는 다른 양상의 지각인 셈이다.

〈표상적 직접성〉의 지각은 우리의 감각 기관을 통해서 어떤 선명한 그림처럼 명료하게 지각되는 성격을 일컫는 것이기에 어떤 면에서는 그리 어렵게 생각할 필요는 없을 걸로 보인다. 그렇지만 왜 하필 화이트헤드는 〈표상적[현시적] 직접성〉이라는 이 기묘한 용어를 채택한 것인가 하는 의문은 여전히 남아있을 것이다.

알다시피 흔히 일상에서 〈프레젠테이션〉^{presentation}이라고 하면 강연의 '발표'를 의미하기도 하지만 철학에서는 〈표상〉表象이라고도 번역된다. 우리가 강연 프레젠테이션을 할 때 발표장 화면 스크린에 그림이나 도표를 띄워서 발표하는 경우가 있듯이 마찬가지로 우리의 머릿속에 어떤 그림처럼 사물에 대한 어떤 대표 상(象)이 떠올려진다고 생각해보자. 그럴 경우 발표장의 화면에 표시된 그림들이 우리의 이해를 보다 선명하게 밝혀주는 것과 마찬가지로 우리의 지각 방식에 있어서도 명확히 제시된 그림처럼 선명하게 떠오르는 생생한 느낌의 지각들도 있다는 것이다. 이 지각은 현재의 직접적인 상(象)으로 표출되는 특성을 갖고 있기에 앞서 말한 〈인과적 효과성〉과는 다르게 모호하지 않으며 보다 명확하고 뚜렷한 지각 느낌으로서 다가온다. 또한 이 〈표상적 직접성〉의 지각은 〈인과적 효과성〉에서 나온 파생적인 2차적 성격의 지각으로서 주로 고등 유기체의 활동에서나 엿볼 수 있는 그러한 지각 방식에 해당한다. 낮은 단계의 유기체에서는 〈표상적 직접성〉이 아닌 〈인과적 효과성〉의 지각 방식이 기본 구조로 자리할 뿐이다.

"인과적 효과성의 지각 방식은, 지각하는 구체적인 존재를 유발하는 여건의 구조에 그 기원을 두고 있다. 따라서 우리는 인과적 효과성이라는 이 방식을 계기의 근본적인 구조로 배정해야만 한다. 그렇게 될 때 이 지각 방식은 발아^{germ}의 상태로, 가장 낮은 등급의 유기체에도 속해 있는 것이 된다.

이에 반해 표상적 직접성의 양태는 보다 후기 단계의 과정에서 이루어지는 한층 세련된 활동성을 필요로 하며, 따라서 비교적 높은 등급의 유기체에만 속해 있다. 우리가 판단할 수 있는 한, 그러한 높은 등급의 유기체의 수는 우리의 직접적 환경에 들어 있는 유기체 전체의 수와 비교해 본다면 비교적 적다." (PR 172/356-357)

그런 점에서 〈표상적 직접성〉의 지각은 자연의 경험에 있어 어떤 〈중요성〉^{importance}에 대한 감각이 고도로 발달한 것으로 볼 수 있다. 낮은 유기체의 단계에서는 오히려 자연에 대한 인과적 연속의 순응적 측면이 지배적이어서 어떤 것이 더 중요한지에 대한 다양한 식별력의 경험들이 드문 편이다. 대체로 과거적 평균성에 순응적인 이 단계에서는 특정 경험에 대한 독창적인 강조를 찾기 힘들며 거의 맹목적이고 습관적인 자동 반응들이 압도적으로 작용한다고 볼 수 있다. 하지만 고등 유기체로 진화할수록 대상을 파악할 때 그 대상에 대한 지배적 특성들을 보다 더 중요한 것으로 포착하여 이를 단순 명료한 것으로 뽑아낼 줄 아는 추상화 능력이 발달하고 있는 것이다. 그럼으로써 유기체는 압도적인 환경에 전적으로 굴복되거나 지배되기만 하는 것이 아니라 오히려 환경에 대한 유기체의 지배력을 점차적으로 늘려나가는 면면들도 함께 보여준다는 것이다. 심지어 화이트헤드는 〈이성〉^{reason}의 발생도 이러한 유기체와 환경 간의 진화적 맥락에서 출현한 것으로 보고 있다(FR 참조).

인과적 효과성의 지각은 근본적, 표상적 직접성의 지각은 파생적!

앞서 변환의 범주에서도 언급한 '하얀 분필'의 사례를 계속 들어보자. 우리는 내 앞에 놓인 분필이 '하얀색'이라는 점을 매우 명확하고 뚜렷한 느낌으로 즉각적으로 지각한다. 그러나 실재로서의 분필이라는 사물은 오히려 훨씬 더 복잡하고 다양한 특징들을 지니고 있음에도 우리의 통상적인 〈감각지각〉에서는 그런 모호한 다수의 느낌들을 제거해 버리고 내 앞의 하얀 분필이라는 단순 명확한 느낌으로서 뚜렷하게 지각되는 것이다. 그것은 "감각을 통한 동시적^{contemporary} 세계에 대한 우리의 지각"이라고도 말해진다(PR 311/598). 이처럼 명확하고 뚜렷한 느낌의 지각 양태가 바로 〈표상적 직접성〉에 해당한다.

물론 시각적인 사례에만 한정되진 않는다. 예컨대 책상 위에 손바닥을 가만히 대어보자. 그럴 경우 우리의 의식적 느낌 속에는 이 책상에 대한 촉각적 느낌으로서 '딱딱하다', '차갑다' 정도의 몇 가지 느낌들만이 명료하게 느껴질 것이다. 그러나 실재로서의 책상과 손바닥 간에 주고받는 상호 느낌들은 사실상 그 이상으로 훨씬 더 많고 풍부하다. 하지만 이 느낌들은 여간해서 우리의 의식 속에 모두 떠올려지지 않기 때문에 대체로 모호함과 불분명함으로 뒤덮여 있는 그런 느낌들이라 할 수 있다. 이때 그런 불분명한 모호성으로부터 구출되는 몇 가지의 선명한 느낌들 곧 분명하게 지각되는 '딱딱하다', '차갑다' 같은 몇 가지의 뚜렷한 느낌들이 떠올려질 수 있는데 이것이 바로 〈표상적 직접성〉의 지각에 속하는 것들이다. 반면에 뭔가 뚜렷한 느낌으로 떠오르기 이전에 가라앉아 있는 다수의 모호함과 불분명함의 느낌들은 〈인과적 효과성〉의 지각에 속한다고 볼 수 있다. 그렇기 때문에 〈표상적 직접성〉의 지각은 모호하고 불분명한 〈인과적 효과성〉에서 파생된 2차적 가공에 해당한다고도 볼 수 있는 것이다.

> "표상적 직접성은 인과적 효과성에 의해 심어진 복잡한 여건의 산물이다. 그러나 인과적 효과성에서는 모호하고 윤곽이 희미하며 거의 관련을 가지지 않았던 것이 보완적인 위상의 독창적인 originative 힘에 의해 표상적 직접성에서는 명확해지고 윤곽이 뚜렷해지며 중요한 관련을 갖게 된다." (PR 172/357)

어떤 면에서 우리는 매순간마다 전체 우주를 경험하면서도 우리의 의식 속에서는 그 세부사항들 중의 몇 가지만을 선택해서 분석할 따름이다(MT 89). 화이트헤드에 따르면, "본래적인 것은 모호한 총체성이다(What is original is the vague totality)"(MT 109). 그렇기에 〈인과적 효과성>은 모든 사물의 지각 방식의 구조에 포함되는 1차적이고 근원적인 지각이라고 볼 수 있지만, <표상적 직접성>은 오히려 고등 동물의 신체 지각에서나 엿볼 수 있을 정도로 매우 제한적인 것에 해당한다. 화이트헤드에 따르면 철학에서의 문제는 이 <인과적 효과성>의 자각이 보다 더 근원적인 양태의 지각임에도 전통적으로 주목받지 못했었다고 한다. 이 지각은 <지성적 느낌>의 지각이 아니어서 화이트헤드는 "내장(內臟)의[본능적인]^{visceral} 느낌"이라고도 불렀었다.

> "<인과적 효과성의 양태에 있어서의 지각>은 분명히 철학의 전통에서 주된 주목을 받아온 그런 유의 지각이 아니다. 철학자들은 내장內臟의 느낌$^{visceral\ feelings}$을 통해 얻어지는 세계에 관한 정보를 멸시하고 시각적 느낌$^{visual\ feelings}$에 주의를 집중시켜 왔다."
> (PR 121/264)

여기서 말한 시각적 느낌이 <표상적 직접성>의 지각에 해당한다면 내장의[본능적인] 느낌은 <인과적 효과성>의 지각 방식에 해당한다. 이때 인간의 지각 경험이 대체로 시각적 느낌처럼 보다 명확하고 선명한 느낌의 <표상적 직접성>에 주로 집중되는 편이어서 <인과적 효과성>의 느낌은 거의 자각이 되지 않고 가라앉는다고 볼 수 있다. 그렇기에 가라앉아 있는 <인과적 효과성>의 지각에는 주목하지 않고, 주로 명확하고 뚜렷한 느낌의 <표상적 직접성>의 지각을 마치 지각하는 내용의 전부 또는 지각의 핵심으로 곧잘 간주해왔었는데, 여기에는 화이트헤드 당시까지의 기존 철학자들도 크게 벗어나지 않을 만큼 예외이지 않다는 것이다.

신체와 외부 자연과의 경계는 모호하다!

다시 또 예를 들어보자. 내 앞에 있는 나무 의자를 본다고 할 경우, 우리는 이를 신체적 경험을 통해 알게 된다. 그런데 실제적으로 보면, 의자와 신체 사이에는 무수한 경험들이 상호작용하고 있음에도, 우리의 앎에 있어서는 자신의 신체 경로를 통해 들어오는 것이어서 특수하게 제한되는 점이 있다. 철학적으로 볼 때 더 난감한 궁극적 사실은, 우리의 신체가 어디까지가 신체이고 어디까지가 신체의 밖인지 그 경계부터도 분명하게 확정하기란 쉽지 않다는 점이다.

"사실상 외부 세계는 우리의 본성들과 밀접하게 얽혀 있어서 우리는 무의식적으로 우리의 보다 생생한 전망들을 우리 자신과 동일시한다. 예컨대 우리의 신체는 우리 자신의 개체적 현존을 넘어서 있다. 그러면서도 우리의 신체는 우리 자신의 개체 현존의 부분에 속한다. 우리는, 신체와 정신의 복합적 통일로서의 한 인간이라는 신체적 삶에 있어선 우리 자신이 밀접하게 얽혀 있다고 생각한다. 그러나 그 신체는 외적 세계의 한 부분이며, 그것과 계속 연속되어 있다. <u>사실상 신체는 그 밖의 모든 것들—강, 산 구름—처럼 자연의 한 부분일 뿐이다. 또한 우리가 까다로울만치 정확하게 한다면, 우리는 어디서 신체가 시작되고 어디서 외부의 자연이 끝나는지를 정의할 수가 없다.</u>" (MT 21)

"철학적 사고의 역사에서 인간과 그 신체와의 연합을 가정해놓은 순진한 방식보다 더 놀라운 것은 없다. 인간과 그의 신체와의 통일은 당연시되고 있다. 내 신체는 어디서 끝나며, 외부 세계는 어디서 시작되는가? 예컨대 내 펜은 외부에 있지만 내 손은 내 신체의 부분이다. 내 손톱도 내 신체의 부분이다. 또한 내 입과 목구멍을 통해 들어오고 나가는 호흡은 신체 관계에서 수시로 변동하고 있다. 의심할 여지없이 신체와 외부 자연과의 구별은 지극히 모호한 것이다. 신체는 사실상 다른 자연적 대상들 가운데 단지 하나일 뿐이다." (MT 114)

우리는 자기 자신과 신체와의 연합을 지극히 당연한 것으로 간주한다. 하지만 정말 우리의 신체가 어디서 끝나고 어디서 외부 세계가 시작되는지를 확정할 수 없는 것처럼 그러한 신체와의 긴밀한 연합에 대해서도 의심스럽게 생각해볼 수도 있는 것이다. 실제로 오늘날 자기 신체가 자기 것이 아니라고 말하는 사람들을 연구한 의학적 보고들은 이미 많이 나와 있다. 이른바 〈신체통합정체성장애〉(줄여서 BIID : Body Integrity Identity Disorder)를 겪고 있는 사람들은 자신의 손과 발 등 신체의 특정 부위들을 자신의 신체로 간주하지 않는다.[4] 물론 이는 인간 경험 일반에 있어 몇몇 일부의 사례일 것이다. 그러나 일반인들도 가짜 팔의 모형을 놓고 하는 간단한 거울 실험을 통해서도 확인되듯 자신의 신체와 외부 대상물 간의 경계에 대한 혼란을 경험한다는 사실은 거의 일반적으로 예시되고 있다. 또한 사지가 절단되어 실제로는 해당 신체 부위가 없음에도 여전히 사지가 있는 것 같은 감각 경험을 겪는 〈환상사지감각〉phantom limb sensation이나 또는 절단된 사지임에도 통증 경험을 갖는 〈환상통〉幻想痛, Phantom pain의 사례들도 있다. 이러한 여러 경험 보고들이 알려주는 바는, 결국 우리의 물리적이고 생물학적인 신체를 자기 자신과 일치시키는 경험은 전체 자연의 진화사에서 보면 본래부터 있었던 것이 아니라 점차로 진화하는 가운데서 신체와의 연합된 통일성 느낌이 자신의 정체성 느낌으로서 정착된 것으로 볼 수 있다. 신체와 외부 자연을 구별하는 선명한 의식상의 느낌은 자연의 1차적인 본래적 성격엔 속해 있지 않다는 것이다.

나의 신체와 외부 자연과의 경계가 모호하다는 점이 잘 이해가 되지 않는다면 우리의 시각을 다시 원자적 스케일[규모]의 시각으로 간주해 보자. 원자적 규모의 수준에서 보는 세계는 신체와 외부 자연의 세계가 지극히 모호해진다는 점을 잘 알 것이다. 그렇다면 또 한편으로 이러한 의문도 떠올려 볼 수 있다. "왜 우리는 원자적 규모의 분할로는 지각하지 않는 것인가?" 하는 의문 말이다. 바로 이 지점에서 〈표상적 객체화〉가 매우 중요한 개념으로 등장한다. 이는 고등 유기체로 진화하면서 〈표상적 직접성〉의 지각 방식이 매우 두드러지게 작동한다는 점을 말해주고 있기 때문이다. 앞서 말한 의자 예시를 계속해서 언급해보자. 우리는 해당 나무 의자를 '딱딱한' 촉감으로서 지각한다. 의자에 대한 이 지각 느낌은 우리 신체 감관을 통해 매우 명료한 느낌으로 생생하게 지각된다.

인간의 지각은 '의자'를 원자적 분할로서 지각하지 않는다!

하지만 실제로 〈신체〉와 〈의자〉 사이에도 광자photon와 전자electron의 작용을 비롯해 무수한 상호작용의 관계들이 자리한다. 그런데 우리는 이러한 점들을 일일이 지각하지는 못한다. 분명 우리의 뇌 의식에까지 지각되는 것은 지배적인 색깔이나 딱딱한 촉감 정도에 그칠 뿐이다. 그렇다면 왜 우리는 의자를 원자적 분할로서 지각하지 못하는 것인가? 다행히 화이트헤드가 의자 경험과 관련한 예시를 든 내용이 있다.

"예컨대 우리는 동시적인contemporary 의자를 보지만 우리의 눈으로 with 그것을 보며, 우리는 동시적 의자를 만지지만 우리의 손으로

제9장 화이트헤드의 지각 이론

with 그것을 만진다. 따라서 빛깔은 그 의자를 어떤 방식으로 객체화시키는 동시에, 또한 그 눈을 그 주체의 경험 가운데 있는 요소로서 다른 어떤 방식으로 객체화시킨다. 만진다는 것도 그 의자를 어떤 방식으로 객체화시키는 동시에, 또한 손을 그 주체의 경험 가운데 있는 요소로서 다른 어떤 방식으로 객체화시키고 있는 것이다. 그런데 이때의 눈과 손은 과거―직전의 과거―에 있었던 것이지만 그 의자는 현재 속에 있다.

이처럼 객체화된 의자는 현실 존재들의 동시적 결합체가 통일성을 지닌 것으로서의 하나의 결합체로 객체화된 것이다. 이 결합체는 전망적perspective 관계를 수반하는 공간적 영역에 의해 그 구조를 드러낸다. 이러한 영역은 사실에 있어서는 그 결합체의 성원에 의해서 원자화되어있다atomized. 이러한 영역의 점유를 제외하고는, 객체화 과정에서 변환의 범주의 작용에 의해 그 다수의 모든 성원들과 그들의 형상적인 구조의 모든 구성 요소들이 사상(捨象)되어 버린다. 이러한 포착prehension은, 앞에서 고찰한 보기의 경우를 들어 말하자면 <의자-이미지>chair-image라고 불리게 될 것이다." (PR 62-63/162)

일단 <동시적인 의자>란 지금 바로 내 앞에 있는 의자를 생각하길 바란다. 의자는 결합체로서 그것을 구성하는 현실 존재들에 의해 사실상 <원자화>되는 있는 것이지만 우리는 내 앞에 놓인 이 의자를 지각할 때 <분할된 원자>로서 지각하지 않고, <의자>라는 통일성을 갖는 연장의 사물로서 지각한다. 다시 말해서, 고등 유기체의 지각 경험에 있어서는 나와 동시적인 이 세계를 지각할 때는 어떤 <통일된 연합체>로서 지각하지 〈분할된 원자〉로서 지각하지 않는다는 점이다. 이는 앞서 말한 〈변환의 범주〉 내용과도 맞물려 있는데, 동시적인 사물 또는 세계의 경우는 지각자에게 가능태의 양상으로 지각되기 때문에 그것이 원자화되어 있더라도 원자적으로 지각하지 않으며 오히려 다수의 구성요소들이 많이 사상되면서 지각자의 주체 경험과 맞물려 있는 가운데 지각된다는 점이다. 간단히 말해 의자에 대한 우리의 통상적인 지각 경험은 통일성을 갖는 연속체로 그것은 일종의 〈의자 이미지〉$^{chair-image}$에 대한 매우 명확하고 뚜렷한 느낌으로서 지각된다는 것이다.

여기서 조금 더 깊이 들어가면, 동시적인 사물 또는 세계의 경우에 그것이 지각자에게는 가능태의 양상으로 지각되는 이유가 〈동시적 독립성의 원리〉$^{principle\ of\ contemporary\ independence}$ 때문이라는 점이 있다. 〈동시적 독립성의 원리〉란, "물리적 관계에 관한 한 동시적인 사건들은 인과적으로 상호 독립하여 일어난다고 보는 원리"를 뜻한다(PR 61/160). 쉽게 말해, 동시적으로 발생한 사건은 시간적인 전후 인과 관계로부터는 서로 독립해있다는 얘기다. 즉, 동시적이기 때문에 선행 후행의 인과 관계로 따질 수 없다는 것이다. 이것은 〈직접적 인과〉를 갖지 않는 관계다. 만일 A와 B사건이 동시적으로 발생했다면 A와 B는 서로 전후의 물리적 인과 관계를 맺을 수 없다. 적어도 물리적 관계에서는 그러하다. 따라서 가능태의 양상으로만 관련을 맺을 수 있을 뿐이다.

"동시적 독립성의 원리에 의해, 동시적 세계는 수동적인 가능태의 양상 밑에서 우리에게 객체화된다." (PR 61/160)

"동시적 세계는 연장적^{extensive} 분할을 위한 가능태^{potentiality}를 지닌 것으로서 지각되는 것이지, 현실적인 원자적 분할로 지각되는 것

이 아니다." (PR 62/161)

의자와 신체 사이엔 여러 상호작용의 관계들이 있지만, 정작 우리의 신체적 지각은 이를 원자로서 지각하진 않지!

변환의 범주와 관련해서 보면 결국 우리의 감각지각에선 많은 요소가 제거된 채로 지각되고 있는 거네!

사실 입문 단계에서 굳이 〈동시적 독립성의 원리〉까지 일일이 알아둬야 할 필요는 없어 보인다. 여기서 중요한 핵심은, 우리의 신체가 의자를 지각할 때는 자연의 인과적 사태에 기반하면서도 그 의자를 구성하는 원자적 분할을 그대로 지각하는 것이 아니라 〈변환의 범주〉와 관련해 많은 구성 요소들을 사상시켜 그 〈의자 이미지〉와 연관된 것으로 지각한다는 점에 있다. 이 〈의자 이미지〉는 분명 우리의 마음[정신]에 느껴진다는 점을 담고 있다. 그렇다면 이것은 지극히 개인의 심리적 경험에만 그치고 마는 사적인 private 성격의 것인가? 하는 의문 역시 들지 않을 수 없다. 만약에 그렇다면 화이트헤드의 지각론도 결국 유아론(唯我論)의 질곡에서 헤어나지 못하는 그런 한계에 머물고 말 것이다. 다시 말해서, 우리의 지각이 언제나 주관적인 사적 심리의 작용에 불과할 뿐이라는 근본적인 한계도 있을 수 있기에 이 문제 역시 넘어서야만 하는 것이다.

심적 부가물 이론과 <자연의 이분화> 문제

그런데 한 가지 특기할 사항은, 화이트헤드가 이미 중기 시절의 저작인 『자연의 개념』 *The Concept of Nature*(1920년, 이하 CN)에서도 빨간 당구공을 예로 들면서 이를 <심적 부가물 이론>theory of psychic additions 으로 명명하면서 이와 관련된 언급을 한 바가 있었다는 점이다.

"예를 들자면, 우리는 빨간 당구공을 그것의 고유 시간에서, 그것의 고유 장소에서, 그것의 고유 운동과 고유한 강도, 그리고 그것의 고유한 관성慣性, inertia을 갖는 것으로서 지각한다. 그러나 그 빨강과 그 온기 그리고 당구공의 충돌로 만들어진 소리는 심적인 부가물들additions로서, 즉 정신mind이 자연을 지각하는 방법에 불과한 2차적 특질들이다. 이것은 막연하게 널리 퍼져 있는 이론일 뿐만 아니라 내가 믿기로는 철학에서도 유래된 이분화bifurcation 이론에 대한 역사적인 형태form이다. 나는 이것을 심적 부가물 이론이라고 부를 것이다." (CN 28)

앞서 말한 <의자 이미지>는 겉모양 즉 외양적apparent 모습의 의자로서 마음속에 떠올려진 심상(心象)에 해당한다. 그렇기에 <의자 이미지>는 여기서 언급된 <심적 부가물>에 속한다. 마찬가지로 CN에서 언급된 당구공의 색깔, 촉감, 소리 이러한 것들 역시 <심적인 부가물들>로 보는 것이다. 이러한 것들은 정신이 자연을 지각하는 방법에 불과한 2차적 특질들이 부가된 것에 속한다. 그런데 이러한 주장은 마치 물질과 정신[마음]의 근본적인 분리를 뜻하는 것처럼 보일 수 있다. 하지만 화이트헤드는 중기 시절 <자연의 이분화(二分化) 이론>bifurcation theory of nature 문제를 거론하면서 자연을 본질적 차원에서 <실재의 두 체계들>two systems of reality로 이분화 하는 것에 대해서는 반대했었다(CN 21). 이는 서로 다른 의미의 <두 종류의 실재>로 간주될 수 있기에 이런 근본적인 분리 시각은 문제가 된다고 봤던 것이다.

자연의 이분화—또는 분기화(分岐化)—를 또 다르게 표현해 볼 경우 <자각awareness의 원인으로서의 자연>과 <자각 속에서 파악된apprehended 자연>이라는 두 영역으로의 이분화다(CN 21). 이 지점에서 화이트헤드는 전자를 <인과적 자연>causal nature 또는 <추측[판독]conjecture으로서의 자연>으로 그리고 후자를 <외양적 자연>apparent nature 또는 <꿈dream으로서의 자연>으로, 이분화로 표현했었다(CN 21). 물론 화이트헤드는 자연의 근본적인 <이분화>를 반대한다. 그가 보는 <자연의 이분화>는 완전히 별개로 분리된 것이 아니라 오히려 공통적인 관계들의 두 체계를 제공할 수 있다고 보는 입장이다(CN 25-26). 이때 굳이 말한다면 앞서 언급된 <인과적 자연>과 <외양적 자연>은 각각 <인과적 객체화>와 <표상적 객체화>에도 상응될 수 있겠으며 이로써 성립되는 지각인 <인과적 효과성의 지각>과 <표상적 직접성의 지각>에도 각각 상응될 수 있겠다. 이러한 구도와 관점에서 보면, 예컨대 의자 이미지나 당구공의 색깔 같은 요인들은 <심적 부가물>에 속하는 것들로 이는 <외양적 사건들>apparent events에 해당될 수 있음에도 이것은 <인과적 자연>이 점유한 기간periods과 위치positions에 대한 한정된 관계들도 품을 수 있어 양자의 <공통 속에서 관계들의 두 체계>를 마련할 수 있는 것으로 본다(CN 25-26). 바로 이 점이 중요하다. 달리 말해서 자연의 사건이 갖는 시간과 장소와 완전하게 별개로서의 심적 부가물들이 발생되는 것이 아니라 거기에는 양자의 <공통적인 기반>도 자리하고 있기 때문에 이 <이분화>가 야기하는 문제를 극복할 가능성에 대해서도 함께 열어놓고 있는 것이다.

자연의 이분화

- 인과적 자연
- 지각의 원인으로서의 자연
- 추측[판독]으로서의 자연
- 추측상의 전자와 분자의 계

- 외양적 자연
- 지각 속에서 파악된 자연
- 꿈으로서의 자연
- 지각에서 파악된 사실 자연

[※ 인류의 종교 철학사상 중에는 <꿈으로서의 자연>, 곧 <외양적 자연>만 존재한다고 보는 입장도 있다. 그러나 화이트헤드는 그렇게 보질 않는다!]

자연은 근본적으로는 결코 분리되어 있지 않으며, 둘로 분기된 이분화에도 <공통 기반>은 자리합니다!

    화이트헤드의 중기 시절의 문제의식은 그의 후기 형이상학에도 계속 계승되면서 <인과적 효성>과 <표상적 직접성>이라는 두 지각 방식에는 <공통의 기반>$^{common\ ground}$이 있음을 언급했었다(PR 168/350). 그 <공통 기반>의 주된 요소 중 하나가 <현재화된 장소>$^{presented\ locus}$인데, 이것은 "지각자에게 속하는 외견상의specious 현재로서 '공간화된spatialized' 시간적 두께의 4차원"을 말한 것이다(PR 169/351). 이는 지각자에게 〈외견상으로 나타나는 현재〉로 간주된다. 우리가 의식적으로 지각하는 현재 세계는 〈공간화된〉 느낌으로 우리 안에 자리하고 있다. 이 〈현재화된 장소〉가 〈표상적 직접성〉에 있어선 직접적이고 뚜렷하게 지각되고 있는 반면에, 〈인과적 효과성〉에 있어선 불분명하게 간접적으로 지각되고 있지만, 어쨌든 이것은 두 지각의 〈공통 기반〉이 된다는 것이다(PR 169/352). [* 하지만 중기 때의 저작인 『자연의 개념』에선 〈현재화된 장소〉와 뒤이어 소개할 〈변형의 장소〉strain-locus까지 구분해놓진 않았고, 오히려 후기 형이상학 시기에 쓴 PR에서 이점을 구분하면서 세부적인 분석을 펼쳤었다. 이들 〈현재화된 장소〉와 〈변형의 장소〉 개념에 대한 상세한 소개와 분석 내용은 〈연장적 영역〉의 개념까지 연관될 뿐만 아니라 입문 단계 수준을 넘는 것이어서 여기선 다루지 않았음을 말씀드린다. 다만 화이트헤드가 말한 〈연장적 연속체〉에 대해선 다음 장에서 소개할 것이다.] 화이트헤드는 이러한 두 지각에도 〈공통 기반〉이 있기 때문에 〈표상적 직접성〉의 지각들 모두가 한낱 개인의 백일몽으로만 취급될 순 없고, 자연의 인과적 질서를 측정해가는 작업들도 유의미한 중요성을 띨 수 있다고 보았다.

공간화된 지각과 베르그송

앞서 〈현재화된 장소〉에 대해선 "지각자에 속한 외견상의 현재로서 〈공간화된〉spatialized 시간적 두께의 4차원"이라고 했었는데, 여기서는 화이트헤드가 언급한 〈공간화된〉이라는 이 표현의 의미를 조금은 더 들여다 볼 필요가 있을 것 같다. 왜냐하면 이것은 우리의 일상적인 지각 경험과도 밀접한 관련을 갖고 있기 때문이다. 물론 〈공간화〉라는 사건 자체는 현실 계기들의 생성 소멸의 과정에 그 뿌리를 두고 있다. 여기서는 이것이 유기체의 지각 경험 속에서 자연의 대상물을 어떻게 〈공간화된〉 것으로 느끼는가 하는 점을 언급하려는 것이다. 또한 이 점에서 화이트헤드는 이 〈공간화〉의 의미가 프랑스의 유명 철학자 앙리 베르그송$^{\text{Henri Bergson}}$의 주장과도 밀접한 관련이 있다고 말한다.

> "경험의 보다 원초적인 유형은 감각수용$^{\text{sense-reception}}$과 관련된 것이지, 감각지각$^{\text{sense-perception}}$과 관련된 것이 아니다. 이 진술은 다소 긴 설명을 필요로 할 것이다. 그러나 이 사고의 과정은, 감각수용은 〈공간화되어 있지 않으며〉^{unspatialized} 감각지각은 〈공간화되어〉^{spatialized} 있다는 베르그송의 감탄할 만한 표현에 의해 시사될 수 있겠다." (PR 113-114/251-252)

앞서 소개한 두 지각 방식에 있어 보다 원초적인 유형의 경험은 〈비감각적 지각〉인 〈인과적 효과성〉의 지각 경험이 될 것이다. 따라서 〈감각수용〉은 〈인과적 효과성〉의 지각 경험과 관련되고, 〈감각지각〉은 〈표상적 직접성〉의 지각 경험과 관련된다고 본다면, 마찬가지로 〈인과적 효과성〉의 지각에선 거의 무시해도 좋을 만큼 〈공간화되어 있지 않다〉고 볼 수 있지만, 〈표상적 직접성〉의 지각에서는 〈공간화되어 있다〉고 볼 수 있겠다. 물론 양자 사이의 경계는 어떤 선명한 선으로 그을 수 있는 분리된 경계가 아니며, 오히려 그러한 양자 간의 〈접점〉이 앞서 말한 〈공통의 기반〉에 해당할 것이다. 물론 화이트헤드는 이를 통해 자연의 이분화 문제를 극복할 길을 열어놓고 있다. 그런데 유기체의 진화 과정에서 보면 〈공간화〉에 대한 느낌은 아무래도 〈표상적 직접성〉의 지각 경험에서 그 중요성을 확보하는 것으로 볼 수 있겠다. 이 〈표상적 직접성〉의 지각 경험을 〈인과적 효과성〉의 지각으로부터 파생된 2차적 성격의 경험으로 본다면, 언제부턴가 자연의 진화 과정은 〈비공간화된 감각수용〉의 차원에서 결국은 〈공간화된 감각지각〉의 차원을 파생시키는 과정으로 나아갔다고 볼 수 있겠다.

다시 언급해보자면, 우리의 지각이, 애초 감각수용의 순응적 국면들이 지배적이었던 자연의 진화 과정에서 어느 순간부터는 어떤 〈공간화된 감각 느낌〉을 점차로 갖게 된 것으로 볼 수 있겠는데, 이때 〈공간화된 감각 느낌〉이란 말 그대로 어떤 시간 및 장소와의 관련에 있어 그 정지와 운동 그리고 모종의 부피나 체적을 갖는 입체감의 느낌을 일컫는 것이다. 우리의 지각이 〈우주를 공간화한다〉는 것은 한편으로 세계의 유동성이 무시되고 마치 〈정적인 도형의 형태들〉로 범주화해서 파악된다는 의미이기도 하다. 달리 표현하면 어떤 〈기하학화된〉^{geometricized} 것으로 파악한다는 점이다. 애초 감각수용이 지배적인 〈인과적 객체화로서의 자연〉에서의 공간화의 느낌은 거의 무시해도 좋을만큼 매우 희박하다고 볼 수 있겠지만 점차로 어느 순간부터는 유기체의 지각 속에 〈공간화〉가 중요한 느낌으로 계속 자리를 잡게 되어간 것으로 본다면, 결국 고등 유기체로 갈수록 그 지각 및 인식의 발달에는 이 같은 〈공간화된 느낌〉이 점차로 명확성을 띠며 함께 수반된다고 볼 수 있겠다. 인간의 지성이 사물을 분석한다고 했을 때 우리는 우주를 〈공간화〉해서 이해하고 있는 것이다. 즉, 유동성으로서의 부단히 들끓는 우주를 어떤 기하학적 모양으로 고정화시켜서 그 이해와 분석의 작업들을 수행한다는 것이다.

화이트헤드에 따르면, 프랑스 철학자인 베르그송의 경우는 우주를 〈공간화〉하는 지성의 이러한 경향성이 지성에 내재하는 필연적 특성으로 볼 정도였다고 말한다. 그렇기 때문에 베르그송이 볼 때는 인간의 지성은 우주에 대한 왜곡을 필연적으로 낳는다는 것이다.

"대체로 철학의 역사는 베르그송의 비난, 즉 인간의 지성은 <우주를 공간화한다>는, 다시 말해서 그것은 유동성을 무시하고 세계를 정적 범주로서 분석하려는 경향이 있다는 비난을 뒷받침해 준다. 베르그송은 사실 이에 그치지 않고, 더 나아가서 그러한 경향성을 지성에 내재하는 필연적 특성으로 보았다. 나는 이러한 비난이 전적으로 옳다고 믿지는 않지만, <공간화>spatialization는 상당히 낯익은 언어로 표현된 명쾌한 철학에 이르는 지름길이라고 생각한다." (PR 209/422)

"베르그송이 세계의 <공간화>를 지성에 의한 왜곡의 탓으로 돌리는 한, 그의 생각은 잘못된 생각이다. 이 공간화는 존속하는 물체의 생활사에 속하는 모든 현실 계기의 물리적 구성 가운데 있는 실재적 요인이다."5) (PR 321/614)

글에서도 볼 수 있듯, 화이트헤드의 입장은 지성이 <우주를 공간화한다>는 베르그송의 지적에 대해 일정 부분 동의하면서도 또 한편으로는 그것이 지성의 필연적 특성에 의한 왜곡의 탓으로 돌리는 것에 대해선 비판 점도 같이 밝히고 있다. 베르그송의 경우엔 <지성>은 필연적 왜곡을 낳는 것이어서 오히려 <직관>을 내세운다. 그렇기 때문에 적어도 베르그송에 있어 <지성>의 작용은 매우 불신되는 점이 있다. 실제로도 베르그송에게는 <반주지주의>(反主知主義, Anti-intellectualism 또는 반지성주의)라는 비난이 가해지기도 했었다. 만일 지성의 의한 왜곡이 필연적이라면 아무래도 베르그송의 체계에선 <지성>과의 화해 접점을 마련하기란 매우 힘들었던 것으로 보인다. 반면에 화이트헤드는 그러한 베르그송의 주장에 감탄할 만한 찬사와 공감을 표하면서도 우리의 지성이 항상 필연적 왜곡만을 산출한다고는 보질 않았다는 점에서 양자 간에도 어느 정도 입장 차이를 보여주고 있다.6)

베르그송 선생이 공간화를 지성에 의한 왜곡의 탓으로 돌리는 한, 그 점에 대해서는 저는 동의하지 않습니다.

〈표상적 직접성〉은 〈변형의 느낌〉과 〈물리적 목적〉과의 통합에서 생긴 것!

이제 우리의 지각이 〈우주를 공간화한다〉는 점을 한 걸음 더 깊이 들여다보자. 이를 안 할 수도 없는 이유는 화이트헤드의 지각 이론을 고찰함에 있어 매우 중요한 〈변형의 느낌〉strain-feelings을 소개하기 위해서다.

알다시피 공간이란 기하학적 형태와 관련한다. 화이트헤드에 따르면, 〈우리의 우주시대〉에서 이 〈공간화〉의 느낌은 적어도 곧고straight 평탄한flat 장소로 여길만한 어떤 〈기하학화된〉geometricized 느낌과 관련되어 있다.

"곧고 평탄한 장소에 관한 기하학적 사실들은 현실 존재들의 느낌을 특징짓는 공적 사실들public facts이다. 그래서 이 우주 시대에 있어서는, 이러한 기하학적 사실을 포함한 느낌이 압도적으로 중요하게 되는 경우가 있게 된다." (PR 310/595)

쉽게 표현해보자면, 우리가 편의점의 네모난 도시락과 삼각 김밥을 봤을 경우 "저것은 네모난 사각형이고, 이것은 삼각형이야"라고 지각하는 근본적 연유에 관한 것이다. 우리는 왜 그러한 기하학적 형태로 지각하는 것일까? 물론 그렇게 생겼으니 그렇게 지각한다고 생각할 수도 있겠지만 여기서는 좀 더 파고들어갈 필요가 있다. 예컨대 우주 어디엔가 더 높은 차원을 다룰 줄 아는 어떤 지성체가 있다면 과연 우리와 동일하게 사각형과 삼각형으로 지각할 것인가? 철학에서는 지극히 당연하게 여겨지는 것조차도 더 깊게 물으며 파고들어가야만 하는 점이 있다.

우리가 네모난 도시락과 삼각 김밥을 보며 '저것은 사각형의 형태고 이것은 삼각형의 형태'로 지각하는 경험이 실은 당연한 게 아니었구나!

결국 우주를 공간화된 것으로 지각한다는 건 그런 기하학적 형태에 대한 지각 경험도 함께 들어온다고 볼 수 있겠지

제9장 화이트헤드의 지각 이론

〈기하학〉이란 흔히 알려진 바대로, 공간의 성질에 대해 연구하는 수학의 한 분야를 말한다. 여기서는 점, 선, 면, 부피, 도형 등 이들 간의 관계가 매우 중요하다. 이러한 요소들이 결국 공간의 특성으로 자리한다고 보는 것이다. 화이트헤드에게서 〈기하학〉이란 물질에 관계를 부과하는 공간의 수용력을 탐사하는 학문으로 언급된다(MT 132). 그런데 앞서 화이트헤드는 〈곧고 평탄한 장소〉라는 표현을 썼었는데, 이는 우리가 현재의 우주를 지각할 때 그와 같은 기하학적 형태로 느껴진다는 점을 함축하고 있다. 바로 이 지점에서 화이트헤드 철학에서는 〈변형〉strain이라는 개념이 매우 중요한 것으로 떠오르게 된다. 그가 말한 〈변형〉이란 다음과 같다.

"여건 속에 예시된 형식들이 곧고 평탄한 기하학적 장소와 관계하고 있는 그런 느낌은 〈변형〉이라고 불린다." (PR 310/595-596).

이 〈변형〉에 대한 느낌이 중요한 이유는 우리의 신체적 지각 경험 속에는 바로 이 변형의 느낌을 통해 신체를 넘어서는 〈세계를 공간화한다〉고 했을 경우 그 속에 어떤 기하학적 형태에 대한 느낌이 매우 중요한 것으로 자리한다는 점에 있다. 〈공간화한다〉는 것은 한편으로 〈기하학화된 것으로 지각한다〉는 의미이기도 하다. 즉, 고등 유기체로 갈수록 그 지각 경험은 원자적 분할의 느낌으로 지각되는 것이 아니라 어떤 기하하적 형태가 내포된 3차원의 입체감을 갖는 그러한 지각 경험의 향유로 나아간다는 것이다. 우리가 편의점의 도시락과 김밥을 보고서 "저것은 네모난 사각형이고, 이것은 삼각형이다"라고 할 때의 그 표현 속에는, 미시적 관찰에서나 볼 수 있는 여러 울퉁불퉁한 잡다함의 복잡한 요소들은 제거되고 있으면서 어떤 특정 차원의 기하학적 형태를 띠고 나타난 〈단순성의 사물〉로 곧잘 지각된다는 점도 함축하고 있다. 이는 앞서 설명했던 〈변환의 범주〉에 속하는 사례이기도 하다(PR 310/596). 즉, 우리의 지각 속에도 선과 면 그리고 입체적인 3차원의 형식들이 매우 중요한 것으로 떠올려진다는 점에서 바로 이 〈변형의 느낌〉이 중요하다는 얘기다.

"변형의 증대를 지배하고 있는 기하학적 관심은, 이 변형의 자리에 의해 한정되는 완전한 선, 면 및 3차원의 평탄한 부분을 중요한 것으로 끌어올린다. 그 통합 과정에서 이러한 보다 폭넓은 기하학적 요소들은 보다 단순한 단계에서 성립된 성질들과 연관을 맺게 된다. 이 과정은 변환의 범주$^{\text{Category of Transmutation}}$의 한 예이다. 그래서 이는 매개적인 개념적 느낌의 개입으로 설명되어야 한다." (PR 310/596)

그리고 이 〈변형의 느낌〉에 의해 철저하게 기하학화된 장소를 화이트헤드는 〈변형의 장소〉라고 말하면서(PR 319/610), 이 〈변형의 장소〉는 우리의 우주시대에서 볼 때 4차원적인 것으로 자리한다고 봤었다. 적어도 우리한테는 이것이 가장 일반적인 경험의 차원이라는 것이다.

"변형의 장소$^{\text{strain-locus}}$란 지각하는 계기의 여러 변형의 느낌에 의해 철저하게 기하학화된^{geometricized} 장소를 말한다. 그것은 모든 차원들에 대한 직선과 평탄한 장소의 대륙이라는 특성을 지녀야만 한다. 따라서 그 경계는 교차 부분을 갖지 않는 3차원의 평탄한 장소일 것이다. 변형의 장소는 3차원의 평탄한 장소에 가깝지만 사실은 시간의 두께$^{\text{time-thickness}}$를 갖는 4차원적인 것이다."

(PR 319/610)

화이트헤드가 말하는 〈변형의 느낌〉은 앞서 말한 〈우주를 공간화한다〉는 지각 경험에 있어 그것이 우리의 우주시대를 지배하는 어떤 기하학적 느낌으로 정착되어진다는 점을 알려주고 있다. 즉, 우리의 지각에서는 이 우주의 유동하는 사물들이 선과 면, 어떤 입체적 형태의 정지된 사물들로 접근되고 있음을 말해주는 것이기도 하다. 이 〈변형의 느낌〉에 의해 철저하게 〈기하학화된〉 변형의 장소는 앞서 말한 〈우주를 공간화한다〉는 양상에서 볼 때 보다 근본적인 성격을 띤다. 왜냐하면 화이트헤드는 〈표상적 직접성〉의 발생이 바로 이러한 〈변형의 느낌〉과 〈물리적 목적〉과의 통합에서 일어난다고 보고 있기 때문이다.

이로 인해 화이트헤드는 〈변형의 느낌〉에 의해 기하학화된 장소인 〈변형의 장소〉를 〈표상적 직접성〉의 지각을 위한 본질적인 구성 요소로 보고 있다.

"표상적 직접성은 변형의 느낌과 〈물리적 목적〉의 통합에서 생긴다. 따라서 변환의 범주에 의해, 〈물리적 목적〉에 포함된 감각자료는 투사자projectors에 의해 한정된 어떤 외적인 초점적focal 영역 위에 투사(投射)된다." (PR 323/618)

"사실 〈변형의 장소〉는 표상적 직접성의 방식에서의 지각을 위한 본질적인 구성 요소로서 생겨난다." (PR 322/616)

따라서 유기체의 진화는 단순 비교의 느낌일 뿐인 〈물리적 목적〉의 국면에서 〈변형의 느낌〉과의 통합을 통해 비로소 유동하는 이 우주를 공간화된 것으로서 지각하는 길을 열어놓게 된 것이다.

● 변형의 느낌
- 여건 속에 예시된 형식들이 곧고 평탄한 기하학적 장소와 관계하고 있는 느낌

● 변형의 장소
- 지각하는 계기의 변형의 느낌에 의해 철저하게 기하학화된 장소 (4차원성)

표상적 직접성 ← 물리적 목적 + 변형의 느낌

화이트헤드가 말한 <투사>의 의미

이때 화이트헤드는 <변환의 범주>에 따라 물리적 목적에 포함되어 있던 감각자료[감각여건]에 대한 <투사>投射, projection가 신체를 지닌 바로 그 경험 주체한테 일어난다고 봤었다(PR 323/618). 이것이 바로 우리가 신체를 통해 동시적인 세계를 지각할 때 일어나는 일이라는 것이다. 화이트헤드는 신체적 경험에 있어 신체의 다양한 부분들을 투사된 감각자료[감각여건]를 위한 <근거들>reasons로 본다.

"손은 투사된projected 촉각-감각자료touch-sensum의 근거이며, 눈은 투사된 시각-감각자료sight-sensum의 근거이다. 우리의 신체적 경

험은 근본적으로, 표상적 직접성이 인과적 효과성에 의존하고 있음에 대한 경험이다."(PR 176/363)

사실 〈투사〉projection라는 용어는, 프로이드S. Freud의 정신분석 이후로 오늘날엔 심리학적 의미로는 매우 빈번하게 많이 쓰이지만, 여기서는 단지 어떤 초점focus을 향해 주체의 느낌을 쏜다(던진다)는 의미로 보는 것이 더 나을 것 같다. 현대 심리학에서 말하는 〈투사〉란, 주체가 자신 속에 존재하는 생각, 감정, 표상, 소망 등을 자신으로부터 떼어내 그것들을 외부 세계나 타인에게 이전시켜 그 곳에 존재하는 것처럼 만드는 심리적 작용을 뜻한다. 이러한 〈투사〉의 의미는 인간의 심리 작용에 맞춰져 있지만, 화이트헤드의 철학에서 말하는 〈투사〉는 우리의 신체적 경험에 있어 보다 근본적인 존재론적 문맥에서의 의미를 갖는 것이다. 물론 넓게 보면 기존 심리학에서 말하는 그러한 〈투사〉라는 심리 작용 역시 화이트헤드가 말한 〈표상적 직접성〉의 지각과 관련한다는 점에서 완전히 무관하진 않을 것으로 본다. 어쨌든 화이트헤드는 적어도 고등 유기체의 신체적 경험에서 드러나는 〈표상적 직접성〉의 지각이 갖는 기본 얼개를 〈투사〉로 보고 있다.

그렇기에 여기서 말하는 〈투사〉의 의미가 근원적으로는 인간생활에 적용되는 심리학적 의미보다는 오히려 공간의 성질을 연구하는 기하학적 의미와 관련해서 보는 것이 좀 더 나을 것으로 보며, 이 경우 화이트헤드가 말한 'projection'은 〈사영〉射影으로도 표현될 수 있다는 점도 덧붙여둔다. 한자 뜻은 '그림자를 쏜다'인데 비슷한 말로 〈투영〉投影도 있다. 그런데 이 〈사영〉이라는 표현은 이미 수학 분야에서 사용되고 있는 용어여서 여기서는 그대로 쓸 것이다. 수학에서 말하는 〈사영〉이란, 평면이나 공간 위에 있는 도형의 각 점을 평면이나 공간 위에 있지 않는 점을 잇는 직선을 긋는 것을 말하며, 더 간단히는 '도형이나 입체를 다른 평면에 옮기는 일'이라는 뜻을 담고 있다(네이버 사전 참조). 수학에서의 〈사영 기하학〉Projective Geometry은 바로 이에 대한 기하학 연구에 속한다. 화이트헤드는 이미 케임브리지 수학의 시기에 『사영 기하학의 공리』 *The Axioms of Projective Geometry*(1906년)를 저술한 바가 있었는데, 여기서 말한 〈투사〉의 의미도 결국 이 사영 기하학 연구에 그 뿌리를 두고 있다고 본다면,7) 앞서 말한 〈우주를 공간화한다〉는 유기체의 지각 작용의 의미도 좀 더 분명하게 드러날 것으로 생각된다. 화이트헤드가 보는 유기체의 지각에는 바로 이러한 기하학적 느낌을 끌어들이고 있는 사영[투사] 작용을 통해 우주를 공간화된 것으로 지각하고 있다는 점이다. 그리고 이것의 확정은 뇌 속에서 일어나는 작용에 의해 정의된다(AI 216).

<표상적 직접성>의 지각에선 <투사>가 일어난다!

예를 들어 내 앞에 놓인 의자를 의식적으로 지각한다고 해보자. 이때 우리는 그 의자에 주목하면서도 의자를 제외한 환경에 대해서는 거의 주목하지 않는 편이다. 왜냐하면 〈표상적 직접성〉의 지각 방식에서는 〈투사〉가 일어나고 있기 때문이다. 이 투사에는 투사자projectors에 의해 한정된 어떤 〈초점적 영역〉focal region이 자리해있다. 그 초점적 영역을 제외한 다른 영역에 대해서는 오히려 냉담할 따름이다. 화이트헤드에 따르면, 그 환경 속의 동시적인 현실태에 대한 〈표상적 직접성의 '무관심indifference'〉 결코 과장된 것이 아니라고 말할 정도다(PR 324/618). 우리가 감각지각에서 〈의자 이미지〉를 느낄 때 그 의자를 제외한 환경 속의 현실태들에 대해선 별다른 주의를 갖지 않는다는 것이다. 따라서 여기에는 특정 부분에 초점화된 〈특별한 강조〉especial emphasis가 있고 그러한 강조의 증대에 따른 〈생생한 느낌들〉$^{vivid\,feelings}$이 자리해 있다.

"표상적 직접성은 어떤 〈초점적〉^{focal} 영역을 특별히 강조하는, 동시적인 기하학적 관계에 대한 생생한 느낌이 경험 안으로 들어오는 방식이다.

이 이론은 상식이 언제나 가정하고 있는 것이다. 우리가 채색된 어떤 형태를 목격할 때에, 그것은 실재하는 인간일 수도 있고, 유령 또는 거울에 비친 영상일 수도 있으며, 환각일 수도 있다. 그러나 그것이 무엇이든 간에, 그것은 거기에 있으면서, 우리에게 외적 공간의 어떤 영역을 보여주고 있는 것이다. 만일 일천 광년 떨어진 성운$^{星雲,\,nebula}$을 응시한다고 할 때에, 우리는 일천 광년 전의 과거를 되돌아보는 것이 아니다. 그런 식의 말은 해석상의 표현으로, 동시대 하늘의 반점^{patch}에 대한 광휘를 관찰하고 있는, 직접 경험의 원초적 사실을 간과하도록 만든다. <u>철학에서는 언어가 낳는 설명상의 변덕을 경계하는 일이 지극히 중요하다.</u>" (PR 324/619)

화이트헤드에 따르면, 우리가 〈표상적 직접성〉의 지각 경험에 있어선 어떤 색깔을 보든, 환상을 보든, 일천 광년 떨어진 성운을 보든 무엇을 보든 간에 그것은 어디까지나 〈직접적 현재에 대한 경험〉이라는 것이다. 여기서 말하는 〈직접적 현재〉란 앞서 언급했던 〈현재화된 장소〉를 의미한다. 그렇기에 〈표상적 직접성〉에 대해 간단히 말한다면, 그것은 〈현재화된 직접성에 대한 경험〉이라고도 볼 수 있다. 그 초점이 현재에 맞춰져 있기에 이 〈표상적 직접성〉의 경험은 과거나 미래에 대해서도 거의 냉담한 편이며 미미한 관련성만을 지닐 뿐이다. 따라서 여기에는 갑작스런 허상 또는 환상의 경험들도 지각 속으로 들어오는 것 역시 얼마든지 가능하다. 적어도 〈표상적 직접성〉에서 일어나는 〈투사〉는 직접적 현재에 대한 경험으로서의 특별한 강조와 생생한 느낌으로 경험되어진다는 것이다. 그 점에서 앞서 말한 〈외양적 자연〉 혹은 〈꿈으로서의 자연〉이 여기서는 〈변형의 장소〉를 포함하는, 〈투사〉로서의 자연에 상응된다고도 볼 수 있겠다. 이때 화이트헤드는 〈표상적 직접성〉에서의 투사가 전적으로 뇌^{brain}의 상태와 뇌를 특징짓는 체계적인 기하학적 관계에 의존한다는 점도 분명하게 함께 명시해놓고 있다.

"표상적 직접성에 있어서의 감각자료에 대한 투사는 전적으로 뇌의 상태와 뇌를 특징짓는 체계적인 기하학적 관계에 의존하고 있다. 뇌가 어떻게 자극을 받는가 하는 것은 그것이 눈을 통한 시각적 자극에 의한 것인가, 귀를 통한 청각적 자극에 의한 것인가, 또는 과도한 음주에 의한 것인가, 아니면 히스테리 특유의 정동(情動)에 의한 것인가 하는 것과는 전혀 상관없다. <u>뇌가 적절히 자극되기만 한다면, 경험 주체는 투사된 감각자료에 의해 예시되는 어떤 특정의 동시적 영역을 지각할 것이다.</u>" (PR 324/618)

즉, 외부의 자극들이 시각적인 것이든 청각적인 것이든 신체의 다양한 감각기관을 통해 흘러들어오는 경과들이 있어도 최종 핵심에선 이를 수렴하고 있는 신체의 뇌가 적절히 자극되고 있는가 하는 문제가 결국은 중요하다고 본 것이다. 〈직접적 현재〉라는 상(像)을 만들어내는 〈투사〉의 확정은 신체의 뇌 상태에 의존한다. 이런 점은 마치 신체 내 협력 작업에 의해 일종의 〈빔 프로젝트〉가 뇌 기관—물론 특정의 뇌

부위보다는 뇌 신체 전체의 협력 작용—을 통해 연출되는 것과도 유사하다.

▲ 마치 스크린에 빔을 쏘는 프로젝터처럼 <투사>는 고등 유기체가 세계를 지각하는 방식에 있어 핵심 작용에 해당한다. 이미지 출처 @pixabay.com

<표상적 직접성>의 지각은 한낱 <허상>일 뿐인가?

이제 앞서 고등 유기체의 지각에선 원자적 분할로서 지각하지 않는다는 의미가 좀 더 분명해진다. 고등 유기체의 지각은 결코 <인과적 객체화>의 흐름에만 머물지 않는다. 적어도 <표상적 직접성>의 지각 방식에서 세계와 접하게 되면 그 지각 과정은 세계에 대한 어떤 상(像)을 만들어내고 있는 것이다. 화이트헤드는 이러한 <표상적 직접성>에 대한 온전한 사례들로 다음과 같이 열거한 바 있다.

"순수한 양태mode의 표상적 직접성의 사례를 찾기 위해서는 이른 바 〈허상적〉delusive 지각이라는 것을 고려해야 한다. 예를 들면 거울 속에 보이는 회색의 돌에 대한 심상은 거울 배후의 공간을 예시해준다. 어떤 정신 착란이나 상상적인 흥분에서 생기는 시각적 허상은 주변의 공간적 영역을 예시해준다. 눈의 조절 불량에서 오는 이중상(二重像: 하나의 물체가 둘로 보이는 것)도 마찬가지이다. 밤에 별, 성운, 은하수를 보는 것은 동시적인 하늘의 막연한vague 영역을 예시해준다illustrates. 절단된 수족에서의 느낌은 현실적 신체 밖의 공간을 예시해준다. 병의 원인이 아닌 부분과 연관된 신체적 고통은, 고통을 주는 영역을 예시하지는 않지만 고통스러운 영역을 예시해준다. 이들은 모두 순수한 양태의 표상적 직접성의 완벽한 사례들이다." (PR 121/266)

이러한 〈표상적 직접성〉의 사례들 가운데서도 우리는 〈투사〉라고 표현한 것을 보다 극단적으로 볼 경우 결국은 어떤 〈허상〉이나 〈꿈〉으로 간주해버릴 수도 있을 것이다. 그렇다면 우리의 감각지각들에 대한 신뢰는 근본적으로 차단된 것인가? 즉, 우리의 〈표상적 직접성〉에 대한 지각은 무조건 불신되어야 할 필연적 운명을 갖는 것인가? 이에 대한 화이트헤드의 답변은 다행히 그렇지 않다는 것이다.

"다행히 경험 주체와 그 동시적인 현실태는 공통의 과거에 의존하고 있기 때문에 〈표상적 직접성〉은 〈내용 없는 심미적 현시〉barren aesthetic display 그 이상의 것이 되고 있다(PR 324/618)."

일반적으로 〈표상적 직접성〉에 의해 투사되어진 상(像)들은 주로 〈어림짐작>에 따른 것이라 해도 분명 유기체의 생존에 도움을 주는 방향의 예측적인 내용들이었을 걸로 본다. 적어도 유기체에게는 생존을 위한 신속한 대응들이 필요했을 것이며, 신체적 경험을 통한 예측시스템을 점차로 발달시킴으로써 보다 만족스러운 생존 방식들을 끊임없이 확보하고자 했을 것이다. 어떤 의미로 과학의 탄생도 유기체의 지각에서 일어나는 허상에서의 오차들을 끊임없이 완화하려는 노력과 시도로서 나온 것일 수 있다. 그것은 <표상적 직접성>의 지각을 통해 그것이 나온 <인과적 자연>에 관하여 계속적으로 추측[판독]하면서 그 정밀성을 점차로 높여갔던 과정이기도 했다. 결국 화이트헤드는 그의 형이상학 체계 안에, 우리의 경험들이 허상 또는 꿈으로도 간주될 수 있는 그러한 <표상적 직접성>의 지각 경험에도 불구하고 현대 과학에서 수행하는 <측정>measurement 작업이 근본적으로 어떻게 유의미한 것으로 가능할 수 있는지를 철학적으로 마련해놓고 있다는 점에서 한편으로는 매우 주목할 만한 것이라고 생각된다(* <측정>에 대한 관련 내용은 PR 제4부의 제5장에 나와 있는데, 이 문제는 화이트헤드가 말한 연장(extension)의 이론을 먼저 이해해놓고 있지 않으면 안 된다. 본서에선 제10장 내용 참조). 그렇기에 이러한 점을 감안하여 결론적으로 아주 단순하게만 언급해보자면, 우리는 자연의 인과적 흐름으로 인해 언제부턴가 꿈을 꾸게 되었고, 그 꿈으로써 자연에 대한 추측[판독]들을 수행하는 중에 있다는 애기가 될 것이다.

<표상적 직접성>의 지각은 사적인 심미적 백일몽에만 그칠 순 없다!

물론 우리의 감각지각이 <표상적 직접성>에서는 허상 또는 거의 허상에 가깝거나 하는 개별 차원의 사적인 경험에만 그치는 경우들은 매우 비일비재할 것으로 본다. 게다가 이 허상성이 지각자 주체에겐 매우 뚜렷하고도 자명한 느낌을 가져다 줄 수 있음도 물론이다. 외계인을 만났다는 사람의 경험도, 꿈 속에서의 경험도 마치 자명한 것처럼 뚜렷한 느낌의 확실성으로 다가온다. 그러나 앞서 우리는 유기체의 기본적인 지각 방식으로 〈인과적 효과성〉의 지각이 있고, 이것은 〈표상적 직접성〉의 지각과 〈공통의 기반〉을 지닌다는 점도 살폈었다. 〈표상적 직접성〉은 〈인과적 효과성〉으로부터 파생된 것이다. 따라서 우리는 〈인과적 효과성〉에 의존된 〈표상적 직접성〉의 지각을 통해 인과적인 자연의 흐름을 추적해보는 〈역추적〉의 가능성도 함께 갖고 있다. 적어도 〈자연에 대한 객관성〉을 추적해볼 수 있는 여지만큼은 계속 갖추고 있다는 사실이다. 베르그송이 얘기한 〈공간화〉라는 표현을 써서 언급해보자면 결국 화이트헤드는 베르그송과 달리 지성의 작용인 〈공간화〉를 통해서도 자연의 흐름을 추적할 가능성도 함께 열어놓고 있는 것이다. 화이트헤드는 이 점에서 현대 과학의 측정 작업들이 비록 신체를 통한 〈표상적 직접성〉의 지각 방식으로 수행되고 있긴 하지만 그것이 한낱 사적인 심리적 장(場)과 관계될 뿐이라면 그러한 과학의 작업은 결국 공공적 중요성의 작업을 상실하여 그저 한 개인의 백일몽으로만 끝날 수가 있음도 분명하게 지적한다.

"모든 정밀한 관찰은 표상적 직접성의 양태에서의 지각으로 이루어지고 있다는 것.

이러한 지각이 단지 사적인 심리적 장과 관계될 뿐이라면, 과학은 아무런 공공적 중요성public import도 갖지 않는, 한 개인의 백일몽이 되고 만다는 것." (PR 333/634)

제9장 화이트헤드의 지각 이론

화이트헤드는 과학이 수행하는 정밀한 관찰조차도 일단은 〈신체를 가지고 있음〉witness of the body에 의거하는 〈표상적 직접성〉의 지각 방식으로 이루어지고 있다고 본다. 하지만 이것이 단지 사적인 심리적 장(場)으로만 끝나는 건 아니며 과학이 갖는 〈공공적 중요성〉으로도 이끌어낼 수 있다는 것이다. 과학자들은 물리적 사건들 간에는 질서 또는 법칙이 존재하는 것으로 여긴다. 만일 자연에 질서나 법칙이 있다는 신념이 아예 불가능하다거나 전혀 없다고 여긴다면 자신들의 연구 동기 역시 근본적으로 존립하기 힘들 것이다. 이때 과학자들이란 우리의 표상적 직접성의 지각 경험에 있어서도 자연의 질서적인 체계가 될 만한 어떤 수학적 관계들을 끄집어낼 줄 아는 이들이 될 것으로 본다.

"모든 정밀한 측정은 표상적 직접성의 양태의 지각과 관계되어 있고, 그러한 관찰은 순수하게 환경의 체계적·기하학적 형식—변형의 자리seat of the strain로부터 투사자들projectors에 의해 한정되며, 환경을 구성하는 현실태와는 무관한 그런 형식—과 관계되어 있다는 것이다. 세계의 동시적 현실태는 이러한 관찰과 아무런 관련도 없다. 모든 과학적 측정은 다만 이러한 현실태가 생겨난 체계적인 실재적 가능태와 관계될 뿐이다. 이것이 물리학은 단지 세계의 수학적 관계만을 문제 삼는다는 학설의 의미인 것이다.

이러한 수학적 관계는, 우리들이 삶을 향유하고 있는 이 우주 시대의 특징을 이루고 있는 연장성extensiveness의 체계적 질서에 속하고 있다. 전자, 양성자, 분자, 물체와 같은 존속체들enduring objects의 사회는 그러한 질서를 유지시키는 동시에 그것으로부터 생겨나기도 한다. 따라서 <u>표상적 직접성에 포함되어 있는 수학적</u>

관계는 지각된 세계와 지각자의 본성에 똑같이 속해 있다. 이러한 수학적 관계는 공공적 사실인 동시에 사적 경험이기도 하다."
(PR 326/622-623)

여기서 〈체계적인 실재적 가능태〉systematic real potentiality라 함은 일단 앞서 언급된 바 있는 실재적 가능태들 중에서도 객관적 종의 영원한 객체들 즉 수학적 형상들을 떠올리면 좋을 듯싶다(* 측정가능성이 마련될 수 있는 〈기하학적 사회〉에 대해선 다음 장에서 언급될 것임). 쉽게 말해서 표상적 직접성은 사적인 지각에 속하지만 또 한편으로 이러한 〈체계적인 실재적 가능태〉와의 관계를 내포할 수 있다는 점에서 정밀한 과학적 측정의 길로도 나아갈 수 있다는 것이다.

"물리적 우주에 대한 지적 이해가 가능한 것은 바로 이러한 궁극적 체계의 현시disclosure 때문이다. 모든 관련된 사실에 침투해 있는 체계적 골격이라는 것이 있다. 이러한 골격과 관련됨으로써, 풍부한 세계의 가변적이고도 상호 이질적이며, 변덕스럽고도 무상한evanescent 세부사항들은 우주 체계의 공통항common terms과의 상관관계에 의해 드러나는 상호 관계를 지닐 수 있게 된다.
… (중략) …
표상적 직접성에서 드러나는, 수학적 관계와의 진정한 관련성의 발견이야말로 자연을 지적으로 정복하는 첫걸음이었던 것이다. 정밀 과학은 그 다음에 탄생하였다. 자연의 사실로서의 이러한 관계를 도외시한다면, 그런 과학은 무의미하고, 바보가 믿는 백치의 이야기가 되고 만다. 예를 들어, 어떤 저명한 천문학자가 사진판의 측정치를 토대로 은하계의 공전 주기가 대략 3억 년이라고

제9장 화이트헤드의 지각 이론

추측할 경우, 그 의미는 이 우주 시대에 편재해 있는 체계적인 기하학적 관계로부터 도출될 수 있을 뿐이다. 그러나 만일 그 천문학자가 어린이의 팽이의 회전 주기에 대해서 유사한 진술을 했더라도, 그는 체계에 대한 동일한 관련을 필요로 했을 것이다. 또한 이 두 주기는 그 체계의 견지에서 비교 가능하게 되는 것이다." (PR 327/624)

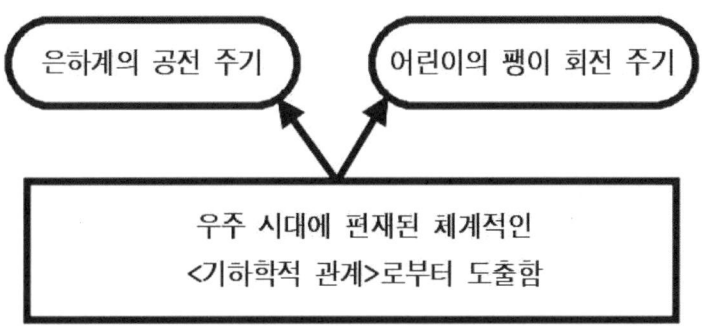

이처럼 과학에서는 표준적인 측정의 마련이 없다면 은하계의 공전 주기나 팽이의 회전 주기에 대해 일관된 비교 진술을 한다는 것은 불가능할 것이다. 우리의 우주시대에 관련된 사실에 침투해 있는 체계적 골격은 표상적 직접성의 지각에서 포착된 수학적 관계와의 관련성을 통해 드러날 것이며 이를 통해 보다 정교한 표준적 측정의 구현으로 계속 접근해 들어갈 것으로 본다. 과학에서 수학이라는 체계는 유기체의 가변적인 지각 현실에 어떤 영속성이 될 만한 안정성을 들여놓고 있는 것이다. 물론 화이트헤드는 수학이 철학에 끼친 불행스런 영향들도 간간히 언급한 바가 있는데 그것은 수학의 주요 방법인 연역법이 철학에서는 마치 표준적인 방법처럼 간주된다거나(PR 9/62) 사물의 존재를 고찰할 때 창조와 변화를 잊고 마치 정태적인 성격이 사물의 본질인 것처럼 과정으로서의 활동성과 생명력을 간과하도록 한 점도 있다는 것이다(MT 81). 그럼에도 수학이 문명화에 있어 필수불가결하다는 점은 분명해보인다. 인류의 모험은 이를 또 발판으로 삼아서 한 발 더 나아가는 예측적 시도를 감행해왔다. 어쨌든 화이트헤드는 우주의 진화 과정에 있어, 유기체의 지각에선 전자와 분자들의 계^{system}가 〈인과적 원인〉이 되고 있으면서도 고등 유기체로 진화하면서 자연에 대한 지각 혹은 사물 인식에 있어선 전자와 분자들의 계를 직접적으로 지각하는 그러한 방향의 진화로 간 것이 아니라 우리의 감각지각에 어떤 심적 부가물들이 형성되는 방향으로 간 것으로 본다. 화이트헤드는 그것의 단초를 우리의 우주시대에 갖는 〈변형〉에서 끌어내었고 이 〈변형들에 대한 질서화〉$^{the\ ordering\ of\ strains}$를 표현해내는 작업이 바로 오늘날의 과학이 복무하고 있는 작업으로 봤던 것이다.

> "질서화된 물리적 복합성의 증대는 변형들 간의 질서화된 관계성의 증대에 의존한다. 맥스웰의 전자기 방정식과 같은 수리물리학의 기본적인 방정식은 물리적 우주를 관통하는 변형들의 질서화를 표현하고 있다." (PR 311/597)

어쩌면 과학자들에게도 가장 신비한 체험은 진화하는 이 우주가 한편으론 이해되고 있다는 점 그 자체에도 있지 않은가 싶다. 자연은 어느 순간부터 자연 스스로를 이해해가는 길로 들어선 것이다. 그런데 이 방법은 〈소박한 실재론〉의 접근이 아닌 마치 어떤 사적인 환영$^{幻影,\ illusion}$ 같은 감각을 통해서라는 점은 매우 역설적으로 우리에게 다가온다. 자연을 이해하려는 우리의 방법들이 보다 정밀해지고 정교해지려는 방향이긴 해도 그렇다고 해서 모든 불완전성과 불확실성이 백퍼센트 제거된 완벽한 방법은 아닐 것이다. 무엇보다 시공간의 제약으로부터 비롯되는 몸의 한계부터가 우리의 지각 경험에 있어서도 오차를 낳게 하고 있다. 자연을 탐구하면서 자연의 인과적 흐름을 추적하는 작업들이 쉽지만은 않은 이유도 바로 이와 관련된다고 볼 수 있겠다. 우리는 감각지각에 있어 내 앞에 놓인 〈의자〉나 〈당구공〉을 모호하거나 희미하게 지각하지 않으며 보다 명확하고 뚜렷한 —명석 판명한— 느낌으로서 지각한다. 당구공의 빨간 빛깔과 딱딱한 촉감은 지각자에게 마치 자명한 느낌처럼 생생하게 경험된다. 하지만 이와 같은 〈표상적 직접성〉으로서의 지각은 자연이 갖는 1차적 성질에 속하는 것이 아니었고 오히려 그로부터 파생된 2차적인 것에 해당한다. 물론 그것이 피상적인 주체의 경험에도 속하고 있지만 또 한편으로 그것은 사적인 경험에만 그치는 것도 아니라는 점에서 인과적 자연에 대한 지성적 접근의 길도 분명 열려 있다고 보는 것이다.

그렇더라도 사실상 〈표상적 직접성〉의 지각 방식은 매우 피상적이고 가변적인 성격을 띤다. 그렇다면 이제 또 한 가지 드는 의문은, 자연의 진화가 고등 유기체로 갈수록 왜 이런 방식의 지각을 갖도록 진화했을까 하는 점이다. 이에 대해 그나마 우선 한 가지 유추해볼 수 있는 점이 있다면, 적어도 그것은 기본적으로 ⅰ) 유기체의 생존에, 그리고 ⅱ) 좀 더 나은 만족스런 생존에, 궁극적으로는 ⅲ) 그러한 만족을 계속 더 획득해가는 방향으로 분명하게 기여했었기 때문이라고 여겨진다. 즉, 유기체의 진화 과정에서 〈표상적 직접성〉의 지각이 발달하게 된 것은 바로 이러한 점에 대한 기여도가 있었다고 보는 것이다. 방금 말한 이 3가지는 화이트헤드가 『이성의 기능』(*The Function of Reason*, 1929년)에서도 언급한 바 있는, 생명체의 진화에 깃든 3중의 충동이기도 하다(FR 5). 자연의 진화에는 이러한 3중의 충동 역시 자리하고 있으며,

이를 통해 해당 유기체는 자신이 속한 환경에 대해 적극적으로 대처하고 있다는 것이다.

<표상적 직접성>의 지각이 갖는 <피상적인 가변성>의 유용함

화이트헤드가 보는 <표상적 직접성>의 지각 방식은, 명확하고 뚜렷한 성격을 띠면서도 한편으로는 지극히 <피상적인 가변성>superficial variability 의 성격을 띤다는 점도 밝혀놓고 있다. 화이트헤드에 따르면 고등 동물의 신체가 갖는 감각지각일수록 이러한 <피상적인 가변성>은 훨씬 더 발달되어 있다고 말한다.

> "고등 동물들은 시각, 청각, 후각 그리고 미각과 같은 자연과의 피상적인 관계들을 발달시켰었다. 또한 그러한 연결들은 고등동물의 고등 특성에 비례하여 변경도 가능하다. 예컨대, 우리는 단지 눈을 감기만 해도 시각적 경험은 사라진다. 우리는 귀를 막을 수 있으며, 그럴 경우 청력도 없앨 수 있다." (MT 29)

> "우리의 경험을 논할 때, 첫 번째로 주목할 점은 질적인 세부사항에 대한 우리의 분명한 의식 속에 있는 피상적인 가변성이다. 이것은 빨갛고, 저것은 시끄러우며, 다른 하나는 사각형이라고 하는, 결단력을 발휘하는 의식은 집중과 제거의 결과이다." (MT 108)

여기서 <피상적>이라 함은 과거로부터 계승되어지는 육중한 느낌의 지각과는 또 다르게 그런 육중함의 느낌이 빠져있는 어떤 표피적인 얕은 느낌을 일컫는다. 이 지각에선 과거로부터의 육중한 느낌이 빠져 있기 때문에 이 <표상적 직접성>에서의 지각은 과거나 미래에 대해선 최소한의 관련성만을 가질 뿐이다(PR 179/368). 이러한 피상적인 성격은 금방금방 손쉽게 바뀌기도 한다는 점에서 <가변성>과도 함께 맞물려 있다. 즉, 고등 유기체일수록 명확하고 뚜렷한 변화무쌍한 경험들이 제어되는 그러한 신체적 기능들을 확보하고 있다는 것이다. 이렇게 된 연유는 진화를 하면서 자연과 동물 사이의 연결성(connexity)에 있어 피상적 측면을 강조함으로써 그만큼 전체 세계에 대해 다룰 수 있는 관리 파악력을 향상시킨 점에 있다(MT 30). 즉, 변화무쌍한 가변적 성격의 감각지각을 보다 손쉽게 제어할 수 있음으로 인해 적어도 가변적인 환경 세계에 대한 대처로서의 대응[대처] 탄력성 역시 비례해서 더 높일 수 있었다는 얘기다. 이처럼 뚜렷한 감각은 우리 삶에 있어 매우 가변적인 요소라는 점을 드러내고 있다(MT 112).

<표상적 직접성>의 지각이 갖는 <피상적인 가변성>은 변화무쌍한 환경에 대한 대응[대처] 능력 향상에 일조한다. 독을 품고 있거나 탈을 일으키는 빨간 빛깔의 열매를 경험했다면 이후로는 그러한 빛깔과 모양의 열매를 피하는 경험을 손쉽게 선택할 수 있다. 만일 어떤 시끄러운 소리가 삶을 방해하고 있다면 그에 대해선 귀를 막는 것으로 해결하거나 아예 자리를 떠나 이동하는 선택을 시도해볼 수도 있는 것이다. 그럼으로써 다양한 경험들이 선택적으로 향유될 수 있게 된다. 그렇게 되면 해당 유기체는 좀 더 다양한 선택들을 손쉽게 다룰 수 있게 될 뿐만 아니라 그럼으로써 무엇이 좀 더 나은 선택인지 다시 말해서 무엇이 좀 더 중요한 지를 선택하는, 그러한 방향으로 그 자신의 주의집중을 이끌 수 있는 것이다.

"동물들은 진화해오면서 자연과의 연결성^{connexity}에 대한 피상적인

측면들을 강조했었는데, 그렇게 함으로써 세계에 대한 어떤 관리 가능한 파악^{grip}을 얻게 되었다. 인간 영혼으로서의 중추적 유기체는 주로 인간 현존에 있어선 사소한 것들과 관련된다. 그것은 기본적인 신체 기능의 활동들에는 쉽사리 숙고하지 않는다. 식물성 음식을 신체가 소화하는 일에 주의를 기울이는 대신에 떨어지는 낙엽에 반짝이는 햇살을 붙잡는다. 그것은 시적 감동을 북돋운다. 인간은, 어리석은 기획과 불합리한 희망을 간직하고 있는 우주의 유아이다. 나무는 단순한 생존 업무에 붙들려 있으며, 약간의 미미한 차이는 있겠지만 굴^{oyster} 역시 그러하다. 이런 식으로 생존에 대한 삶의 목표는 다양해진 가치 경험을 위한 인간 생존의 목표로 수정되었던 것이다." (MT 30)

결국 고등 유기체로 갈수록 변화무쌍한 환경에 대한 탄력적인 대응 또는 융통성 있는 대응력 발달의 진화가 경험에서 일어났다고 볼 수 있다. 특히 인간 지성의 발달은 우리 머릿속에서도 다양한 사고실험들을 하도록 이끌었다. 상상력의 발달이 한편으로 알려주고 있는 바는, 설령 그러한 것들이 피상적인 허상의 경험들이라도 그러한 허상들을 다양하게 동원하고 조작하면서 여러 방면의 모의실험들을 어떤 물리적 힘을 많이 들이지 않고도 할 수 있게 되었다는 점에 있다. 아마도 이에 대한 가장 명시적인 사례를 든다면, 그것은 바로 〈상징〉^{symbol}에 대한 활용과 조작일 것이다. 화이트헤드는 이러한 활동을 일컬어 〈상징작용〉^{symbolism}—또는 상징활동, 상징화 등—이라고 불렀다. 화이트헤드가 보는 〈상징작용〉은 그 체질상 〈비본질적 요소〉$^{unessential\ element}$를 갖고 있으며, 시간적 시대와 관련해서는 획득되거나 폐기되기도 한다는 점에서 〈피상적인 본성〉$^{superficial\ nature}$을 잘 보여주는 것으로 언급된다.

> "상징작용은 그 체질상 어떤 비본질적 요소를 갖고 있다. 그것이 한 시대에서는 획득될 수 있고 다른 시대에서는 폐기될 수 있다는, 바로 그 사실 자체는 상징작용의 피상적 본성을 증명해준다." (S 1)

〈상징작용〉은 삶의 도처에 널려 있다(S 1). 인간의 경험은 거의 동물과 비교할 수 없을 만큼의 큰 차이를 보일 정도로 엄청나게 풍부하고 다양한 상징들을 활용하고 있으며 시시각각 새롭게 만들어내기도 한다. 인간과 동물의 차이는 어떤 의미에선 단지 정도의 차이에 지나지 않겠지만 또 한편으로 그 정도의 폭이라는 것이 실로 현격한 차이를 빚어낼 만큼, 인간은 동물이 건널 수 없는 루비콘 강을 건넌 것이다(MT 27).

상징적 연관[지시] = 인과적 효과성 + 표상적 직접성

이제 고찰해야 할 지점은 앞서 말한 유기체의 두 지각 방식과 관련한 〈상징작용〉에 대해서다. 화이트헤드에 따르면, 인간의 지각 경험은 언제나 〈인과적 효과성〉과 〈표상적 직접성〉이라는 두 지각이 혼합된 방식의 지각으로 되어 있다고 말한다(PR 168/350). 그는 이를 〈상징적 연관〉symbolic reference이라고 불렀다(* 여기서의 reference는 '가리킴'을 뜻한다고 보기에 필자로선 주로 〈상징 지시〉라는 번역을 선호하는 편이지만 여기서는 현재 PR국역판의 '상징적 연관'을 그대로 쓸 것이다). 즉, 화이트헤드가 말하는 〈상징적 연관〉은 〈인과적 효과성〉과 〈표상적 직접성〉이라는 두 지각 양태 간의 상호 작용을 일컫는 개념인 것이다(PR 121/266). 적어도 고등 유기체의 지각에서는 이 두 개의 지각 방식은 혼합되어 있다.

왜냐하면 고등 유기체의 경우는 기본적인 〈인과적 효과성〉의 지각뿐만 아니라 파생적인 〈표상적 직접성〉의 지각도 함께 지니고 있기 때문이다. 그 점에서 인간의 지각 경험 역시 〈상징적 연관〉을 갖는 것에 해당한다. 이 〈상징적 연관〉은 두 지각 방식이 혼합된 것에 해당하지만, 이것이 갖는 어떤 주된 패턴이 있다면 그것은 다음과 같다.

> "상징적 연관은 비록 복잡한 인간의 경험 속에서 동시에 두 방식으로 활동하는 것이긴 하지만, 주로 표상적 직접성 방식의 지각 대상의 변동적인fluctuating 개입에 의해 인과적 효과성 방식의 지각 대상을, 해명하고 있는 것으로 보아야 한다." (PR 178/366-367)

이는 앞서 언급한 것처럼 표상적 직접성의 지각 경험을 통해 인과적 자연에 대한 추측[판독]의 설명으로 나아간다는 점을 얘기하고 있다. 또 한 가지 〈상징적 연관〉이 갖는 흥미로운 패턴은 언어를 사용하는 용례와도 관련된 것인데, 〈형용사〉는 주로 〈표상적 직접성〉으로부터 나오는 것들을, 그리고 〈명사〉는 〈인과적 효과성〉에서의 지각 대상을 전달해주고 있다는 점이다.

> "항상 그렇지는 않지만, 일반적으로 형용사는 직접성의 양태에서 파생된 정보를 표현하고, 명사는 효과성의 양태에 있어서의 막연한 지각 대상을 전달한다는 것을 알 수 있다." (PR 179/368)

예를 들어, 〈빨간 당구공〉이라는 표현에서 '빨간'이라는 형용사와 '당구공'이라는 명사를 살펴보자. 이때 '빨간'이라는 형용사는 〈표상적 직접성〉의 방식에서 파생된 정보를 표현해준다는 것이며, '당구공'이라는 명사는 〈인과적 효성〉의 방식에서의 막연한 지각 대상을 전달해주고 있다는 것이다.

[사례1]
> 빨간 + 당구공
> (형용사)   (명사)
> (표상적 직접성) + (인과적 효과성)

[사례2]
> 회색의 + 돌
> (형용사) (명사)
> (표상적 직접성) + (인과적 효과성)

화이트헤드가 직접 예시를 든 〈회색의 돌〉$^{grey\ stone}$의 경우도 마찬가지다. '회색의^{grey}'라는 형용사는 현재적 직접성의 경험과 관련되고 있으며, '돌^{stone}'이라는 명사는 결국 과거로부터 계승되고 있는 인과적 효과성의 모호한 경험과 관련되고 있는 것이다.

> "예를 들면, 〈회색의〉라는 말은 바로 우리의 눈앞에 있는 회색의 모양을 가리킨다. 이 지각 대상은 명확하고, 한정되어 있으며, 제어될 수 있고, 쾌적하거나 불쾌하며, 과거 내지 미래와는 아무런 관련도 없다." (PR 179/368)

> "그러나 〈돌〉이라는 말은 본질적으로, 직접적 미래의 예상과 결부

되어 있는, 직접적 과거에 있어서의 효과에 대한 특정한 느낌을 가리키는 말이다. 이 느낌은 모호하게 국소화^{localization}되어 있으며, 그래서 〈회색의〉이라는 지각 대상의 극히 명확한 국소화와 동일한 것으로 추정되고 있을 뿐이다." (PR 179/368)

〈회색의 돌〉이라는 지각 경험은 회색으로 한정되고 있는 정보와 막연한 지각 대상으로서의 돌이 서로 결부돼 있는 혼합된 〈상징적 연관〉에 해당하지만, 결국은 회색이라는 추정을 통해 막연한 지각대상으로서의 돌에 접근하고 있는 것이다. 그렇기 때문에 화이트헤드는 표상적 직접성 방식에서의 지각 대상은 인과적 효과성에서의 모호한 지각 대상을 식별하기 위한 〈증거〉^{evidence}로도 채택될 수 있다고 말한다.

"따라서 의식적 판단$^{conscious\ judgment}$,에 관한 한, 상징적 연관은 직접성의 양태에서의 지각 대상을, 효과성의 양태에서의 모호한 지각 대상을 국소화하고 식별하기 위한 증거로서 받아들이고 있다." (PR 179/369)

물론 이 증거가 〈정당화〉^{justification}에 실패할 수도 있다. 우리가 목격했다고 간주한 〈빨간 당구공〉은 실제로 그렇지 않을 수 있는 것이다. 그럴 경우 우리의 추정은 더욱 모호해지고 혼란스러워질 수 있다. 적어도 화이트헤드가 보는 〈상징적 연관〉에서의 지각 작용은 신체적 경험에 따르고 있을 뿐만 아니라 그와 관련해 오류를 범할 수 있다는 얘기다(PR 180/370). 〈빨간 당구공〉이나 〈회색의 돌〉도 그렇지만, 앞서 언급한 바 있는 〈네모난 도시락〉이나 〈삼각 김밥〉의 경우도 형식적 패턴에선 크게 다르지 않다. 그것은 어쩌면 네모난 형태일 수도 있지만 아닐 수도 있으며, 삼각형일 수도 있지만 아닐 수도 있는 것이다. 이때 화이트헤드는 이 〈정당화〉의 시금석이 어디까지나 실용주의적인 것이어야 한다고 했다(PR 181/371). 그것이 우리 삶에 있어 계속적으로 편리한 유용성을 제공해주고 있다면 그것은 마치 진리인 것처럼 간주될 것이다. 일상에서의 우리는 〈네모난 도시락〉과 〈삼각 김밥〉을 참인 사실로 간주하더라도 아무런 문제나 불편 없이 오히려 잘 통용하며 쓰는 편이다. 적어도 상징을 사용하는 본질적 이유 가운데 하나로 화이트헤드는 그 〈편리함〉handiness에 있다고 말한다(PR 183/375). 심지어 〈진리〉truth라는 말이 과장일지언정, 〈진리〉라는 의미 그 자체가 실용주의적인 것이라고 해도 거의 지나친 말이 아니라고까지 했다(PR 181/371). 이러한 그의 주장은 어떤 역설마저 느끼게 해주는 놀라운 언급이 아닐 수 없다. 흔히 영원불변의 〈진리〉라고 간주되는 것들도 알고 보면 인간들의 삶에 맞춰진 〈편의상의 진리〉인 셈이다.

상징적 연관[지시], 상징에서 의미로의 연관

이 〈상징적 연관〉에 대한 자세한 소개와 분석은 화이트헤드가 PR 이전에 썼던 『상징작용: 그 의미와 효과』 *Symbolism: Its Meaning and Effect* (1927년)에도 잘 나와 있다. 화이트헤드는 이를 다음과 같이 설명했었다.

"인간 정신은 그 경험의 일부 구성요소가 다른 어떤 구성요소에 대하여 의식, 믿음, 감정, 쓰임새 등을 이끌어낼 때 상징적으로 기능한다. 이때 전자의 구성요소가 〈상징〉symbols에 해당하고, 후자의 구성요소는 그 상징에 대한 〈의미〉meaning를 구성한다. 상징에서 의미로의 이행transition이 이루어지는 그 유기적 기능을 〈상

징적 연관>이라고 부를 것이다."(S 7-8)

이에 대한 아주 간단한 예는 다음과 같다.

"단어는 일종의 상징이며, 그것의 의미는 듣는 이의 마음 속에 불러일으키는 관념들, 이미지들, 감정들로 구성된다."(S 2)

여기서 어떤 단어를 〈상징〉이라고 했을 경우, 그 단어로 인해 불러일으키게 되는 여러 요소들—관념, 이미지, 감정 등—은 〈의미〉로 구성된다는 것이다. 하지만 이것은 이해를 돕고자 명료하게 표현한 아주 단순한 예시에 불과하다. 오히려 실제 경험과 관련해 고찰할 경우 보다 복잡한 양상으로 나타날 수 있다. 즉, 실제적인 〈상징적 연관〉에 있어선 어느 것이 〈상징〉이고 어느 것이 〈의미〉인지는 명확하게 결정되어 있는 건 아니라는 얘기다. 우리의 실제 경험들은 상당히 유동적이고 복잡하기 그지없다. 그래서 화이트헤드는 그 지각주체의 경험구조에 따라 〈상징〉과 〈의미〉가 뒤바뀌는 사례들도 언급하고 있다. 예컨대 단어는 〈상징〉이지만, 단어는 글자로 쓰여질 수도 있고 소리를 갖는 말로 표현될 수도 있으며, 말로 표현된 단어에서 시작해 글로 표기된 단어에 대한 시지각을 이끌어낼 수도 있을 뿐만 아니라 나무 숲속을 걷는 시인에게는 나무가 〈상징〉이 되고 단어는 〈의미〉가 되기도 한다(S 10-11). 결국 화이트헤드에 따르면, 어느 쪽 구성요소가 〈상징〉의 역할을 할지 〈의미〉의 역할을 할지는 결국 그 경험 행위의 특수한 구조에 달려 있는 문제라는 것이다(S 13). 다만 화이트헤드가 이를 〈상징적 연관〉이라고 표현한 것은 〈상징〉과 그로 인해 불러일으키는 것들 곧 〈의미〉를 연관시키고 있기에 그러하다. 물론 〈상징〉으로부터 〈의미를 이끌어낸다고〉도 말하지만 어떤 면에서 〈의미를 만들어낸다〉고도 볼 수 있다.

어떤 한 무리의 일행이 숲속 길을 걷다가 어떤 불분명한 소리를 듣는 경험을 했다고 하자. 그런데 그 중의 어떤 한 사람이 그 소리를 듣고선 갑자기 눈물을 흘렸다고 한다면, 문제의 그 지각자는 소리를 듣는 경험을 통해 어떤 〈의미〉를 이끌어낸 것으로 볼 수 있다. 하지만 다른 사람들에게는 이것이 같은 〈의미〉로 접근되지 않았었다. 여기서 어떤 음파를 갖는 소리는 분명 그 일행 전체에 퍼져나갔었을 수 있지만 적어도 그 소리를 듣고 눈물을 흘린 사람은 문제의 지각자 단 한 명 뿐이었다. 도대체 그에게 무슨 일이 일어난 것인가? 이유를 물으니 그 불분명한 소리가 정작 그 자신에게는 마치 '엄마'라는 소리로 들렸었고 그래서 자기한테는 과거 사건들과 관련된 어떤 느낌을 불러일으켰다는 것이다. 따라서 문제의 그 지각자는, 다른 사람들에겐 불분명한 소리로 들렸을 법한 그런 경험 속에서 자초지종이야 어떻든지 정작 그 자신에게는 비교적 명확한 느낌의 '엄마'라는 소리로 들렸었고 이것으로 인해 자신의 과거 사건들과 관련한 엄마에 대한 〈이미지 또는 생각〉에 눈물을 흘렸다고 해명했었다. 즉, 지각자에게는 〈상징작용〉에 따른 〈의미〉가 창출된 것이다. 여기서 그 불분명한 소리의 경험은 문제의 그 지각자에게 '엄마'라는 소리로 들리면서 결국 지각자한테는 어떤 새로운 경험을 촉발시켰다고 볼 수 있다. 물론 이것은 전체적 상황에서 보면 지각자한테만 일어난 환청을 들은 오류일 수도 있겠다. 그러나 자초지종이야 어떻든 지각자는 이러한 〈상징화 작용〉의 경험을 통해 결국 눈물을 흘리게 만들 정도의 〈의미〉를 이끌어낸 것이다. 즉, 〈상징〉에서 〈의미〉로의 이행이라는 〈상징적 연관〉의 지각이 일어난 것이다.

그런데 이와 같은 사례에서 보면, 문제의 지각자만 유일하게 그 불분명한 소리를 〈상징작용〉으로 경험했었다. 다른 사람들의 경우엔 그와 같은 〈의미〉가 일어나지 않았었다. 그저 불분명한 음파 정도로 여겨 아무 감흥도 없이 무심코 넘어갔을 뿐이다. 하지만 대부분의 사람들도 만에 하나 '엄마'라는 언어 상징을 —어떤 소리를 통해서든, 종이에 쓰인 글로서든 또는 심상으로서든— 어떤 식으로든 생겨났다고 한다면, 앞서 말한 그 지각자의 경험처럼 눈물을 흘릴 수도 있을 것이리라. 우리는 단순히 '엄마'라는 단어만 떠올려도 많은 감정들도 함께 올라오는 그런 경험들을 하곤 한다. 왜냐하면 그것은 지각자에게 과거 사건들에 대한 기억들도 함께 불러일으키기 때문이다. 그만큼 인간 경험에 있어 〈언어〉는 매우 강력한 〈상징작용〉의 대표 사례이다. 인간은 '엄마'라는 음파의 소리나 글씨 형태의 단어만 접하더라도 그 〈상징〉으로 인해 많은 감정을 느낄 수 있다. 화이트헤드에 따르면, "언어는 상징작용의 사용을 고찰함에 있어 가장 자연스럽게 그 모습을 나타내고 있는, 상징작용의 한 사례이다."(PR 182/372). 또한 "상징작용을 둘러싸고 일어나는 싸움은 종교적 분쟁의 여러 원인 가운데 하나가 되고 있다."(PR 183/375)는 사실도, 이 〈상징작용〉이야말로 문명사에 너무나도 중대한 경험이라는 점을 매우 분명하게 시사해준다.

화이트헤드의 시뮬라크르(?), 상징적 연관의 〈오류〉를 품는 따뜻한 시선

그리고 이 〈상징적 연관〉의 지각 경험을 고려해볼 때 여기에는 분명 〈오류〉error가 있을 수 있다는 점도 간과되어선 안 된다. 다만 한 가지 혼동하지 말아야 할 점은, 이 〈오류〉의 일차적인 출처는 〈상징적 연관〉에서 나온 것이지, 〈개념적 분석〉의 결과로서 나온 게 아니라는 점이다. 물론 개념적 분석의 잘못도 있을 수 있지만 〈상징적 연관〉은 그러한 개념적 분석보다 더 근본적일만큼 우리의 경험들을 지배하고 있다.

화이트헤드가 보기에도 인류가 이 〈상징적 연관〉의 〈오류〉를 피할 길은 없어 보인다. 그럼에도 화이트헤드는 이 상징적 연관의 〈오류〉에 대해선 좀 더 놀라운 주장을 우리에게 들려주고 있다는 점에서 필히 주목해 볼 필요가 있겠다.

"여러 측면에서 상징적 연관은 잘못된 것일 수 있다. 이것이 의미하는 바는, 상징적 연관의 산물로 융합된 의식적 인식으로서는 현실 세계를 보고함에 있어 얼마간의 〈직접적 인식〉direct recognition 과는 일치하지 않을 수 있다는 점이다. 따라서 오류는 주로 상징적 연관의 산물이지 개념적 분석의 산물이 아니다. 또한 상징적 연관 그 자체는, 비록 개념적 분석에 의해 크게 촉진되더라도, 본래는 개념적 분석의 결과가 아닌 것이다. 왜냐하면 상징적 연관은 정신적 분석이 낮은 쇠퇴에 있어서도 여전히 경험상에선 지배적이기 때문이다.

우리 모두는, 물속에 비친 자신의 고기를 잡으려다 입에 물고 있던 고기를 떨어뜨린 개에 대한 이솝 우화를 알고 있다. 그렇지만 <u>우리는 오류에 대해 혹독하게 판결해선 안 된다. 정신 발달의 초기 단계에서는 〈상징적 연관〉의 오류야말로 상상적 자유를 촉진시키는 훈련인 것이다. 이솝의 개는 고기를 잃었지만 자유로운 상상력을 향해선 한 걸음 내딛는 수확을 얻은 것이다.</u>" (S 19)

여기서 화이트헤드가 예를 들었듯이, 물속에 비친 고기는 진짜 고기가 아님에도 그걸 잡으려고 했던 것은 일종의 〈허상〉에 사로잡힌 오류를 보여주는 점에 속한다. 그런데 화이트헤드는 그와 같은 〈오류〉를 좀 더 긍정적 시선으로 품고 있다. 오히려 이 〈오류〉야말로 〈자유로운 상상력〉free imagination을 증대시키는 발걸음일 수 있다는 것이다. 〈허상〉의 오류 경험도 자유로운 상상력의 증대에 기여할 수 있다고 본 점은 한편으로 매우 놀라운 얘기라고 생각된다. 마치 그것은 원본을 비껴간 혹은 원본과는 거리가 먼 〈시뮬라크르〉(* simulacre: 가상, 거짓 그림 등의 뜻을 가진 라틴어 '시뮬라크룸simulacrum'에서 유래한 말로, 시늉, 흉내, 모의 등의 뜻을 지님)에 대한 유용성을 떠올리게 해주는 점이 있다.[8]

적어도 화이트헤드는 고등 유기체에서의 지각 경험이 잘못된 허상이나 실물과 어긋난 환상을 보는 그러한 오류를 낳을 수 있다는 사실을 놓고서도 이를 결코 부정적으로만 보질 않았었다는 점이 중요하다. 비록 유기체가 오류와 허상을 경험할지라도 그것은 새로운 경험을 생산케 해주는 잠재적 가능성의 창출에 기여할 수 있다고 본 것이다. 그리고 지각자인 유기체는 그 오류를 경험함으로 인해 무작정 힘든 곤란 속에만 빠져 있지 않도록 해주는 그러한 이득을 가져다주기도 한다는 사실이다. 따라서 화이트헤드에게서 이 〈오류〉란 것은 고등 유기체의 징표로 간주된다.

"두 개의 순수한 지각 방식에는 오류의 가능성이 들어 있지 않지만 상징적 연관은 그러한 가능성을 안고 있다. 인간의 경험이 문제가 되고 있을 경우, 〈지각〉은 거의 언제나 〈상징적 연관이라는 혼합된 방식에서의 지각〉을 의미한다. 그래서 <u>일반적으로 인간의 지각은, 가장 명석하게 의식된 구성 요소와 관련해서 볼 때 해석적인 성격을 띠고 있기 때문에 오류를 범하기 쉽다. 사실 오류란 보다 고등한 유기체의 징표이며, 상승적 진화를 촉진하는 교사이기도 하다.</u> 예컨대 지성의 진화적 효용은 그것이 개개인으로 하여금 오류로 말미암아 파멸되게 하지 않고, 도리어 그 오류를 통해 이득을 얻을 수 있게 한다는 데에 있다." (PR 168/350)

"오류에 대한 공포반응은 진보의 종말이며, 진리에 대한 사랑은 오류를 보호하는 데에 있다." (MT 16)

오류가 고등 유기체의 징표라는 점은 상당히 아이러니하게 들리기도 한다. 요즘 인간을 흉내내는 인공지능 기계는 오류를 범하기 쉬운 인간 생물 종의 모습과는 정반대의 특징들을 갖춘 듯하다. 어차피 옳고 그름은 한 짝이며 오류를 오류로서 즉 그 의미로서 이해할 만한 유기체의 경험이 중요하다. 낮은 단계의 유기체에선 그저 단순 경험들만 있겠지만 고등 유기체의 복잡한 경험에서는 그 경험들에 대한 구별과 판단과 분류와 비판적 평가의 주관적 경험들도 생겨난다. 물론 이것은 명제를 비판하는 〈지성적 느낌〉의 단계에서나 가능할 것이다. 그리고 이 오류를 통해 더 나은 유기체의 삶으로 가는, 그러한 이득을 얻는 길로 갈 수 있다는 사실도 중요하다. 여전히 불합리한 모습의 인간 존재는 진리를 곧바로 파악하는 그런 능력적 존재가 아니기에 우리는 적어도 계속되는 아픔과 고통을 낳고 있는 스스로의 어리석음과 오류와 잘못들에 대해서도 끊임없이 성찰적으로 숙고해보는 노력들이 필요하지 않을 수 없다. 진리에 이르는 왕도란 없으며(RM 79) 그나마 오류를 보호함으로써 진리에 이르는 접근들을 시도해 볼 따름이다. 어떤 면에서 이러한 언급들은 순수 진리 자체를 추구한다기보다 오히려 그것이 갖는 〈실용주의적 관점〉을 드러낸 것으로 여겨진다. 그가 보기에도 이 같은 옳고 그름은 실용주의적 측면에서 판가름 된다는 것이다(PR 181/371).

지금까지의 핵심 요점 정리

화이트헤드가 말한 〈인과적 효과성〉과 〈표상적 직접성〉이라는 두 지각 방식과 그 혼합인 〈상징적 연관〉에 대해 간단 요점만 정리해본다.

● **인과적 효과성 [비감각적 지각]**
- 직전까지의 과거 세계를 고스란히 계승하는 정착 느낌의 지각
- 모호하고 불분명함, 육중하고, 근원적임
- 모든 유기체의 기본 구조로서의 지각 방식

● **표상적 직접성 [감각 지각]**
- 인과적 효과성으로부터 파생된 2차적 느낌의 지각
- 명확하고 뚜렷함, 피상적이고, 파생적임
- 고등 유기체에서나 볼 수 있는 지각 방식

● **상징적 연관**
- 인과적 효과성과 표상적 직접성의 혼합된 상호 작용
- 상징에서 의미로의 연관
- 상징적 연관의 오류는 불가피, 그러나 가치 있는 경험

그리고 현실 존재들의 진화 과정에 있어 〈자연의 이분화〉 문제와 연관해 약간의 그림으로도 표현해보고자 한다. 알다시피 이러한 그림으로 표현할 경우 장점뿐만 아니라 단점의 위험성도 있음을 알지만 그럼에도 표현해 본 것인데, 행여 이 그림이 화이트헤드의 본래 뜻을 왜곡시키고 있다면 당연히 이는 전적으로 필자의 책임에 해당될 것이다. 단지 화이트헤드를 좀 더 직관적으로 쉽게 이해해보고자 하는 노력의 일환

으로 시도해 본 것뿐임을 말씀드린다. 추후에 더 나은 시도가 나온다면 작금의 이 그림은 얼마든지 폐기해도 좋은 그림이기에, 여기서는 단순 참조로만 보면 될 것이다.

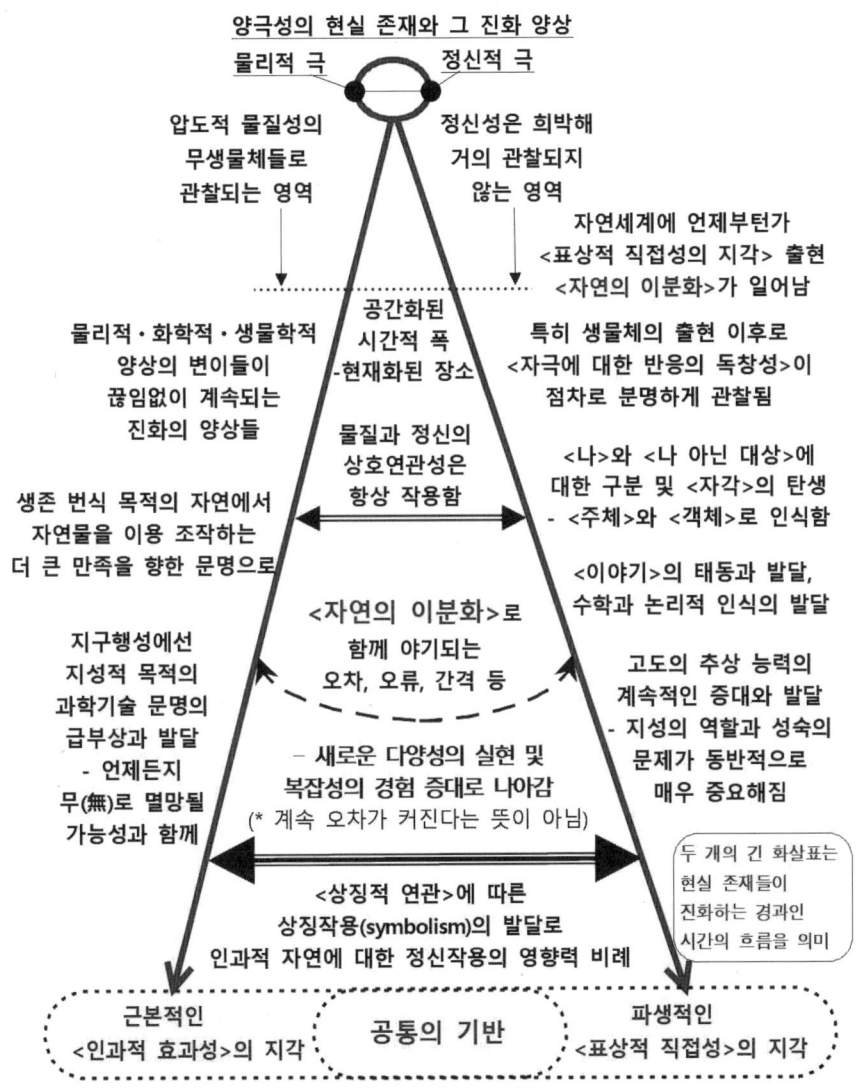

[그림]에서 길다란 두 화살표는 시간이 진행된 흐름을 나타낸 것인데, 만일 자연의 인과적 흐름에서 어느 순간 〈표상적 직접성〉의 지각 방식이 파생되어 나왔다고 본다면 결국 그 지점이 〈자연의 이분화〉가 일어나는 지점이자 이후로는 유기체가 갖는 〈추상 능력의 발달〉이 한층 더 분명하게 드러나는 방향으로 가게 되었다고 볼 수 있다. 아마도 〈추상화〉^{abstraction} 경험에 대한 태고적 느낌은 외부(세계대상)와 내부(자기주체)를 처음엔 어렴풋하게 구별짓도록 해주는 막연한 느낌들로 다가왔을 것이다. 적어도 〈자각〉^{awareness}은 이와 같은 〈구별성〉의 경계 느낌을 내포한 것이라고 생각된다. 그리고 이 자각 안에 자연의 인과적 흐름이 〈추상화된 대상물들〉로 들어오게 된다. 결국 진화하는 〈자연〉은 자연을 대상화한 〈자연이라는 개념〉을 태동시켰다. 적어도 〈정밀한 과학〉$^{accurate\ science}$은 〈표상적 직접성〉 이후에 탄생한 것이다(PR 327/624).

자각 또는 인식의 태동

앞서 화이트헤드는 자연의 진화 과정에서 〈자각^{awareness}의 원인이 되는 자연〉과 〈자각 속에서 파악된 자연〉으로 구분하면서 이 두 자연의 접점$^{meeting\ point}$을 또한 〈마음〉^{mind}이라고도 했었다(CN 21). 여기서 〈자각의 원인이 되는 자연〉이 〈인과적 자연〉이라면 〈자각 속에서 파악되어진 자연〉은 〈외양적 자연〉이라고 할 경우, 결국 전자로부터 후자가 파생되면서 일종의 〈구별성〉의 느낌이 자연 속에 유입되었던 것이다. 하지만 자연 자체는 항시도 분리되어 있지 않다. 오히려 분리되어 있다고 느끼는 그러한 〈자각〉의 느낌이 자연 속에 새롭게 출현한 것이다. 따라서 이 〈구별성〉은 자연이 자연 스스로를 〈대상화〉할 줄 아는 〈새로운 지각의 방식〉이 자연 속에 유입된 것임을 알려준다고 볼 수 있다. 이로 말미암아 유기체에는 대상에 대한 〈앎/인식/지식〉^{knowledge}이 일어나게 된 것이다[* 현재 〈지능〉intelligence에 대한 개념 정의 논란이 있는데, 필자로서는 이를 〈지능〉의 태동이 아닐까도 생각해본다].

〈인식〉 또는 〈지식〉이란 무엇일까? 알다시피 영어의 'science'는 우리나라에선 일본 번역의 영향으로 지금까지도 '과학(科學)'으로 번역되어 있지만, 원래 이 용어는 라틴어 'scientia'로부터 왔으며 그 뜻은 '앎/인식/지식(knowledge)'을 의미했었다. 그리고 이 'scientia'는 그리스어 'episteme'의 번역어이기도 하다.9) 오늘날 철학에서 〈인식론〉을 뜻하는 'Epistemology'는 그리스어인 'episteme'와 'logos'가 합쳐진 용어인 것이다. 결국 화이트헤드의 유기체 철학에서는 〈인식〉^{knowledge}이 과정의 중간 단계로 분류되는 연유도 이런 맥락에서 보면 더욱 분명해진다고 볼 수 있겠다(PR 160/336). 적어도 〈표상적 직접성〉의 지각이 일어난 이후로 언제부턴가 우리도 자연을 경계짓고 구분하며 대상화해서 분석하게 된 것이다. 그리고 그와 같은 대상적 내용들이 결국 우리의 〈앎/인식〉을 구성하고 있다. 따라서 인간의 〈앎/인식〉이란 것도 결국은 인간 생물 종이 갖는, 자연에 대한 특유의 존재 활동 방식인 셈이다. 현재의 우리에게 자연은 대상물로 접근되고 있지만 그러한 자연을 대상화한 분석의 활동 역시 어디까지나 자연 속에서 이루어지고 있음도 놓쳐선 안 될 것이다.

현대 물리학에서는 우리의 우주시대를 138억 년 정도로 잡고 있으며, 빅뱅으로부터 지금까지 많은 다사다난한 변화들이 일어났었다고 보고 있다. 미국의 천체물리학자이자 과학교육 전문가로 알려진 에릭 채이슨$^{Eric\ J.\ Chaisson}$은 이 같은 장대한 우주 진화의 대서사적 여정을 1) 입자 시대 → 2) 은하 시대 → 3) 별의 시대 → 4) 행성 시대 → 5) 화학 시대 → 6) 생물 시대 → 7) 문화 시대 이렇게 일곱 단계의 여정으로 나누어 보기도 한다.10) 물론 다른 방식의 시대별 분류도 가능할 것이다.

어찌되었든 거간의 많은 세부적 변화로서의 시대 분류들이 있더라도 가장 큰 변화로서의 우주 진화는 분명 〈물질 우주의 시대〉에서 점차로 정신의 작용 역시 중요한 것으로 드러나고 있는 〈문명화된 우주 시대〉로 나아가고 있다는 점일 것이다. 우주로부터 태동된 우리는 우주를 분석하고 이해하고자 하는 동물이면서 이를 통해 우주를 개조해나가려 한다. 이러한 시도의 성공여부는 보장되어 있지 않다. 하지만 멈추려 하진 않을 것이다. 우주에 대한 정보의 축적과 발생들은 거의 폭발적일 정도로 날이 갈수록 증대되고 있다. 이런 점에서 보면 자연에 대한 〈앎/인식/지식〉의 태동은 그야말로 〈제2의 빅뱅〉이 될 말한 것이다.

물질이 먼저냐? 정신이 먼저냐? : 유물론과 관념론 진영의 갈등

현시점의 현대 과학자들이 말하는 138억 년 진화 과정을 놓고 봤을 때, 정신의 작용이 어느 순간부터는 관찰적으로 나타난다고는 얘기하지만, 우주의 시작점 문제도 그렇고 최초 생명체의 기원 문제도 마찬가지로 여전히 과학에서도 오리무중이듯이 진화 과정에 있어 과연 정신[마음] 작용의 기원 문제를 온전히 밝혀낼 수 있을까? 이에 대해선 학자들 중에는 정신은 애초에 없었고 물질만 있었다가 어느 순간 정신이 새롭게 출현했다고 보는 그러한 유물론적 입장도 있다(그럼에도 비물질성 또는 정신[마음]의 기원에 관한 설명들은 여전히 모호함). 유물론에서는 물질을 1차적인 존재로 보고 정신은 2차적인 것으로 본다. 그러나 애초에 관찰되지 않았다고 해서 처음부터 아예 존재하지 않았다고 보는 것은 마치 관측된 것만 존재한다고 보는 식의 실증주의적 관점이 갖는 한계들을 노정하게 된다. 미지의 새로운 발견을 위한 지성의 항해들은 우리의 관측 너머에도 늘 뭔가가 존재할지도 모를 그 가능성만큼은 늘 열어둘 필요가 있다. 관측되지 않았다고 해서 아예 존재하지 않았다고 볼 이유까지는 없는 것이다. 관측 너머에 무엇이 있는지 없는지조차도 〈모른다〉는 것은 관측 너머에 〈아예 없다〉는 의미와는 또 다른 뜻이기에 구분될 필요도 있는 것이다.

물론 그 반대로, 아무런 근거도 없이 '있다'고만 확신하는 것도 문제가 될 수 있다. 따라서 정신이 먼저 선재한다고 보는 관념론자들의 견해에 대한 유물론자들의 반발도 일견 타당한 점이 있는 것이다. 관건은 그때까지의 과학적 성과들도 설명해줄 수 있을 만큼 근거에 기반한 더 나은 설명력의 확보가 있어야 할 것으로 본다. 이 점에서 화이트헤드가 당시의 유물론을 반대한 점도 분명하지만 철학적으로 〈관념론〉을 반대한 점도 분명하다. 특히 19세기의 서구 근대 관념론은 과학적 관점과 동떨어져 있다고 봤었고 그 점에서 결국 그 자신은 〈유기체〉^{organism}라는 개념에 기초된 〈실재론〉^{realism}을 제안했던 것이다.

"<u>내가 말하는 관념론^{idealism}이란 완전히 인식활동만을 본령으로 하는 정신성 속에서 실재에 대한 궁극적인 의미를 찾는 철학적 관념론을 말한다. 이 관념론의 학파는, 지금까지의 그 전개를 놓고 볼 때, 과학적 관점과는 너무 동떨어져 있다.</u> 이 관념론은 과학적 도식을 자연의 사실에 대한 유일한 표현으로 간주하여 그대로 받아들이고, 나아가 그것을 근원적 정신에 포함된 하나의 관념으로 설명했다. 절대적 관념론의 경우는, 자연이라는 세계는 단지 〈절대자〉$^{the\ Absolute}$의 단일성을 어떻게든 분화시키고 있는 여러 관념들 가운데 하나에 지나지 않는다. 모나드적^{monadic} 정신들을 포함하는 다원론적^{pluralistic} 관념론의 경우, 이 세계는, 다양한 모나드들의 다양한 정신적 단위들로 분화하는 갖가지 관념들에 대한 최대공약수$^{greatest\ common\ measure}$가 된다. 그러나 어느 쪽을 놓고 보더도, 이 관념론의 입장들은 자연의 사실과 그들의 관념적인 철학을 유기적으로 연결시키는 데에는 명백하게 실패했다. 이 강의들에서 무엇을 말할 지와 관련하는 한에서, 여러분들의 궁극적인 관점outlook은 실재론적일 수도 있고 관념론적일 수도 있다. <u>내가 말하고자 하는 요점은, 과학적 도식이 재구성되고recast, <유기체>라는 궁극적 개념에 기초하여 마련된, 진일보한 단계의 잠정적인 실재론이 필요하다는 점이다.</u>" (SMW 64-65/116-117)

철학이 과학에 도움을 주는 방법 중 하나에는, 적어도 관측의 한계를 넘어서는 사유들이 필요할 때는 결국 논리적이고 정합적인 상상력의 비행을 가동할 수밖에 없을 터인데 바로 그 지점에 있어서는 <상상력의 비행>이라는 사유의 모험을 보다 예리하게 만들어주는 데에도 있다. 바로 이 지점에서 결국 어떤 형이상학을 선택할 것인가 하는 문제 역시 매우 중요하게 대두될 수 있을 터인데, 서구사상사는 크게 보면 유물론과 관념론 진영의 형이상학과 그에 따른 세계관들이 부지불식간에 작동되어 온 점들이 없잖아 있어왔다. <유물론적 세계관>을 당연시하는 관점과 <관념론적 세계관>을 당연시하는 관점은 미지의 새로운 발견을 향한 그 항해에 있어 지향하는 가설적 방향 역시 서로 간에 완전히 달라질 수 있는 것이다.

혼히 언급하는 것처럼 유물론적 입장에 대한 반대로서의 대척적인 진영을 관념론적 입장이라고 했을 때(* 물론 철학적으로 보면 <유물론>의 반대는 <유심론>이지만 통상적으로 <관념론>으로 보기도 한다는 점에서) 양자 간의 세계관은 분명 다르다. 관념론 진영에는 예컨대 신God과 같은 초자연적인 절대자 창조주를 상정하는 종교를 들 수 있겠고 여기서는 앞서 말한 유물론적 입장을 무신론으로 보기 때문에 받아들이지 않는다.

오히려 정신적 존재로 볼만한 그런 신적 존재가 먼저 선재하고 그와 같은 존재가 물질 우주를 창조했다고 보는 편이다. 그렇기 때문에 이것은 앞서 말한 유물론적 입장이 아닌 관념론적 입장에 가깝다고 할 것이다. 물질 우주보다 선재하는 존재를 〈신〉God으로 보든 혹은 어떤 〈우주 정신〉으로 보든 간에 적어도 물질 우주를 창조한 궁극적인 원인적 존재가 있었다고 보는 입장은, 철학사에서 흔히 말하는 〈제1원인적인 것〉에 해당한다. 〈제1원인자〉란 모든 원인들의 배후에 있는 가장 궁극적인 태초의 원인이며 그 자신만은 다른 외부 원인을 갖지 않는다는 것이다. 서구철학사에선 아리스토텔레스가 말한 〈제1운동자〉Prime Mover 또는 〈부동의 동자〉unmoved mover 개념이 대표적이며, 그것은 최초의 원동자(原動者)로서 자기 자신을 제외한 것들은 운동시키지만 정작 그 자신은 선재한 원인이 없기에 운동하지 않는 것으로 설정된다.

알다시피 서구 기독교 신학에서는 아리스토텔레스의 이 개념을 신 존재에 적용하여 이를 정당화했었다. 우주 만물이 생겨나고 작동하는 원인에는 신의 창조와 개입으로 비롯된 것이지만 정작 신 자신은 다른 그 어떤 원인에도 놓여 있지 않다는 것이다. 오늘날 심지어 과학자들 중에서도 우주 만물의 태초가 되는 빅뱅만큼은 그 〈제1원인〉에 있어서는 〈초자연적 존재인 신에 의한 창조〉를 그 원인으로 보는 이도 있다. 이들이 비록 과학을 전공한 과학자로서 활동한다지만 이들에게 과학이란 건 결국 종교 신앙에 복무하는 시녀로 전락되어 있을 뿐 그 이상의 의미를 넘어서진 않고 있다. 어쨌든 현대 문명에서 보면 이들 종교와 과학 진영 간에도 괴리와 갈등 역시 계속되어온 점이 있는 것이다.

화이트헤드 철학의 경우는, 위와 같은 유물론적 입장도 아니고 관념론적 입장도 아니다. 모든 현실 존재는 기본적으로 물질성과 정신성을 갖고 있되 단지 그 진화 과정에서 어느 순간에 유기체의 정신 작용이 인간의 인식 가능한 관찰력 안으로 포섭되어 들어왔을 뿐이라는 것이다. 게다가 물질성과 정신성은 서로 풀기 힘들만큼 기본적으로 얽혀 있는 상호연관성을 늘 지녀왔지만, 그 진화 과정에서 자연세계에 정신의 기능과 작용들도 점차로 증대되면서 결국 자연을 대상화해서 보게 되는 방향의 추상 능력의 발달도 함께 일어났다고 보는 것이다. 즉, 인과적 흐름의 자연으로부터 결국은 유기체의 지각에 새로운 지각 방식이 파생된 것으로 본다는 얘기다. 이러한 관점에서 보면 〈자연의 이분화〉는 물질과 정신이라는 실재의 근본적인 분리[분기]라기보다는 자연 자체의 진화 과정이 보여주는 가장 두드러진 변천을 함의한 표현이라고 볼 수 있겠다. 달리 표현하자면, 〈자연의 이분화〉란 근본적으로는 분리되어 있지 않은 자연에서 일어나는 〈자연에 대한 대상화 작용〉의 태동, 또는 〈자연이 채택한 새로운 진화 방식〉인 셈이다. 그럼으로써 미분리된 자연에 〈주관〉과 〈객관〉이라는 분리 느낌들이 들어서게 된다. 자연 속의 유기체는 그 자신을 태동시킨 자연을 점차로 이해해가기 시작했고 마침내 자연 안에 〈자연에 대한 인식/지식^{knowledge} 체계들〉이 본격적으로 구축되는 〈관념의 모험들〉$^{adventures\ of\ Ideas}$이 나오게 된 것이다. 따라서 이 관념의 모험들이 마냥 〈주관주의적 한계〉에만 머물러서도 곤란할 것이다. 그렇다면 정작 화이트헤드 자신은 다른 철학자들과 달리 어떤 인식론적 방향에 서 있는가도 묻지 않을 수 없다.

데카르트로부터 흄에게서 마감되고 있는 철학 국면으로의 회귀에 기초
    오늘날 철학의 한 분과로 자리한 〈인식론〉은 인식·지식의 기원·구조·범위·방법 등을 탐구하는 것으로 알려져 있다. 특히 서양 철학사에서 근대 철학은 그 주안점을 〈인식론〉으로의 변화를 보여줬었다. 즉, 사유하는[생각하는] 주체를 출발점으로 삼아서 객체인 대상을 어떻게 알 수 있고 또 무엇을 알 수 있는가 하는 등 이러한 논의 문제로 나아간 것이다. 그리하여 크게는, 이성적 사유로 객관적 지식에 접근할 수 있다고 봤던 데카르트의 합리론 경향과 축적된 감각경험을 통해 접근될 수 있다고 봤던 베이컨, 로크, 흄$^{\text{David Hume 1711-1776}}$의 경험론 경향은 이에 대한 대표적인 두 흐름이었다. 그리고 이 합리론과 경험론의 두 흐름을 종합화한 것은 흔히 독일의 칸트 철학으로 알려져 있지만, 흥미롭게도 화이트헤드 철학은 오히려 〈칸트 철학 이전으로의 회귀〉라는 점을 표방하고 있다(PR xi/42). 그렇다면 화이트헤드의 철학은 칸트와는 또 다른 종합화로서의 작업인 것인가?

이에 대해선 화이트헤드의 주저인 『과정과 실재』 서문의 첫 문장부터가 한편으로 그 방향점을 시사해주는 점이 있다. 즉, 화이트헤드의 유기체 철학은 "데카르트로부터 시작되어 흄에게서 마감되고 있는 철학 사상의 국면으로의 회귀^{recurrence}에 그 기초를 두고 있다"는 것이다(PR xi/41). 물론 이것이 단지 과거를 반복하는 성격의 회귀일 뿐이라면 화이트헤드 철학은 전혀 새로운 점을 찾을 수 없는 구시대적인 낡은 철학사상이 되고 말 것이다. 그러나 우리는, "철학은 위대한 철학자로부터 충격을 받고 난 후에는 결코 옛날 자리로 되돌아가지 않는다."는 사실도 결코 잊어선 안 된다(PR 11/65).

그렇다면 화이트헤드의 철학은 이전의 서구 근대 철학들과 비교했을 때 과연 무엇이 새롭다는 것인가? 그가 제시한 해결책은 정녕 새로운 것인가? 필자는 여기서 서양 근대 철학사를 일일이 소개하거나 거론하진 않을 것이다(이미 시중에 나와 있는 소개 책들도 정말 많다). 다만 눈여겨봐야 할 점이 있다면, 화이트헤드가 일련의 서구 철학사에 대해 갖고 있는 첨예한 문제의식일 것이다. 그러한 점과 함께 여기선 화이트헤드가 볼 때 기존의 서구 근대 철학의 인식론적 입장들이 있음에도 정작 그 자신이 제시해놓은 대안적 입장은 과연 무엇인지에 좀 더 중점을 두고 소개해보고자 한다.

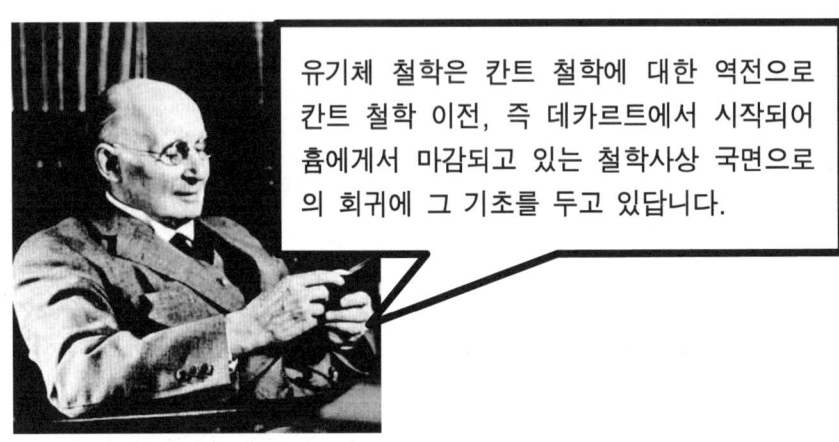

유기체 철학은 칸트 철학에 대한 역전으로 칸트 철학 이전, 즉 데카르트에서 시작되어 흄에게서 마감되고 있는 철학사상 국면으로의 회귀에 그 기초를 두고 있답니다.

데카르트 인식론의 공헌과 한계

우리가 〈저 돌은 회색이다〉라고 했을 때, 이 진술은 데카르트 이전의 그리스 철학에서도 일반화될 수 있던 그러한 것에 속했을 테지만, 문제는 저 돌이 정말로 회색인지 아닌지를 우리가 과연 어떻게 그 사실을 알 수 있느냐 하는 문제가 서구 근대 철학에서 본격적으로 대두된 것으로 볼 수 있다. 다시 말해서, 〈저 돌은 회색이다〉라는 일반 관념의 인식을 얻기 위한 정당한 출발점이 필요하지 않을 수 없었던 것이다. 화이트헤드는 이 지점에서 서구 근대 철학의 포문을 열었던 데카르트를 높게 평가한다. 그러면서도 또한 그것이 낳고 있는 문제점도 함께 표명하고 있다.

"철학은 언제나, 철학의 일반화가 현실적 경험 내의 근원적 요소들을 출발점으로 삼아 거기에 토대를 두어야 한다는 건전한 원리위에 서서 나아갔다. 그리스 철학은 그 일반화를 제시하기 위하여 언어의 일상적인 형식에 의존하였다. 이 철학은 <저 돌은 회색이다>라는 전형적인 진술을 찾아냈다." (PR 158/332)

사실 언어의 일상적인 형식에서 보면 <저 돌은 회색이다>라는 표현은 특별히 별 문제가 없어 보인다. 하지만 <저 돌은 회색이다>는 것이 과연 일반화가 될 수 있는 그러한 진술인 것인가? 데카르트는 바로 이 점을 매우 의심스러운 것으로 봤었다. 그의 철학이 보여준 바 있는 <방법론적 회의>methodological skepticism는 마치 자명한 것처럼 여겨지는 진술조차도 매우 의심스럽게 받아들였던 것이다. 왜냐하면 우리의 감각 지각 경험들은 지극히 불완전한 것이기 때문이다. 그럼에도 결코 의심할 수 없는 것 하나는 결국 '모든 것을 의심하고 있는 나'에 대한 발견이었다. 화이트헤드는 데카르트가 바로 이 점에서 철학사에서 유용하다고 볼 만한 하나의 발견을 한 것으로 평가하고 있다.

"데카르트는, 의식적 경험을 즐기고 있는 주체인 실체는 그러한 경험을 즐기고 있는 그 자신을 원초적 여건으로서 철학에 제공한다는 원리를 설정하였다. 이것이 데카르트에 의해 근대 철학에 도입된 유명한 주관주의적 편향bias이다. 이 학설을 통해 데카르트가 플라톤과 아리스토텔레스 시대 이후 가장 위대한 철학상의 발견을 하였다는 것은 의심할 여지가 없다. 왜냐하면 그의 학설은, <이 돌은 회색이다>라는 명제가 형이상학적 일반화의 출발점이 될 수 있는, 알려진 사실의 원초적 형식을 표현한다는 생각을 정면에서 반박하고 있기 때문이다. 만일 우리가 경험의 주관적 향유로 되돌아가야 한다면, 근원적인 출발점의 유형은 <회색으로서

의 이 돌에 대한 나의 지각>my perception of this stones as grey이 된다."
(PR 159/333)

이처럼 화이트헤드가 보기에, 근대 철학자인 데카르트는 '이 돌이 과연 회색인가?'를 회의하는 가운데 그것에 접근할 수 있는 하나의 <출발점>을 찾은 철학자였던 것이다. 그것은 바로 <회색으로서의 이 돌에 대한 나의 지각>이다. 데카르트에서는 이것이 마음에 경험되는 <상념적 실재>(* Realitas Objectiva, '객관적 실재'로도 국역되며, 이는 마음에 일어나는 관념 속의 표상적이고 재현적인 존재로서 언급됨)라는 개념으로 기술되었는데, 그렇기에 화이트헤드 철학에서 이것은 <표상적 직접성>의 지각처럼 이를 통해 인과적 자연의 흐름에 접근할 수 있는 하나의 분명한 <출발점>일 수 있다는 것이다. 적어도 <개인>이라는 관념이 서구 근대화를 관통하는 것으로 본다면 이는 매우 탁월한 발견이 될 만하다. 우리의 현실적인 삶에서도 개별적인 <개인의 지각>을 유용한 출발점으로 상정해야만 원활하게 돌아가는 현실이 있는 것이다. 이때 화이트헤드와 데카르트의 철학을 서로 견줘볼 경우, 화이트헤드의 <현실 존재>는 데카르트에서의 <실체>substance 개념에 상응되고 있다(PR 144/305).

하지만 데카르트 철학에서의 <실체> 개념은 <존재하기 위해서 그 자신 이외에 다른 아무 것도 필요로 하지 않는 존재자>를 의미한다(PR 50/139). 이른바 다른 존재에 의존하지 않는 <독립적 실체>로서의 개념이다. 데카르트의 이 같은 <독립적 실체> 개념에서 보면, 결국 주체의 경험에는 다른 주체의 경험이 개입되지 않기에 <개체적 자기>individual self로서만 보는 문제가 있게 된다. 왜냐하면 주체인 존재자의 경험은 다른 존재와의 관계가 차단된 오직 주관적 경험으로서만 존립되고 있기 때문이다. 그럴 경우 주체의 경험은 더 이상의 일반화로 나아갈 수 없다. 단지 신God의 힘을 빌어야 할 뿐이다. 하지만 그와 달리 화이트헤드의 현실 존재는 다른 현실 존재에도 내재하며 관계적으로 상호 의존된 것이어서 데카르트의 〈실체〉 개념과는 결국 다른 성격의 것이다.

데카르트의 철학에서 종종 문제시되는 그의 〈실체〉 개념은 이미 철학 진영에서도 잘 알려져 있기도 한데(다만 오늘날에 데카르트는 대체로 동네북처럼 많이 두들겨 맞는 편에 속한다), 화이트헤드의 분석에 따르면 데카르트의 이 개념은 아리스토텔레스 철학의 〈제1실체〉primary substance 개념에서 파생된 것으로 보고 있다(PR 50/139). 물론 화이트헤드의 〈현실 존재〉도 그 〈복수성〉plurality이라는 점에 있어선 데카르트적이기도 하며(PR 19/80), 그것은 또한 데카르트적 의미의 〈진정한 사물〉이기도 하다. 그 점에선 데카르트의 〈실체〉 개념에 상응되는 것으로도 볼 수 있겠지만, 그렇다고 해서 양자가 전적으로 동일 개념의 의미를 갖진 않는다. 양자 간의 핵심적인 가장 큰 차이는, 데카르트의 경우 그것이 아리스토텔레스의 〈제1실체〉 개념을 이어받고 있는 점에 있다.

"〈현실 존재〉는 데카르트적 의미의 진정한 사물res vera이다. 그것은 데카르트의 〈실체〉이지만, 아리스토텔레스의 〈제1실체〉는 아니다. 그러나 데카르트는 그의 형이상학설에서, 아리스토텔레스가 〈성질〉의 범주를 〈관계성〉의 범주보다 우월한 것으로 내세웠던 주장을 그대로 유지하고 있다." (PR xiii/46)

● **화이트헤드의 데카르트 철학 평가**
- 데카르트의 〈실체〉 개념은 아리스토텔레스의 〈제1실체〉 개념을 계승한 것

이때 아리스토텔레스 철학에서의 〈제1실체〉 개념은, 〈개별자〉^{particular} 와 〈보편자〉^{universal}에 있어 〈개별자〉에 해당하는데, 화이트헤드는 바로 이 점을 문제 삼았었다. 그래서인지 화이트헤드 철학에서는 〈개별자〉와 〈보편자〉라는 이 두 용어가 어감에서나 일반적으로 통용되는 그 철학적 용법에 있어서도 다소간 오해의 여지가 있는 말들로 보기 때문에 정작 그 자신의 〈과정 형이상학〉 체계 내에서는 피하는 편이다(PR 48/135-136).

"〈개별자〉는 다른 어떤 개별자와도 필연적 관련이 없는, 개체적 자기일 뿐인 것으로 간주되어 왔다. 그것은 〈실체란 존재하기 위해서 자기 자신 이외의 아무것도 필요로 하지 않는 존재자$^{an\ existent\ thing}$라고밖에는 달리 이해할 수 없는 것이다〉라는, 데카르트의 실체에 대한 정의와 부합된다. 이 정의는 정확히 아리스토텔레스의 정의, 즉 제1실체는 〈어떠한 주체^{subject}에 대해서도 술어가 되지 않으며, 다른 어떠한 주체 속에도 들어가지 않는다〉에서 파생된 것이다." (PR 50/139)

이것은 상당히 중요한 내용이라고 생각되는데, 근대 철학자인 데카르트가 정의한 〈실체〉 개념이 고대 그리스 철학자인 아리스토텔레스의 〈제1실체〉 개념에서 파생된 것이라는 점은 결국 데카르트가 지배했던 서구 근대 철학의 인식론이 나아갔던 근본적인 한계 노선을 엿볼 수 있는 대목이었다. 화이트헤드가 보기에 근대 철학자들은 고대 그리스인들로부터 유래된 범주의 측면을 근본적으로 벗어나진 못했었다고 본 것이다(PR 117/258). 여기서 말하는 〈보편자〉와 〈개별자〉에 대한 화이트헤드 자신의 설명은 다음과 같다.

"보편자라는 개념은 많은 개별자의 기술^{description} 속에 들어갈 수 있는 것의 개념인 반면, 개별자라는 개념은 그것이 보편자에 의해 기술되지만, 그 자신은 다른 어떤 개별자의 기술에도 들어가지 않는 그런 것의 개념이다." (PR 48/136)

이 〈개별자〉와 〈보편자〉와의 관계를 좀 더 쉽게 비유적으로 설명해 보자면, 흔히 언급되는 〈소크라테스〉와 〈사람〉의 관계를 떠올리면 될 듯싶다. 예컨대 〈소크라테스는 사람이다〉라는 진술에서 보면, 이때 〈'소크라테스'라는 개별자〉는 다른 어느 누구도 대신할 수 없다. 반면에 〈'사람'이라는 보편자〉는 〈'소크라테스'라는 개별자〉를 오히려 설명해주는 술어에 속한다. 즉, 아리스토텔레스의 〈제1실체〉 개념은 바로 이 〈개별자〉로서만 자리한다는 것이며, 해당 개별자는 다른 개별자에 속하지 않는 〈개체적 자기〉$^{individual\ self}$라는 것이다. 따라서 아리스토텔레스 철학의 도식에서 볼 때 〈개별자〉끼리는 서로 내재하지 않는다. 그것은 존재적으로 다른 것에 의존하지 않는 〈주체/주어〉^{subject}로서 상정된 개념에 해당한다.

개별자[제1실체], 주어 ← __소크라테스는__   __사람이다__ → 보편자, 술어

주체[주어]가 되는 개별자인 〈제1실체〉 개념은 문장의 〈주어-술어 형식〉$^{subject\text{-}predicate\ form}$에 있어서도 항상 〈주어〉로서만 자리하며, 주어를 수식하는 〈술어〉가 되지 않는다. 다시 말해서 〈'소크라테스'라는 개별자〉는 오직 〈주어〉가 될 뿐이지 주어를 설명해주는 〈술어〉가 될 수 없

다는 것이다. 〈'소크라테스'라는 개별자〉는 그 누구라도 대체할 수 없는 〈개별자〉다. 마찬가지로 데카르트의 철학에서도 〈현실태〉는, 다른 현실태들에 의존하지 않는 〈독립적 실체〉로서 자리하는데, 각각의 현실태들은 저마다 개별적인 독립적인 〈실체〉라는 점에서 〈개별자〉가 되고 있는 것이다. 이처럼 데카르트의 〈실체〉 이해는 아리스토텔레스 철학의 〈주어-술어 형식〉을 여전히 계승하는 점이 있다.

● 아리스토텔레스의 〈제1실체〉 이해
- "주어[주체]^{subject}로서 자리하는 제1실체는 어떠한 주체에 대해서도 술어가 되지 않으며, 다른 어떠한 주체 속에도 들어가지 않는다."

● 데카르트의 〈실체〉 이해
- "실체란 존재하기 위해서 자기 자신 이외의 아무것도 필요로 하지 않는 존재자다."

화이트헤드는 이와 같은 〈보편자〉와 〈개별자〉에 대한 통속적 견해가 불가피하게 데카르트의 인식론적 입장에서 결국 문제를 야기한다는 점을 PR에서 데카르트가 쓴 글을 인용하면서까지 분명하게 밝혀놓았다. 여기서 말하는 그 인식론적 입장의 귀결이란, 문제의 자아가 보편자에 의해서만 특징지어지는 개별자로 상정된다는 점과 개별적 현실 존재에 대한 지각이라는 것은 없고 오직 〈내 정신 속에 있는 판단의 능력〉에 의해서 현실 존재에 대한 믿음에 이르고 있을 뿐이라는 점이다(PR 48-49/136-137). 이는 더 이상 지각의 일반화로 나아갈 수 없는 근거 없는 믿음에 머물 수밖에 없다는 점을 알려주고 있는 셈이다. 그렇기에 데카르트의 철학에서는 그 지각 경험이 〈주관주의〉의 한계를 분명하게 극복해내진 못한다. 알다시피 데카르트 철학의 〈실체〉 개념은 물질과 정신이라는 두 종류의 〈실체〉로서 상정된 것인데, 화이트헤드는 이러한 데카르트 철학의 양상이 〈부정합성〉不整合性, Incoherence을 드러내는 대표 사례에 해당된다고 봤었다. 화이트헤드가 말하는 "〈부정합성〉이란 주요 원리들이 임의로 단절되어 있음을 말한 것"(PR 6/57)인데, 이 같은 점을 데카르트 철학에서 찾아볼 수 있다는 것이다.

"근대철학에서는 데카르트의 두 종류의 실체, 즉 물질적인corporeal 실체와 정신적인mental 실체가 부정합성을 예증하고 있다. 데카르트의 철학에는 어째서 전적으로 물질적인 하나의 실체 세계나 아니면 전적으로 정신적인 하나의 실체 세계가 존재해서는 안 되는지에 대한 이유가 없다. <u>데카르트에 의하면 실체적 개체는 〈존재하기 위해서 자기 자신 이외의 아무것도 필요로 하지 않는다〉</u>. 따라서 이 체계는 자기의 부정합성을 일종의 미덕으로 삼고 있는 셈이다." (PR 6/57)

이처럼 데카르트의 철학적인 도식 자체가 이렇다보니 그의 〈실체〉 개념을 간직한 인식론의 성격도 결국 존재자의 지각 경험은 외적 세계와 독립적인 비본질적 경험으로 전락되고 만다. 데카르트 철학의 〈실체〉 이해에 따를 경우 그러한 도식에서 보는 경험에 대한 해석은, 결국 다른 타자와의 관계성이 차단된 자기향유$^{self-enjoyment}$라는 개별적인 주관적 경험으로 자리하게 되는 것이다.

> "외적 세계에 대한 비본질적 경험이라는 데카르트의 관념은 유기체 철학에 전혀 어울리지 않는다. 이것이 근본적인 차이점인 동시에 유기체 철학이 실체-성질$^{substance-quality}$의 개념에 의한 현실태에의 접근을 버리지 않으면 안 될 이유이다. 유기체 철학은 경험을, 〈다자^{many} 속의 일자^{one}로 존재하는, 또는 다자의 구조에서 생기는 일자로서 존재하는 자기향유〉를 의미하는 것으로 해석한다. 그런데 데카르트는 경험을, 〈관념에 의해 그 성질을 갖는, 개별적 실체에 의거한 자기향유〉(self-enjoyment, by an individual substance, of its qualification by ideas)를 의미하는 것으로서 해석한다." (PR 145/307)

이렇듯 화이트헤드는 현실태에 대한 접근에 있어서는 실체론적 철학과는 비판적인 거리를 둔다. 우리의 경험의 구조는 근본적으로 〈다^{many}에서 일^{one}로의 과정〉으로 보고 있으며, 〈일^{one}에서 다^{many}로의 과정〉이 아니다. 우주 안의 새로움의 출현은 어디까지나 〈다^{many}에서 일^{one}로의 과정〉에서 비롯된 것이다. 물론 이것은 〈자기향유〉의 경험으로서 존립되고 있지만 그 시원적 출처는 〈자기향유〉로부터 출발된 것이 아니다.

하지만 경험에 대한 데카르트 철학의 해석은 결국 〈주관주의적인 자

제9장 화이트헤드의 지각 이론

기향유〉 경험에 머물고 마는 그러한 한계를 드러낸다고 볼 수 있겠다. 이 한계는, 앞서 말한 〈저 돌은 회색이다〉의 명제를 더 이상 일반화하기가 힘들고 단지 〈회색으로서의 이 돌에 대한 나의 지각〉에 머물고 마는 한계다. 그것은 그 지각의 근원적 출처를 찾아가기 위한 출발점으로서는 유용할 수도 있는 것이었지만, 애초 관념에 의해 그 성질을 갖는 개별 실체로서의 자기향유의 경험이어서 더 이상의 정당한 일반화로는 발전되기가 힘든 것에 속했었다. 이것이 데카르트가 지배해 온 서구 근대 철학에 깔린 〈주관주의적 원리〉의 한계에 속했으며, 그래서 화이트헤드는 자신의 철학을 통해 서구 근대 철학의 이 같은 범주적 한계를 극복하고자 했던 것이다.

〈실체-성질의 도식〉 및 〈주어-술어의 형식〉은 서구 철학의 주된 병폐

근대 철학의 〈주관주의적 원리〉를 설명하기 이전에 우리는 화이트헤드가 비판한 바 있는 〈실체-성질〉$^{substance-quality}$(* 또는 〈실체-속성〉으로도 번역됨)이라는 도식을 우선 알아볼 필요가 있을 것 같다. 〈실체-성질의

590

도식〉에 대한 핵심을 간단히 말해본다면, 우선 〈실체〉에 해당하는 것으로서 변하지 않는 본질로서의 주체가 있고, 이 주체를 기술해주는 〈성질〉에 해당하는 속성으로서의 술어가 있다고 보는, 바로 그러한 도식적 사고 유형을 말한 것이다. 이에 대해선 아리스토텔레스의 범주론과 관련해 다음과 같은 그림의 도표로도 표현해볼 수 있겠다.

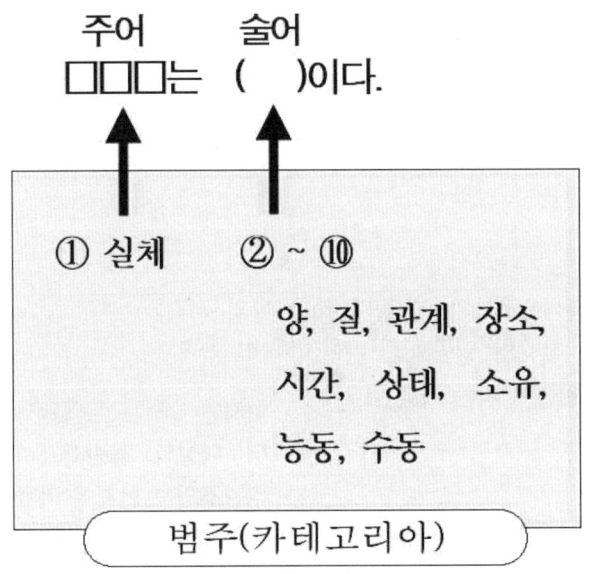

▲ 아리스토텔레스 10개 범주 도식 그림11)

앞서 언급했던 아리스토텔레스 철학에서의 〈제1실체〉 개념은 말그대로 〈으뜸 실체〉에 해당하는데, 이 실체는 〈주어〉에만 속하며 〈술어〉에는 속하지 않는다. 다시 말해 〈주어〉만 될 수 있는 〈개별자〉인 것이다. 나머지 것들은 〈주어〉가 아닌 〈실체〉를 수식해주는 〈술어〉에 해당한다. 여기서 중요한 점은 이와 같은 도식을 갖는 〈사유의 형태〉에 있다. 즉, 〈실체〉가 본질적 핵심이고 〈성질〉로서의 술어는 결국 〈주어〉에 귀속된다고 보는 사유의 형태를 일컫는 것이다. 이때 〈주어〉로 자리하는 〈실체〉는, 스스로는 변하지 않으면서도 술어적인 변화의 모험을 겪는 그러한 〈주체〉라는 의미를 담고 있다. 예컨대 다음과 같은 문장을 살펴보자.

1) 소크라테스는 먹는다.
2) 소크라테스는 친절하다.
3) 소크라테스는 대머리다.
......
(* 이처럼 주어는 고정시킨 채로 술어 부분의 변화들은 얼마든지 가능할 것이다.)

여기서 우리는 주어[주체]인 소크라테스가 먼저 있고나서 1)먹는다, 2)친절하다, 3)대머리다 같은 다양한 술어적 변화가 있다고 생각하기 쉽다. 즉, 주어[주체]인 소크라테스가 핵심이고 이 주어[주체]가 없으면 이를 말해주고 있는 여러 술어적인 변화들은 있을 수 없다고 간주해버리는 것이다. 그러나 화이트헤드 철학은 이 같은 도식을 받아들이지 않는다. 단지 역동적인 과정들만이 현실태로서 있을 뿐이며 이들은 상호의존적인 관계들로 놓여 있을 뿐만 아니라 그러한 〈관계성〉이 성질의 범주보다 우위에 있다. 따라서 변화하지 않는 주체[주어]가 있고 성질들에 속하는 다양한 술어가 주어를 서술해주는 그러한 사유 도식을 화이트헤드는 거부한다. 존재론적 원리에서 보더라도 결국은 〈과정〉이라는 현실태만 있을 뿐이다.

좀 더 쉽게 설명하자면 모든 경험들은 기본적으로 〈과정〉이기에, 우선은 1)먹는 과정, 2)친절한 과정, 3)대머리가 되고 있는 과정 등 이 같은 다양한 경험의 과정들이 있는 것이고, 바로 이 경험 과정들이 존재론적 원리상 〈근거〉로서 자리한다는 것이며, 〈주어〉인 소크라테스는 이들 다양한 과정들에 의해 〈형성 중〉에 있을 뿐이라는 것이다. 흔히 말하길, "소크라테스가 누구냐?" 또는 "소크라테스란 '무엇'이냐?"를 알아보려면 결국 어떤 시공간적 현실을 구성하는 다양한 과정의 경험 사건들을 통해서 그가 누구인지 또는 그것이 무엇인지에 대한 〈정체성〉으로 계속 접근해 들어갈 따름이다. 친절한 소크라테스가 먼저 있는 게 아니라 친절함으로 드러난 〈사건〉이 있는 것이고 이를 통해 주어[주체]라고 생각되었던 소크라테스의 〈정체성〉은 여전히 계속적으로 만들어지고 있는 것뿐이다. 그런데도 마치 불변의 주체가 먼저 붙박이처럼 있고 술어 부분의 변화들은 그저 부차적인 것처럼 간주해버린다. 화이트헤드가 보는 서구 철학사는 〈실체-성질의 도식〉과 결부된 〈주어-술어 형식〉이 집요하게 우리의 사고 습관에까지 영향을 끼쳤던 것으로 본다.

"실재적 사실들의 개별 독립성이라는 학설은, 진술의 주어-술어 형식이 형이상학적인 궁극적 진리를 전해준다는 개념으로부터 나온 것이다. 이 견해에 따르면, 술어를 갖는 개별 실체는 궁극적 유형의 현실태를 구성한다. 만일 하나의 개체가 존재한다면 철학은 일원론적인^{monistic} 것이 되며, 만일 많은 개체들이 존재한다면 철학은 다원론적인^{pluralistic} 것이 된다. 이러한 형이상학적 전제에 있어서 개별 실체들 간의 관계라는 것은 형이상학적인 방해물이 된다. 이러한 관계를 받아들일 만한 여지가 없는 것이다. 따라서 —우리의 직관적인 〈선입견〉에 나타나는 지극히 명백한 사실을 무시해 버리는— 주어-술어 유형의 명성 높은 철학은 모두 일원론적 철학이다.

실체-성질의 형이상학$^{\text{substance-quality metaphysics}}$에 의한 배타적 지배는 중세기의 논리학적 편견에 의해 크게 조장되었다. 이 지배를 지체시켰던 것은 플라톤과 아리스토텔레스에 대한 연구였다. 플라톤이나 아리스토텔레스는 결과적으로 이 학설의 모태가 된 사고의 줄기들을 가지고 있었지만, 그것들을 다른 관념들과의 부조화 속에 혼합시켜 가지고 있었다. 실체-성질의 형이상학이 배타적인 지배력을 쟁취하게 된 것은 데카르트의 학설에서였다. 불행하게도 데카르트는 그의 <진정한 사물>$^{res\ vera}$이라는 개념이 아리스토텔레스의 <제1실체>라는 개념과는 달리, 궁극적인 사실들 간의 분리^{disjunction}를 수반하지 않는다는 것을 깨닫지 못하였다." (PR 137/295)

<진정한 사물>이라는 개념은 화이트헤드가 <현실 존재>라는 개념으로 선보였듯이 얼마든지 아리스토텔레스와 다르게 재설정될 수 있다. 어떤 의미로 데카르트가 발견한 그 출발점인 <회색으로서의 저 돌에 대한 나의 지각>을 보더라도 여기에는 이미 그 자체가 관계적으로 엮여 있는 사태라는 점도 암시해주는 내용이다. 하지만 르네 데카르트는 이를 미처 깨닫지 못했고 결국 자신의 철학 체계를 개별 실체의 학설로 밀고 나갔었다. 그 점에서 화이트헤드의 평가는 안타깝게도 "콜럼버스가 아메리카 대륙을 방문한 적이 없었던 것과 마찬가지로, 데카르트도 자기 자신의 발견을 총체적으로 정리하여 이해하지 못하였다(PR 159/333)"고 평가한 것이다.

화이트헤드가 보는 <주어-술어 유형>을 갖는 대부분의 명성 높은 서구 철학들에는 근대 철학자인 데카르트는 물론이고 심지어 실체와 양

태를 도입했던 스피노자에게서도 그리고 자신의 철학을 앞질러서 표현했다고 봤던 영국의 로크조차도 이 같은 문제를 근원적으로 해결하진 못한 채로 남겨놓은 것으로 봤었다.

"유기체 철학은 스피노자의 사상의 도식과 매우 유사한 데가 있다. 그러나 유기체 철학은 사고의 주어-술어 형식subject-predicate form을 버린다는 점에서 그의 사상 도식과 다르다. 즉 이 형식이 사실의 가장 궁극적인 특징을 직접적으로 표현한다는 전제와 관련되어 있는 한, 이런 형식을 버린다는 것이다. 그 결과 <실체-성질> 개념은 무효가 되는 동시에 형태론적 기술morphological description이 유기체 철학에서는 역동적dynamic 과정에 대한 기술로 대체된다. 그리고 스피노자의 <양태(樣態)들>modes도 이제는 단순한 현실태들actualities이 된다. 따라서 이 양태들에 관한 분석은 우리의 이해를 넓혀 주기는 하지만 어떤 보다 높은 실재의 발견으로 우리를 이끌어 가지는 않는다. 이 유기체 철학이 유지하려는 정합성은 어떤 현실 존재의 과정 또는 합생도 그 구성 요소 속에 다른 현실 존재들을 포함하고 있다는 것을 발견해 내는 데 있다. 그리고 여기서 이 세계가 갖는 명백한 연대성solidarity이 설명된다." (PR 7/58)

"로크는 실제로 그의 저작에서 유기체 철학에 있어 중요한 하나의 문제를 취급하였다. 그는 마음이란 여러 관념들을 하나의 구체적인 사물로 능동적으로 포착하는 데서 생기는 통일체라는 것을 발견했던 것이다. 불행히도 그는, 마음을 한쪽의 특수한 종류로 보고 자연적 존재를 또 다른 쪽의 특수한 종류로 본 데카르트적 이

원론과 주어-술어의 도그마^{dogma}를 전제로 삼고 있다." (PR 54/146)

이처럼 궁극적 사실로서의 실재에서 보면, 스피노자 철학의 도식도 〈양태들〉^{modes}을 도입하면서 〈과정〉은 망각되고 있는 것이다. 즉, 양태를 도입한 형태론적 기술에서는 그것이 〈과정으로서의 현실태〉로 대체되지 않는 한, 더 높은 실재의 발견에까지는 이르지 못한다고 본 것이다. 또한 로크의 철학에서도 〈주어-술어 형식〉은 여전히 깔려 있었다고 보면서, 이들 철학들은 결국 〈주어-술어 형식〉의 한계를 근본적으로 벗어나진 못했다고 말한다. 물론 이에 대해선 실제적으로 PR의 내용과 함께 이들 철학자 간의 여러 세부적인 비교 논의들도 모두 같이 논의되어야 하겠지만 여기서는 화이트헤드가 서구 근대 철학을 보는 대략적인 입장이 이렇다는 정도만 짚어둘 것이다. 본서의 입문적 논의가 간명해지지 못하고 너무 곁가지로 퍼져나갈 수도 있기 때문이다. 여기선 이들 서구 근대 철학자들의 주장과 화이트헤드의 유기체 철학이 갖는 가장 핵심적인 차이점, 곧 〈실체-성질의 도식〉 및 〈주어-술어 형식〉을 그 자신의 〈유기체 철학〉에 있어선 이를 버린다는 점을 기억해두는 것만으로도 충분할 것으로 본다.

〈실체〉는 〈성질들〉의 변화를 그저 감수할 뿐이어서 결국 〈실체-성질의 도식〉은 근본적으로 〈주어-술어 형식〉과 맞물리게 된다. 화이트헤드에 따르면, 그때까지의 서구 철학사에는 〈주어-술어 형식〉의 사고습성이 근본적인 작동으로 암암리에 깔려 있다는 점이 그가 평가내린 핵심 진단에 속한다. 심지어 〈주어-술어 형식〉을 아예 "도그마"라고 표현할 정도로 상당히 고질적인 것으로 볼 정도다. 적어도 화이트헤드의 〈과정 철학〉은 서구 철학사에 집요하게 달라붙어 있는 이 같은 〈실체〉 개념과 함께 그와 맞물려 있는 〈주어-술어 형식〉을 지극히 꺼린다고 볼 수 있다.

"나는 〈실체〉^{substance}라는 말의 사용을 삼가는데, 그 이유의 하나는 이 말이 주어-술어라는 관념을 암시하고 있다는 것이고, 또 다른 이유는 데카르트나 로크가 실체를 성질 변화의 모험을 겪는 것으로 보고, 그럼으로써 갖가지 난점을 야기시키고 있다는 것이다." (PR 75/184)

화이트헤드의 입장에서 보는 〈주어-술어 형식〉은, 형이상학적 지평에서의 궁극적 진리를 전달해주지 않는다. 다만 한 가지 혼동해선 안 될 점이 하나 있다. 앞서 우리는 화이트헤드가 존재론적 차원에서 제시했던 그의 〈명제〉 이해를 살펴봤을 때 그것이 〈주어-술어의 형식〉을 갖는다는 점을 언급했었다. 즉, 화이트헤드에 따르면 〈주어-술어 형식〉은 〈명제적 느낌〉의 단계 또는 그 이상의 단계에서나 볼 수 있는 〈고도의 추상화〉를 표현하는 형식이라는 점은 잊어선 안 될 것이다. 특히 우리의 언어에서는 이 같은 표현 형식을 사용하지 않을 수 없을만큼 매우 유용하다고 볼 수 있다. 하지만 그렇다고 해서 이 같은 〈주어-술어 형식〉이 현실 존재[계기]에 있어 실재^{reality}라는 존재의 층위를 기술하는 형이상학적 기술의 측면에서는 분명 들어맞질 않는다는 것이다.

"유기체 철학에서는, 주어-술어 형식의 명제란 고도의 추상화를 표현하는 것으로 간주되고 있다." (PR 138/296)

"유기체 철학의 논의는, 명제의 주어-술어 형식이라는 것이, 주체적 형식에 적용되는 경우 이외에는 고도의 추상과 관계된다는 신념을 가지고 전개되고 있다. 이러한 예외는 별문제로 하고, 이런 종류의 추상은 형이상학적 기술^{description}과 거의 관계가 없다." (PR 30/100)

이제 우리는 비로소 화이트헤드 철학이 그때까지의 서구 철학사상과 크게 대결하고 있는 가장 핵심적인 차이점 하나와 마주하게 된다.

"<u>말할 것도 없이 이 책(『과정과 실재』)의 논의와 다른 철학 이론과의 차이점은 주로 다음과 같은 사실에 기인한다.</u> 즉 많은 철학자들이 아리스토텔레스의 <실체> 관념을 명확한 진술로 비판하면서도, 그들의 논의를 통해서 암암리에 명제의 <주어-술어> 형식이 현실 세계에 대한 최종적이고도 충분한 언명의 방식을 구현하고 있는 것으로 가정한다는 사실이다. <u>아리스토텔레스 유의 <제1실체>가 낳은 악^{evil}은 바로 이처럼 명제의 <주어-술어> 형식을 형이상학적으로 강조하는 습관인 것이다.</u>" (PR 30/100)

여기서 화이트헤드는 "제1실체가 낳은 악"이라고까지 표현했었다. 이쯤 되면 화이트헤드가 왜 그토록 자신의 저작 곳곳에서 아리스토텔레스 철학과는 분명한 비판의 날을 세운 것인지에 대해서도 조금은 짐작될 정도다. 이런 연유로 인해 화이트헤드는, 아리스토텔레스야말로 스승인 플라톤 철학의 유산들을 제대로 계승하진 못한 채 결국은 <잘못된 체계화>의 길로 갔었다고 본 것이다. 심지어 아리스토텔레스는 철학을 오염시키고 파괴했다고까지 말할 정도인데 그것은 서구 철학사에 끼친 아리스토텔레스의 권세가 그만큼 지대했었다는 점도 함축하고 있다.12) 이미 본문에서도 나오듯이, 화이트헤드 철학이 그때까지의 서구 철학의 주된 흐름을 형성했던 사조들과 가장 큰 차이점 중의 하나는 <실체-성질의 도식>에 대한 폐기 여부 그리고 그와 맞물려 있는 <주어-술어 형식>에 대한 철저한 극복과 거부에 있다고 볼 수 있겠다.

유기체 철학과 다른 철학과의 주된 차이점은 결국 아리스토텔레스 형이상학의 <제1실체>로부터 연원한 악습을 얼마만큼 철저히 극복하는지의 여부 문제와도 관련됩니다.

기존의 <실체> 개념과 <주어-술어 형식>을 거부한 화이트헤드의 <주체> 개념

앞서 보았듯이 화이트헤드의 철학은 <성질들의 변화를 감수하기만 하는 그러한 실체> 개념을 거부한다. 그러한 실체 개념은 오히려 <주체적 직접성>subjective immediacy을 결여한 <공허한 현실태>가 될 뿐이다.

> "<공허한 현실태>vacuous actuality라는 용어가 의미하는 바는 주체적 직접성을 결여한 *진정한 사물res vera*이라는 관념이다. 이 거부는 유기체 철학에 있어 근본적인 것이다. <공허한 현실태>의 관념은 <실체에 있어서의 성질의 내속(內屬)>inherence of quality in substance이

라는 관념과 매우 밀접하게 결부되어 있다." (PR 29/97)

이 〈공허한 현실태〉를 달리 표현해본다면 〈얼빠진 현실태〉 혹은 〈허망한 현실태〉라고 봐도 될 정도다. 적어도 이것은 〈과정으로서의 현실태〉로 볼 수 없다. 그렇기에 유기체 철학의 입장에서는 이 같은 개념이 근본적으로 거부된다. 여기서 〈내속〉$^{內屬, inherence}$이라는 용어의 사전적 의미는, 사물의 성질이 그 사물에 종속하여 그 사물을 떠나서는 존재할 수 없는 관계를 일컫는다[네이버 국어사전 참조]. 하지만 화이트헤드 철학의 체계에선 그런 것은 사실로 자리하지 않는다. 그렇기에 화이트헤드는 기존의 아리스토텔레스적 견해와도 다른 방향으로 나아가는 면모를 보여주었는데, 그 점에서 다른 의미의 〈주체/주어〉 개념을 제시할 수밖에 없었던 것이다. 그것이 바로 〈초주체〉^{superject} 또는 〈주체-초주체〉$^{subject-superject}$라고 일컫게 되는 개념이다(* 참고로 PR국역판에서 〈초주체〉는 〈자기초월체〉로 그리고 〈주체-초주체〉는 〈자기초월적 주체〉로 표현되어 있는데 같은 뜻으로 봐도 좋다. 여기선 단지 간명하게 쓴 표현일 뿐임).

"유기체 철학의 형이상학적 학설에 있어 근본적인 점은 변화의 불변적 주체로서의 현실 존재라는 개념이 완전히 폐기된다는 데에 있다. 현실 존재는 경험하고 있는 주체이며 동시에 그 경험의 초주체이기도 하다. 그것은 주체-초주체이며, 이 두 측면에 대한 서술은 어느 한 순간도 간과될 수 없다." (PR 29/97-98)

"〈주체〉라는 용어를 폐지하지 않고 계속 사용해 온 까닭은, 그것이 이러한 의미로 철학에 익숙해져 있기 때문이다. 그러나 그 용어는 오해를 불러일으키기 쉽다. 〈초주체〉라는 용어가 보다 적절

할 것이다. <주체-초주체>는 느낌들을 창시하는 과정의 목적이다." (PR 222/442)

"만일 주어-술어 형식의 진술이 형이상학적으로 궁극적인 것이라고 한다면, 우리는 이 느낌들과 그것들의 초주체에 대한 학설을 표현할 수 없게 될 것이다. 느낌은 그 주체*에로 지향된다*(be aimed at)고 말하는 것보다 그 주체*를 지향한다*(aim at)고 말하는 편이 더 적절하다. 왜냐하면 전자의 표현 양식은 주체를 느낌의 작용 범위로부터 제거하고, 그것을 외적인 작용인에 속하는 것으로 돌리고 있기 때문이다." (PR 222/443)

서양 철학사에서 변화에 대한 불변의 주체를 분명하게 상정해놓은 구도는 아무래도 엘레아학파의 대표 철학자인 고대 파르메니데스에까지 올라갈 수 있을 것이다. 진정으로 존재하는 것은 생성 소멸할 수가 없다고 봤었기에 자기동일성을 갖는 불변의 존재를 상정한다. 서양 철학의 주된 방향이 헤라클레이토스가 아닌 파르메니데스의 방향으로 흘러갔을 만큼 그 영향은 매우 지대했었다. 그것은 결국 변화를 감내하는 불변의 주체[주어] 개념을 집요하게 상정하도록 이끌었던 것이다. 그러나 화이트헤드가 볼 때 그러한 존재는 결코 <현실 존재>일 수 없다고 봤었다. 화이트헤드의 주체[주어] 개념으로 설정된 <초주체> 주장은 기존의 <주어-술어 형식>을 거부하고서 나온 것이다. 만일 기존의 <주어-술어 형식>의 진술이 형이상학적으로 궁극적인 것으로 본다면 화이트헤드가 주장한 <초주체> 학설은 나올 수가 없다. 즉, 이 두 학설은 양립될 수가 없다는 것이다. 현실 존재를 구성하는 느낌들은 주체를 산출하는 과정에 있으면서도 동시에 그 주체를 구성하고 있는 요소들이기에 결코 외적인 것으로만 볼 수 없는 것이다.

> "느낌들은 그들이 지향하는 목표와 유리될 수 없다. 이 목표는 느끼는 자^{feeler}이다. 느낌은 그 목적인으로서의 느끼는 자를 지향한다. 느낌들이 지금의 그 느낌들인 것은 그것들의 주체가 지금의 그 주체일 수 있기 위해서이다. 그래서 주체는 자신의 느낌들로 말미암아 지금의 그것이 된 것이기 때문에, 주체는 오직 그 느낌들에 의해서만, 그 자신을 넘어 초월하는^{transcendent} 창조성을 객체적으로 제약한다." (PR 222/442)

여기서 〈그 자신을 넘어 초월하는 창조성을 객체적으로 제약한다〉는 것의 의미는, 느낌들로 인한 주체의 산출이 결국은 후행하는 우주를 제약한다는 점을 말하고 있다. 이는 앞서 언급된 〈객체적 불멸성〉$^{objective\ immortality}$과도 연관된다. 생성을 마감하고 소멸한 주체여도 그것은 초주체[자기초월체]로서 후행하는 우주의 구성에 계속적으로 관여되고 있는 것이다. 따라서 주체는 결국 **자기를 넘어서** 예시된다고 볼 수 있다. 바로 그렇기에 화이트헤드 철학에서는 〈주체〉를 〈초주체〉로 표현하는 것이 가능하다고 본 것이다. 이 〈주체-초주체〉는 다른 〈주체〉의 창출에 〈객체〉로서 주어진다. 그것은 아리스토텔레스의 〈제1실체〉 같은 개별자가 아니어서 다른 주체의 창출 과정에도 구성요소로 내재될 수 있다.

그리고 이 같은 구도에서 보면 작용인과 목적인은 존재론적 구도에서 볼 때 결코 분리될 수 없는 관계로서 자리하고 있는 셈이다. 물론 이는 궁극적인 실재의 양상을 탐사하는 형이상학적인 〈존재론〉 지평에서 언급된 것이지만 적어도 그것은 주체를 구성하는 느낌들로부터 나온 것이어서 〈전체〉와 〈개체〉가 늘 함께 엮여 있다고 볼 수 있다. 이러한 점은 흥미롭게도 거시적인 인간의 삶에서 보면, 도덕적 책임이 근본적으로 혹은 존재론적으로 어떻게 가능할 수 있는 것인지에 대한 형이상학적 이유나 출처 또는 궁극적인 이론적 근거들을 제공해주고 있는 것이 된다.

> "비교적 고도 단계의 존재인 우리 인간에게 있어서, 이러한 느낌과 주체에 대한 학설을 가장 잘 예시해 주는 것은 도덕적 책임에 대한 우리의 개념이다. 주체는 그 느낌 때문에 그것이 지금의 그것이라는 데 대하여 책임을 진다. 그것은 또 그 현존의 여러 귀결들에 대하여 파생적으로 책임을 진다. 왜냐하면 그것들은 그 느낌으로부터 유출되기 때문이다." (PR 222/442-443)

인간에 있어서도 이 주체의 책임은 〈개체의 책임〉뿐만이 아니라 〈전체〉와 함께 지게 되는 책임이기도 한 것이다. 오늘날 서구 근대 세계는 〈개인〉이라는 〈개별자〉 개념이 발달되어 있지만, 현실적으로 보면 근본적으로는 결국 〈개인의 책임〉과 〈사회의 책임〉을 늘 함께 물을 수밖에 없는 점을 도외시할 수 없다. 이처럼 화이트헤드 철학에서는 기존의 〈주체〉를 결국 〈주체-초주체〉로 본다는 점이 특별하다고 볼 수 있다. 물론 화이트헤드도 철학이 〈주체의 경험〉을 떠날 수 없다는 점에 대해서도 분명하게 해두고 있다. 그가 보기에도, 주체의 경험을 떠나서는 아무것도 없다는 것이며, 만일 주체에 대한 경험이 없다며 오직 무(無)가 있을 뿐이라는 것이다(PR. 167/347).

그렇다면 데카르트가 극복하지 못했던 주관주의적 한계에 대해선 화이트헤드는 이를 어떻게 극복하겠다는 것인가? 정작 화이트헤드가 내세우는 대안은 무엇인가?

제9장 화이트헤드의 지각 이론

<주체-초주체>는 참 생경한 표현 같아! 마치 객체에서 주체로, 주체가 객체로 주어지는, 뭔가 묘한 표현인 듯~

소멸 이후에도 후행하는 다른 주체의 창출에 구성적으로 개입되는 초월체가 되는 셈이지!

<주관주의적 원리>에서 <개선된 주관주의적 원리>로

우선 화이트헤드가 소개한 <주관주의적 원리>subjectivist principle13)에 대해선 다음과 같이 언급되어 있다.

"주관주의적 원리란, 경험의 행위에서의 여건은 순전히 보편자들만으로도 충분히 분석될 수 있다는 것을 말한다." (PR 157/330)

이것이 무슨 뜻인가? 앞서 우리는 "<보편자>라는 개념은 여러 개별자의 서술description 속에 들어갈 수 있는 개념인 반면, <개별자>라는 개념은 그것이 보편자에 의해 서술되지만, 그 자신은 다른 어떤 개별자의 기술에도 들어가지 않는 그런 개념"(PR 48/136)이라는 점을 살폈었다. 바로 이 같은 점을 위의 <주관주의적 원리> 언급에 그대로 대입해보면 알 수 있는 얘기다. 앞서 설명했던 아리스토텔레스의 <제1실체>가 잘 말해주고 있듯이, 경험의 주체는 <개별자>에 해당하며 이 개별자에게는 다른 개별자가 관여될 수 없기에 결국은 <보편자들>로만 서술될 수밖

604

에 없다. 즉, 주체가 갖는 경험의 여건에는 오직 <보편자들>만 있게 되는 것이다. 이런 경우 결국 그 주체는 <개체적 자기>로만 머물 수밖에 없고 그 주체의 경험도 더 이상의 일반화를 확보할 수 없게 된다. 일반화가 될 만한 확장의 근거를 그 이상으로 마련할 길이 없기 때문이다. 보편자들은 오직 그 해당 주체의 개별 경험에만 한정될 뿐이다. 알고 보면 이 같은 <주관주의적 원리>는 기본적으로 <실체-성질의 도식>을 그 형이상학적 지평에서 구현하고 있는 것이다. 따라서 화이트헤드는 다음과 같이 <주관주의적 원리>에 대해 정리하고 있다.

"주관주의적 원리는 다음의 세 가지 전제로부터 귀결된다.
ⅰ) <실체-성질>$^{substance-quality}$ 개념을 궁극적인 존재론적 원리를 표현하는 것으로 받아들일 것.
ⅱ) 실체는 항상 주어가 될 뿐, 결코 술어가 될 수 없다는 아리스토텔레스의 제1실체에 대한 정의를 받아들일 것.
ⅲ) 경험하는 주체는 제1실체라고 가정할 것." (PR 157/330)

즉, 화이트헤드가 보기에도 <주관주의적 원리>는 <실체-성질의 도식>을 최종적인 형이상학적 사실로 간주하는 것이 될 뿐이다. <주관주의적 원리>에서는 결국 경험하는 그 주체가 <제1실체>가 되고 있는 것이다. 반면에 화이트헤드의 유기체 철학은 기존의 <주관주의적 원리>에 깔려 있는 그와 같은 전제들을 거부한다.

"유기체 철학은 이 구별이 근거하고 있는 전제들을 인정하지 않는다. 유기체 철학은 서로 배타적이고 궁극적인 두 부류의 존재를 인정한다. 그중의 한 부류는 <현실 존재들>인데, 전통적인 철학

제9장 화이트헤드의 지각 이론

에서는 이들을 <개별자들>로 잘못 기술해 왔다. 그리고 다른 한 부류는 여기에서 <영원한 객체>라고 이름한 한정성의 형식들^{forms} $^{of\ definiteness}$인데, 이것들 또한 현실 존재와의 대비에서 <보편자들>이라고 잘못 기술되어 왔다." (PR 158/331)

화이트헤드는 서구 전통 철학에서 수행해왔던 <개별자들>과 <보편자들>이라는 구분 도식을 받아들이지 않는 것이다. 그러나 그와 유사하다고 볼 수 있는 <현실 존재들>과 <영원한 객체들>이라는 대표성을 띤 두 부류의 존재는 인정한다. 하지만 이것이 기존의 전통 철학에서 언급되었던 <개별자들>과 <보편자들>이라는 도식에는 전혀 들어맞지 않는다는 것이다. 그렇다면 도대체 화이트헤드가 내세우는 또 다른 대안은 무엇인가? 화이트헤드는 이에 대한 자신의 입장을 일컬어 <개선된 주관주의적 원리>$^{reformed\ subjectivist\ principle}$라고 일컬었다.

"유기체 철학은 <회색으로서의 이 돌>을 문제의 경험에 있어서의 여건 속에 존속시킨다. 사실상 그것은 합생의 후기 단계에 있어서의 파생적 유형에 속하는 어떤 물리적 느낌의 <객체적 여건>$^{objective\ datum}$이다. 그러나 이 학설은 데카르트의 다음과 같은 발견, 즉 분석을 위하여 형이상학에 제시되는 근원적인 형이상학적 사태는 주관적 경험이라는 점을 전적으로 받아들이고 있다. 이 이론이 이 장에서 언급된 <개선된 주관주의적 원리>이다. 따라서 <회색으로서의 이 돌>이라는 개념은 파생적인 추상물^{abstraction}이다." (PR 160/335)

우리는 앞서 <회색으로서의 이 돌>을 곧장 형이상학적 일반화로 간주하기가 힘들기 때문에 이를 위해서는 먼저 형이상학적 일반화를 위한 근원적인 〈출발점〉이 있어야 한다고 봤었고, 바로 그 근원적인 출발점이 데카르트의 발견으로부터도 이끌어낸 〈회색으로서의 이 돌에 대한 나의 지각〉이라는 점을 살폈었다. 그러나 데카르트의 경우는 그의 실체론적 이해로 인해 결국은 주관주의적 한계에 머물 수밖에 없었는데, 화이트헤드의 경우는 경험 주체의 여건에는 객체로부터의 내용물 곧 〈객체적 내용물〉objective content도 있기 때문에 결코 주관주의적 한계에만 빠져 있는 것이 아니며 일반화로 나아갈 수 있는 길도 열어놓고 있다. 즉, 〈회색으로서의 이 돌에 대한 나의 지각〉을 근원적인 출발점으로 삼고 있으면서도 여기에는 〈객체적 내용물〉도 함께 관여되고 있다고 보는 것이다. 화이트헤드는 〈객체적 내용물〉을 〈여건〉datum이라는 용어와 동의어로도 보고 있다(PR 152/319).

"현실 존재의 합생에 있어서의 최초의 단계는, 선행하는 우주가 개체성의 초기 기반을 구성하기 위해, 문제되는 존재의 구조 속으로 들어가는 통로라고 볼 수 있다. 이 진리를 역으로 고찰하면, 현실 세계에 있어서 그 자신의 지위가 갖는 다른 현실 존재와의 관련이 그 합생 과정의 초기 여건이 된다는 것이다. 여건에 대한 이러한 해석을 강조할 필요가 있게 될 경우, 〈객체적 내용물〉이라는 용어는 〈여건〉이라는 용어와 동의어로 사용될 것이다." (PR 152/319)

우리가 앞에서 살펴보았듯이 〈인과적 객체화〉야말로 자연의 근본적인 〈객체화〉 방식에 속한다. 〈표상적 객체화〉도 이로부터 파생되어 나온 것이다. 화이트헤드 철학에서는 근본적으로 현실 존재의 합생 자체가 〈여건〉 없이 발생할 수 없다. 그리고 이 여건의 〈객체적 내용물〉은 합생의 후기 단계에 있어서의 파생적 유형에 속하는 어떤 물리적 느낌의 여건으로도 얼마든지 자리할 수 있는 것이다. 그렇게 해서 〈회색으로서의 이 돌〉이라는 〈파생적인 추상물〉derivative abstraction이 생겨나게 된다. 즉, 객체적 내용물로서의 여건이 수용되고서 파생적인 〈회색으로서의 이 돌〉이라는 주관적 경험이 창출된 것이다. 이렇게 보면 화이트헤드 철학의 〈개선된 주관주의적 원리〉는 어느 정도 〈객관주의적 원리〉와 〈주관주의적 원리〉의 균형을 맞추고 있는 것으로 보인다. 그가 보기에도 우리의 상식은 완고하게 객관주의적이기 때문이다(PR 158/332).

> "주관주의의 방향에서 이루어진 데카르트의 발견은 경험에 있어서의 여건에 관한 〈객관주의적 원리〉와 균형을 유지할 필요가 있다. 또한 데카르트적 주관주의의 출현과 함께 실체-성질의 범주는 형이상학적 우선권을 더 이상 요구할 수 없게 되었다. 그리고 이 실체-성질의 범주를 폐기함으로써, 우리는 성질들과 감각들의 그 사적인private 세계를 갖고 있는 저마다의 개체적 실체들이라는 개념을 거부할 수 있게 된다." (PR 160/335-336)

이상에서 보듯이 화이트헤드는 〈실체-성질의 범주〉를 철저히 파기하고자 하는 입장이며 그럼으로써 〈개체적 실체들〉이라는 관념도 그의 형이상학 체계에선 근본적으로 거부되고 있다. 〈개선된 주관주의적 원리〉는 그 명칭에서만 보더라도 기존의 〈주관주의적 원리〉에 대한 개선[개정]인 셈인데 그 스스로도 그렇게 표현하고 있다(PR 189/388). 즉, 〈개선된 주관주의적 원리〉란 〈주관주의적 원리에 대한 '개정판'〉인 것이다. 이 개선[개정]은 상식과 조화될 수 있는 방향이 될 수 있도록 객관주의에 대해서도 이를 열어놓고 있는 개선이다. 저마다의 다양한 지각 경험들은 비록 저마다의 주체의[주관적] 경험에 해당하면서도 그것의 객관으로부터 형성된 주체의 경험이어서 객관과 완전히 분리된 전적인 주관 경험만은 아닌 것이다. 이에 대한 설명으로서, 우리가 앞서의 논의에서도 활용했었던 군맹무상(群盲撫象)의 비유를 다시 한 번 떠올려보면 좋을 듯싶다.

A는 자신의 지각경험에서 코끼리가 짧고 가는 것이라고 주장한다.

B는 자신의 지각경험에서 코끼리가 평평한 것이라고 주장한다.

C는 자신의 지각경험에서 코끼리가 굵은 막대기 같은 것이라고 주장한다.

D는 자신의 지각경험에서 코끼리가 얇고 평평한 막 같은 것이라고 주장한다.

E는 자신의 지각경험에서 코끼리가 끝이 뾰족하고 딱딱한 뿔 같은 것이라고 주장한다.

…

여기서 각각의 개별 주장들은 모두 파생적인 추상들에 해당한다. 즉, 하나같이 주관적인 경험들에 속하는 것이다. 그러나 이 주관적 경험들은 코끼리를 포함한 전체인 객체적 내용물로서의 여건과 관련되고 있는 가운데서 비롯된 것이기에 마냥 주관주의에만 빠져 있다고만 볼 수 없고 객관주의로 접근할 수 있는 어떤 하나의 출발로서도 함께 자리하고 있는 것이다. 물론 객관에 대한 온전한 접근을 위해서는 자기 경험에만 매몰될 것이 아니라 훨씬 더 많고 다양한 주관적 경험들을 가능한 빠트리지 않으면서도 이를 종합적으로 일관되게 설명하려는 그러한 노력과 시도 역시 필요할 것으로 본다.

"<u>하나의 현실 존재가 다른 현실 존재들에 의해 특징지어지는 통로는, 그 현실 존재가 주체로서 향유하는 현실 세계에 대한 <경험>이다.</u> 우주 전체는 주체의 경험에 대한 분석에서 드러나는 요소들로 이루어져 있다고 보는 것이 주관주의적 원리이다. 과정은 경험의 생성이다. 따라서 <u>유기체 철학은 근대 철학의 주관주의적 경향을 전적으로 수용하는 셈이 된다. 그것은 또한, 주관적 경험의 요소로서 발견될 수 없는 것은 어떠한 것도 철학적 도식 속에 받아들이지 말아야 한다는 흄의 학설을 수용한다. 이것은 존재론적 원리이다.</u>" (PR 166/346)

화이트헤드의 유기체 철학은 주관적 경험의 요소를 수용하고 있는 철학이다. 그것은 근대 철학의 주관주의적 경향과 겹쳐지는 부분이다. 그리고 여기서 말하는 흄의 학설이란 건, 주관적 경험의 요소로 자리하지 않는 것들은 철학적 도식 속에 받아들이지 않아야 한다는 흄의 경험론적 원칙을 의미한 것이다. 마찬가지로 현실적인 것만이 근거가 될 수 있다고 보는 화이트헤드의 〈존재론적 원리〉는 그러한 경험론의 원칙을 천명한 것에 해당한다. 화이트헤드가 볼 때, 과정은 경험의 생성인 것이기에 결국은 존재론적으로 인식론적 설명까지 포섭하려는 점이 있다.

그런데 우리가 일상적 경험에서는 〈저 돌은 회색이다〉라는 고도의 추상이 곧바로 일반화가 가능한 것으로 쉽게 간주해버린다. 그러나 이것은 일상에 불편함이 없는 실용적 견지에서 수용되고 있는 일반화일 뿐이다. 화이트헤드는 우리의 〈언어〉가 바로 이런 식의 개념들을 표현하기 위해 다듬어져 왔다고 말한다. 언어는 그야말로 고도의 추상이 아닐 수 없다. 〈회색의 돌〉이 파생적인 추상인 것처럼 〈녹색의 잎〉과 〈둥근 공〉도 마찬가지인 것이다.

> "〈녹색의 잎〉이라든지 〈둥근 공〉이라는 개념은 전통적 형이상학의 토대를 이루고 있다. 그것들은 두 가지 오해를 불러일으켜 왔다. 그 하나는 주체적 경험을 결여한 공허한^{vacuous} 현실태라는 개념이며, 다른 하나는 실체^{substance}에 내재하는 성질^{quality}이라는 개념이다. 이 두 개념은 고도의 추상으로서의 그 본래적인 성격에 있어서는 최대의 실용적 가치가 있다. 사실상 언어는 주로 이러한 개념들을 표현하기 위해 다듬어져 왔다. 언어가 그 일상적인 용법에 있어서 형이상학의 원리를 근시안적으로밖에 헤아리지 못하는 이유도 여기에 있다. <u>결국 개선된 주관주의적 원리가 되풀이되지 않으면 안 된다. 주체의 경험을 떠나서는 아무것도 없다. 아무것도 없다, 아무것도. 단지 무(無)가 있을 뿐이다.</u>" (PR 167/347)

제9장 화이트헤드의 지각 이론

주체적 직접성을 결여하고 있는 〈공허한 현실태〉라는 개념은 모든 사물을 기계적이고 수동적인 관점에서 보도록 이끈다. 여기서는 주관적 경험을 말할 자리가 아예 없게 된다. 반면에 주관적 경험을 말할 수 있는 경우일지라도 〈실체-성질의 도식〉을 받아들임으로 인해 결국은 다른 주체와의 관계들을 결여한 〈유아론적 주관주의〉라는 한계를 지니게 된다는 점도 함께 고찰되어야만 한다. 바로 이러한 난점들로 인해 화이트헤드는 결국 〈주관주의적 원리〉를 개정한 〈개선된 주관주의적 원리〉를 제안했던 것이다.

주체의 경험을 떠나서는 아무것도 없어요. 〈주어-술어 형식〉 명제는 고도의 추상화 표현에 속합니다. 인식론적 접근이 아닌 존재론적 문맥에서 보는 유기체 철학은 〈실체-성질의 범주〉 폐기를 주장합니다!

● 화이트헤드 철학이 제안한 〈개선된 주관주의적 원리〉
- 서구 근대 철학이 지녔던 〈주관주의적 원리〉에 대한 개정판
- 가장 큰 개선점은 〈실체-성질의 도식〉을 버린 점에 있음

지각 이론 정리

최종적으로 본장을 정리하자면, 결국 화이트헤드의 지각 이론에서는 〈인과적 효과성〉이라는 자연의 근본적인 지각 방식과 그로부터 파생된 〈표상적 직접성〉의 지각 방식이라는 두 가지가 있고, 진화한 고등 유기체의 경우 이 둘의 지각이 혼합된 상호 작용의 〈상징적 연관〉의 지각을 갖는 것으로 보고 있다.

여기서 데카르트는 〈회색의 돌에 대한 나의 지각〉이 명확하고 뚜렷한 지각 경험을 갖는다고 보았지만 오히려 〈인과적 효과성〉의 지각이 보다 근본적인 지각 경험이라는 점을 몰랐었다. 데카르트뿐만 아니라 서구 근대 인식론의 주된 특징은 이 〈인과적 효과성〉의 지각 경험이 자연의 지각 경험에 있어 근본적이라는 점을 간과했었다. 따라서 〈주관주의적 원리〉가 갖는 유아론적 한계를 온전히 극복하진 못했었던 것이다.

화이트헤드는, 〈개선된 주관주의적 원리〉를 통해 자연의 〈인과적 객체화〉로서의 지각 방식에 해당하는 〈인과적 효과성〉의 지각 경험을 그의 철학적 도식에선 여전히 확보하고 있다는 점에서 〈유아론적 주관주의〉의 함정에 빠지지 않는다. 결국은 선행하는 우주로부터의 여건이라는 〈객체적 내용물〉이 현실 존재의 개체성을 갖는 기반을 이루고 있다는 것이다. 하지만 이것만으로는 〈표상적 직접성〉의 지각 경험이 될 수 없다. 그것은 〈물리적 목적〉이 〈변형의 느낌〉과 통합에서 생겨나는 것이다. 따라서 명확하고 뚜렷한 느낌으로 간주되는 〈표상적 직접성〉의 지각 경험은, 자연에 대한 근원적인 경험의 느낌은 아니었다. 그것은 자연의 1차적 경험의 성격에는 속하지 않지만 오히려 그로부터 파생된 2차적 성격의 지각 경험이라는 점을 우리는 상기해둘 필요가 있겠다. 우리의 지각 경험은 자연을 있는 그대로 재현해내고 있지 않으며 오히

제9장 화이트헤드의 지각 이론

려 더 적극적으로 새로움을 창출해낼 만큼 보다 탄력적이며 능동적인 대응으로서의 해석들을 만들어낸다.

☞ <인과적 효과성>의 경험이 1차적인 근원적인 경험
☞ <표상적 직접성>의 경험은 2차적인 파생적인 경험
  = 물리적 목적 + 변형의 느낌

"명확하고 뚜렷하게 느껴지는 지각 느낌은
우리 경험의 본래적인 1차적 경험이 아니다!"

이제는 <자연의 구조> 속으로

사실 화이트헤드의 지각 이론에 해당하는 <인과적 효과성>과 <표상적 직접성> 그리고 이 두 지각의 상호 작용을 일컫는 <상징적 연관>에 대해서는 좀 더 복잡한 설명과 이해가 요구되는 점도 있지만 여기서도 대략적으로만 살펴본 것에 불과하다. 특히 <표상적 직접성>은 그의 까다로운 <연장적 연속체>extensive continuum라는 개념을 전제로 하는 점이 있다. 왜냐하면 그것이 단순한 사적 경험에만 그치는 것이 아니라 앞에서도 설명한 바 있었던 <실재적 가능태>real potentiality와 연관되고 있기 때문이다(앞의 7장 참조). 따라서 이제는 <연장적 연속체>를 비롯해 우리가 속한 <전체로서의 자연>에 대한 확장된 이해로도 넘어갈 필요가 있을 것 같다.

인간의 지각은 현재 지성의 진화적 효용을 경험하는 중에 있으며, 우리는 오류를 자각함으로써 그것을 통해 좀 더 나은 방향을 모색하려는 그러한 이상과 비전도 함께 품곤 한다. 그러한 가운데 우리가 속한 자연 세계가 과연 어떠한 구조인지를 이해해보는 중에 있는 것이다. 적어도 인류라는 이 생물 종은 그 자신을 탄생시킨 우주 및 자연을 이해하고자 무던히도 애쓰는 그러한 특징들을 매우 적나라하게 드러내고 있다. 이렇게 되기까지 우리의 우주시대에서는 무려 138억 년이나 걸렸다고 말해진다. 물론 이것은 현시점에서 현대 과학에서 언급되고 있는 측정치다. 형이상학은 이러한 과학적 성과를 염두에 두면서도 그 측정 한계도 넘어서 보다 궁극적인 지평의 논의로 나아가는 〈상상력의 비행〉을 펼쳐가는 학문의 자리다. 이제 우리는 〈우리의 우주시대〉까지도 넘어서는 고도의 상상적 비행도 감행할 때가 되었다.

비로소 우리는 우리를 태동시킨 환경 그리고 현재의 우리를 제약하고 있는 거대한 환경으로서의 〈자연의 계층구조〉에 대해서도 얼마간이라도 알아둘 필요가 있게 된 것이다. 화이트헤드가 그려내고 있는 형이상학의 세계는 정말이지 상상하기 힘든 극미세계에서 그리고 상상하기 힘든 극대세계까지 그 스케일을 종횡무진 오가며 누비는 ―솔직히 필자로선 뭐라 형언하기조차 힘들었음을 고백할 만큼― 정말 놀랍고도 경이로운 형이상학적 우주론의 그림을 제시해보인 점이 있다. 물론 필자의 이 같은 언급은 지나친 과장된 표현일지도 모른다. 하지만 거시적 전체와 미시적 부분들이 서로 함께 맞물려 돌아가는 진화하는 자연의 양상들을 그의 유려한 필치를 통해 전달받은 나 자신의 솔직한 느낌만은 그러했다는 점도 부득이 토로하지 않을 수 없다. 바로 그렇기 때문에 우리가 속해 있는 〈자연의 계층구조〉에 대해서도 함께 알아보기를 요청하고 있는 것이다. 과연 화이트헤드가 보는 〈자연의 계층구조〉는 어떤 양상으로 형성 과정에 있다는 것인가?

제 10 장

자연의 계층구조 : 결합체와 여러 사회들

"자연에 관한 물리적 및 기하학적 이론에 내포되어 있는 물리적 관계들, 측정에 대한 기하학적 관계들, 차원의 관계들, 그리고 다양한 등급의 연장적 관계들은, 보급의 폭이 넓어지는 사회들의 계열로부터 파생된 것이며, 보다 특수한 사회들이 보다 넓은 사회들 속에 포함된 채로 존재한다, 이와 같은 상황이 자연의 물리학 및 기하학적 질서를 구성하고 있다."

— A. N. 화이트헤드

<결합체>는 어떤 특정 유형의 질서를 전제한 용어가 아니다

화이트헤드 철학이 상정하고 있는 <자연의 여러 계층구조> 역시 진화 과정에 있다는 점은 말할 나위 없다. 일단 진화 중에 있는 이 우주 세계는 무수한 현실 계기들로 이루어져 있다는 점에서 <결합체>^{nexus}에 속한다. 적어도 둘 이상의 현실 계기들이 함께 모여 있을 경우 이를 <결합체>로 본다는 점은 이미 앞서도 언급한 바 있다. 본장에서는 이러한 결합체와 함께 자연을 구성하고 있는 여러 유형의 <사회>^{society}에 대해 소개해보려는 것이다. 이는 <자연의 질서>를 알아보는 작업이기도 하다. 이미 말했지만, "직접적인 현실적 경험에 있어 궁극적 사실은 <현실 존재>와 <포착> 그리고 <결합체>이다. 그 밖의 모든 것은 우리의 경험에 있어서 <파생적인 추상물>에 지나지 않는다."(PR 20/75-76). 따라서 <사회>도 <파생적인 추상물>에 해당한다. 우선 <결합체>에 대해선 다음과 같이 언급된다.

> "현실 존재들은 그들 상호간의 포착에 의해서 서로를 포섭한다. 그렇기 때문에 현실 존재와 포착이 실재적이고 개별적이며 개체적이라고 하는 것과 동일한 의미에서 실재적이고 개별적이며 개체적인, 현실 존재들의 공재$^{共在, togetherness}$라는 실재적인 개별적 사실들이 존재하게 된다. 현실 존재들의 공재라는 이와 같은 개체적 사실은 모두 '결합체'라 불린다." (PR 20/80-81)

여기서 <현실 존재들의 공재>라는 표현에 있어 <공재>라는 것은 말 그대로 그냥 <함께 모여 있음>을 의미할 뿐이다. 즉, 화이트헤드가 말하는 <결합체>란, 여러 현실 존재들이 함께 모여 있는 바로 그 사태를 <결합체>라는 용어로 명명해놓은 것이다. 그것은 그 어떤 특정한 질서를 갖고 있지 않는 현실 존재[계기]들의 묶음 혹은 공재^{togetherness}를 의미할 뿐이다.

"결합체라는 용어는 질서에 대한 특별한 유형을 전제하지 않으며, 상호 내재라는 일반적인 형이상학적 제약 이외에 그 구성원들 모두에 스며있는 다른 어떠한 질서도 전제하지 않는다." (AI 201)

따라서 화이트헤드가 말하는 결합체의 특징은 현실 존재들이 〈함께 모여 있음〉일 뿐이며, 그 외에 그 어떤 특정한 질서를 지니고 있지 않다는 데에 주목할 필요가 있겠다. 여기서의 〈상호 내재〉$^{mutual\ immanence}$는 그 결합체를 구성하고 있는 현실 존재들의 가장 일반적인 공통의 기능에 지나지 않으며, 그 외에는 그 어떤 특정의 질서도 갖고 있지 않다. 그것은 단지 시공간적으로 펼쳐져만 있을 뿐이다. 결국 하나 이상의 다수의 **현실 존재[계기]**들이 함께 모여 있는 사태를 기본적으로는 결합체로 이해하면 될 것이다. 화이트헤드가 말하는 결합체는 그 어떤 특정의 질서^{order}를 드러내기 이전의 가장 궁극적이고 기본적인 사실의 요소에 해당한다.

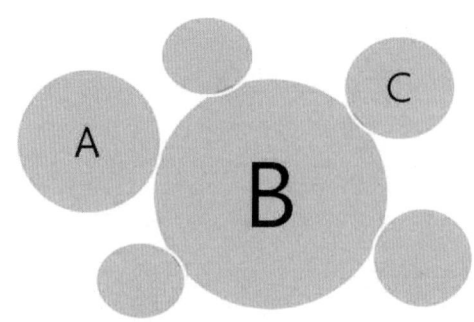

◀ <결합체>란, 여러 현실 존재들(각각 A, B, C ... 등)이 함께 모여 있는 사태를 기본적으로 의미하며, 여기에는 특별한 유형의 질서를 꼭 전제하고 있지 않다. 질서의 유무와 상관없이 공재하는 경우를 말함

그렇다면 우리는 다음과 같이 또 질문해 볼 수 있다. 다수의 현실 존재들이 함께 모여 있으면서도 그것이 어떤 규칙적인 특정한 패턴이나 질서를 보여주고 있는 경우라면 또 어떻게 되는 것인가? 바로 이러한 경우를 일컬어 화이트헤드는 〈사회〉^{society}라고 명명해놓은 것이다.

〈사회〉란, 결합체 중에서도 〈질서를 갖는 결합체〉를 의미

우선 〈사회〉라는 용어를 대했을 때 손쉽게 혼동할 수 있는 지점부터 언급할 필요가 있겠다. 화이트헤드가 자신의 형이상학에서 〈사회〉^{society}라는 용어를 쓰고 있지만, 이는 사회학적 지평에서 언급되는 〈사회〉라는 용어와 혼동해선 곤란한데, 왜냐하면 이것은 우리가 흔히 떠올리는 〈인간 사회〉의 사회만을 가리키는 게 아니기 때문이다. 물론 화이트헤드의 유기체 철학은 궁극적인 추상 관념들을 다루는 형이상학이기에 그런 사회학적 지평의 경험 사례들까지도 모두 포함시켜 추상화하여 논한 것이기도 하다. 따라서 〈형이상학〉이라는 점에서 보다 더 심층적이고 근본적인 실재^{reality}의 사태를 기술^{description}하기 위해 동원된 용어라는 점이 가장 1차적이다. 거듭 강조하지만, 화이트헤드가 자신의 형이상학 체계에서 쓰는 용어들은 기본적으로 언어 이면의 실재의 세계를 기술하려는 시도 차원에서 동원된 표현 용어들이라는 점을 우리는 결코 간과해선 안 된다. 앞서 〈느낌〉이라는 용어가 심리학적 용어의 의미와 혼동될 수 있듯이 〈사회〉라는 용어도 사회학적 지평의 〈사회〉 개념과 혼동될 수도 있겠지만, 기본적으로 이것은 궁극적 실재의 세계를 기술하고자 이를 유비적으로 채택해서 쓰는 용어들인 것이다.

화이트헤드가 말하는 〈사회〉는 현실 존재[계기]들이 합종연횡되고 있는 관계적 연결의 사태를 근본적으로 깔고 있다. 그가 말하는 〈사회〉란 〈질서화된 현실 존재들의 결합체〉를 의미한다(PR 89/208). 앞서 우리는

〈결합체〉라는 개념을 익혔는데, 화이트헤드의 형이상학이 말하는 〈사회〉는 〈결합체〉 없이는 결코 출현할 수가 없다. 왜냐하면 이 〈사회〉 개념은 앞서 말한 결합체에서 그것이 어떤 특정한 유형의 질서화 곧 사회적 질서를 형성할 때 이를 가리키기 위해 동원된 개념이기 때문이다. 그리하여 "사회란 사회적 질서$^{social\ order}$를 갖는 결합체"(PR 34/108)인 것이다. 따라서 결합체가 훨씬 더 포괄적이고 외연적인 개념이라고 볼 수 있으며, 사회는 그런 결합체 가운데서도 어떤 질서라는 특성을 보여주고 있는, 특별한 유형의 결합체에 해당한다고 보면 되겠다. 화이트헤드는 〈사회〉에 대해 다음과 같이 설명하고 있다.

> "결합체는 다음과 같은 경우에 〈사회적 질서〉를 향유하고 있다.
> i) 그 결합체에 포함된 각 현실 존재들의 한정성에 예시된 공통 요소로서의 형상이 있을 것,
> ii) 그 결합체의 각 구성원이 그 결합체의 다른 구성원들을 포착함으로 말미암아 그 결합체에 부과되는 조건들에 근거하여, 이 공통 요소로서의 형상이 결합체의 각 구성원에서 생겨나고 있을 것, 그리고
> iii) 이때의 포착들이 그 공통 형상에 대한 긍정적 느낌을 포함하고 있음으로 해서 재생의 조건을 부여하고 있을 것 등이다.
> 이러한 결합체를 〈사회〉라 부르며, 거기서의 공통 형상은 그 사회에 대한 〈한정 특성〉$^{defining\ characteristic}$이다." (PR 34/108).

다소 복잡스럽게 진술한 것으로 보일 수도 있지만, 여기서의 우선적인 핵심은 그 해당 결합체에 어떤 〈공통 형상〉$^{common\ form}$이 계속해서 마련되고 있느냐 없느냐의 여부에 있다. 해당 결합체가 그 결합체의 구

제10장 자연의 계층구조: 결합체와 여러 사회들

성원들의 상호 포착으로 인해 〈공통 형상〉을 거듭 형성하고 있을 경우, 그 결합체는 일종의 사회적 질서를 갖는 〈사회〉로 볼 수 있다는 얘기다. 이때 말하는 〈공통 형상〉은 해당 결합체가 갖는 〈한정 특성〉이 된다. 다시 말해서, 이 〈공통 형상〉이라는 〈한정 특성〉을 지닌 결합체가 바로 〈사회〉인 것이다.

예를 들어 〈대한민국〉이라는 국가를 생각할 때, 이 대한민국을 구성하는 국민들은 모두 대한민국으로부터 물려받고 있는 공통의 특징들[성격들]이 있을 것이다. 예컨대 그것은 오랜 역사와 문화로부터 물려받으면서 형성된 것일 수 있고, 여기에는 물리적 지질학적 생물학적인 요소들뿐만 아니라 그 어떤 특징적인 문화적 차원의 민족성 같은 것들도 포함될 수 있다. 어쨌든 이러한 공통의 특징들은 대한민국을 구성하는 많은 국민들에 부과되고 있으면서도 동시에 이들 대한민국에 살고 있는 국민들에 의해 계속 예시되고 있는 주된 특징들에 해당한다. 그리고 그 점에서 대한민국을 구성하는 각 구성원들은 함께 살고 있는 다른 이들로부터도 그러한 공통의 특징들을 계속적으로 포착해낸다. 요컨대 대한민국이라는 사회는 바로 그러한 각 구성원들 간의 여러 상호 작용을 통해 형성되고 있는 그 어떤 특정한 유형의 사회적 질서인 셈이다. 이 질서는 대한민국이라는 사회를 드러내는 일종의 지배적인 정체성 identity 같은 것이기도 하다. 그 점에서 이 정체성은 대한민국을 말해주는 〈한정 특성〉에 해당한다고 볼 수 있겠다. 그리고 이 같은 〈한정 특성〉은 여전히 대한민국의 각 구성원들에게 다시금 부과되고 또 예시되고 있는 가운데 놓여 있다.

또 하나의 예를 든다면, 어떤 〈컵〉이 있다고 했을 때 일단 이것은 기본적으로 다수의 **현실 존재[계기]**들로 이루어진 〈결합체〉에 해당한다. 하지만 컵을 구성하는 현실 계기들은 컵으로 존립되는 〈특징들〉(형태,

622

재질 등)을 계속 창출해내고 있다는 점에서 그 어떤 〈실체화〉 과정에 놓여 있다. 컵을 구성하는 요소들은 결국 〈컵〉이 되고 있는 특징들을 서로 포착하고 공유하며 창출하는 가운데 거듭 〈컵〉으로서 매순간 존립되고 있는 것이다. 따라서 〈컵〉으로 존립되는 특정의 질서가 계속 구현되고 있기에 〈사회〉에 속한다. 그것은 뭐라 특정 짓기 힘든 결합체에서 〈컵〉으로 특정할 수 있는 그 어떤 〈지배적 질서〉가 거듭 창출되고 있음을 드러낸 것이다. 〈컵〉은 결코 정지된 사물이 아니다. 〈컵〉은 그것을 구성하는 요소들 간의 공통의 형상 곧 〈한정 특성〉으로 드러나는 중에 있을 뿐이다. 앞서 말한 〈대한민국〉이라는 〈정체성〉이라든가 〈컵〉으로 특정할 수 있는 그 어떤 〈특수한 유형의 질서들〉은 모두 〈한정 특성〉에 해당된다. 화이트헤드는 다음과 같이 말한다.

"따라서 한 조^{set}의 존재들이 하나의 사회를 이루게 되는 것은
1) 그 성원들이 공유하고 있는 〈한정 특성〉 때문이며,
2) 이 사회 자체에 의해 제공된 환경에 기인하는 한정 특성이 현존하고 있기 때문이다" (PR 89/209).

공통 형상을 계속 구현해내는 결합체를 사회로 보며, 그리고 이때의 공통 형상을 한정 특성으로 보는 거네!

사회라는 개념은 공통의 형상인 한정 특성이 중요한 것 같아!

화이트헤드가 말하는 <사회>의 핵심은 그것의 <자립>에 있다!

이렇게 볼 때 화이트헤드의 사회 개념은 그 어떤 <특정한 질서>를 주도적으로 창출해내고 있다는 점에서 나름의 두드러진 자립적인[자급자족적인] 측면이 있다. 왜냐하면 그 사회의 존립이 그 사회를 구성하는 성원들에 의해 근거되고 또한 그 사회의 구성원들에게 다시 부과되는 식으로 유지되고 있기 때문이다.

"여기서 일컬어지는 <사회>의 핵심은 그것이 자립해있다는 것 self-sustaining, 다시 말하면 그것은 그 자신의 근거가 되고 있다는 것이다. … 그 사회의 구성원들은 그것들이 그들의 공통 특성을 근거로 하여 제각기 그 사회의 다른 구성원들에다, 그와 같은 유사성을 낳게 되는 여러 조건을 부과하기 때문에 유사한 것들이 된다." (PR 89/208)

"따라서 사회 각 구성원들 members의 견지에서 본다면 사회란 그 자신 속에 어떤 질서의 요소를 갖고 있는 일종의 환경 environment이며, 또한 그 구성원들 간의 발생적 관계에 힘입어 지속되고 persisting 있는 것이다. 그러한 질서의 요소는 그 사회에 널리 퍼져 있는 질서이다." (PR 90/209-210)

H_2O인 물은 수소 원자 2개와 산소 원자 1개의 결합이라는 특성을 보여주고 있다. 물을 구성하는 성분들은 이러한 <한정 특성>을 공유하고 있는 가운데 물로서의 자기존립[자립]을 계속해서 유지해내고 있는 것이다. 마찬가지로 내 앞에 놓인 나무젓가락 역시 나무젓가락이 갖는 특성과 형태를 유지하는 일정한 자기존립의 과정을 실현하는 중에 있다.

무기물만 그런 게 아니라 하나의 생물 세포도 화이트헤드 철학에서는 〈사회〉에 해당한다. 생물체의 세포는 세포로서의 공통 특성―세포의 구성요소들 및 여러 기능들―을 지니고 있는 하나의 독립된 생명체로 여겨진다. 이렇게 볼 때 현실 세계는 그야말로 다양한 한정 특성들을 갖는 〈무수한 사회들〉을 포함하는 것으로 볼 수 있겠다. 물론 기본적으로 보면, 고립된 사회란 없다고 봐야 한다. 하지만 이때 〈사회〉라고 일컬을 수 있는 사물들은 그것이 일정한 자기존립성 즉 자립적 성격을 갖는다는 점이 중요하다. 즉, 〈사회〉는 그것을 이루는 **현실 존재[계기]들**을 구성원들로 해서 성립되고 있으면서도 그것이 어느 정도 자립적 성격을 갖는다는 건 그 〈사회〉가 갖게 되는 일정한 존속을 확보하는 〈자급자족〉의 특징들을 갖추게 된다는 의미이기도 한 것이다.

> "사회는 모두 현실 존재들의 보다 넓은 환경을 그 배경으로 가지고 있다고 보아야 한다. 그리고 이 현실 존재들은 거기서 객체화되고 있으며, 그 사회의 구성원들은 그것들에 순응하지 않으면 안 되도록 되어 있다. 따라서 환경으로부터의 기여는 적어도 그 사회의 자급자족self-sustenance을 허용하는 것이어야 한다." (PR 90/210)

〈자급자족〉으로 표현된 이 자립적 특성은 그 사회를 구성원으로 하는 각각의 현실 존재들 간의 발생적 관계에 힘입어 지속되고 있다는 점은 말할 나위 없다. 여기서 해당 사회가 갖춘 〈자급자족〉으로 인해 형성된 자립적 성격은 그 사물에 있어 가장 두드러진 특징이기도 해서 일종의 〈실체〉substance처럼 간주될 수 있다. 쉽게 말해 배경이 되는 더 넓은 사회들로부터 마치 따로 독립해 있는 〈고유 실체〉처럼 여겨진다는 얘기다. 마치 한 개인이 그가 속한 현실 세상과 무관하게 한결 같은 <개별 고유성>을 유지하고 있는 것처럼 그렇게 이해될 수 있다는 것이다. 이러한 점은 해당 사물이 갖는 <개체성>^{individuality}의 확보에 해당한다. 그리하여 이 개체적인 <실체>만큼은 그것이 놓인 배경 사회와는 무관하게 독립적 성격을 갖는다는 관념으로도 이어지곤 했던 것이다.

화이트헤드의 <사회> 개념은 전통철학의 <실체> 이해를 대체

사전적으로 보는 <실체>라는 개념은 "전통적인 유럽 철학의 기본개념으로, 상황에 따라 여러 가지로 변화할 수 있는 성질·상황·작용·관계 등의 근저(根底)에서 그것들을 받들고 있는 기본 존재"로 알려져 있다[네이버 두산백과 참조]. 철학상에서 이것은 자존적이고 독립적인 동일자 개념에 속하는데, 변화하는 다양한 현상들은 이러한 실체들의 부수적인 현상이나 변용으로 이해되는 점이 있다. 그런데 화이트헤드는 이를 반대의 구도로 설정한다. 뭐라 특정 짓기 힘든, 유동하는 현실태야말로 기본 활동의 근저에 있는 것이며, 여기에서 파생된 <특정 유형의 질서>를 해당 결합체가 일정하게 드러낼 경우 이를 <사회>로 볼 뿐이다. 그리고 이 <사회>를 기존의 전통철학에서는 <실체>로 간주해왔다는 것이다. 화이트헤드 철학에 따르면 "한정 특성이라는 개념은, 아리스토텔레스의 <실체적 형상>$^{substantial\ form}$의 개념과 동류에 속한다."(PR 34/108). 물론 앞장에서 봤듯이 화이트헤드는 <실체-성질의 도식>만큼은 철저히 거부한다. 그러면서도 그에 상응될 만한 것까지 화이트헤드 자신의 도식에서 함께 설명해내고 있는 것이다.

따라서 궁극적인 사실의 견지에서 보면, 차이들의 생성 사건들이 1차적인 것이며, <실체>로 불릴 수 있는 동일자는 1차적 사태로부터 추상된 특정 패턴으로서의 <질서>에 해당된다. 화이트헤드의 철학에서 보면, 〈사회〉란 그 어떤 〈질서〉를 함의하고 있는 개념인데 반해, 〈결합체〉는 그 반대로 질서만이 아닌 〈혼돈〉 혹은 〈무질서〉를 함의하고 있는 개념이기도 하다. 그에 따르면,

"비사회적$^{non-social}$ 결합체란 〈혼돈〉^{chaos}의 개념에 해당되는 것이다." (PR 72/180).

우리가 사물을 그 어떤 고정된 실체로 이해하는 것은 너무나 익숙하고도 흔한 사유의 습관이지만, 사실상 여기에는 근본적으로 생성 소멸하는 **현실 존재[계기]**들의 잇따르는 사건들이 기본적으로 자리하고 있음을 결코 간과해선 안 될 것이다. 알고 보면 그 어떠한 사물도 고립된 것들이 없음에도 우리의 인식 작용에선 사물을 〈독립된 실체〉로 뽑아내고 있는 것뿐이다. 물론 이는 고도의 추상 능력에 해당한다. 궁극적인 형이상학적 사실은 모든 사회들은 결코 고립적이지 않다는 것이다.

"고립된 사회란 있을 수 없다. … 모든 사회가 그 사회를 한 부분으로 하고 있는 사회적 배경을 필요로 한다." (PR 90/210)

예컨대 빨간 장미꽃이라는 〈사회〉가 있을 경우, 그 꽃을 구성하는 성원들의 집합은 결국 빨간 장미꽃이라는 그 어떤 파생적 질서로서의 특징을 드러낸 것으로 볼 수 있다. 이때 이 빨간 장미꽃이라는 사회는 더 넓은 배경이 되고 있는 대기와 토양과 태양 등 여러 환경적 요인들을 필요로 하는 가운데 성립되고 있는 것이다. 만일 이 같은 환경적 배경이 없다면 그 빨간 장미꽃은 빨간 장미꽃으로서의 〈정체성〉을 어느 순간 상실하고 만다. 그런 점에서 개체로서의 독립적 실체란 것도 근원적

인 존재론적 지평에서 보면 근본적으로는 불가능하다는 점을 엿볼 수 있다. 이처럼 사회는 그 사회를 부분으로 하고 있는 훨씬 더 넓은 배경의 사회로 계속 나아갈 수 있는 것이다.

"어떠한 특정 사회와 관련해서도 현실 존재의 세계는 여러 층의 사회적 질서를 지닌 하나의 배경을 형성하는 것으로 간주되어야 하며, 그 사회적 질서의 한정 특성은 우리가 그 배경을 확대함에 따라 더욱 광범하고도 일반적인 것이 되어 간다." (PR 90/210)

그렇다면 이제 우리는 자연의 여러 층을 이루는 온갖 사회적 질서들을 떠올리지 않을 수 없다. 진화하는 자연에는 다양한 유형의 질서를 갖는 사회들이 있기 때문이다. 그렇다면 그 중에서도 가장 광범위하고 가장 일반적인 것이 될 만한 그러한 사회적 질서의 한정 특성도 충분히 생각해볼 수 있을 것이다.

● 지금까지의 핵심 중간 정리
☞ <결합체>가 <사회적 질서>를 향유하면, <사회>로 불린다.
☞ 사회는 결합체에 속하지만, 결합체가 곧 사회는 아니다.
☞ 결합체가 사회보다 훨씬 더 큰 포괄적 개념이다.
☞ 사회에는 공통의 형상 곧 <한정 특성>이 있어야 한다.
☞ 사회는 그 구성원들에 의해 갖춰진 <자립성>을 띠고 있다.
☞ 사회는 전통 철학의 <실체> 이해를 대체하려는 점이 있다.
☞ 자연에는 여러 계층을 이루는 <사회들>이 함께 자리한다.

<연장적 연속체>라는 가장 궁극적이고도 거대한 사회

화이트헤드의 <연장적 연속체>$^{\text{extensive continuum}}$라는 개념을 본격적으로 소개하기에 앞서 우선은 <연장>^{extension}이라는 용어가 여전히 익숙하지 않아서 매우 어려워할 수 있는 철학 초심자분들도 있을 수 있기에 <연장>이라는 개념에 대해 먼저 짧게만 설명해놓고자 한다.

철학의 역사에서 보면 <연장>이란 용어는 특히 데카르트와 스피노자에 의해 널리 알려졌던 개념이기도 한데, 아주 간단하게만 언급하자면, <연장>이란 공간을 점유하는 물질의 본성을 일컫는 말이다. 데카르트에게 있어 정신의 본성은 사유이지만, 물질의 본성은 공간을 점유하는 <연장>으로 간주된다. 우리가 이것을 일반적으로 쉽게 이해해보고자 할 경우, 흔히 물질적인 것들을 떠올려 볼 때 그것들은 어떤 식으로든 부피나 크기, 형태를 지니면서 일정 부분 공간을 점유하고 있는 것들로 간주되곤 한다는 점을 알 것이다. 반면에 사유하는 정신은 공간을 점유할 만한 부피나 크기를 지닐 필요가 전혀 없다. 그렇기에 <연장>이야말로 물질의 분명한 기본 특성이 되고 있는 것이다. 이때 물질을 <실체>로 보는 입장의 경우 결국 <연장>이 그러한 실체의 속성으로 자리매김된다. 철학에서는 이 같은 <연장> 개념에 대한 좀 더 복잡한 논의들도 있겠으나 여기서는 화이트헤드 철학의 <연장적 연속체>라는 개념의 예비적 이해를 위해서만 간략히 언급해 본 것이다. 우리가 이해해야 할 현재의 타겟은 <연장적 연속체>다. 잠시 뒤에 보겠지만 이 <연장적 연속체>는 화이트헤드가 말하는 모든 **현실 존재[계기]**의 발생 과정에 있어 그 첫 번째 규정으로 자리하는 시원적 특성이 되고 있다. 과연 화이트헤드가 말한 <연장적 연속체>란 무엇이며, 데카르트의 경우와는 또 어떻게 다른 것인가?

앞서의 <사회> 논의를 계속 이어가보자. 오늘날의 자연과학이 <자연

의 질서〉를 탐구한다고 했을 때 그것은 주로 〈우리의 우주 시대〉^{our} $^{cosmic\ epoch}$에 한정된 질서들을 탐구하는 것으로 볼 수 있다.

> "자연의 법칙에 있어서의 임의의 요소들, 이를테면 〈주어진〉 요소들은 우리가 특정의 우주 시대에 있다는 것을 일깨워 준다. 여기에서 〈우주 시대〉라는 표현을 쓴 까닭은, 우리 자신과의 직접적인 관련을 추적해 볼 수 있는 현실 존재들의 가장 넓은 사회를 의미하기 위해서이다." (PR 91/211)

알다시피 우리의 우주 시대에는 우리의 삶을 제약하고 있는 많은 자연의 법칙들이 있다. 그런데 바로 이 지점에서 우리는 "모든 사회가 그 사회를 한 부분으로 하고 있는 사회적 배경을 필요로 한다"(PR 90/210)는 화이트헤드의 언급을 토대로 〈가장 최대한으로 일반화될 수 있는 유형의 사회〉를 한 번쯤은 떠올려 볼 수도 있을 것이다. 이를테면, 인간이라는 사회는 지구라는 사회에 놓여 있고 지구는 태양계라는 사회에 놓여 있다. 또한 그 태양계는 우리 은하계라는 사회에 놓여 있다. 뿐만 아니라 우리가 속한 은하계 역시도 결국 우리의 우주시대가 형성하는 거대한 사회 속에 놓여 있다. 현재 우리의 우주시대는 중력의 작용을 비롯해 전자기력과 강한 핵력 및 약한 핵력이라는 4가지 힘의 작용이라는 특징을 보여주는 것으로 얘기된다. 이는 자연계를 지배하는 특성으로서 현재 물리과학 진영에서 거론되는 가장 일반적인 〈자연의 특징적 질서〉에 해당할 것이다. 살아있는 생물체의 사회도 우선은 그러한 물리학에서 보는 자연의 질서에 기반되지 않으면 안 된다. 다만 그러한 기반을 통해 보다 특수한 유형의 질서들이 부가된 것으로 볼 수 있을 것이다. 그 점에서 자연은, 보다 특수한 유형의 사회가 보다 넓은 사회 속에 포함되어 있는 방식으로, 점차 그 지배의 폭에서 넓어지고 있는 사회들의 계열로 이루어져 있다(PR 92/213). 그렇다면 우리의 우주 시대를 지배하는 이러한 자연의 질서조차도 훨씬 더 넓은 배경의 사회를 필요로 할 수도 있다는 생각 역시 충분히 해봄직하다. 적어도 그 당시의 화이트헤드는 그러한 생각을 했던 것이다. 궁극적으로 우리의 우주 시대만 유일하게 존재하는 걸로 확정되지 않는 한, 그런 열린 시각의 유추도 충분히 가능한 것이고 짐작해볼 만한 것이라고 생각된다.

이런 식으로 우리의 우주시대를 넘어서까지 최대한으로 일반화될 수 있는 가장 궁극적인 거대한 사회 역시 떠올려 볼 수 있겠다. 이때 말하는 가장 궁극적인 사회를 화이트헤드는 〈연장적 연속체〉라고 불렀던 것이다. 이것은 셔번^{D. W. Sherburne}이 말한 것처럼, 오늘날 우리의 인식 범위 내에서 생각해볼 수 있는 가장 넓은 사회에 해당하는데 바로 이 지점에서 흥미롭게도 그는 화이트헤드 철학의 이 같은 개념 이해를 위해 우리에게 크기의 차례대로 포개 넣을 수 있게 만든 그릇이나 〈차이니즈 박스〉^{chinese boxes} 이미지를 권했었다[그림 참조].14)

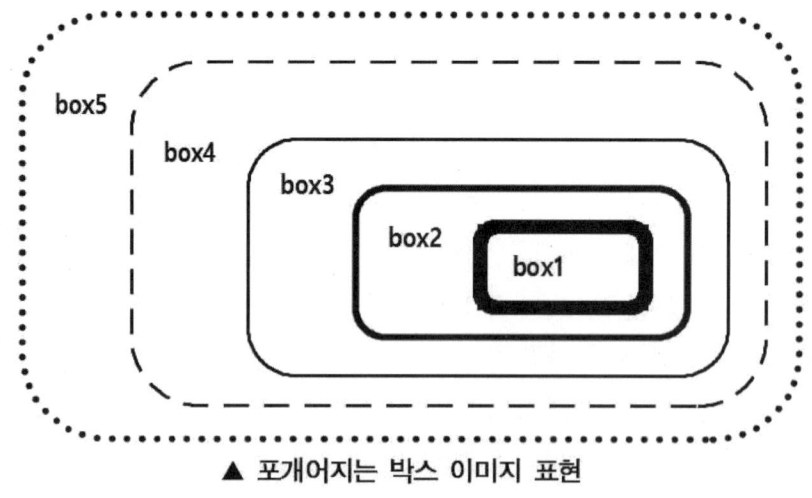

▲ 포개어지는 박스 이미지 표현

여기서 가장 바깥쪽의 박스에는 〈순수한 연장의 사회〉society of pure extension라는 꼬리표가 붙을 수 있겠는데 이는 현재 고려해볼 수 있는 가장 일반적 형태의 사회적 관계를 구성하는 것으로 본다.15) 바로 이 〈순수한 연장의 사회〉가 〈연장적 연속체〉에 해당한다. 따라서 이것은 〈우리의 우주시대〉라는 배경까지도 넘어서, 형이상학적 차원의 가장 궁극적인 일반화로서의 배경 사회라고 할 수 있겠다. 즉, 〈연장적 연속체〉라는 사회는 우리의 우주시대마저 넘어서는, 가장 궁극적인 환경적 배경이 되고 있는 유형의 일반 사회인 것이다. 달리 말하면 모든 우주시대에도 적용되고 있는 가장 궁극적인 환경적 제약인 셈이다.

> "이 궁극적이고도 거대한 사회는, 우리가 우리의 현 발전 단계에서 체계적인 특성들을 식별할 수 있는 한, 우리의 시대가 놓여 있는 환경 전체를 구성하고 있다." (PR 97/222)

이 궁극적이고도 거대한 사회로 말미암아 우리의 생물학적 신체 역시 우리의 우주시대를 넘어서는 가장 궁극적인 일반 환경 속에 놓여 있는 셈이며 우리의 경험은 근원적으로 늘 그러한 환경의 제약과 요소들을 내포하고 있는 것이다. 그 점에서 이 〈연장적 연속체〉는 우리의 현실 세계를 제약하는 가장 근원적인 환경의 요소로 작동한다. 모든 **현실 존재[계기]**들은 이 궁극적인 환경이 되고 있는 〈연장적 연속체〉가 갖는 〈한정 특성〉으로부터 결코 자유로울 수 없다. 모든 사물은 연장적 연속체가 갖는 그 일반적 성격으로 인해 관계적으로 엮여 있다.

> "연장적 연속체는, 단위 경험과 이에 의해 경험된 현실 존재들이 하나의 공통 세계의 연대성에 있어서 결합되는, 경험 내의 일반

적인 관계적 요소이다."(PR 72/180)

연장적 연속체의 〈한정 특성〉은, 연장적 연속체가 갖는 일반적 성격을 말한 것인데, 경험 내의 일반적인 관계적 요소라는 바로 이 성격이 결국은 우주를 제약하고 있는 〈시원적인 관계성〉primary relationship으로 자리한다고 본 것이다. 화이트헤드는 이를 달리 표현해 〈연장적 연결〉extensive connection이라고도 불렀었다.16) 이 우주는 〈연장적 연결〉이라는 〈시원적 관계성〉으로 인해 근본적인 연결성을 확보하고 있는 셈이다. 화이트헤드에 따르면, 이 〈연장적 연속체〉로 말미암아 우리가 속한 세계는 그 기저에서부터 우주의 〈연대성〉이 구축된 것으로 보고 있다.

"데카르트에게 있어 물체의 시원적 *속성*attribute은 연장extension이다. 유기체 철학에 있어 물리적 계기의 시원적 *관계성*relationship은 연장적 연결이다."(PR 288/557)

"원자들의 다수성multiplicity에 의해 표현되는 세계의 원자적 통일성unity은 이제 연장적 연속체의 연대성solidarity으로 대체된다."(PR 286/554)

〈연장적 연결〉의 관계를 갖는 이 〈연장적 연속체〉는 모든 자연의 질서들이 기반하고 있는, 가장 단순한 연장성extensiveness의 사회이기도 하다. 앞서 우리는 가능태인 〈영원한 객체〉 개념을 이해할 때, 현실 세계의 한정성에 기여하는 〈실재적 가능태〉real potentiality에 대해서도 배웠었다. 〈실재적 가능태〉란, 현실 세계에 의해서 제공된 여건으로 인해 제약되어 있는 가능태를 말한다. 그것은 세계의 일반적인 성격에서 생기는 질서를 의미하는데, 화이트헤드에 따르면, 〈연장적 연속체〉란 세계의 일반적인 성격에서 생기는 질서, 즉 〈실재적 가능태〉에 대한 최초의 규정[결정]$^{firs\ determination}$이라는 것이다(PR 66/169). 따라서 그것은 모든 현실 존재들 간의 포착 속에서 예증되어진다고 볼 수 있는 실재적 가능태에 대한 도식^{scheme}에 해당한다.

> "객체화의 학설을 진지하게 받아들인다면, 연장적 연속체는 곧 객체화에 있어서 시원적^{primary} 요인이 된다. … (중략) … 연장적 연속체는 그 본질상 모든 현실 존재의 상호 포착 속에 예증되도록 되어 있는 실재적 가능태에 대한 도식이다." (PR 76/187)

〈연장적 연속체〉는 객체화의 과정에 있어 맨 첫 자리에 있는 〈시원적 요인〉$^{primary\ factor}$에 해당한다. 이처럼 화이트헤드는, 우리의 우주 시대마저도 넘어서는 더 넓은 배경의 사회까지 포함해서 실재적 가능태에 대한 첫 번째 규정[결정]으로서 그리고 그 〈최대한의 일반성〉$^{full\ generality}$으로서 이를 떠올려 볼 경우 이것을 〈연장적 연속체〉라고 명명한 것이다. 말 그대로 이것은 〈연장의 성격을 갖는 연속체〉인 것이며, 이 연속체는 우리의 우주시대를 넘어 여러 다른 우주시대까지도 그 자신 속에 내포하고 있다고 말해진다. 그러나 특정한 시대를 사는 우리의 한계로 말미암아 현재의 우주시대를 제외한 여러 다른 시대까지는 제대로 식별하지 못할 뿐이라는 것이다.

> "연장적 연결의 일반적 속성들 속에서 우리는 우리의 직접적인 우주 시대를 훨씬 넘어서서 확대되고 있는 거대한 결합체의 한정 특성을 식별하게 된다. 그것은 양립 불가능한 보다 특수한 특성

들을 띤 다른 여러 우주 시대를 그 자신 속에 내포하고 있다. 그래서 현재의 우주 시대의 관점에서 볼 때, 우리의 우주 시대를 넘어서는 한에 있어 저 기본적인 사회는, 그 자신의 <연장적 연결>의 한정 특성 속에 들어 있는 소수의 미약한 질서의 요소에 의해서 완화된 거대한 혼란 상태로 보이게 된다. 우리는 그 기본적 사회에 속해 있으면서 강력한 질서를 갖고 있는 여러 다른 시대를 식별하지 못한다. 우리는 단지 그것을, 우리 자신의 시대가 가진 질서의 희미한 서광을 품고 있는 것으로 생각할 수 있을 뿐이다." (PR 97/221-222)

좀 더 쉽게 언급해보도록 하겠다. 예컨대 우리 앞에 <우물 안 개구리>가 있다고 해보자. 그 우물은 어떤 특정 동네 안에 자리해 있다. 그 우물 안 개구리는 자신의 우물 안을 전체 세계로 간주하며 살겠지만, 우리는 그 우물 바깥에도 여전히 또 다른 세계가 있다는 것을 안다.

◀ '우물 안 개구리'도 전체 우주와의 상호 관련 및 제약에 놓여 있다. 그러나 우물 안 개구리는 자신을 넘어서는 더 넓은 세계에 대해선 모른다. 따라서 우물 안 개구리는 오늘 우리에게도 얼마든지 적용될 법한 현실이며, 그 점에서 우리가 지닌 우물 안 세계의 한계를 끊임없이 극복해보고자 하는 <상상력의 모험>도 항상 필요한 것이다!

우물이 있는 그 동네는 어떤 지역의 도시에 속해 있을 것이다. 더 나아가 그 도시는 어떤 국가에 속해 있을 것이다. 이런 방식으로 우리는 계속 더 나아갈 수 있다. 그 국가는 대륙 안에 있을 것이며, 더 나아가 지구에 속해 있고, 그 지구는 태양계에 그리고 더 나아가 은하계 안에 속해 있으며, 결국 현재의 우주 시대가 형성하고 있는 그러한 우주 속에 놓여 있다고 볼 수 있다. 우리는 현재의 이 우주 시대가 조건화하는 제약들에서 결코 자유로울 수 없다. 이를 테면 우리는 자연계의 기본 상호작용 중 하나인 〈전자기적 상호작용〉electromagnetic interaction의 법칙도 현재의 우주를 조건화하는 제약에 포함된다. 알다시피 맥스웰$^{J.\ C.\ Maxwell}$ 방정식은 전자기파의 존재를 증명한 수식으로 전자기파$^{Electromagnetic\ wave}$의 기본 특성을 나타내는데, 이것은 〈우리의 우주시대〉를 말해주는 주요 특성 중 하나에 속한다. 우물 안에 사는 개구리조차도 이 〈전자기적 상호작용〉의 법칙의 제약을 받으며 살고 있다. 이 법칙이란 것도 전체 우주가 만들어내고 있는 그 어떤 질서에 해당한다. 그러나 그 개구리에게 〈전자기적 상호작용〉 같은 건 조금도 떠올릴 수가 없는, 암흑의 장막 속에 가려진 또는 어렴풋한 질서일 뿐이다.

마찬가지로 만약에 현재의 우리가 우물 안 개구리이며, 현재의 우주시대가 그 개구리가 놓인 한정된 우물일 가능성은 없겠는가? 이른바 현재의 인류 관측의 한계를 넘어선다고 해서 우리의 우주시대 외에 다른 우주시대가 무조건 존재하지 않는다고만 주장하는 것도 독단이 될 수 있다. 관측된 것만이 존재한다고 봐야 할 필연적 이유는 없다. 화이트헤드는 바로 이 지점에서 우리의 우주시대마저 넘어서는 더 넓은 배경의 궁극적인 사회를 형이상학적으로 구상해 본 것이다. 물론 여기에는 화이트헤드가 후기 플라톤, 특히 『티마이오스』 *Timaeus*의 우주론적 통찰에도 빚진 점 역시 없잖아 있다.17) 이 같은 형이상학적 구상에 있어서는 여전히 적용 가능한 질서의 형식, 다시 말해 우리의 우주시대를 포함해 다른 우주시대에도 얼마든지 적용해볼 수 있는 공통의 한정 특성 역시 가능할 수 있다고 화이트헤드는 내다봤다. 이때 말하는 모든 우주시대를 관통하며 있을 법한 그 〈공통의 한정 특성〉이 바로 화이트헤드가 말한 〈연장적 연속체〉의 일반적 성격에 해당된다는 것이다.

〈연장적 연속체〉의 한정 특성 - 연장적 연결의 시원적 관계들

앞서 말한 〈전자기적 상호작용〉의 법칙은 우리의 우주시대에는 잘 작용되고 있지만, 이를 넘어서 〈다른 우주시대〉에는 더 이상 효력이 없을 지도 모른다. 하지만 전자기적 법칙보다 훨씬 더 광범위한 일반성을 갖는, 모든 우주시대에도 가능할 수 있는 그 어떤 질서의 형식도 충분히 떠올려 볼 수는 있을 것이다. 그럴 경우 그것은 최소한의 가능한 특성들만 갖는 최대한의 〈완전한 일반성〉full generality에 해당할 것으로 본다. 결국 이 〈연장적 연속체〉는 유한한 우리의 우주시대와 다른 우주시대에도 가능할 수 있는 최대한의 완전한 일반성을 갖게 되는 것이지만, 그 최대한의 완전한 일반성이 갖는 특성에 있어서는 매우 극소수의 특성들만 지니고 있을 따름이다.

> "현재의 우주 시대를 넘어서는 그 완전한 일반성에서 볼 경우, 연장적 연속체는 형태나 차원, 또는 측정 가능성 같은 것들을 포함하지 않는다. 이것들은 우리의 우주 시대에서 비롯되는 실재적 가능태의 부가적인 결정들이다." (PR 66/169)

이 〈연장적 연속체〉는 매우 극소수의 특성만 가지기 때문에 여기에서는 형태나 차원, 또는 측정 가능성조차도 그 특성으로 포함되어 있지 않다는 것이다. 이런 특성들은 현실 세계에 의해 제약된 가능태인 〈실재적 가능태〉에 대한 첫 번째 결정의 성격에는 속해 있지 않다는 얘기다. 오히려 형태나 차원 측정 가능성조차도 〈실재적 가능태〉에 대한 〈부가적인 결정들〉additional determination에 해당할 뿐이다. 따라서 〈연장적 연속체〉는 극도로 추상적인 성격을 띠는 형이상학적 개념에 속한다. 이 연장적 연속체는 적어도 실재적 가능태에 대한 첫 번째 결정으로 작용하면서 그 〈최대한의 일반성〉을 드러내고 있지만, 바로 그렇기 때문에 그 특성에 있어서는 가장 극소한 〈시원적 관계들〉primary relationships로부터 비롯된 특성들에만 그 뿌리를 두고 있을 따름이다. 연장적 연속체가 갖는 그 극소수의 특성들이란 다음과 같다.

"전자, 양성자, 분자 그리고 항성계star-systems로 이루어진 이 우주 시대에만 적용되는 부가적인 조건들을 제쳐놓고, 그 최대한의full 일반성이라는 견지에서 고찰해 본다면, 이 연속체는 극소수의 특성만을 가지며 계량 기하학의 관계relationships of metrical geometry도 여기에 포함되지 않는다. 연장적 연속체란 전체와 부분과의 관계, 공통 부분을 갖게 되는 중복의 관계, 접촉의 관계, 그리고 이러한 시원적primary 관계들에서 파생된 다른 여러 관계들과 같은 다양한 관계들의 제휴에 의해 통일체가 된 존재들의 복합체를 말한다." (PR 66/168)

● 연장적 연속체가 지닌 극소수의 특성
- 전체와 부분과의 관계, 중복의 관계, 접촉의 관계, 그리고 이들 시원적 관계에서 파생된 다른 여러 관계들과 같은 다양한 관계들로만 제휴 (※ 혹시 필요하다면 PR 295-296/568-569에 나온 두 개의 다이어그램도 참조)

〈연장적 연속체〉는 바로 이 몇 가지 관계들만으로 구성되어 있을 뿐이다. 계량적인(metrical, 측량적인) 기하학의 관계도 〈연장적 연속체〉에는 포함되지 않을 정도로 극히 추상적인 성격을 띤다. 아무래도 〈최대한의 일반성〉이라는 견지에서 본다면 매우 극소한 추상성만을 띨 수밖에 없을 걸로 본다. 그럼에도 모든 자연의 질서들은 이 〈연장적 연속체〉가 지닌 몇 가지 관계들로 인한 그 추상적인 일반성에 의해 원초적으로 제약되고 있다는 사실이다. 앞서 말했듯이 이 〈시원적 관계성〉은 직접적인 우리의 우주시대마저 포함하며 넘어서는 가장 확대된 일반성으로서의 한정 특성이다. 이 시원적 관계성이 갖는 〈연장적 연결〉의 성격은 그 안에 〈공간성〉과 〈시간성〉의 차원적 성격도 포함되어 있지 않다. 오히려 화이트헤드는 다음과 같은 놀라운 표현을 들려주고 있다.

"순수한 연장성에 관한 한, 공간은 현재의 우주 시대에 알맞은 3차원 대신에 333차원을 가질 수도 있다. 공간의 세 차원은 물리적 계기들에 관한 추가적 사실을 형성하고 있다. 특정 수의 차원을 떠나 있는 공간의 단순한 차원성은 사실상 연장의 순수한 관념에는 포함되어 있지 않은 그러한 추가적인 사실인 것이다. 또한 시간의 순차성^{seriality}도, 단선적이건 복선적이건 간에 단 하나의 연장의 관념에서는 파생될 수 없다." (PR 289/559)

사실 일반적인 우리한테는 333차원이란 건, 여간 상상도 잘 되지 않는 언급이지만, 어쨌든 화이트헤드에 따르면 〈공간의 차원성〉도 그리고 〈시간의 순차성〉도 단순한 연장의 관념에는 포함되지 않는 것으로, 오히려 부가적인 결정들로 인해 가능해지는 것으로 보고 있다. 그런 점에서도 화이트헤드가 볼 때, 공간의 연장성은 실제로는 〈연장의 공간화>spatialization of extension이고, 시간의 연장성은 실제로 <연장의 시간화>temporalization of extension라고 본 것이다(PR 289/559). 달리 말하면, 우주가 <공간화>와 <시간화>의 성격을 갖게 되는 것도 앞서 말한 <연장적 연결>이 갖는 <시원적인 관계성>에서 더 추가적인 규정들[결정들]determinations로 인해 우주 안에 나타나게 된 특수한 성격들이라는 점이다. 따라서 화이트헤드에게선 <시공 연속체>space-time continuum 역시 단순한 연장의 사회보다는 좀 더 추가적인 결정들을 갖는 보다 특수한 성질로 간주된다. 기본적으로 모든 현실태들은 이 같은 시원적[원초적] 관계성의 제약을 피할 길이 없다.

"이 연장적 연속체는 현실 세계로부터 도출된, 그리고 동시적 현실 세계에 관련되어 있는 하나의 사실을 표현하기 때문에 <실재적>real이다. 모든 현실 존재는 이 연속체의 규정들determinations에 따라 관계를 맺는다. 그리고 미래의 모든 가능적인 현실 존재들은 기존의 현실 세계와의 연관에서 이러한 규정들을 예증하지 않으면 안 된다." (PR 66/169)

그럼에도 이 연속체 자체는 가능적 실재인 것이지 현실적인 실재는 아니다. 연장적 연속체를 <원자화>시키는 것은 어디까지나 <현실 존재들>인 것이다(PR 67/169). 다만 그러한 <원자화>에 있어 이 연속체의 규정으로부터 온전히 자유로울 수 없다는 점이 있을 뿐이다. 이 연속체는 그 자체로는 단지 분할을 위한 가능태에 지나지 않는데, 현실 존재가 이것을 분할한다는 것이다(PR 67/169). 물론 분할을 위한 가능태라고 하더라도 어떤 면에서 이것이 갖는 <연장적 연결>의 성격은 유한한 모든 우주시대에 항구적으로 지속되는 궁극적인 형이상학적 성격일 수 있고, 연장적 연결의 보다 단순한 특징들 가운데 일부는 궁극적인 형이상학적 필연성이 될 것으로 본다(PR 288/558). 따라서 이것은 과거, 현재, 미래에 걸쳐 세계 전체의 기초로서 자리매김 된다고도 볼 수 있다.

"이 연장적 연속체는, 모든 가능적인 객체화가 그 속에서 자신들의 적합한 장소^{niche}를 찾아내는 그런 하나의 관계적인 복합체^{complex}를 말한다. 그것은 과거, 현재, 미래에 걸쳐 세계 전체의 기초가 되고 있다." (PR 68/168)

"이 연장적 연속체는 세계의 과정 전체를 꿰뚫고 있는 모든 가능한 관점의 연대성을 표현하고 있다. 그것은 세계에 우선하는 하나의 사실이 아니다. 그것은 세계의 일반적인 성격에서 생기는 질서—즉 실재적 가능태—에 대한 그 첫 번째 결정^{determination}이다." (PR 66/168-169)

앞서 말한 실재적 가능태의 특성을 추적해서 나온 이 〈연장적 연속체〉가 갖는 철학적 함의는 사실상 놀라운 점이 있다. 우리가 놓인 우리의 우주 시대 역시 어쩌면 우물 안 개구리일 수 있다는 점뿐만 아니라 기본적으로 우리 〈몸의 현실〉은 늘 전체 우주와 관계적으로 엮여 있다는 사실이다. 〈연장적 연결〉이라는 시원적 관계성은 화이트헤드가 말한 존재론적 차원에서 가늠해 본 우주 내의 가장 근원적인 엉킴(얽힘)의 관계로 볼 만한 것이다. 그러한 얽힘 관계의 연대성이 모든 현실태를 제약하고 있는 시원적 환경에 해당한다. 그럼에도 자연은 언제나 자신을 넘어서 창조적으로 전진하고 있는 것이다.

화이트헤드가 PR에서 밝힌 제4부 연장의 이론은 화이트헤드 연구자

제10장 자연의 계층구조: 결합체와 여러 사회들

들 사이에서도 매우 까다로운 내용으로 알려져 있긴 하지만 한편으로 우리의 사유들을 무진장하게 자극하고 있는 통찰의 내용들일 정도로 계속해서 캐내야 할 진술들이 많은 광맥에 해당한다. 이 거대한 결합체의 〈한정 특성〉은 다른 우주시대 역시 그 안에 포함할 수 있기에, 어쩌면 우리의 우주시대의 기본 물질과 그 전기적 특성이 반대인 〈반물질〉anti-matter의 사회가 주류를 이루는 그런 우주시대가 어딘가에 존재하고 있을는지도 모를 일이다. 적어도 지금보다는 훨씬 더 수백 배로 뛰어난 관측 기술의 발달과 및 이론의 성장 역시 있게 되면 우리가 그러한 일말의 흔적이라도 좀 더 뚜렷하게 확인할 날이 올는지 누가 알겠는가. 21세기가 〈중력파〉 관측 시대를 맞이하고 있는 것처럼 언젠가는 블랙홀 내부까지 들여다볼 수 있는 고도의 기술문명이 있게 되면 새로운 발견으로서의 다른 우주시대의 흔적까지 확인할 여지도 있는 것이다. 화이트헤드 역시 "미래에 가서 이론이 성장한다면 우리의 후손들은 보다 예리한 식별 능력을 갖추게 될 지도 모른다"고 전하고 있다(PR 97/222).

화이트헤드의 연장적 연속체 개념은 조금 어렵기도 하지만 그 스케일 또한 상상하기 힘들 만큼 엄청난 것 같아!

20세기 초의 물리학을 접했음에도 우리의 우주시대를 넘어 다른 우주시대까지 생각해낸 건 정말 놀라워!

직선에 대한 정의로 <측정>이 가능할 수 있는 <기하학적 사회>

이제 가장 궁극적이고 거대한 사회로부터 보다 특수한 사회의 식별로 나아갈 경우, 화이트헤드는 <순수한 연장의 사회>보다는 좀 더 특수한 사회이지만 그럼에도 여전히 추상적일 수 있는 사회를 언급한 것이 있는데 그것이 바로 <기하학적 사회>geometrical society에 해당한다.

"우리는 논리적 분석과 직접 직관intuition(inspectio)을 통해서, 순수한 연장성을 갖는 사회 가운데 들어 있는 보다 특수한 사회를 식별할 수 있게 된다. 이것이 <기하학적>geometrical 사회이다. 이 사회 속에는 직선이 정의되는 특수화된 관계들이 유지되고 있다. 체계적인 기하학은 그와 같은 기하학적 사회에서 예시된다." (PR 97/222)

사실 <기하하적 사회> 역시 어떤 면에서 이해가 쉽지 않은 개념이지만 이것이 중요한 이유는 비로소 자연의 질서에 대한 <측정>measurement이 가능할 수 있는 연유를 바로 이 <기하학적 사회>와 연관해서 고찰하고 있기 때문이다. 이것은 '곧은 선'이라는 <직선>straight lines에 대한 정의와 밀접한 관련을 갖는다.

"체계적 기하학은 문제의 사회에 적용 가능한 직선의 정의에 의해서 결정된다는 점에 주목할 필요가 있다. 일반적인 견해와는 달리 이 정의는 <측정>의 개념에 의거하지 않고서도 가능하다." (PR 97/222)

여기서 독자분들은 갑자기 <직선>에 대한 정의가 왜 튀어나온 것인

제10장 자연의 계층구조: 결합체와 여러 사회들

가 하고 의아해할 지도 모르겠다. 우리는 흔히 〈측정〉이 가능해야 〈직선〉을 알 수 있다고 여기지만 화이트헤드는 그런 일반적 견해와는 반대로 〈직선〉의 성격이 먼저 정의될 수 있어야 비로소 물리과학에서도 사용되는 〈측정〉이 가능할 수 있다고 본 것이다.

"측정은 계산^{counting}과 영속성^{permanence}에 의존하고 있다. 문제는 무엇이 계산되고 무엇이 영속하느냐에 있는 것이다. 계산되는 것들은 야드자$^{yard-measure}$라는 곧은 금속 막대^{rod} 상의 인치들^{inches}이다. 또한 영속적인 것들은 그 내적 관계에 있어서나 그 세계의 기하학에 대한 몇몇 연장적 관계에 있어서나 이러한 야드자이다. 무엇보다도 이 막대는 곧은^{straight} 것이다. 따라서 <u>측정이 직선성[곧음]^{straightness}에 의존하고 있는 것이지 직선성[곧음]이 측정에 의존하고 있는 것이 아니다.</u>" (PR 327-328/625)

"모든 측정에는, 야드자에 관한 우리의 가정 속에 근사^{approximation}가 들어있음은 물론이다. 그러나 그것은 직선성에 대한 근사이다." (PR 328/625)

여기서 〈야드자/야드-측정/야드-척도〉$^{yard-measure}$라는 건, 어떤 표준 측정, 즉 수치 비교의 표준적인 척도(尺度) 또는 그러한 검사기구를 떠올리면 된다. 야드 단위를 쓰지 않는 우리한테는 그냥 '미터자' 또는 그냥 척도를 재는 '자'라고만 해도 무방할 듯싶다.18) 보다 중요한 건, 그러한 야드자를 통해 측정값을 정할 경우 거기에는 〈직선의 성격〉을 전제로 해서 측정이 수행된다는 점이다. 우선 〈측정〉(測定)에 대한 사전적 의미를 찾아보면 "일정한 양을 기준으로 하여 같은 종류의 다른 양의 크기를 잼. 기계나 장치를 사용하여 재기도 한다"라고 나와 있다[국립국어원 표준국어대사전 참조]. 그런데 〈야드자〉의 경우, 1야드 길이는 36인치에 해당한다. 즉, 〈야드자〉의 1야드 표시는 36개의 동일한 것으로 간주되는 1인치들의 길이 합과 같은 것이다. 이때 이 곧은^{straight} 막대자에 표시된 1인치 간격과 다른 부분의 1인치 간격을 놓고 우리는 동일한 일치의 〈합동〉^{congruence}인 것으로 가정한 채로 〈측정〉을 수행한다. 그러나 동일한 일치성의 선분이라는 건 개념이지 궁극적 사실이 아니다. 실제로는 완전 동일한 일치성을 갖지 않는다. 그럼에도 우리는 그것이 동일한 일치성을 갖는 〈합동〉으로 가정해서 계산해내고 있는 것이다.

"계산한다는 건 본질적으로는 비일치적인^{non-coincident} 곧은 선분들과 관련한다. 길이에 대한 수치 측정은 야드자가 36개 합동^{congruent}의 인치 선분들로 나눌 수 있는, 곧은^{straight} 막대라는 사실을 표시하고 있다." (PR 328/626)

"이 〈영속성〉^{permanence}이란 사용되는 여러 기구, 즉 야드자나, 광학 기구 내지 이와 유사한 기구에 있어서의 〈합동에 관한 영속성〉을 의미한다. 예컨대, <u>야드자는 그것이 한쪽의 위치에서 다른 쪽 위치로 옮겨졌을 때도 여전히 그 이전의 그것과 동일한 공간을 점하는 것(합동)으로 가정되어 있다.</u>" (PR 329/627)

"〈기하학적〉 사회에서 관계성의 체계를 표현하고 있는 직선들^{straight lines}의 가족이 주어진다면, 〈합동〉의 개념과 이로부터 파생되는 〈측정〉의 개념이 그 사회의 어느 곳에서나 체계적인 방식으

제10장 자연의 계층구조: 결합체와 여러 사회들

로 결정될 수 있다." (PR 97/222)

알다시피 기하학에서 〈합동〉이란 두 도형의 모양과 크기가 서로 같다는 것을 의미한다. 그러나 두 개의 어떤 것이 서로 모양과 크기가 같다는 인식은 자명한 정당성을 얻고 있는 그런 결과가 아니다. 오히려 우리의 인식에서 〈합동〉이라는 개념을 마치 사물에 실현된 속성처럼 가정하고 있는 것뿐이다. 이처럼 〈측정〉이라는 것이 가능해지려면 적어도 그것은 〈직선〉에 대한 정의 그리고 〈합동〉에 대한 개념 이해가 마련될 필요가 있었던 것이다. 물론 이것은 궁극적인 형이상학적 지평에서 볼 때 그러하다는 얘기다. 과학에서도 〈측정〉이 중요한 이유는 비로소 자연의 질서에 대한 측량적인 선명한 이해가 가능해진다는 점에 있다. 그것은 명료한 단순성의 안정적인 획득이기도 하다. 만일 〈측정〉이 없다면 분명한 정량적인 과학 역시 성립되기 힘들 것이다. 측정이 있기에 과학이 존재한다고 말해도 지나친 말이 아닐 정도다. 현대 과학에서 추구되는 〈관측 기술에 대한 진보〉에도 결국 〈더 나은 측정 시도에 대한 경쟁들〉이 자리한다. 그만큼 〈측정〉은 중요하다. 그런데 화이트헤드는 이 〈측정〉이라는 것이 진화하는 자연세계에서 어떻게 가능할 수 있게 되는 것인지를 자신의 형이상학 체계에서 추적해놓고 있다. 물론 지각 경험상에서 본다면 그것은 〈표상적 직접성〉의 지각에서 경험되는 것이지만, 자연에 대한 〈측정〉이 가능해질 수 있다고 보는 그 원천들sources은 놀랍게도 〈기하학적 사회〉로부터 끌어내고 있는 것이다. 물론 우리가 흔히 생각하는 〈직선의 성격〉을 그 실용적 용도에선 매우 자명한 것처럼 받아들일 수도 있겠으나 여기에는 어떤 〈기하학적 사회〉로부터 발원하고 있는 전제부터가 깔려있기 때문에 이에 대한 형이상학적 고찰 역시 갖지 않을 수 없었던 것이다.

지금은 많이 알려져 있지만, 공간에 대한 이해와 관련해 〈유클리드 기하학〉과 〈비유클리드 기하학〉에서의 측정치들이 분명하게 달라진다는 점을 우리는 부인할 수 없다. 예컨대 고전적인 〈유클리드 기하학〉에서는 〈평행선〉이 단 한 개 존재하지만 〈비유클리드 기하학〉에서는 그렇지 않은 여러 가능성이 존재한다. 〈유클리드 기하학〉에서는 삼각형 내각의 합은 180°도이지만 〈비유클리드 기하학〉의 세계에서는 그렇지 않다. 따라서 어떤 기하학적 전제들을 채택하느냐에 따라 사물에 대한 측정과 이해 역시 얼마든지 달라질 수 있는 것이다. 놀랍게도 화이트헤드는 기존의 〈유클리드 기하학〉의 공리들을 전제로 하지 않으면서 그 자신의 단순한 연장적 영역의 개념에서 점과 직선에 대한 이해를 새롭게 마련하여(어차피 면은 직선에 의해 정의될 수 있기에) 이 직선의 성격으로부터 〈측정〉이 가능해진다는 점을 선보인 것이다(PR 332/632). 화이트헤드는, 직선이 단순한 연장의 관념만으로 정의될 수 없다는 건 오히려 과학의 독단^{dogma}으로 봤었다(PR 127/275). 앞서 소개했던 〈연장적 연속체〉에서는 형태나 차원 또는 측정 가능성을 포함하지 않고 있지만, 단순한 연장적 연결의 사회로부터 이끌어낸 〈기하학적 사회〉에서는 이것이 가능해진다는 것이다. 반면에 고전적인 기존의 〈유클리드 기하학〉에 따르면, 직선에 대한 정의는 점과 선에 대한 정의에 힘입어 다음과 같이 표현된다(PR 302/581-582 재인용).

"점이란 부분이 없는 것을 말한다."A point is that of which there is no part.

"선이란 폭이 없는 길이이다." A line is breadthless length.

제10장 자연의 계층구조: 결합체와 여러 사회들

"직선이란 그 위에 있는 점들에 균등하게 가로놓인 선이다." A straight line is any line which lies evenly with the points on itself.

그런데 이 지점에서 화이트헤드가 흥미롭게 생각했던 점은, 애초 플라톤 역시 이러한 개념 정의에 대해선 어떤 의혹을 갖고 있었던 걸로 보인다는 점이었다.

"<점>과 <선>에 대한 최초의 정의 단계에서 기하학은, 곧바로, 매우 특이한 성격을 지닌 특정의 궁극적인 물질적 사물을 요청하고 있는 것같이 보인다. 플라톤이 <점을 사물들과 전적으로 분리된 클래스^{class}로 보는 데에 반대>했을 때, 그 자신은 이러한 혼란에 어떤 의혹을 가졌던 것으로 보인다. 그는 한걸음 더 나아가서 모든 기하학적 존재, 즉 점, 선, 면에 대해서도 똑같은 반론을 폈어야 했다. 그는 <형상들>^{forms}을 원했었는데, 그가 얻었던 것은 새로운 물리적 존재들$^{physical\ entities}$이었다." (PR 302/582-583)

플라톤도 분명 의혹을 가졌으나 끝내 이 문제를 해결하진 못했었다. 그리하여 화이트헤드는 플라톤의 불완전한 통찰을 온전히 극복해보고자 앞서의 <유클리드 기하학>의 정의를 비판하며 거부한다. 확실히 그는 플라톤의 미진한 측면들을 새롭게 메워내고자 했었다.

"직선에 관한 유클리드의 정의가 갖는 약점은, 그 정의로부터 아무것도 연역되지 않았다는 데에 있다. <균등하게>^{evenly}라든지 <균등하게 놓인>$^{evenly\ placed}$이라는 말로 표현되는 개념은 정의를 필요로 한다. 그 정의는 두 점 간의 곧은 선분의 유일성이 연역

648

될 수 있는 그런 성격의 것이어야 한다. 이 두 요구는 어느 것도 아직껏 충족되지 않았다. 그 결과 근대에 와서 직선성^{straightness}이라는 개념이 측정 개념에 기초를 두게 되었다. 직선은 근대에 와서는 두 점 간의 최단 거리로 정의되었다. … (중략) … 그러나 근대의 정의에 있어서 <최단 거리>$^{shortest\ distance}$라는 개념 또한 그것대로의 설명을 필요로 한다." (PR 303/583)

결국 화이트헤드는 그 자신의 존재론적 도식에 의거된 <연장적 연결>의 관계에 대한 고찰을 통해서 직선에 대한 정의를 새롭게 시도한 것이다. 이에 대한 논증의 내용이 바로 PR 제4부 연장의 이론 제2-3장을 차지하고 있는데 이 내용은 한편으로 본서의 입문적 성격을 넘어선 것이면서도 많은 화이트헤드 연구자들도 잘 다루지 않는 매우 어려운 내용에 속한다. 여기서 우리는 화이트헤드가 <연장적 연결의 사회>에서 보다 특수한 <기하학적 사회>를 그 자신의 존재론적 구도를 통해 연역해내고 있음에 주목할 필요가 있겠다.

"연장은 결합체의 현실태들 간의 관계에 대한 한 형식이다. <u>점^{point}은 어떤 <형상>을 갖는 현실 존재들의 한 결합체다.</u> <선분>^{segment}도 그러하다. 따라서 <u>기하학은 결합체들의 형태에 관한 연구</u>인 것이다." (PR 302/583)

이처럼 화이트헤드는 철저히 <존재론적 원리>에 따라 현실 존재들의 결합체에 대한 연구로부터 이를 도출해내고 있음을 엿볼 수 있다. 만일 단순한 연장의 사회인 연장적 연속체로부터 측정 가능성을 갖는 <기하학적 사회>가 도출되지 않는다면 우리가 <자연의 질서>를 지적으로 이해하며 탐구한다는 것이 불가능해진다. 흥미로운 건, 화이트헤드 당시까지의 물리 이론만 해도 이른바 길이에 대한 구획^{segment} 간의 비교를 전제로 하고 있지만 물리학은 그러한 비교가 이루어질 수 있는 기초에 관해선 아무런 이론도 갖고 있지 않았었다는 점이다(PR 332/633). 단지 근대에서는 두 점 간의 〈최단 거리〉$^{shortest\ distance}$로 정의되었을 뿐이고 그 또한 여전히 그것대로의 설명을 필요로 한다는 거였다(PR 303/583). 물리학이 세계에 대한 수학적 관계를 문제 삼는다고 했을 경우, 이 수학적 관계는, 우리들이 삶을 향유하고 있는 이 우주 시대의 특징을 이루고 있는 〈연장성^{extensiveness}에 대한 체계적 질서〉에 해당되는 것이었다(PR 326/623). 결국 화이트헤드 형이상학의 도식에서 보면, 〈기하학적 사회〉가 있음으로 인해 비로소 〈자연의 질서〉에 대한 〈측정〉이 가능한 방향으로 전개되는 것임을 볼 수 있다. 달리 말하면, 자연의 흐름에 대해 수량화를 시도할 수 없었던 측정 불능의 비계량적$^{Non-metrical}$ 차원에서 결국은 측정이 가능한 계량적 요소들을 이끌어내는 것이 가능해진다고 본 것이다. 앞서 언급된 〈사영 기하학〉$^{Projective\ Geometry}$이 화이트헤드의 사상에서 중요하게 취급된 이유 역시 그것이 계량적 요소를 제외한 비계량적인 면을 통해 변하지 않는 성질을 연구한다는 점과도 결코 무관하지 않다.[19]

기하학적 인식 그리고 과학적 대상에 대한 〈측정〉 이해

그리고 이 〈측정〉에 대한 최종 종합의 결정은 어디까지나 우리의 뇌^{brain} 속에서 일어난다는 점도 첨언되어야만 할 것이다. 왜냐하면 이 기하학적 관계를 정의하는 마감은 어디까지나 뇌의 작용에서 일어나는 것이기 때문이다. 이것은 우리가 앞장에서 살펴봤던, 감각기관에 의한 동시적 세계에 대한 지각이라는 〈표상적 직접성〉과 관련된 사항이기도 하다.

"주목해야 할 또 다른 점은, 감각지각$^{sense-perception}$에 있어 동시적 세계에 있는 영역은 감각자료들^{sensa}을 떠받치고 있는 기체$^{substratum, 기저/기층/토대}$라는 점이다. 그것은 이러저러한 방향상의 일직선^{straightaway} 영역^{region}이다. 그러나 <이러저러한 방향상의 일직선>$^{straight-away\ in\ such-and-such\ a\ direction}$으로 존재하는 이 기하학적 관계는 뇌^{brain}의 작용에 의해 정의되어진다." (AI 216)

흔히 하는 말로, <내가 보는 세상>은 <내가 보고 싶은 방향의 세상>이라는 얘기가 있다. 여기서 말하는 <이러저러한 방향상의 일직선>이라 함은 우선 그 방향이 이래저래 다양할 수 있다는 점과 그리고 어떤 방향으로 나아가든 간에 그것은 <곧은 선분>이라는 <일직선>의 성격을 띠고 있음을 언급한 것이다. 화이트헤드는 직선과 평면을 우리 신체를 뛰어넘는 체계적 관련의 요소로 보면서도 평면은 직선에 의해 정의되기에 직선에만 주의를 집중시켰다(PR 127/275). 이렇게 보면 우리의 신체는 언제나 우리가 속한 주변 세계를 기하학적으로 체화하는 작용을 하고 있는 셈이다.

"이 이론은, 그 부분들의 상호 관계에서의 직선성^{straightness}을 보여주는 것으로서의 뇌 안의 결합체의 포착이 그로 인해서 뇌를 넘어선 영역들에까지 이들 관계에 대한 연장선^{prolongation}을 확정해야만 한다는 점을 요구한다. 더 쉬운 말로 하자면, 뇌 안에서 포착된 직선의 선분은 외적인 사건들의 특수한 성격들과는 무관하게, 신체의 외부로 그 연장선을 필수적으로 확정해야만 한다는

제10장 자연의 계층구조: 결합체와 여러 사회들

<u>것이다.</u> 감각자료[감각여건]들에 대한 〈투사〉^{Projection}가 포함된 〈변환〉^{Transmutation}의 가능성은 그때에 확보된다."(AI 216)

여기서 우리는, 우리의 뇌가 신체 밖의 대상물을 어떻게 받아들이는지를 엿볼 수 있다. 여기에는 직선성의 투사가 포함된 관계맺기가 자리한다는 것이다. 이것은 존재가 그 자신이 확정되어가는 과정에 참여함을 뜻하는 〈의미관련성〉$^{significance20)}$에 속한다(PR 25/91). 〈의미관련성〉이란 주로 중기시절 자연철학에서 강조된 개념인데, 간단하게는 〈사물들의 관계성〉$^{relatedness\ of\ things}$을 말한 것이지만(PNK 12), 화이트헤드는 이 〈의미관련성〉의 가장 명백한 예시로서 "기하학적 특성에 대한 우리의 인식(our knowledge of the geometrical character)"이라는 점을 분명하게 거론한 바가 있다(CN 119). 이 인식은 구체적인 물질과는 상관없는 기하학적 특성들에 대한 인식으로서, 그에 따르면 본질적으로 이것은 〈의미관련성의 산물〉$^{the\ product\ of\ significance}$이라는 것이다(CN 119). 이처럼 〈기하학적 사회〉와의 연관은 우리의 신체적 지각 경험 속에 깊이 뿌리내리고 있는, 연대로서의 관계적 성격으로 자리한다. 이러한 화이트헤드의 견해에서 보면, 우리가 보는 과학적 탐구의 대상들도 그와 같은 관계성의 형식들이 구체적으로 마련되는 가운데 출현되는 것으로 볼 수 있다. 즉, 과학적 인식^{knowledge}의 기원과 그 탐구의 대상들은 그 발단에서부터 긴밀히 연관된 것이라는 점이다.

"과학적 인식의 발단^{orgin}은, 자연 속으로의 감각대상들$^{sense-objects}$의 진입에 있어 능동적 조건들인 사건들에 대한 다양한 역할들을 물리적 대상의 용어들로 표현하려는 노력에 있다. 과학적 대상들은, 이러한 탐구가 진행되는 가운데 출현하는 것이다. 과학적 대상들은 지각자인 사건을 포함하는 다중적인multiple 관계들을 참조함 없이 가장 영구적이면서 표현 가능할 수 있는 물리적 대상들에 대한 상태들situations의 특성의 측면을 구체화한다. 과학적 대상들의 상호 관계들 역시 어떤 확실한 단순성simplicity과 균일성uniformity에 의해 특징화된 것이다.

최종적으로는, 관측된 물리적 대상들과 감각대상들에 대한 특성들은 이들 과학적 대상들의 용어로 표현될 수 있다. 사실상 과학적 대상들 연구의 모든 요점은 사건들의 특성에 대한 이 단순 표현을 획득하려는 노력에 있다. 이들 과학적 대상들은 그것들 자체가 단지 계산을 위한 공식formulae이 아니다. 왜냐하면 공식은 자연 속의 사물들을 반드시 지시해야만 하기 때문이며, 또한 그 과학적 대상들은 그 공식이 지시하는 자연 속의 사물들이기 때문이다." (CN 101)

어떤 의미에서 이것은 참으로 놀라운 얘기가 아닐 수 없다. 화이트헤드는, 〈측정〉을 가하는 과학적 탐구의 대상들도 실은 과학적 탐구의 그 과정에서 출현하는 것으로 보고 있는 셈이다. 마치 양자물리학에서 〈측정이 대상을 만들어낸다〉는 표현처럼 물리적 대상에 대한 측정을 수행한다는 것은 관계상에서 대상과의 미확정된 관계들을 확정해가는 과정으로도 볼 수 있다는 얘기다. 결국 과학적 탐구 대상을 위한 측정[21]이란 것도 이미 자연 속으로 관여되고 있는 활동이라는 점과 함께 그 어떤 미확정성들을 줄여나가는, 그럼으로써 사물들의 어떤 성질이나 상태들situations이 〈단순성〉과 〈균일성〉에 의해 정해지게 되는 〈확정성의 절차수순〉인 셈이다. 따라서 화이트헤드의 표현에 따르면, 〈측정〉이란 우주 시대의 지배적인 사회들에 의존하는 〈체계적인 수속절차〉systematic procedure라는 것이다(PR 332/632).

이처럼 자연의 계층구조는 순수한 연장성의 사회인 〈연장적 연속체〉에서 보다 특수한 사회들로 계속 나아가면서 그 제약적인 〈결정들/확정들/규정들〉determinations도 그와 함께 추가적으로 더해간다고 볼 수 있다. 이것은 결국 자연의 질서 역시 가장 단순한 추상적 사회에서 보다 구체화된 특수한 사회들로 계속 나아가는 것이기도 하다. 물론 이 과정에서 오차를 끊임없이 줄여나가는 측정화의 노력도 함께 필요할 것이지만, 또 한편으로는 우리의 작업이 비록 최소의 오차를 지향한다고 하더라도 적어도 어떤 수준의 층위에서는 예를 들면 1나노미터nanometer가 10억분의 1미터라는 점을 분명하게 확정짓지 못한다면 우리의 측정 작업들 역시 계속 요원해질 수밖에 없다는 점도 불가피할 것으로 본다.

"사물이 지니는 불변의 성격에 대한 모든 과학적 관찰은 궁극적으로, 직접 관찰된 기하학적 유비類比, analogies가 현재화된 장소 안에서 유지되고 있다는 데에 의존하고 있다.

도구에 의한 검증이 아무리 진전된다고 해도 모든 과학적 해석은 궁극적으로 어떤 도구가 몇 초 동안, 몇 시간 동안, 몇 개월 동안, 몇 년 동안 변하지 않는 것으로 직접 관찰된다는 가정에 기초를 두고 있을 수밖에 없다." (PR 127/276)

이처럼 〈기하학적 사회〉와의 관계가 우리의 자연에 측정 가능성을 제공하고 있다는 사실은 자연에 깃들어 있다고 보는 〈수학적 질서들〉에 대한 탐구를 매우 의미 있는 것으로 밝혀주고 있는 것이다. 알다시피 기하학에 관한 통찰은 고대 그리스인들의 주요 이해에서 엿볼 수 있는데, 화이트헤드는 이것이 인류가 〈자연의 질서〉를 이해함에 있어 매우 중요한 통찰이라는 점을 강조했었다.

"고대 그리스인들은 흔히 있는 행운의 직관intuition을 가지고, 이러한 조건들을 직선straight lines과 평면planes에 대한 그들의 개념 속에서 우연히 찾아냈다. 그러나 다른 우주 시대에 있어서는 이러한 특성을 지닌, 매우 다른 유형의 조건들이 중요한 것이 될 수 있다―어쩌면 우리의 우주 시대에 있어서도―고 믿을 만한 충분한 이유가 있다. 그러한 조건들의 발견이야말로 분명코 무엇보다도 중요하다. 아인슈타인에 의한 현대 물리학의 재건은, 그러한 조건들에 대한 다른 유형들의 본성 속에 있는 상호짜임새interweaving의 발견으로 간주될 때 가장 잘 이해될 수 있다." (PR 300/577)

연장적 연속체가 최초의 제약적 결정을 하는 궁극적인 기초 환경이라면, 기하학적 사회는 거기에 더해진 추가적 제약의 결정들을 갖는 환경이 되겠군!

기하학적 사회는 직선이 정의될 만한 측정 가능성을 갖기에 순수 연장의 사회보다는 좀 더 특수한 사회인 거지!

우리의 우주시대의 <자연의 법칙>으로서의 전자기적 사회

단순한 연장의 차원만 갖는 <연장적 연속체>가 가장 궁극적이고 거대한 일반 사회라고 한다면, 앞서 살펴 본 <기하학적 사회>는 그보다는 좀 더 특수한 사회로 볼 수 있다. 그런데 화이트헤드는 이 우주 시대에서 현재의 우리가 관심하는 물리적인 연장적 연속체는 4차원적인 것이라고 말한다(PR 305/586). 이 제약된 실재적 가능태인 <연장적인 시공 연속체>extensive space-time continuum를 달리 표현하면 <물리적 장>physical field 이라고도 했었다(PR 80/193). 화이트헤드 철학에서 4차원의 시공 연속체 역시 기하학적 공리axioms와 함께 자연의 질서로서 도출된 것이지만(PR 91/212) 그 역시 여전히 추상적 성격을 띤 것이기에 이제는 좀 더 구체적으로 <우리의 우주시대>our cosmic epoch를 한정짓고 있는 보다 특수한 사회들을 거론하지 않을 수 없다. 그 점에서 화이트헤드는 <우리의 우주시대>를 보다 분명하게 형성하고 있는 사회를 가리켜 <전자기적 사회>electromagnetic society라고 불렀다.

"현재 우리의 우주시대는 <전자기적 사회>에 의해서 형성되어 있다. 그것은 기하학적 사회 안에 들어 있는 보다 특수한 사회이다" (PR 98/223)

"전자기적 사회는 물리학의 주제인 물리적 전자기장electromagnetic field을 드러낸다. 이 결합체의 성원은 전자기적 계기들이다." (PR 98/224)

"우리의 우주 시대는 기본적으로 전자적・양성자적 계기들을 포함하는 전자기적 계기들의 사회로 간주되어야 하며, 그리고 이따금

씩만—간결하게 표현하기 위하여—전자들과 양성자들의 사회로 생각되어야 한다." (PR 92/213)

이렇게 볼 때 〈전자기적 사회〉는 물리학에서 말하는 〈'전자기적 법칙'이라는 질서를 향유하고 있는 사회〉라고 할 수 있다. 이때 말하는 〈법칙〉^{Law}은 개별적인 차이를 체계화한다는 개념을 말한다(PR 98/223). 개별적 차이들이 어떤 특정 질서로도 묶일 수 있다는 것이다. 이때 화이트헤드가 보는 〈자연의 법칙〉$^{laws\ of\ nature}$이란 해당 시대가 형성하는 두드러진 지배적 특성으로 본다.

"수리물리학자의 이상^{ideal}은 이 체계적 법칙을 우리의 시대에 있어 완전히 보편적인 것으로 정식화시키는 데에 있다. 우리의 목적을 위해서는 그 사회의 구성원들을 〈전자기적 계기들〉$^{electromagnetic\ occasions}$이라고 명명함으로써 이 법칙의 추정적 성격을 지적하는 것으로 충분하다. 따라서 <u>지금 우리의 시대는 전자기적 계기들의 사회에 의해서 지배되고 있는 시대이다. 이 지배가 그 완전성에 접근해 가는 한, 물리학이 탐구하는 체계적 법칙은 절대적인 지배력을 갖는 것이 된다. 또한 그 지배가 불완전한 한, 그 법칙에 대한 복종은 그것의 불완전한 정도에 상응하는 만큼의 이탈을 수반하는 통계적인 사실이 된다.</u>" (PR 98/223-224)

쉽게 말해 화이트헤드는 우리의 우주시대를 지배하고 있는 〈자연의 법칙〉을 근본적으로는 사회적 산물로 간주하고 있는 것이다. 물론 오늘날 현대 물리학에서 말하는 〈자연의 법칙〉에는 당연히 전자기적 법칙만 있는 게 아니다. 예컨대 전자기력 외에도 중력, 강한 핵력 및 약한

제10장 자연의 계층구조: 결합체와 여러 사회들

핵력 등 4가지 자연의 힘의 법칙이 작용한다고 알려져 있기에 이 역시 또 다른 질서화의 계열로 묶일 수 있는 사회에 해당할 것이다. 그러나 우리는 이 같은 자연의 법칙도 늘 동일하게만 그리고 완전히 영구적으로만 지켜지는 것은 결코 아니라는 점 역시 분명하게 이해할 필요가 있겠다. 즉, 자연의 법칙도 한시적인 과정일 뿐 결코 영원하지 않다는 것이다.

"이 [우주] 시대^{epoch}를 특징짓는 것은 전자적인 현실 존재, 양성자적인 현실 존재, 그리고 에너지의 양자(量子)에서 희미하게 식별될 수 있는 훨씬 더 궁극적인 현실 존재들이다. 전자기장에 관한 맥스웰의 방정식은 방대한 수의 전자와 양성자를 근거로 하여 힘을 발휘하고 있다.

또한 각 전자는 전자적 계기들의 사회이며, 각 양성자는 양성자적 계기들의 사회이다. 이러한 계기들은 전자기적 법칙의 근거가 되는 것이지만, 각 전자나 양성자로 하여금 긴 생명을 갖게 하고 새로운 전자나 새로운 양성자를 성립케 하는 그 계기들의 재생 능력은, 그 자체가 이러한 전자기적 법칙에 의거하고 있는 것이다.

그러나 그 법칙들이 완전히 지켜지지는 않고 있다는 의미에서, 또 그 재생이 실패하는 경우가 종종 있다는 의미에서 무질서가 생겨난다. 따라서 현존하는 자연 법칙들을 대신하여 점차적으로 지배력을 행사하면서 뒤이어 등장하는 새로운 유형의 질서에로의 점차적인 이행^{transition}이 있게 되는 것이다." (PR 91/211-212)

결국 화이트헤드 철학의 구도에서 보면 〈자연의 법칙〉과 〈자연을 구성하는 요소들〉은 근본적으로 〈상호 제약적인 관계〉 속에 놓여 있는 셈이다. 모든 것이 진화하듯이 자연의 법칙 자체도 온전히 동일하게만 지켜지는 것은 아니다. 거기에는 다시금 무질서한 일탈의 요소가 —설령 희박할 수는 있더라도— 나타나며, 그럼으로써 뒤이어 등장하는 새로운 유형의 질서 출현과 이행이 있게 된다는 것이다. 예컨대 원자에 대한 과학 법칙이 있다고 해도 그것이 원자의 형성을 완전하게 지배하고 있는 전적인 일방적 지배의 관계로만은 보질 않는다는 것이다. 근원적으로 보면 자연은 항상 생성 소멸의 과정에 놓여 있을 뿐이며, 그로 인해 모종의 과학 법칙이 형성되는 측면도 있고 이전에 없던 〈새로움〉이라는 창발도 계속 일어나곤 하는 것이다. 바로 그렇기에 이 우주에는 영구적 법칙의 동일성 사회만이 아닌 다양한 소립자 → 원자 → 분자 → 세포로 계속되는 가운데 복잡 다양한 〈새로움〉의 출현과 전이 또한 나오게 되는 것이다. 자연의 세계는 바로 그러한 과정에서 특수하고 복잡한 여러 사회들이 출현하는 중에 있다고 볼 수 있다. 화이트헤드는 자연의 세계가 갖는 놀라운 복잡성에 대한 실례로서 다음과 같이 전한다.

"물리적 세계는 상호 부조[지지]^{favouring}와 상호 경쟁^{competing}에 있는 특수한 사회들의 놀라운 복잡성^{complexity}을 드러내고 있다.

그러한 사회의 가장 일반적인 실례는 규칙적으로 연속되는 파동, 개개의 전자, 양성자, 개개의 분자, 무기적 물체와 같은 분자들의 사회, 살아 있는 세포, 그리고 식물이나 동물의 신체와 같은 세포

들의 사회이다."(PR 98/224)

여기서 화이트헤드는 생물학적 사회 이전에 이미 물리적 세계 수준에서부터 모든 만물은 서로 도우면서 서로 경쟁에 있는 여러 사회들의 놀라운 복잡성이 출현하고 있음을 분명하게 언급해놓고 있다. 이렇게 보면 "만물은 서로 돕는다"는 주장을 폈던 러시아의 지리학자이자 사상가였던 크로포트킨$^{P.\ Kropotkin,\ 1842-1921}$은 당시 다위니즘^{Darwinism}으로 드러났던 적자생존의 상호 경쟁 원리에 맞서 〈상호 부조론〉을 오히려 진화적인 생존의 원리로 또는 본능으로서 제안한 바 있었는데, 물론 이는 어디까지나 생물학적 사회와 인간 사회를 놓고 언급한 것이긴 하나, 그 같은 〈상호 부조론〉 주장도 전혀 아무런 근거도 없는 얘기만으로 치부할 순 없을 것으로 본다. 적어도 〈상호 부조〉와 〈상호 경쟁〉의 모습들이 이미 물리적 수준에서부터 나타나는 것으로 본다면 말이다.

자연의 <질서>와 <무질서>에 대한 화이트헤드의 생각
우리가 여전히 주목해 볼 점은, 화이트헤드가 〈자연의 규칙성〉 또는 〈자연의 법칙〉이라는 것을 과연 어떻게 이해하고 있는가 하는 점이다. 앞서도 말했듯이, 화이트헤드는 〈자연의 법칙〉이라는 것을 철저히 사회적 산물로 인식하고 있다.

"사회적 환경을 지배하는 인과법칙은 그 사회의 한정 특성의 산물이다. 그러나 그 사회는 어디까지나 그 개별적인 성원을 통해서만 유효할 수 있는 것이다. 따라서 사회에 성원이 존재할 수 있게 되는 것은 오로지 그 사회를 지배하고 있는 법칙 때문이며, 또한 이 법칙은 오직 그 사회 성원들의 유사한 성격에 근거해서

성립되고 있는 것이다." (PR 90-91/211)

"자연의 법칙들이란 우리가 어렴풋하게 식별하고 있는 활동의 광범위한 시대 속에서 우세한 것으로 발생하는 활동의 형식들이다." (MT 87)

따라서 <자연의 법칙>도 화이트헤드 형이상학의 구도에서 보면 결코 절대적이고 항구적인 것이 될 수 없다. 그 역시 더불어 진화하는 과정 속에 놓여 있을 뿐이다.

"한 사회의 무한한 존속을 보장해 줄 수 있는 이상적 질서의 완전한 달성이란 있을 수 없다 사회란, <무질서>가 그 사회의 이상과 관련하여 정의되는 경우, 바로 그런 무질서로부터 생겨나는 것이다. 그 사회가 어느 정도의 성장을 거쳤을 때, 그것의 보다 넓은 환경이었던 유리한 배경은 소멸하거나 그 사회의 존속에 더 이상 유리한 것으로 작용하지 않게 된다. 이렇게 될 때 그 사회는 그 성원들의 재생을 중지하게 되며, 궁극적으로는 일정한 쇠퇴의 단계를 거친 후 소멸하게 된다. 따라서 우주의 어떤 부분에 있어서의 재생을 결정하는 <법칙들>의 체계는, 서서히 등장하여 지배력을 갖추고 나서 그 나름의 존속의 단계를 거친 후, 그 체계를 낳았던 사회의 쇠퇴와 함께 소멸해 버리는 것이다." (PR 91/211).

● 화이트헤드 <사회>(자연의 법칙 포함) 개념이 갖는 역사적 단계들
① 태동기 → ② 전성기 → ③ 쇠퇴기 → ④ 소멸

그렇기에 〈사회〉라는 것은 결국 역사성을 갖는다. 즉, 태동기, 전성기, 쇠퇴기, 소멸이라는 역사적인 단계들을 밟는다는 것이다. 만일 태양계를 지배하는 법칙이 있다면 그것은 태양이 언젠가 소멸되면 함께 그 소임을 다하고 물러날 것이다. 마찬가지로 우리의 우주시대를 지배하는 〈자연의 법칙들〉도 언젠가는 역사적 소임을 다하고 소멸할 수 있다는 점을 화이트헤드는 그 자신의 형이상학에서 언급하고 있는 것이다. 물론 그 〈사회〉가 갖는 역사적 단계에 있어 어떤 전성기 단계를 경험하는 중에 놓여 있다면 아마도 그 〈사회〉를 영원할 것처럼 간주하는지도 모를 일이다. 마치 〈자연의 법칙〉도 영원할 것처럼 보이는 것이다. 하지만 화이트헤드가 그 자신의 형이상학에서 보는 스케일은 〈우리의 우주시대〉마저 넘어서 있다. 결국 자연의 질서도 절대불변일 수 없으며 끝내 변천을 겪는 것으로 보는 것이다.

"질서가 사회적 산물이라는 이 학설은 자연 법칙에 대한 근대 과학의 통계적 이론에서 나타나게 되었다." (PR 92/214)

"… 자연의 법칙은, 하나의 시기를 구성하는 여러 사회와 더불어 발전한다." (PR 106/237)

이렇게 보면 결국 생성 소멸하는 현실 계기들 중에는 〈자연의 법칙〉에 제한을 받는 것들도 있지만 반대로 이러한 자연의 법칙을 벗어나는 계기들도 존재할 수 있음을 짐작해볼 수 있다. 어떤 면에서 자연의 법칙을 비롯한 〈사회〉보다 더 근본적으로 영속적이라고 할 만한 것은 **현실 존재[계기]들의 생성 소멸의 창조적 과정 그 자체**라고 해야 할 것이다. 화이트헤드가 보는 자연은 항상 〈질서〉만 있는 사회가 아니며, 사회를 넘어서는 곳에는 〈무질서〉disorder가 있다고 보았다(PR 92/213).

"여기에서 말하는 〈무질서〉란, 그 사회의 한정 특성이 지니고 있는 중요성이 그 사회의 범위 밖에서는 존재하지 않게 된다는 것을 표현하는 상대적 용어이다. 이는 그 사회가 쇠퇴할 때 그것의 한정 특성이 존재하지 않게 된다는 것이 아니라, 그런 특성이 문제의 현실 존재를 위해서는 더 이상 중요하지 않게 된다는 것을 의미한다." (PR 92/213)

따라서 〈자연의 법칙〉이란 것도 항구적인 불변이 아닌 어느 시점 혹은 어느 시대를 지배하고 있는 역사를 갖고 있을 뿐이다. 이런 점에서 볼 때 화이트헤드는 자연과학의 법칙들조차 결코 절대적인 것으로 보고 있지 않다는 점을 알 수 있다. 심지어 자연의 법칙 같은 건 존재하지 않으며 단지 자연의 〈일시적인 습관〉temporary habits만이 있다고 했다 (D 367). 현재의 〈전자기적 법칙〉 역시 특정한 우주시대에 한정되는 역사를 지닐 뿐, 무한히 영원하게 존속되는 것은 아니라는 것이다.

화이트헤드에 따르면, 〈질서〉의 상관자로서의 〈무질서〉 역시 우리 경험의 토대로서 〈주어져〉given 있는 것으로 본다(PR 83/198). 〈질서〉와 〈무질서〉에 있어, 다만 한 가지 특기할 점은 〈절대적인 의미의 무질서에 가까운 무질서〉 그리고 〈원생적인 무질서〉에 대한 부분이다. 적어도 그는 우주의 기원에 있어 서구 신학의 〈무(無)로부터의 창조〉라는 개념을 받아들이고 있진 않은 것이다.

"어떠한 결과의 조화로운 통일이든 간에 이를 보증해 주는 우세한 사회가 하나도 없는 상태가 분명히 있을 수 있다. 이것이 바로

혼돈된 무질서의 상태이다. 이는 절대적인 의미의 무질서에 가까운 무질서이다." (PR 92/214)

"유기체 철학이 단지 플라톤을 되풀이하고 있는 또 하나의 중요한 점이 있다. 『티마이오스』에서 현재의 우주 시대의 기원은, 우리의 이상에 따르면 혼돈스런 원생적인 무질서^{an aboriginal disorder}에로까지 거슬러 올라간다. 이것은 유기체 철학의 진화설^{evolutionary doctrine}이다. 플라톤의 개념은, 전적으로 초월적인 신이 무(無)로부터 우연적인 우주를 창조한다고 보는 셈족의 이론^{the Semitic theory}에 사로잡혀 있는 비평가들을 곤혹스럽게 해왔다." (PR 95/218)

오늘날 유대교/기독교/이슬람교 모두 셈족에게서 유래한 것인데 이들 종교 이론에서는 〈무(無)로부터의 창조〉 입장이 지배적이다. 하지만 화이트헤드의 유기체 철학이 표방하는 진화설은 〈혼돈스런 무질서로부터의 창조〉인 것이지 〈무(無)로부터의 창조〉가 아니다. 오히려 말하길,

"우리는 무(無)에 접근할 수 없다. 접근해 갈 무(無)가 없기 때문이다." (PR 93/214).

이러한 화이트헤드의 입장에서 보면 결국은 무(無)가 아닌 무질서한 혼돈이 있는 것이며, 자연의 법칙적 질서조차도 한시적인 존속에 불과한 것으로 보는 주장 역시 매우 자연스러운 귀결이 아닐 수 없다. 잠시 뒤에 보겠지만, 화이트헤드는 〈생명〉의 본질도 정해진 질서에 대한 좌절에서 발견될 수 있다고 말한다(MT 87). 적어도 〈질서〉가 〈무질서〉보다 본래적으로 더 가치 있다고 보는 그러한 시각에도 분명한 반기를

들고 있는 철학자라 할 수 있겠다.

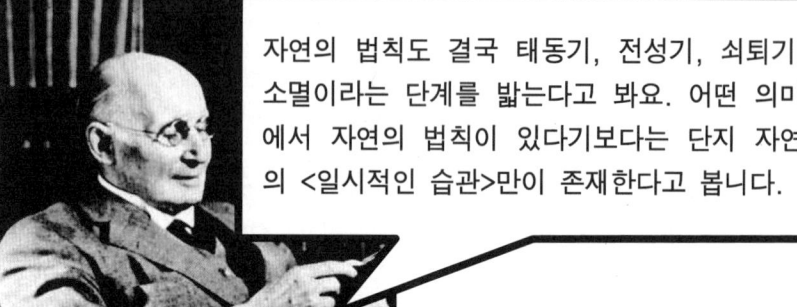

자연의 법칙도 결국 태동기, 전성기, 쇠퇴기, 소멸이라는 단계를 밟는다고 봐요. 어떤 의미에서 자연의 법칙이 있다기보다는 단지 자연의 <일시적인 습관>만이 존재한다고 봅니다.

존속하는 객체 – 인격적 질서를 갖는 가장 단순한 유형의 사회

앞서 우리는 결합체^{nexus}가 <사회적 질서>$^{social\ order}$를 향유하면 <사회>^{society}에 해당된다는 점을 살펴봤었다. 이것은 <사회>에 대한 가장 폭 넓은 기본적인 정의에 해당한다. 그 사회는 적어도 하나 이상의 <공통 형상> 곧 <한정 특성>$^{defining\ characteristic}$을 구현하고 있다는 것이다. 이때 형상의 공통 요소란 단지 그 결합체의 각 구성원들 속에서 예시된 복합적인 영원한 객체를 말한다(PR 34/108). 그런데 여기에 한 가지 더해서, 그러한 사회가 <인격적 질서>$^{personal\ order}$를 갖추고 있을 경우 화이트헤드는 이를 <존속하는 객체>$^{enduring\ object}$로 불렀다. 이는 사회적 질서를 향유한 사회에서 좀 더 특수한 유형을 갖는 사회에 해당한다. 여기서 화이트헤드가 왜 하필 <인격>^{person}이라는 표현을 썼을까에 대해서는 잠시 뒤에 살펴볼 것이다.

일단 우리는 <사회>라는 것이 절대적이고 항구적인 것이 아니라 시간의 흐름에 있어 어느 시점에서 서서히 태동하고 점차로 지배력을 갖

제10장 자연의 계층구조: 결합체와 여러 사회들

추다가 그리고서 서서히 소멸해가는 〈한시적인 역사성〉을 갖고 있다는 점을 알 수 있었다. 사회란 항구성이 아닌 역사성을 지닌 채로 존속할 뿐이다. 이때 우리는 그 어떤 특정한 질서를 한시적으로 보여주는, 일정한 존속의 〈한정 특성〉으로서의 사건 역시 떠올려 볼 수 있다. 즉, 이제는 가장 기본적인 단위가 될 만한 〈한시적인 존속 사건〉을 생각해 보자는 얘기다. 그럴 경우 결합체라는 현실 속에서도 어느 한 부분의 특정한 〈한정 특성〉이 한동안 ―비록 그것이 아주 짧은 시간일지라도― 연속적으로 계승되는 경우도 있을 수 있다. 이때 그 〈한정 특성〉은 연속적으로 전이되는 공통의 요소를 내포하면서 그에 대한 외줄기 계열을 형성하는데, 화이트헤드는 이러한 유형의 결합체를 〈존속하는 객체〉라고 불렀던 것이다[그림 참조].

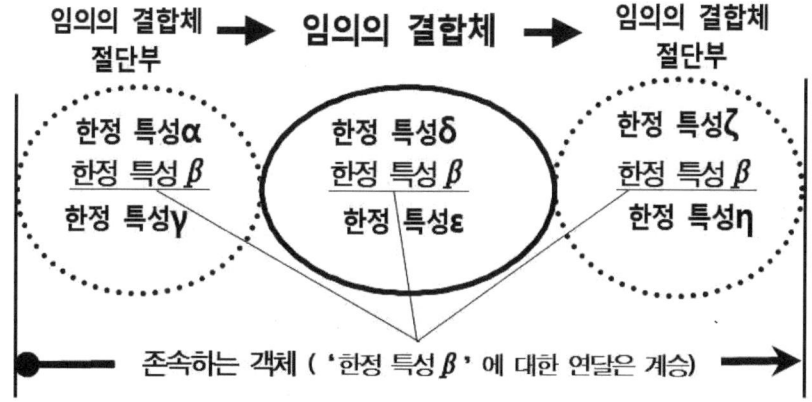

● 그림에서 〈한정 특성을 계승하는 외줄기의 계열〉을 〈하나의 존속하는 객체 β〉로 볼 수 있다.

"이 결합체는 그 한정 특성을 계승하는 외줄기의 계열을 형성한다. 그러한 결합체를 〈존속하는 객체〉라 부른다." (PR 34/109)

666

물론 이때의 〈한정 특성〉의 형성과 연속적인 계승들은 어디까지나 그 결합체의 구성원들인 현실 계기들로부터 비롯된 것이다. 즉, 일련의 현실 계기들의 생성·소멸 과정 속에서도 연이어 발생적으로 일어나고 있는 어떤 〈질서화〉^{ordering}가 계속적으로 실현되는 경우가 있을 수 있다. 물론 그 역시 영구적인 질서화가 아니며 한시적인 〈존속〉^{endurance}으로서의 질서화다. 화이트헤드에서 "〈존속〉이란 하나의 계기가 물리적 계통에 대한 어떤 하나의 노선^{line}에 의해 특수하게 묶여있는 장치^{device}"를 의미한다(PR 104/234). 따라서 〈존속〉은 하나 이상의 여러 현실 계기들을 하나의 단일 노선으로 묶어볼 수 있는 장치인 것이다. 그렇기 때문에 〈존속하는 객체〉에는 여러 현실 계기들의 연달은 생성·소멸 과정 및 상호 관계들에 의해 형성되고 있는 질서화가 있게 되며 기본적으로 그것은 〈사회〉에 해당된다고 볼 수 있다. 그런데 〈존속하는 객체〉에서 한 가지 더 들여다봐야 할 점은, 그것이 〈사회〉이면서도 〈인격적 질서〉$^{personal\ order}$를 갖는다는 점이다. 즉, 〈존속하는 객체〉란 어떤 〈인격적 질서를 갖는 사회〉라는 것이다.

"존속하는 객체 또는 존속하는 피조물이란, 그 사회적 질서가 〈인격적 질서〉라는 특수한 형태를 취하고 있는 그런 사회이다." (PR 34/108)

"결합체는 (a) 그것이 사회일 때 그리고 (b) 그 구성원들 간에 발생적^{genetic} 관계성이 구성원들을 순차적으로^{serially} 질서화할 때 〈인격적 질서〉를 향유하게 된다." (PR 34/109).

이 점에서 〈존속하는 객체〉는 사회적 질서를 향유하고 있는 결합체

제10장 자연의 계층구조: 결합체와 여러 사회들

로서의 〈사회〉보다도 한 걸음 더 들어간 특수한 형태를 취하고 있다. 즉, 사회적 질서가 〈인격적 질서〉라는 특수한 형태를 취한다는 것이다. 따라서 주목할 용어는 다름 아닌 〈인격적 질서〉라는 개념이 아닐 수 없다. 물론 이는 〈사회적 질서의 특수한 형태〉로 볼 수 있겠다. 그것은 사회를 이루는 그 구성원들 간의 〈발생적 관계성〉$^{genetic\ relatedness}$에서 생기는 〈연속적 질서화〉$^{serial\ ordering}$로도 표현된다. 이것은 그 사회의 구성원들을 순차적으로 질서화하고 있는 차원이기에 단지 〈사회적 질서〉만 향유되고 있는 경우보다는 좀 더 특수한 유형의 사회에 속한다고 볼 수 있다. 아주 단순하게만 말한다면 이것은 시간적 계승에 있어 사물이 갖는 어떤 〈유전적 성격〉인 것이다. 그러한 개체적 사물에는 어떤 특성을 부여할 만한 〈질서화〉가 계속적으로 유지되는 존속의 성격이 있다. 물론 우리는 이때 말하는 〈인격적 질서〉 역시 일련의 현실 계기들에 의해 연속적으로—순차적으로— 형성될 뿐인 특수한 유형의 질서라는 점을 간과해선 안 된다. 〈인격적 질서〉의 구현에 있어서는 이 순차성[순서성]이 어긋나거나 무너져서도 곤란한 것이다. 이 같은 일련의 진행들로 인해 그 어떤 공통의 형상인 〈한정 특성〉을 취하는 〈인격적 질서로서의 사회〉가 있게 된다는 것이다. 이와 관련해 호진스키의 다음과 같은 설명도 참조할만하다.

"존속하는 객체의 극단적인 경우는 시간의 흐름과 더불어 서로를 계승하고 있는 한 가닥의 계기들의 사회이다. 이러한 사회는 엄격한 〈인격적 질서〉를 가지고 있다. 사회는 한 계기에서 다음의 계기로 한정 특성을 계승하는 〈역사적 경로〉$^{historic\ route}$를 구성한다."[22]

"시간적인 존속성^{endurance}을 갖는 하나의 일상적인 자연물$^{an\ ordinary\ physical\ object}$은 하나의 사회이다. 이상적인 단순 사례인 경우 그것은 인격적 질서를 가지며, 하나의 〈존속하는 객체〉이다." (PR 35/109-110)

"아마도 존속하는 단순한 객체는 우리들이 일상적으로 지각하거나 생각하는 어떠한 사물보다도 더 단순할 것이다. 이는 가장 단순한 유형의 사회이다." (PR 198/402)

따라서 〈존속하는 객체〉는 자연을 구성하는 여러 사물들 중에서도 가장 〈기본적인 단위〉가 될 만한 것이며 그 점에선 〈가장 단순한 유형의 사회〉인 것이다. 바꿔 말하면, 〈존속하는 객체〉보다 더 큰 사회들은 많은 수의 〈존속하는 객체들〉로도 분석될 수 있다는 얘기다. 적어도 물리적 대상이 되는 자연물들은 여러 존속하는 객체들로 나누어볼 수 있겠다. 여기서 화이트헤드는 〈존속하는 객체〉와 이들 요소로 분석될 수 있는 〈사회〉에 대해 이것은 오늘날 과학에서의 역학$^{science\ of\ dynamics}$의 주제를 이루는 〈항구적인 존재들〉$^{permanent\ entities}$이라고 말한다.

"존속하는 객체와, 이들 요소로 분석될 수 있는 〈사회〉는 시간과 공간을 통하여 변화의 모험을 향유하는 항구적 존재들이다. 예를 들면 그것들은 역학의 주제를 이루고 있다." (PR 35/110)

예컨대 우리의 우주시대에 상정된 〈전자〉^{electron}나 〈쿼크〉^{quark} 같은 그러한 기본 소립자들을 들 수 있겠다. 그것은 마치 우리의 우주시대에 항구적인 존재들처럼 여겨진다. 어쩌면 그것조차도 쪼개어질 가능성도 있다고 본다면 훨씬 더 단순한 유형의 존속하는 객체들로 분석될 수도 있을 것이다. 실제로 자연과학의 역사에서 〈원자〉^{atom}의 지위는 이후에 중성자, 양성자, 전자로 나누어지게 되면서 결국 기본 입자의 자리를 내주었고, 화이트헤드도 〈양성자〉^{proton}보다 더 분할될 수 있는 〈쿼크〉의 존재에 대해선 당시에는 알지 못했다. 〈쿼크〉의 존재가 과학적으로 확인된 것은 어디까지나 화이트헤드 사후에 일어난 일이다. 마찬가지로 현재의 과학 진영에서 상정한 표준적인 기본 입자들도 언젠가는 훨씬 더 미세하게 다시 쪼개볼 수 있는 가능성도 있을 수 있기에 미리부터 더 이상 가능하지 않은 것으로 아예 봉쇄해놓을 필요 역시 없다고 생각된다. 어쨌든 이러한 것들은 오늘날 물리과학의 탐구 대상들이다. 바로 이 지점에서 필자가 말하고자 하는 바는, 오늘날 사물의 운동이라는 역학을 다루는 과학에서의 분석 대상들은 **현실 존재[계기]**들 그 자체가 아니라는 사실이다.

"현실 세계를 언급함에 있어 우리는 좀처럼 개체적인 현실 존재를 고려하지 않는다. 우리의 사고 대상은 거의 언제나 사회이거나 현실 존재들의 보다 느슨한 그룹이다." (PR 198/402)

오히려 **현실 존재[계기]** 자체는 운동하지도 정지하지도 변화하지도 불변하지도 않는다. 그저 합생할 뿐이다. 따라서 현시점에서 거론되는 우리의 우주를 구성하는 〈기본적인 표준 입자〉와 **현실 존재[계기]**를 곧바로 일치시켜선 곤란하며 오히려 그러한 기본 입자들은 〈존속하는 객체〉 또는 〈여러 존속하는 객체들로 분석될 수 있는 사회〉라고 봐야 할 것이다. 앞서 말했듯이 이 〈존속하는 객체〉에는 〈한정 특성〉의 계승이 있다. 그래서 우리는 이들 기본 입자들을 마치 이 우주를 구성하는 근본적인 〈실체〉substance처럼 다루기도 하는 것이다. 물론 과학에서는 이것이 타당성을 지닐 수 있다. 하지만 형이상학의 지평에서 본다면 그것은 근원적인 궁극적 사실로서 간주되진 않는다. 화이트헤드 철학에서는, 사물이 〈실체〉로서 존립되고 있는 게 아니라 실은 〈특정한 형상의 연속적 계승의 실현〉으로 말미암아 존립되고 있는 것뿐이다. 이로써 사물이 갖는 그 〈실체성〉까지 설명해내고 있는 것이며, 앞서 화이트헤드의 〈사회〉 개념이 전통철학의 〈실체〉 개념을 대체한다고 봤던 점도 바로 이러한 연유와 관련된 것이다.

"유기체 철학에 있어 영속하는 것은 〈실체〉substance가 아니라 〈형상〉形相, form이다. 형상은 변화하는 관계를 감수한다." (PR 29/98)

우리가 흔히 〈실체〉로서 간주하는 것들도 알고 보면 어떤 특정한 형상이 매순간마다 계기들의 실현에 의해 존속되고 있는 〈사회〉인 것이다. 이 〈사회〉는 현실 계기들의 연속적인 생성 소멸 과정에 있어 변화하는 관계 속에서 형성되고 있는 〈공통의 형상〉이자 〈한정 특성〉을 구현하고 있다. 이것이 자연 안에 어떤 특정한 유형의 질서로서 자리매김 되고 있는 것이다.

● 〈존속하는 객체〉에 대한 정리

☞ 사회 + 인격적 질서 (발생적 관계성에 의한 순차적 질서화)
☞ 한정 특성의 유전적 계승을 갖는 외줄기 계열의 결합체
☞ 자연 속의 기본 소립자가 될 만한 가장 단순한 유형의 사회

입자적 사회 – 여러 존속하는 객체들로 분석될 수 있는 사회

〈존속하는 객체〉에서 더 나아가 화이트헤드는 많은 요소의 〈존속하는 객체들〉로 분석될 수 있는 사회를 언급하면서 이를 가리켜 〈입자적 사회〉라고 불렀다(PR 35/110).

> "i) 사회적 질서를 누리며, ii) 그 요소들인 존속하는 객체로 분석 가능한 결합체는 〈입자적 사회〉corpuscular society라 불릴 수 있겠다." (PR 35/110)

쉽게 말해 〈입자적 사회〉는 여러 존속하는 객체들로 이루어진 사회로 볼 수 있다. 그것은 자연의 가장 단순한 유형의 사회를 포함하고 있는 자연의 대상물에 해당한다. 다시 말해서, 우리가 자연을 분석할 때 탐구되는 물리적 대상들—예컨대 관측으로 포섭되는 물리적 대상으로서의 입자들—은 거의 대부분은 〈입자적 사회〉에 해당하는 걸로 볼 수 있다는 얘기다. 물론 만약에 〈전자〉나 〈쿼크〉 같은 기본 소립자의 경우 이것이 앞으로도 우리의 우주시대에선 더 이상 나눌 수 없다고 가정한다면 이는 〈존속하는 객체〉에 해당할 것이다. 그러나 기존 〈양성자〉가 나중에 〈쿼크들〉로 나누어졌던 사례에서도 보듯이, 앞으로 초극미적인 발견이 가능한 관측 기술의 발달 또는 현재보다 훨씬 더 월등한 입자가속기 실험 등 이러한 것들이 마련된 미래 사회에서는 현재의 소립자들조차 한층 더 쪼개어 볼 가능성이 있을 지도 모를 일이다. 그럴 경우 기존의 그것들은 기본 소립자의 지위를 잃게 되고, 여러 존속하는 객체들로 분석될 수 있는 〈입자적 사회〉로 간주되어질 것이다. 그렇기 때문에 현재의 일상적인 자연물들은 대개 여러 존속하는 객체들로 분석될 만한 〈입자적 사회〉로 이루어졌다고 볼 수 있겠다.

"우리가 보통 고려하고 있는 대상은, 많은 가닥strands의 존속하는 객체들이 발견될 수 있는 보다 넓은 사회, 즉 <입자적 사회>이다." (PR 198/402)

"사회는 많은 요소의 <존속하는 객체들>로 분석될 수도 있을 것이다(또는 그렇지 않을 수도 있을 것이다). 이는 대다수의 일상적인 자연물에 해당된다." (PR 35/110)

탄소(C)를 생각해보자. 탄소는 자연의 가장 기본적인 원소들 중 하나이다. 널리 알려져 있듯이 탄소는 원자번호 6인 화학 원소로 우리 시대의 자연에 네 번째로 많이 존재한다. 이를 테면 대기에서의 이산화탄소, 땅에서는 화석 연료, 생명체의 호흡 등 여러 가지 형태로 현존하고 있는 것이다. 그렇다면 현실 계기가 생성 소멸하는 과정에서 <탄소>로 지칭될만한 어떤 <한정 특성>을 계속적으로 실현하는 중일 경우 우리는 <탄소>라는 사회적 질서를 포착할 수 있게 된다. 그런데 이 탄소(C)를 이루는 사회도 더 쪼개어 볼 수 있기에 그것은 기본적인 여러 <존속하는 객체들>로 분석될 수 있으며, 그럼으로써 물리적 대상으로서의 <입자적 사회>가 되고 있는 것이다. 물론 우리의 우주시대와 지구라는 자연환경의 특성에서 보면 탄소의 지배적 영향들은 앞서 말한 것들 외에도 정말 많다. 지구행성의 생명체들이 탄소 작용의 영향에서 완전히 자유롭기란 거의 불가능하다. 인류는 여전히 이 탄소를 계속적으로 연구하는 중에 있다. 탄소(C)라고 명명한 데에는 그러한 탄소로서의 특징, 즉 그것만이 갖는 개별적 차이로서의 특성을 부여하려는 점도 있을 것이다. 이처럼 자연 속에는 <존속하는 객체들>로 이루어진 <입자적 사

회〉가 보여주는 일정한 패턴으로서의 질서들이 있으며 자연과학은 바로 이러한 자연의 질서와 성질들을 탐구한다.

그런데 생각해보면 탄소(C)라는 존재가 우리의 우주시대만 보더라도 우주의 처음부터 존재하고 있었던 건 아니었다. 빅뱅 이후로 처음 출현한 원자도 탄소가 아닌 수소(H) 원자였다. 게다가 그러한 원자조차도 처음부터 있진 않았었다. 따라서 입자적 사회도 항구적인 자연의 기본 원소로 간주되기도 하지만 궁극적으로는 (비록 현재의 관찰 범위에는 들어오지 않더라도) 그 역시 미세한 진화의 과정들 속에 놓여 왔었다고 본다. 우리가 자연의 물리적 대상들을 탐구할 때 물리과학에서 이를 간단한 기호나 수식들로 표기할 경우 궁극적인 형이상학적 사실에서의 미세한 차이의 발생들은 오히려 사소한 것들로 가라앉거나 배제되거나 무시될 여지가 크다. 표시된 그 부분에서는 적어도 물리 역학에서 상정된 사물에 관한 그 지배적인 특성들이 전면적으로 부각되고 있을 따름이다. 정리하자면 화이트헤드가 말하는 사회 및 결합체는 많은 수의 존속하는 객체들로 다시 분석될 수 있으면서도 이 중에서 일상적으로 접하는 모든 물리적 대상물들은 기본적으로 〈입자적 사회〉에 해당한다는 사실이다. 이때 얼마만큼 입자적이냐 하는 문제는 상대적인 관련성 속에 놓여 있을 뿐이다.

"입자적인 결합체 전체의 한정 특성의 중요성과 비교된, 여러 존속하는 객체의 한정 특성들의 상대적인 중요성에 따라 사회는 보다 더 입자적인 것이 될 수도 있고 보다 덜 입자적인 것이 될 수도 있다." (PR 35/110)

뿐만 아니라 화이트헤드는 자연의 대상들에 있어 그 입자성이 상실되는 사회의 경우도 언급하고 있다. 이를 테면 〈빛의 파동〉^{wave of light}의 경우가 그러하다고 말한다. 물론 빛은 입자와 파동의 성질을 갖는다고 알려져 있다. 이때 화이트헤드가 보는 일련의 〈파동〉^{waves}의 경우 그 과정의 단계에서 〈입자성〉의 정도가 얼마든지 달라질 수 있다는 것이며, 결국은 〈입자적 사회〉에서 출발하여 〈입자가 아닌 사회〉로 종결되고 있다고 얘기한다.

"빛의 파동은 그 진행경과^{career}의 여러 다른 단계에서 입자성의 정도가 달라질 수 있는 것이다. 그러한 일련의 파동은 그 실현 과정의 모든 단계에서 사회적 질서를 포함하고 있다. 그러나 보다 초기의 단계에서 이 사회적 질서는 인격적 질서의 요소들이 느슨하게 관계 맺고 있는 보다 특수한 형태를 취한다. 이때 이와 같은 인격적 질서는 시간이 진행됨에 따라 점차적으로 그 지배력을 상실해 간다. 그 한정 특성은 그것의 여러 특징이 차츰 쇠퇴해 감에 따라 그 중요성이 줄어들게 된다. 그리고 그 결과 파동은 중요한 사회적 질서를 갖는 결합체가 되기에 이른다. 하지만 이 결합체는 인격적 질서의 요소는 하나도 갖고 있지 않게 된다. 그러므로 일련의 파동은 입자적 사회로서 출발하여 입자가 아닌 사회로 종결되고 있는 것이다." (PR 36/112)

이처럼 자연 속의 파동^{waves}은 그 과정에서 인격적 질서의 요소를 하나도 갖지 않고 사회적 질서만 갖는 결합체가 되기에도 이른다는 것이다. 이는 앞서 말한 〈존속하는 객체〉가 자연의 기본 입자에 속한다고 보면서도 그 〈존속하는 객체〉의 실현에는 완결의 정도 차이 역시 있을 수 있음을 말해주고 있다(PR 36/112). 이런 점에서 보면 자연의 미세한

제10장 자연의 계층구조: 결합체와 여러 사회들

변화의 양상들은 입자보다 어떤 파동의 성격에서 작은 틈새의 바람이 불어오는 것이 아닌가 생각된다. 어쨌든 화이트헤드 철학에선 <존속하는 객체>가 자연 속의 기본 입자 마냥 아주 단순한 유형의 사회라고 한다면 <입자적 사회>는 그러한 여러 존속하는 객체들로 분석가능한 자연의 대상물로 볼 수 있겠다. 이 <입자적 사회>는 탄소 원자의 경우처럼 그것은 많은 수의 <존속하는 객체들>로 분석될 수 있는 사물일 뿐만 아니라 자연을 구성하는 요소로서 거의 항구적 성격을 갖는 것으로 간주될 만한, 시간적 존속의 입자적 사물인 것이다.

● <입자적 사회>에 대한 정리
  ☞ 사회 + 여러 존속하는 객체들
  ☞ 자연 속의 물리적 대상들 (수소, 헬륨, 탄소 등)
  ☞ 입자성의 정도 차이는 있을 수 있다.

화이트헤드의 <인격> 개념은 인간에만 국한되어 있지 않다!

이제 우리는 이상의 논의들에서 다소 찜찜하게 여겨왔던 의아스러운 점 한 가지를 거론하지 않을 수 없다. 그것은 다름 아닌 화이트헤드가 <존속하는 객체>에 대한 서술에서도 분명하게 밝히고 있듯이 놀랍게도 <인격>person이라는 용어를 쓴다는 점이다. 그가 말하는 <존속하는 객체> 또는 <존속하는 피조물>이란, 그 사회적 질서가 <인격적 질서>라는 특수한 형태를 취하고 있는 그런 사회로 기술되어 있다. 그는 왜 하필 <인격>이라는 용어를 여기에다 붙인 것일까? 이에 대한 화이트헤드의 언급은 다음과 같다.

"결합체는 그 한정 특성을 계승하는 외줄기의 계열을 형성한다. 그러한 결합체를 <존속하는 객체>라 부른다. 이는 정당한^{legal} 의미에서 <인격>^{person}이라고 부를 수도 있었을 것이다. 하지만 불행히도 <인격>은 의식^{consciousness}이라는 개념을 암시하고 있기 때문에 이 말을 사용한다면 오해의 소지가 있게 될 것이다. 결합체는 <하나의 특성을 유지한다>$^{sustain\ a\ character}$. 그리고 이것은 페르소나^{persona}라는 라틴어가 갖고 있는 의미 가운데 하나이기도 하다. 그러나 <인격>으로서 <존속하는 객체>는 하나의 특성을 유지하는 것 이상의 일을 한다. 왜냐하면 한 특성의 유지^{sustenance}는 결합체의 구성원들 간의 독특한 발생적 관계에서 생겨나기 때문이다. 시간적인 존속성을 지니고 있는 일상적인 물리적 객체$^{physical\ object}$는 하나의 사회이다. 이상적인 단순한 사례인 경우 그것은 인격적 질서를 가지며, 하나의 <존속하는 객체>이다." (PR 34-35/109-110)

여기서 화이트헤드가 말하는 <인격> 개념은 우리가 그동안 흔히 알고 있어 왔던 인격 개념과는 다른 차이를 보여준다. 일반적으로 <인격>은, 의식을 지닌 인간 경험의 측면을 전제하고 있는 개념이지만, 화이트헤드는 인간의 의식이 발생하기 이전, 그러니까 원자 및 분자와 같은 자연세계의 기초적인 물리적 수준에서도 <인격>이라는 표현을 쓰고 있는 것이다. 그 점에서 분명한 차이를 드러낸다. 물론 그 스스로도 이 차이를 잘 인지하고 있었는데, 화이트헤드가 보기에도, 인간 경험에 대한 설명에 있어 인격성^{personality}을 인간 경험의 계기들 간의 발생적 관계로 축소시켜왔던 점이 있다고 봤던 것이다(AI 186). 하지만 그가 보는 철학적 구도에선 인간 경험에 어떤 중심적 의미를 부여하기보다 오히려 〈인격〉이라는 용어가 의미하는 바에 대한 이해를 새롭게 재고하도록 이끄는 점이 있다고 해야 할 것 같다. 화이트헤드 철학에서는 자연 속의 대상물인 〈존속하는 객체〉의 차원 역시 〈인격〉으로 볼 수 있다는 점에서 그의 인격 개념은 〈인간중심주의〉에 갇혀 있지 않으면서도 오히려 많은 사물들에 적용될 수 있을만한 보다 적법한 개념을 구하려 한 것으로 보인다. 이때 그가 보는 〈인격〉 개념의 핵심은 "결합체가 하나의 특성을 유지하면서도$^{sustain\ a\ character}$ 그것 이상의 일을 한다"라는 문장에서도 엿볼 수 있는데, 여기서 말하는 〈하나의 특성을 유지〉하려면 그 결합체에 이루는 각 성원들 간의 발생적[유전적] 관계에 힘입어야 한다는 점에서 하나의 그 인격은, 실제로는 하나의 특성을 유지하는 그 이상의 일을 하는 것으로 내다봤던 것이다. 그럴 경우 〈하나의 특성을 유지한다는 것〉은 일종의 〈대표성〉을 띠고 있는 셈이다.

이를 테면, 물질의 근본 입자들 중 하나인 〈전자〉^{electron}를 예로 들어보자. 〈전자〉는 전자로서 갖는 기본 특성이 있을 것이다. 이 〈기본 특성〉은 기존 물리학에서도 말하는 질량/전하/스핀 등 해당 사물로 간주될 만한 특징들을 말한다. 그런데 화이트헤드의 형이상학 구도에서 보면, 그러한 〈전자〉도 궁극적으로는 여러 **현실 존재[계기]**들의 생성소멸의 잇따름으로 형성된 〈존속하는 객체〉에 해당되며 그 구성원들의 발생적 관계에 힘입어 〈전자〉라는 특성이 유지되고 있을 뿐이다. 이때 전자는 〈전자〉라는 하나의 특성을 유지하고 있으면서도, 실은 그 이상의 것들을 계속 하고 있는 중에도 있지만, 전자라는 그 〈대표성〉 때문에 다른 사항들은 가려지게 될 수도 있다. 화이트헤드 철학에서 보면 전자는 어디까지나 〈존속하는 객체〉라는 사회에 속한다. 그러한 〈전자〉는 전자의 특성 유지보다 더 많은 것들을 해내고 있음에도 〈전자〉라는 대표 특성으로 인해 우리는 이를 〈동일성〉^{identity}을 갖는 존재로서 취급하고 있는 것이다. 기존 물리학에서 말하는 〈전자〉의 기본 특성은 바로 이 〈존속하는 객체〉의 〈한정 특성〉으로 볼 수 있다. 우리가 어떤 특정한 사건을 〈전자〉로 지칭하려면, 그것의 관찰적 드러남이 물리학에서 말하는 전자의 기본 특성들과 일치할 경우에만 〈전자〉라는 명칭을 부여한다. 전자의 기본 특성이 아닌 것들에다 〈전자〉라는 명칭을 부여하진 않을 것이며, 오히려 다른 특성을 보일 경우에는 거기에 걸맞는 다른 이름을 찾고자 할 것이다. 하지만 그것이 우리의 현재 관측 안으로 붙잡히지 않는 경우들도 얼마든지 있을 수 있는 일이다. 따라서 하나의 〈전자〉도 그 기본 특성을 형성함에 있어 많은 작용들을 하고 있는 것이고, 우리는 단지 그것을 하나의 〈전자〉로서 간주하고 있을 뿐이다. 바로 그 점에서 화이트헤드는 이 〈존속하는 객체〉에 해당하는 〈전자〉 역시 하나의 〈인격적 질서〉를 갖는 것으로 본 것이다.

이렇게 볼 때 화이트헤드가 말하는 기본적인 〈인격〉 개념은—그것이 인간이든 비인간이든 간에— 결국 사물에 있어 그 어떤 핵심적인 개별적 특성으로도 묶여질 수 있는 일종의 〈정체성〉^{identity} 같은 것이며, 그것이 시간적 존속으로 일정하게 유지될 만한 그러한 성격의 것에 해당함을 짐작해 볼 수 있다. 하지만 우리가 결코 간과하지 말아야 할 점은, 궁극적 사실^{fact}에 있어서는 "같은 강물에 두 번 발을 담글 수 없다"고 얘기되고 있듯이 마찬가지로 우리는 "같은 전자를 두 번 경험할 수 없다"는 사실이다. 물론 우리의 의식적 경험에선 동일 전자^{electron}로서 계속 경험되며 그 추상적 성질 역시 존속되고 있다. 그러나 이때의 〈전자〉는 결국 파생적인 〈추상물〉^{abstraction}인 것이다.

결합체로서의 어떤 사물에게서 드러나는 지배적 특성은 바로 그 사물을 대표할 만한 특성이 되고 그 대표성은 그 사물의 〈정체성〉으로 자리한다. 적어도 화이트헤드는 이를 〈인격〉으로 볼 수 있다는 입장이다. 따라서 인간으로서의 정체성을 말해주는 인격이 있는가 하면, 세포 하나의 인격도 있는 것이며, 분자 하나의 인격도 있고, 원자 하나의 인격도 있다고 할 수 있겠다. 자연에는 이처럼 다양한 인격체들이 있으며, 그것들이 어떤 층위에서 형성된 인격인가를 살펴야 할 점도 있는 것이다. 나중에 보겠지만 좀 더 복잡한 성격을 띠는 〈살아 있는 인격〉living person의 경우도 있다. 하지만 여기서 짚고 넘어갈 중요한 핵심은, 화이트헤드가 〈인격〉이라는 용어를 쓰는 것은 인간의 차원이 아닌 아주 단순한 유형의 사회에 해당하는 〈존속하는 객체〉에서부터 이를 사용하고 있다는 점에 있다.

> "〈인격적〉personal 유형의 사회를 고찰해 보기로 하자. 그러한 사회는, 어떤 한정하는 성격이 각 계기에 의해 그 선행자로부터 계승되는 역사적 경로를 형성하고 있는 현실 계기들의 일직선적인 계기일 것이다. 이런 종류의 사회는 〈존속하는 객체〉enduring object이다." (PR 198/402)

앞서 언급되었듯이, 인격person의 어원인 라틴어 페르소나(persona)는 '가면'이라는 뜻을 갖고 있다. 이 가면의 의미는 어떤 〈한시적인 측면〉을 일컫는 의미에 가깝다. 〈존속하는 객체〉는 그것이 〈개체적 존재자〉로 간주될 수 있겠지만, 궁극적인 실재reality의 지평에서 보면 그것은 어디까지나 〈한시적인 역할을 맡고 있는 가면〉일 뿐이며, 실제로는 **현실 존재[계기]들의 생성 소멸이야말로 본원적인 1차적 사실에 해당**한다. 이렇게 볼 때 화이트헤드의 입장에선 〈존속하는 객체〉 역시 충분히 〈인격〉으로도 볼 수 있었던 것이다. 그러나 〈인격〉이라는 용어가 불행히도 페르소나(persona)의 원뜻을 넘어서 인간 의식의 사태를 전제하는 경우가 많다는 점에선 종종 혼동이 야기되는 점도 있게 된 것이라 하겠다. 단지 〈존속하는 객체〉를 인격으로 볼 경우 그렇다면 훨씬 더 고등한 생명체에서 발견하게 되는 인격의 경우는 과연 무엇인지에 대해서도 질문해볼 수 있을 것이다. 잠시 뒤에 보겠지만 화이트헤드는 그러한 경우는 〈살아 있는 인격〉living person으로 명명하고 있다.

화이트헤드가 말한 가장 단순 유형의 사회인 존속하는 객체에서 페르소나의 뜻을 갖는 인격이라는 용어를 붙이고 있는 점은 상당히 이채롭게 다가오네!

그동안 인격이란 말을 줄곧 의식의 인간과 연관해서만 생각해왔었기에 아무래도 그렇지 않은가 싶어!

구조를 갖는 사회

일반적으로 우리는 1) 무기적이고 비활성적인 사물과 그리고 2) 살아 있는 신체를 구성하는 사물로 나누어 보는 점이 있다. 사실 이 둘의 차이는 이러한 언어적 진술로 보면 구분은 되나 실제상에서는 이 간극과 경계를 찾기란 상당히 까다롭고 모호한 점이 있을 것이다. 동물 혹은 인간의 신체를 생각할 때, 그 신체는 유기적인 작용을 하지만 그 안에는 많은 종류의 무기적inorganic 사회들도 포함한다. 치아teeth를 예로 들어서 말한다면 그 자체는 무기적인 것이지만 그것이 살아 있는 신체와

제10장 자연의 계층구조: 결합체와 여러 사회들

함께 결합되어 있는 경우도 있겠고, 그렇지 않은 경우도 있을 것이다. 치아는 동물의 신체가 더 이상 유기적 활동을 하지 않고 있고 죽은 후에도 계속 지속된다. 알다시피 고생물학 연구를 할 때 화석의 발견에서 다른 신체 부위와 다르게 치아는 그 형태가 대체로 보존되곤 하는 점도 엿볼 수 있다. 반면에 살아 있는 신체에 붙어 있는 치아에는 죽은 동물의 사체에서 발견된 치아와는 또 다르게 영양분이 공급되는 환경으로 말미암아 충치의 발생이나 변질이 일어나기도 하는 등 이러한 차이를 보여주는 점도 있을 것이다. 결국 살아 있는 개체 동물의 신체를 복합적인 하나의 커다란 사회로 봤을 경우, 그 안에는 무수한 수의 유기적 사회들과 무기적 사회들 역시 하위로 포함되어진다. 또한 여기에는 질서를 갖지 않는 〈비사회적 결합체〉도 함께 포함되고 있다. 이처럼 여러 종류의 하위 사회들과 결합체들이 살아 있는 신체 안에 종속될 수 있는 것이다. 화이트헤드는 이러한 경우들을 〈구조화된 사회〉 또는 〈구조를 갖는 사회〉structured society라는 개념을 통해 설명한다. 이것은 다음과 같이 정의된다.

"구조적인 내적 관계의 일정한 패턴을 갖는 결합체와 종속적 사회를 포함하는 사회라는 개념이 도입되어야 한다. 그와 같은 사회는 〈구조를 갖는 사회〉structured society라 불리게 될 것이다.

구조를 갖는 사회는 하나의 전체로서, 자기 자신 속에 품고 있는 종속적 사회들에게 유리한 환경을 제공한다. 그리고 이 사회 전체도 그 존속을 허용하는 보다 광범한 환경 속에 자리 잡고 있어야 한다. 구조를 갖는 하나의 사회에 들어 있는 계기들의 여러 군(群) 가운데 일부는 〈종속적 사회들〉subordinate societies로 불린다.

그러나 거기에 들어 있는 그 밖의 다른 군에는 <종속적 결합체>subordinate nexus라는 보다 넓은 명칭이 주어져야 한다." (PR 99/224-225)

앞서 동물 신체를 예로 들었듯이 <구조를 갖는 사회>는 하나의 전체로서 그 안에 <종속적인 여러 사회들과 결합체>를 품고 있으며, 또한 <구조를 갖는 사회>는 그 존속이 허락된 환경적 배경 속에 놓여 있어야만 한다. 사실 동물 신체의 경우는 <매우 복잡한> 구조를 갖는 사회라 할 수 있겠고, 하나의 세포의 경우는 신체보다는 <덜 복잡한> 구조를 갖는 사회로 볼 수 있겠다. 분자의 경우는 그보다 <더 단순한> 구조를 갖는 사회일 것이다. 자연의 소립자로 내려갈수록 더더욱 그러할 것이다. 물론 분자는 세포 안의 종속된 사회로 들어갈 것이고, 세포는 상위 기관이나 신체 안의 종속된 사회로 포함될 것이다. 따라서 신체든 기관이든 세포든 분자든 <구조를 갖는 사회>로 묶일 수 있다고 해도 여기에는 <복잡성의 정도 차이>는 분명하게 있다고 볼 수 있다.

"<구조를 갖는 사회>는 그것에 결부되어 있는 하위 사회들과 하위 결합체들의 다수성multiplicity과 관련하여, 그리고 이들이 갖고 있는 구조적 패턴의 복잡함intricacy과 관련하여 다소간 <복합체>complex일 수 있다." (PR 100/226)

이때 <구조를 갖는 사회> 속에는 적어도 하나 이상의 <종속적 사회>와 <종속적 결합체>가 포함될 수 있겠는데 이 둘의 차이에 대해서도 화이트헤드가 말한 다음과 같은 예시를 통해 구분해볼 수 있을 것이다.

제10장 자연의 계층구조: 결합체와 여러 사회들

"살아 있는 세포의 예로 되돌아가서 생각해 볼 때, 그 세포 속의 <'빈' 공간>empty space을 구성하고 있는 계기들은 그 세포 밖의 유사한 계기들에는 결여되어 있는 특별한 특징을 띠고 있다고 할 수 있을 것이다. 따라서 살아 있는 세포 속의 공허한 공간인 그 결합체는 <종속적 결합체>라고 불리지 <종속적 사회>리 불릴 수는 없는 것이다." (PR 99/225-226)

여기서 화이트헤드는 <종속적 결합체>의 예시로 세포 내의 빈empty 공간을 구성하는 계기들을 언급하고 있다. 이것은 아직 그 어떤 사회적 질서로 묶여지지 않은 그러한 성격의 것이다. 반면에 <종속적 사회>는 <구조를 갖는 사회> 속에 내포되어 있는 <하위 사회들>을 말한다. 즉, 이미 널리 알려져 있듯이, 세포 안에는 세포핵을 비롯한 여러 성격의 세포기관들이 있는데 이들 모두 세포를 구성하는 하위 사회들에 해당하는 것들이다. 뿐만 아니라 <분자>라는 사회 역시 세포에 포함되는 하위 사회에 해당한다. 또한 분자는 <원자>라는 하위 사회를 포함하고 있고, 그 원자는 원자핵과 전자라는 사회를, 그리고 원자핵은 다시 <쿼크>quark라는 하위 사회를 포함하고 있을 것이다.

이런 식으로 볼 때 하나의 세포 안에도 여러 가지의 <종속적 사회들>이 들어있다고 볼 수 있겠다. 이러한 것들은 모두 화이트헤드에게서 <구조를 갖는 사회>와 관련해 그 속에 포함되는 <종속적 사회>로 간주된다. 하지만 세포 안에 들어 있으면서도 그 어떤 <사회적 질서>를 확보하고 있지 않은 빈 공간을 구성하는 현실 존재[계기]들도 있겠는데, 이를 화이트헤드는 <종속적 결합체>로 명명하고 있다. 따라서 아주 간단히만 정리해본다면 다음과 같다.

> ● <구조를 갖는 사회>를 구성하는 두 가지
> 1. **종속적 사회** – 구조를 갖는 사회 속에 들어 있는 하위 사회
> 2. **종속적 결합체** – 구조를 갖는 사회 속에 들어 있는 빈 공간을 구성하는 계기들

앞서 <입자적 사회>를 말했지만 화이트헤드는 공간을 점유하는 물리적 결정체들에 대해선 기본적으로 <구조를 갖는 사회>로 보는 입장이다. 반면에 기체의 경우는 <구조를 갖는 사회>로 보질 않는다.

"분자는 구조를 갖는 사회이며, 하나하나의 전자나 양성자도 십중팔구는 그러하다. 결정체는 구조를 갖는 사회이다. 그러나 기체는 결코 진정한 의미에서의 구조를 갖는 사회가 아니다. 비록 그 하나하나의 분자는 구조를 갖는 사회라고 할지라도 그렇다." (PR 99/226)

그런 점에서 살아있는 세포는 그 안에 많은 무기적 사회들을 포함하고 있는 <구조를 갖는 사회>인 것이며, 그 안에는 또 다른 유형의 <구조를 갖는 사회> 역시 내포되고 있는 셈이다. 앞서 말했듯이 분자, 세포, 신체 모두 <구조를 갖는 사회>로 볼 수 있겠지만 그 복잡성의 정도 차이로 말미암아 점차로 상이한 특질들을 띤다고 볼 수 있으며 현재의 인간 신체의 경우는 고도로 복잡한 <구조를 갖는 사회>로 볼 수 있을 것이다. 따라서 <구조를 갖는 사회>끼리도 복잡성의 양상에 따라 종속 포함 관계를 가질 수 있기에 이 역시 자연의 계층구조를 형성한다고

볼 수 있다. 결국 인간의 신체가 아무리 고도의 복잡성을 갖더라도 그것은 어디까지나 하위의 종속적 사회들과 종속적 결합체들에 기반해 있어야만 그 살아 있는 활동성을 드러낼 수 있는 것이다. 그런데 여기서 <살아 있다>는 것은 <구조를 갖는 사회>에 있어서도 좀 더 설명되어야 할 지점이 있다.

"살아 있는 사회에 있어서는 그것을 구성하고 있는 여러 결합체들 가운데 오직 일부만이, 그들의 모든 성원들의 정신적인 극이 어떤 독창적인 반응을 하는 그런 성격의 것일 것이다. 이들은 그 사회 내의 <완전히 살아 있는>entirely living 결합체일 것이며, 실제로 사회는 그와 같은 결합체가 지배적일 때만 <살아 있는>living 것이라 불린다.

따라서 살아 있는 사회는 <무기적>inorganic인 결합체를 내포하고 있으며, 무기적인 결합체는 변화하고 있는 외적 환경 속에서의 생존을 위하여 <살아 있는> 사회 전체의 보호를 필요로 하지 않는다. 그러한 결합체는 사회이다. 그러나 <완전히 살아 있는> 결합체는 생존을 위해 그러한 보호를 필요로 한다. 이러한 추정적인 이론에 따르면, <완전히 살아 있는> 결합체는 사회가 아니다. 이는 단세포체單細胞體, a unicellular body를 그 특수 사례로서 포함하고 있는 동물 신체에 관한 이론이다. <완전히 살아 있는> 결합체를 보호하기 위해서 상호 작용하는 복합적인 무기적 조직이 만들어졌으며, 살아 있는 여러 요소의 독창적인 활동은 조직 전체를 보호하는 구실을 하고 있다." (PR 103/231-232)

여기서 화이트헤드는 〈구조를 갖는 사회〉에 있어서도 〈살아 있는 사회〉의 경우 그 〈살아 있음〉의 핵심 역할은 〈사회〉에 있지 않고 〈결합체〉에 있는 것으로 보고 있다. 그것은 그 안에 속하는 어떤 구성원들의 정신적인 극이 어떤 독창적인 반응을 하는 그런 성격의 것으로 나타난다. 따라서 화이트헤드가 〈살아 있음〉의 핵심 방점이 〈사회〉보다 〈결합체〉에 있다고 보는 이유는 근본적으로 사회와 결합체 차이와도 관련되는데, 적어도 살아 있는 생명체의 경우는 어떤 질서에 안주되는 그러한 반복 재생의 성격이 아닌 점에 있는 것이다. 즉 여기에는 개념적 반응의 새로움이 창출되는 성격이 있어야만 하는데 이는 질서를 갖는 사회의 특성이 아니라 오히려 기존의 사회적 질서를 벗어나는 결합체를 통해 창출되는 것으로 본 점에 있다. 다만 부분적으로 이 결합체는 안정적인 사회적 질서와 연결된 그러한 구조 속에 놓여 있는 것이다. 따라서 그 속에 〈전적으로 살아 있는〉entirely living 결합체가 지배적으로 작동하고 있을 때 〈살아 있다〉고 보는 것이다.

〈살아 있다〉는 것, 화이트헤드가 보는 〈생명〉의 의미

화이트헤드의 경우, 〈살아 있다〉는 것은 단순히 오래도록 존속하기만 한다는 점을 일컫지 않는다. 그런 방식의 존속은 오히려 생명의 특성에 반할 뿐이며 〈구조를 갖는 사회들〉 중에서도 낮은 등급의 것으로 본다.

"물질적 물체들은 우리의 둔한 이해력으로도 쉽게 알 수 있는, 구조를 갖는 사회의 가장 낮은 등급에 속해 있다. 이런 것들로는 다양한 유형의 복합성을 갖는 사회, 즉 수정, 바위, 행성, 태양 같은 것들이 있다. 이러한 물체들은 그 개별적인 생활사들life-histories을 통해서 추적될 수 있는 동시에, 우리에게 알려져 있

제10장 자연의 계층구조: 결합체와 여러 사회들

는 구조를 갖는 사회 가운데서 단연 최장수(最長壽)의 것들이다." (PR 102/229)

"사실 생명 그 자체는 생존 가치$^{survival\ value}$에 있어서는 비교적 결함이 많다. 지속하기만 하는 기술은 죽어있는 것이다. 오직 무기적인 것들만이 장구한 시간을 지속한다. 예를 들어 바위 하나는 8억 년을 산다." (FR 4)

이러한 내용을 보면, 우리는 화이트헤드가 이해하는 <생명>의 특성을 어느 정도 짐작해 볼 수 있게 된다. 오래도록 존속하기만 하는 특성은 오히려 낮은 등급의 사회에서나 볼 수 있는 그러한 방식의 특징일 뿐이다. 단지 오래도록 생존한다는 것 자체는 화이트헤드가 말하는 생명의 본질에 속하지 않는다. 그에 따르면 생명이 갖는 핵심 가치는 자극에 대한 반응의 독창성, 바로 그 <독창성>을 위한 명칭이라는 점에 있다.

"설명되어야 할 것은 자극에 대한 반응의 독창성이다. 이는 유기체란 어느 정도까지는 그 반작용^{reactions}이 순수한 물리적 계승의 어떤 전통으로도 설명될 수 없을 때 <살아 있다>^{alive}고 하는 학설에 해당한다." (PR 104/234)

"이러한 고찰로 미루어 볼 때, <완전히 살아 있는> 결합체는 그 동물 신체를 떠나서는 엄격한 의미에서 결코 사회가 아니라는 결론이 나온다. <생명>은 한정 특성이 될 수 없기 때문이다. 그것은 독창성^{originality}을 위한 명칭이지 전통^{tradition}을 위한 것이 아니

다" (PR 104/235)

여기서 전통은 기존의 한정 특성에 의한 질서를 말하는데, 적어도 화이트헤드의 생명 이해는 바로 그러한 기존의 한정된 질서에서 탈피하고 있는 그 〈독창성〉에 진정한 핵심 의미가 담겨 있다고 보았다. 게다가 그 전통이란 것을 설명하고자 할 경우 그것은 〈작용인〉efficient cause에 의한 설명이 될 뿐이고, 생명이 갖는 독창성을 설명하려면 반드시 〈목적인〉final cause에 의한 설명이 요구된다고 보고 있다(PR 104/234). 그것은 합생 과정에 있어 목적인에 해당하는 〈주체적 지향〉subjective aim이 그 어떤 〈새로움〉을 도입하고 있는 점과 필연적으로 관련한다. 따라서 독창성의 섬광은 목적론적인 새로움의 도입에 따른 것이다. 근본적으로 이 독창성의 기원은 〈새로움〉novelty이 창출되는 〈개념적 역전의 범주〉Category of Conceptual Reversion에 그 뿌리를 둔 것인데, 화이트헤드는 이 범주에 따라 창출되는 〈개념적인 새로움〉이야말로 생명이 갖는 일차적인 의미로 간주한다.

> "생명의 일차적인 의미는 〈개념적인 새로움〉conceptual novelty—혹은 〈욕구의 새로움〉novelty of appetition—의 창출이다. 그러한 창출은 오직 역전의 범주에 따라 일어날 수 있을 뿐이다. 따라서 사회는 단지 파생적인 의미에서만 〈살아 있다〉고 할 수 있다. 〈살아 있는 사회〉란 약간의 〈살아 있는 계기〉living occasions를 포함하고 있는 사회를 말한다." (PR 102/230)

"〈존속〉endurance이란 하나의 계기를 물리적 계통의 단일 노선에 의해 특이하게 묶은 일종의 장치인 반면, 〈생명〉이란 개념적 역

전의 범주에 따라 도입된 새로움^{novelty}을 의미하는 것이다."(PR 104/234)

따라서 화이트헤드가 보는 생명 이해는 기존의 전통적인 질서에서 보면 그러한 질서를 교란하거나 지해하는 성격을 띠는 점이 있다. 생명의 의미가 개념적인 새로움—또는 욕구의 새로움—에 있다는 것은 기본적으로 이전에 없는 새로움을 그 자신 안에 목적론적으로 도입한다는 점을 말한다. 즉, 살아 있는 신체는 그 속에 있는 일부의 계기들이 그 정신적 극에 있어 독창적인 반응을 드러낸다는 것이다. 쉽게 말해서 그것이 살아 있는 생명으로 존재한다는 것은 적어도 거기에는 〈정신적 자발성〉$^{mental\ spontaneities}$을 점차적이라도 분명하게 갖춰가는 점이 있다는 얘기다.

"생명은 물리적 질서로부터 순수한 정신적 독창성으로의, 그리고 순수한 정신적 독창성으로부터 방향이 설정된 정신적 독창성으로의 추이$^{推移,\ passage}$인 것이다."(PR 107-108/240)

"계기들의 정신적 자발성이 서로 방해하지 않으며, 다양한 환경들 속에서 공통의 목표를 지향하고 있는 한에서, 생명은 존재한다. <u>생명의 본질은 객체적인 것에는 얼마간 순응하면서도 목적론적으로는 새로움을 도입하는 데 있다.</u>"(AI 207)

따라서 화이트헤드가 보는 생명의 본질이 결국엔 〈새로움〉을 도입하는 점에 있다고 봤었기에 "생명은 산 채로 미이라가 되는 것을 거부한다"(PR 339/641)라는 저 유명한 표현 역시 나올 수 있었던 것이다. 즉,

화이트헤드는 자연의 진화 과정에서 기존의 질서를 벗어나는 독창성을 갖는 흐름들을 생명의 본질로 보는 입장인 것이다.

"생명의 본질은 정해놓은 질서의 좌절 속에서 발견되어야 한다. 우주는 완전한 순응이라는 무기력한 영향을 거부한다." (MT 87-88)

그렇기 때문에 화이트헤드가 생명을 〈자유를 얻으려는 노력〉a bid for freedom(PR 104/234)으로 본 점도 바로 이 같은 내용들의 연장선상에 있는 주장으로 볼 수 있다. 그러나 유의할 점은, 이러한 진술들이 생명에 대한 낭만적 이해를 화이트헤드가 언급한 것으로 오해해서도 곤란하다. 오히려 화이트헤드는 살아 있는 사회는 영양물을 필요로 한다는 점에서 "생명은 〈약탈〉"이라고도 말한다. 우리는 〈생명〉을 낭만적으로만 여겨서도 곤란하며 이를 지나치게 신비화해서도 안 될 것이다.

"모든 사회는 그 환경과의 상호 작용을 필요로 하며, 살아 있는 사회의 경우, 이 상호 작용은 약탈robbery이라는 형태를 취한다. 살아 있는 사회는 그것이 분해하는 영양물보다 한층 높은 유형의 유기체일 수도 있고 그렇지 않을 수도 있다. 그러나 생명은, 일반적인 선(善)을 위한 것이건 그렇지 않은 것이건 간에, 약탈이다. 바로 이러한 점에서 생명에 있어 도덕morals이 예민한 문제로 등장하게 된다. 약탈자는 정당화를 필요로 한다(The robber requires justification)." (PR 105/235-236)

인간도 예외 없이 살아 있는 신체를 유지하려면 필요한 영양물을 공급받아야만 한다. 그렇기에 인간 역시 식물이든 동물이든 닥치는 대로 잡아먹는 상황들 역시 발생되곤 했었다. 알다시피 인류사에 있어 인간이 저질러 왔던 무분별한 포획과 개발은 생태계 교란에 대한 각성이 없을 때 일어난 점도 있긴 하지만 오늘날에는 자본의 논리에 압도당해 그러한 생태 윤리를 의도적으로 무시함으로써도 여전히 자행되고 있는 중에 있다. 이러한 인간의 경우에선 자각된 의식으로 인해 그 정당성의 문제가 예민하게 등장하지 않을 수 없다. 즉, 약탈자도 〈정당화〉를 필요로 하고, 그런 약탈에 있어 어느 정도 생태계 균형을 맞춰가려는 성찰적 노력들 역시 〈정당화〉를 필요로 하는 현실인 것이다.

도덕 및 윤리의 문제들은 결국 생명에 대한 첨예한 문제들과 맞물려 있는 가운데 제각각의 〈정당화〉로서 맞서 있거나 나름의 합의와 설득을 시도하는 중에 있을 뿐이다. 따라서 도덕 및 윤리학이라는 분야도 생명이 처할 수 있는 다양한 맥락적 현실들을 필연적으로 고려하지 않으면 안 되는 논의의 장(場)이면서 투쟁의 장(場)이기도 한 것이다. 생명의 작용이 엔트로피의 증가에 맞서 있다고는 하지만 그럼에도 여전히 그에 따른 비용을 치러야만 하는 점도 있는 것이다. 분명하게도, 살아 있는 유기체는 영양물을 필요로 한다(PR 105/235).

화이트헤드의 유기체 철학에서 보는 <살아 있는 세포>

〈영양물〉과 〈생명〉에 대한 화이트헤드의 분석을 좀 더 들여다보자.

"이제 〈영양물〉과 〈생명〉의 연관이 분명해진다. 세포의 구조나 그 밖의 다른 생명체의 구조가 필요로 하는 고도로 복잡한 무기적 사회는, 환경의 다양성 속에서 안정성을 잃는다. 그러나 살아 있는 계기들의 독창성에 의해서 만들어지는 빈 공간이라는 물리

적 장^{field}에 있어서는, 다른 곳에서라면 생기지 않을 화학적 해리
解離, dissociation와 연합들^{associations}이 일어난다. 구조는 와해되기도
하고 회복되기도 한다. 영양물은 밖으로부터 공급되는 고도로 복
합적인 사회이며, 이것은 생명의 영향을 받아, 소모된 것을 보충
하기 위한 필수적인 연합들에 들어가게 될 것이다. 따라서 생명
은 마치 촉매 작용제$^{catalytic\ agent}$처럼 활동하고 있는 것이다." (PR
106/237-238)

화이트헤드는 동물 신체 내부의 분자와 신체 바깥의 분자를 달리 본
다(PR 106/237). 심지어 전자^{electron}도 생명체 안에 있는 전자와 생명체
바깥에 있는 전자도 다르다고 말한다(SMW 80). 생명체 세포 안에 있는
전자는 신체의 그 특성과 관련해 그에 따라서 활동하기에 완전히 같을
수가 없다는 것이다. 따라서 같은 분자식의 화학 원소라고 해도 그것이
어떤 〈장소〉에 놓여 있느냐에 따라 완전히 똑같을 수가 없는 미묘한
차이들도 생겨나게 된다. 그러나 이 미묘한 차이들이 관측상에는 포섭
되지 않을 수 있다. 어쨌든 그것의 자리매김이 달라지면 주변과 상호작
용하는 관계들도 달라지는 것이며, 그러한 연합된 관계들이 달라지면
이를 통해서도 미묘한 달라짐들이 어느 순간 발생될 수 있다고 보는
것이다. 생명의 〈자기촉매〉 현상도 바로 그러한 경우에 속한다. 화학반
응에 있어 〈촉매〉는 반응속도의 증가 또는 감소와 관련되고 있다. 비록
그것이 작은 변화를 일으킨다고 하더라도 생명체에 있어서는 중요한
것이 될 수 있다. 또한 그것이 축적되어 어떤 〈임계점〉을 넘게 되면 이
전에 없던 새로운 성질이 급변하듯 출현할 수도 있는 것이다. 이러한
생명의 자기촉매적 성질은 오늘날 〈자기조직화〉$^{self-organization}$와 〈자가촉
매 연결망〉$^{autocatalytic\ network}$을 주장하는 복잡계 생물학자들의 주장에서

도 많이 엿볼 수 있다.23) 분명한 점은 화이트헤드가 보는 생명 현상은 주변 환경과의 유기적인 상호 작용의 복잡한 관계를 갖는 가운데서도 단순히 무기적 사회에 적용되는 기계적·물리적 법칙만을 따르지 않는 어떤 새로움의 가능성도 함께 창출해낼 만한 것으로 본다는 점이다. 그리하여 그는 〈살아 있는 세포〉에 대해 다음과 같이 정리해놓고 있다.

"살아 있는 세포에 관한 지금까지의 고찰을 간단히 요약하면 다음과 같다. 즉
ⅰ) 극도로 복잡하고 미묘하게 균형을 유지하는 화학적 구조,
ⅱ) 이러한 복잡complex 구조로부터 파생된 복잡한complex 객체적 여건이 세포 사이의 〈빈〉empty 공간에 있는 계기들을 위해서,
ⅲ) 독창성originality을 결여한 통상적인 〈호응적〉responsive 처리 하에서, 부정적 포착에 의해 물리적 단순성으로 환원되는 복잡한 세부사항,
ⅳ) 개념적 느낌(욕구)의 독창성으로 산출된 정서적 및 목적적 재조정에 따라 긍정적 느낌을 위해 보존된 이 복잡한 세부사항,
ⅴ) 구조의 불안정성으로 이어지는 장(場)의 물리적 왜곡,
ⅵ) 환경이 주는 영양물에 의해 회복되는 구조." (PR 106/238)

빈empty 공간이라고 하지만 여기에도 현실 계기들의 생성·소멸은 항상 일어나고 있는 중에 있다. 그것은 통상적으로 처리되는 물리적 영향을 받는 가운데 있으면서도 개념적 느낌이라는 욕구의 독창성에 따라 이전에 없던 새로움이 창출되는 영역이기도 한 것이다. 이로 인해서 그 구조가 다시 요동치기도 한다. 아마도 물질과학의 입장에서 관측상으로 발견하기가 힘든 부분은 ⅳ)번에 해당할 것이다. 세포가 개념적 느낌의

독창성에 의해 정서적이고 목적적인 재조정을 한다고 보는 관점은 한편으로 세포의 어떤 정신적 작용을 떠올리게 해주는 것이어서 마치 비과학적인 이상한 신비로만 치부될 수도 있지 않을까 생각된다. 그러나 장대한 우주의 진화과정에서 보면 결국 단순 유기체가 보다 복잡한 성격의 유기체로 진화해 온 주된 흐름을 보여 왔었다는 점에서 어떻게 그것이 가능한지 그 새로움의 출처와도 관련된 근본적인 설명도 함께 추구될 수밖에 없다. 진화하는 자연의 유기체들은 이전에 없던 새로움을 끊임없이 창출하는 그러한 작용을 하는 가운데 환경과의 상호 작용 속에서 어떤 준안정성^{metastability}의 구조를 갖추려는 점도 있는 것이다.

〈생명〉은 빈 공간 또는 세포의 틈새 그리고 뇌의 틈새에 잠재한다!

화이트헤드의 생명 이해와 관련해 한 가지 흥미로운 대목은, 그러한 생명이 발현되는 곳이 다름 아닌 〈빈 공간〉$^{empty\ space}$ 또는 세포의 〈틈새〉^{interstices} 혹은 뇌의 〈틈새〉라고 언급한 부분이다. 즉, 정신적 독창성의 섬광을 발휘하는 생명의 특성은 어떤 사물에 의해 점유된 공간의 특성에서 찾을 수 없고 오히려 〈빈 공간〉에 해당하는 〈세포들의 틈새〉 또는 〈뇌의 틈새〉 속에서 찾을 수 있다고 본 것이다.

> "생명이란 〈빈 공간〉의 특성이지, 어떤 입자적 사회에 의해 〈점유된〉^{occupied} 공간의 특성이 아니라는 것이다. 살아 있는 계기들의 결합체에는 어떤 분명한 사회적 결함^{deficiency} 같은 것이 있다. <u>생명은 하나하나의 살아 있는 세포의 틈새에, 또는 뇌의 틈새에 잠재해 있다.</u>" (PR 105-106/236-237)

우리는 정신의 특성이 어떤 물리적인 공간의 성격을 갖지 않는다는 점은 어느 정도 짐작해볼 수 있다. 그러나 화이트헤드에게서는 물질성과 전적으로 무관한 성격을 갖는 그런 정신적 경험이란 없다. 따라서 우리가 이 지점에서 유의할 점은, 세계 안의 모든 빈 공간과 틈새를 동일한 것으로 상정해선 안 된다는 점이다. 예컨대, 〈바위의 틈새〉와 〈세포의 틈새〉는 같은 틈새라고 해도 같다고만 볼 수 없다. 즉, 서로 유사한 것처럼 보이는 〈빈 공간〉이라고 해도 그 속에서 창출될 수 있는 가능성들은 분명하게 다른 차이를 갖는다는 사실이다. 이 차이가 나타나는 이유는 그 틈새가 자리하는 그 〈여건〉이 다르다는 점에 기인한다. 바위처럼 〈물리적 목적〉이 지배적인 그런 여건 하에서는 그것이 창출할 수 있는 새로움의 가능성들 역시 매우 제한적일 수밖에 없잖은가. 바로 그렇기 때문에 우리는 〈바위의 틈새〉에서 곧바로 〈정신의 독창성〉을 구할 수 없다고 보는 것이다.

화이트헤드가 보는 생명의 일차적인 의미가 〈개념적인 새로움〉의 창출에 있다고 본 것에는 그것이 갖는 비공간적 성격도 있기에 어느 정도 물리적 여건 하에서도 자유로울 수 있음을 암시하고 있는 것이지만, 그렇다고 해서 전적으로 그때까지의 물리적 조건들과 무관할 정도로 그 제약을 온전히 벗어나 있다는 뜻은 아니다. 단지 적절한 환경적 여건이 갖춰질 경우 그러한 〈빈 공간〉 혹은 〈틈새들〉에서 〈정신의 자발성〉이 발현될 순 있다고 보는 것뿐이다. 앞서 말했듯이, 화이트헤드가 보는 생명의 1차적인 의미가 〈개념적 역전의 범주〉에 따라 창출되는 〈개념적인 새로움〉이라는 이 강조는, 그러한 새로움이 그때까지의 물리적 요소들 안에서만 찾을 수 없다는 사실을 일관되게 말해주는 것에 해당한다. 기존의 물리적 요소들에 대한 반작용으로서의 생명 작용은 결국 〈틈새〉에서 나오고 있다. 동물의 신체의 경우에는 특히 〈뇌의 틈새〉가 될 것이다. 인간 생물 종의 신체는 그 머릿속에서 온갖 새로운 아이디어들을 계속적으로 쏟아내고 있다. 때때로 그것은 그때까지의 세계 역사를 뒤바꿔놓는 매우 혁신적이고 창의적인 아이디어가 되기도 했었다. 새로움의 <창발>은 바로 그러한 <틈새들>로부터 출현하고 있는 것이다.

나의 철학에서는 <생명>이란 개념적 역전의 범주에 따라 도입된 새로움을 의미합니다. <생명>은 자극에 대한 단순 반응을 넘어 그 반작용이 갖는 <독창성>을 위한 명칭인 것이지 <전통>을 위한 것이 아닙니다.

살아 있는 인격

그런데 화이트헤드의 생명 이해와 관련해서 볼 때, 어떤 정신적 독창성 또는 생명의 특성이라고 할 만한 정신의 자발성을 놓고 마치 이것이 물리적 경험과 동떨어진 어떤 별개의 정신성으로 간주해서도 곤란한 것이다. 화이트헤드 철학은 근본적으로 물질성과 정신성의 요소를 기본적으로 함께 지닌다. 여기서 그가 보는 정신의 작용이란 공간적인 물리적 경험에 대한 반작용^{reaction}이자 그것과의 통합^{integration}이면서도 비공간적인$^{non-spatial}$ 것을 의미한 것이다.

"물리적·정신적 측면을 경험의 통일로 통합하는 것은 합생의 과정인 자기형성self-formation이며, 이 작용은 객체적 불멸성의 원리에 따라 그것을 넘어서는 창조성을 특징지어 간다. 따라서 <u>정신성은 비공간적이긴 하지만 언제나 공간적인 물리적 경험으로부터의 반작용이며 그것과의 통합이다. 분명히 우리는 이런 현실태들을 통솔하는presiding 별개의 정신성(모든 미국 시민 위에 있는 엉클 샘[역주: 전형적인 미국 사람] 같은 것)을 요구해서는 안 된다.</u>" (PR 108/241)

따라서 기본적으로는 매순간순간 합생이 갖는 물리적 경험과 정신적 경험의 통합이 일어나고 있는 가운데 어떤 정신의 인격이 창출된다고 보는 것이다. 그렇기에 그것은 또 다른 별개의 정신성이 아니다. 그것은 적어도 생성 소멸하는 현실 계기들의 작용에서 나온 것이며, 그것의 창조적 과정들에 철저히 기반되고 있는 가운데 계속적으로 형성되는, 어떤 경로로 볼 수 있는 〈사건의 줄기〉인 것이다. 화이트헤드는 이것이 동물 신체에 있어서 어떤 역사적 경로를 갖는 인격적 질서의 줄기를 형성할 경우 〈살아 있는 인격〉living person이 되는 것으로 보고 있다.

"살아 있는 결합체는 비록 그 〈생명〉 때문에 비사회적이라 하더라도, 그 성원들의 어떤 역사적 경로에 따르는 인격적 질서의 줄기를 뒷받침할 수 있을 것이다. 이렇게 존속하는 존재는 〈살아 있는 인격〉이다. 살아 있는 인격이라는 것은 생명의 본질에 속하지 않는다. 사실상 살아 있는 인격은 그 직접적인 환경이 살아 있는 비사회적 결합체일 것을 요구하고 있다." (PR 107/238-239)

여기서 화이트헤드가 말하는 〈살아 있는 인격〉에 대한 정의가 나온다. 살아 있는 결합체에 의해 지원되고 있는 인격적 질서의 줄기, 바로 그러한 방식으로 존속하는 존재를 〈살아 있는 인격〉으로 본 것이다. 다만 이 글에서 유의할 점은 살아 있는 인격 자체가 생명의 본질은 아니라고 언급한 대목이다. 화이트헤드가 보는 생명의 본성은 여러 계기들의 (비록 그 계기들이 그 사회의 한정 특성 덕분에 살아있긴 해도) 어떤 〈사회〉와 동일시하는 데서는 발견할 수 없다고 분명하게 밝혀놓고 있다 (PR 106-107/238). 거듭 강조되는 얘기지만, 화이트헤드가 보는 생명의 의미는 철저히 기존의 사회적 질서에 안주하지 않는 새로움을 추구하고 확장하는 데에 있는 것이다. 단지 살아 있는 인격이 자리하려면 그 직접적인 환경에 있어선 살아 있는 결합체, 즉 비사회적 결합체여야 한다고 보고 있다. 앞서 말했듯이 〈살아 있다〉는 건 질서를 갖는 〈사회〉뿐만 아니라 질서를 갖지 않는 〈결합체〉를 필히 함께 포함하지 않으면 안 되는 것이다.

"어떤 통합적인 살아 있는 사회는, 우리가 아는 바와 같이 보조적인 무기적 장치inorganic apparatus를 포함하고 있을 뿐만 아니라, 다수의 살아 있는 결합체들을 —각 〈세포〉에 있어서는 적어도 하나의 살아 있는 결합체를— 포함하고 있다는 것을 잊어서는 안 된다." (PR 103/232)

하지만 이렇게 〈살아 있는 생명체〉라고 해서 곧바로 그것이 〈살아 있는 인격〉을 지닌 것으로 간주되진 않는다. 화이트헤드는 〈살아 있는 인격〉이 고등한 동물 생명체에서나 볼 수 있는 매우 특별한 사건으로 보고 있다. 즉, 살아 있는 생명체들 중에서도 다시 또 새롭게 형성되는

제10장 자연의 계층구조: 결합체와 여러 사회들

파생적인 특별한 사건이 좀 더 고등한 동물 생명체 가운데서 일어난다는 것이다. 이때 말하는 〈살아 있는 인격〉은 앞서 말한 〈존속하는 객체〉로서의 단순한 인격 개념이 아니라 훨씬 더 복잡한 형성 작용을 갖는 가운데 일어나는 것이다. 화이트헤드에 따르면, 이 〈살아 있는 인격〉이 갖는 한정 특성은 그 현존의 계기에서 계기로 전달되는, 특정 유형의 〈혼성적 포착들〉hybrid prehensions이라고 얘기한다(PR 107/239). 〈혼성적 포착〉이란 우리가 앞서 살펴본 바 있듯이, 개념적 포착에 의해서 객체화된 선행 계기를 그 여건으로 갖는 물리적 포착이라는 점에서 〈순수한 물리적 포착〉과 달리 〈혼성적인 물리적 포착〉에는 정신적 느낌의 전달이 있는 것이다(PR 308/592). 따라서 〈살아 있는 인격〉에는 계기들을 통한 정신적 느낌의 전달이 있다. 화이트헤드는 이 〈살아 있는 인격〉에 대한 실제적인 근거를 동물 생명체가 보여주고 있는 〈중추적인 지시작용〉central direction을 통해서 추정하고 있는 것이다.

"단세포, 식물, 그리고 하등 형태의 동물 생명체의 경우에는, 살아 있는 인격을 추정할 만한 근거가 우리에게 없다. 그러나 보다 고등 동물의 경우에 있어서는, 각 동물 신체가 살아 있는 인격 내지 인격들을 나름대로 품고 있다는 것을 시사하는 중추적인 지시 작용이 있다. 우리 자신의 자기의식self-consciousness은 그와 같은 인격으로서의 자기 자신에 대한 직접적인 자각인 것이다." (PR 107/239)

"신체 내의 모든 생명은 개별적인 세포들의 생명이다. 따라서 각 동물 신체 속에는 수백만 개의 생명 중추(中樞)가 들어 있는 것이다. 그래서 설명을 필요로 하는 점은 인격의 분열이 아니라 통일적인 제어$^{unifying\ control}$이며, 이것에 힘입어 우리는 타인이 관찰할 수 있는 통일된 행동을 갖게 될 뿐만 아니라, 통일된 경험에 대한 의식도 갖게 되는 것이다." (PR 108/241)

"일련의 동물들을 통해서 우리는 어떤 제어의 중추성$^{centrality\ of\ control}$을 향한 전진적인 상승 궤적(軌跡)을 추적해 볼 수 있다. 곤충은 어떤 중추적 제어 장치를 가지고 있다. 인간의 경우에도 많은 신체의 활동이 어느 정도 독립적으로 이루어지고 있지만, 두뇌^{brain} 속에 있는 극히 고도 단계의 성격을 지닌 중추적 제어 기관의 간섭을 받고 있다." (PR 108/242)

이와 같은 화이트헤드의 언급들은 아주 난해한 내용까진 아닐 것으로 본다. 여기서 화이트헤드는 우리의 신체가 무수한 세포들의 연합으로 이루어져 있다는 점에서 오히려 따져보면 인격의 분열이 훨씬 더 자연스러운 것일 수 있지만, 실제로 진화 과정에서 고등한 신체를 통해 드러나는 양상은 분열이 아니라 중추적인 지시작용을 보이는 〈통일적인 제어〉$^{unifying\ control}$라는 특징이야말로 훨씬 더 놀라운 자연의 사건으로 보고 있다. 바로 그렇기 때문에 만약에 신체적 활동에서 나타나는 이 〈통일적인 제어〉가 없다면 당연히 타인이 관찰할 수 있는 〈통일된 행동〉$^{unified\ behaviour}$ 역시 나올 수 없을 것이다. 따라서 오늘날 병리적인 것으로 여겨지는 인격의 분열 양상은 어떤 면에서 퇴행에 더 가까운 것이며, 실제적인 문명사회에선 이 〈통일적인 제어〉를 드러내는 〈살아 있는 인격〉을 통해 타자와 조화된 실생활을 영위해가는 것으로 볼 수 있겠다. 알다시피 문명사회의 법을 준수하거나 법을 집행하려면 우선은 이러한 인격적 삶에 기반되지 않으면 안 된다. 우리는 자신의 지갑 속에 있는 주민등록증에 표시된 인물과 그 자신이 동일한 존재임을 함께 인정하고서 살아간다. 이 같은 통일적인 제어와 행동 양상이 없다면 분열과 혼란들이 난무할 것이다.

또한 고등 동물 뿐만 아니라 우리 인간의 경우는 현대의 뇌과학에서도 확인해주듯이 이 〈제어의 중추성〉이 신체의 여러 기관들 중에서도 특히 두뇌^{brain} 속에서 일어나고 있다는 사실도 부인할 수 없다. 화이트헤드는 〈통솔하는 인격성〉$^{presiding\ personality}$의 산출이 우리의 뇌에서 일어나는 사건임을 명시적으로 언급해놓고 있다.

"두뇌는 계승의 독특한 풍부성을, 때로는 이 부분에 의해, 또 때로는 저 부분에 의해 향유할 수 있도록 조정되어 있다. 이렇게 해서 이 특정 순간에 신체 내에 통솔적인 인격성이 산출된다. 그 신체의 정교한 조직화^{organization}의 덕택으로 거기에는 되돌아오는^{returned} 영향력이 있게 된다." (PR 109/242)

"동물 신체 내에 만일 통솔하는^{presiding} 하나의 계기가 있다면, 그것은 다수의 존속하는 객체들이 이루는 복잡한 구조의 궁극적인 결절점$^{結節點,\ node}$ 내지 교차점^{intersection}이다. 그러한 구조가 인간의 신체에는 충만해 있다. … (중략) … 또한 통솔적인 계기로부터 통솔적인 계기로의 계승에 의해 형성된 존속하는 객체가 있다. 이러한 정신의 존속은 신체가 구성되는 보편적 원리에 있어 또 하나의 실례에 지나지 않는다. <u>통솔적인 계기들의 이러한 경로는 틀림없이, 물리적인 물질적 원자들과 분리되어 뇌^{brain}의 부분에서 부분으로 굽이쳐 흐르고 있을 것이다.</u> 하지만 중추적인 인격의 지배는 단지 부분적일 뿐이며, 병리적인 경우에 있어서는

소멸되는 경향마저 있는 것이다." (PR 109/243)

여기서 말하는 〈통솔적인 계기〉는 앞서 말한 〈제어의 중추성〉에 있어서도 가장 핵심을 담당한 계기라고 볼 수 있겠다. 그리고 이것은 신체 내의 무수한 존속하는 객체들의 복잡한 구조로부터 파생된 궁극적인 결절점 또는 교차점으로 보고 있다. 그런데 여기서 끝이 아니라 그러한 통솔적인 계기 역시 매순간 생성 소멸하는 가운데 있기에 그 통솔적인 계기들의 계승에 의해 형성되는 〈존속하는 객체〉가 있다고 화이트헤드는 말한다. 신체의 정교한 조직화를 통한 정신의 존속은 그러한 방식으로 유지된다고 보는 것이다.

여기서 이 통솔적인 계기들의 경로가 물리적인 물질적 원자들과 분리되어 뇌의 부분에서 부분으로 굽이쳐 흐른다고 본 것에 있어서는 어느 정도 설명이 필요한 것으로 보인다. 우선 뇌의 부분에서 부분으로 돌아다니는 이 흐름 자체는 살아 있는 인격에 전제된 비사회적 결합체에 해당한다.[24] 이 경로 자체는 순수하게 시간적인 결합체인 것이며, 따라서 비공간적 성격을 갖는다. 〈살아 있는 인격〉은 바로 이 결합체와 결부되어 있는 가운데 형성되는 인격적 질서의 줄기인 것이다. 또한 물리적인 물질적 원자들과 분리되어 뇌의 부분에서 부분으로 돌아다닌다는 점도 앞서 말한 비공간적 성격을 갖는 정신의 작용을 상기하면 될 것으로 본다. 즉, 신체의 뇌 속에서 일어난다고 보는 정신의 작용은 공간적인 물리적 경험에 대한 반작용^{reaction}이자 그것과의 통합^{integration}이면서도 비공간적인$^{non\text{-}spatial}$ 것의 성격을 띤다는 점이다. 물론 그러한 가운데 〈살아 있는 인격〉이 갖는 한정 특성으로서의 정신적 느낌의 전달이 이어지고 있다는 얘기다. 그리고 이 정신적 느낌의 전달은 앞서 말한 〈혼성적인 포착들〉$^{hybrid\ prehensions}$에 기인한다는 것이다.

화이트헤드는, 살아 있는 계기와 살아 있지 않은 계기 사이에 예리하지는 않지만 다소간의 차이가 있는 것과 꼭 마찬가지로 원자적인 물질적^{material} 신체인 존속하는 객체와 그렇지 않은 존속하는 객체 사이에도 다소간의 차이가 있다면서, 존속하는 객체를 가리켜 물질^{matter}의 전이로 볼 것인가 특성^{character}의 전이로 볼 것인가 하는 물음은, 바로 다양한 성질들 사이에 어떻게 선을 긋느냐 하는 <언어상의 문제>일 수 있다고 말한다(PR 109/242-243). 모든 현실 계기들이 기본적으로는 <물리적인 극>과 <정신적인 극>을 지니긴 했지만, 바위를 구성하는 계기들과 신체 안의 뇌에 있어 지성적 느낌을 발생시키는 계기들 간의 특질적인 차이를 엿볼 수 있는 것처럼, 화이트헤드는 현실 계기들로 형성된 <존속하는 객체들> 사이에서도 그 여건에 따라 다소간의 차이들이 있을 수 있다고 보는 것이다.

● <살아있는 인격>을 갖는 생명체의 특성
     – 중추적인 지시작용을 보여주는 어떤 통일적인 제어가 가능

살아 있는 인격과 <새로움의 기관>

무기물의 사회에서는 압도적인 물질성이 관찰되고 있듯이, 유기적인 고등 신체에서는 정신의 작용이 적어도 하등 생명체보다는 더 뚜렷한 차이를 보이는 그런 우세함이 관찰되는 것도 앞서 말한 그 같은 맥락에서 이해해볼 수 있다. 따라서 <살아 있는 인격>을 구성하는 존속하는 객체들은 고도의 계기들에 의해 매우 정교하게 조정되고 있는 사건의 줄기인 것이다. 화이트헤드는 이러한 자신의 견해가 <신체를 고무시키

는 정신〉the mind as informing the body이라는 토마스 아퀴나스Thomas Aquinas의 스콜라적 견해와는 매우 다른 것이라는 점도 분명하게 함께 밝혀놓는다 (PR 108/242). 적어도 화이트헤드에게선 물질적인 하위 단계의 사회의 작용이 없다면 결국은 고차적인 정신의 작용 역시 결코 일어날 수 없다고 보는 것이다. 원자 없는 분자가 있을 수 없고, 분자 없는 세포가 있을 수 없으며, 세포 없는 동식물이 있을 수 없듯이 진화하는 자연의 계층구조는 이처럼 하위 단계를 포함하면서 상위 단계로 계속 초월해 가고 있는 것이다. 그러한 가운데 보다 고차적인 현실 계기들의 작용을 통한 조정으로 생명의 특성이 보다 더 뚜렷하게 관찰되는 방향으로 나아간다고 볼 수 있다. 즉, 우리는 고등 생명체로 갈수록 목적론적으로 〈새로움〉을 도입하는 활동들을 보다 더 명시적으로 엿볼 수 있는 것이다.

소립자 < 원자 < 분자 < 무기물 < 세포 < 동식물 < 인간 < ?

물질성의 영향이 지배적으로 관찰됨	기본적으로는 모두 물질성+정신성의 존재들	정신성의 영향도 지배적으로 관찰됨

그리하여 화이트헤드는 〈생생한 독창성〉vivid originality이 발현되는 〈새로움의 기관〉organ of novelty이 우리의 신체 속에 자리하고 있음을 주장한다.

"계기들의 최종적인 지각 경로는 아마도 뇌의 틈새에 있는 〈빈〉 공간을 돌아다니는 어떤 사건들의 줄기thread of happenings일 것이다. 그것은 수고도 하지 않고, 길쌈도 하지 않는다. 그것은 과거로부터 받아들인다. 그것은 현재에 산다. 그것은 호감adversion과 반감

aversion이라는 내밀한 느낌의 강도들^{intensities}에 의해서 흔들린다. 결국 이 신체적 생명의 정점^{culmination}은 신체의 여러 통로를 거쳐서 새로움의 요소로서 전달된다. 신체에 대한 그것의 유일한 효용은 생생한 독창성이다. 그것은 새로움의 기관인 것이다." (PR 339/642)

이 〈새로움의 기관〉이 뇌의 틈새 가운데서 형성되고 있는 점은 그의 체계에서 볼 때 분명해 보이지만 이것이 과연 무엇을 말한 것인지는 여전히 모호할 수 있다. 적어도 이것이 현재를 초월한 새로움을 낳는 〈정신적 경험〉$^{Mental\ experience}$에 속한다는 점은 분명해 보인다(FR 33). [*어쩌면 오늘날 인지과학이나 신경철학에서 말하는 〈감각질〉^{Qualia}의 가능성을 보다 궁극적인 형이상학의 지평에서 화이트헤드식으로 뒷받침해놓은 것인지도 모른다. 물론 이는 필자의 생각에 불과하다. 사실 〈감각질〉이 무엇인지조차 해당 연구 분야 안에서도 이런저런 논란들이 많은 실정이다. 단지 대략적으로만 소개해본다면, 감각을 통해 느끼는 경험 주체자의 〈내밀한 질적 느낌〉을 뜻한다고 볼 수 있겠다. 여기에는 기분, 심상 등 이러한 것들이 포함될 수도 있지만, 적어도 이것은 사적인 내밀한 주체자의 느낌을 생산하는 것에 속한다. 적어도 그것은 1인칭적이며 주관적인 것이다. 그 점에서 이것은 〈새로움의 기관〉이 생생한 독창성으로 생산해내고 있는 신체적 생명의 정점이 아닌가 한다. 필자는 이 〈새로움의 기관〉을 〈몸-얼〉로 간주하고 있다. 〈얼〉이라는 우리말은 〈정신의 줏대〉를 뜻하는 용어다. 그래서 〈몸얼〉이라고 부른다. 하지만 필자의 이 같은 언급은 이해를 돕기 위해 하나의 시도에 불과한 방편적인 참조 그 이상은 못 된다는 점도 말씀드린다.]

어쨌든 신체 내의 생생한 독창성의 경험이 일어나는 이 〈새로움의 기관〉은 적어도 신체의 작용에 의한 고도로 정교한 질서를 함께 뒷받침으로 수반하지 않을 경우 불가능할 것이다. 바로 이 지점에서 〈살아 있는 인격〉은 개념적 새로움의 창출에 있어서도 보다 정리된 정신적 느낌의 전달과 존속을 도맡고 있다고 볼 수 있다. 앞서 말했듯이 그것은 살아 있는 인격의 한정 특성인 어떤 특정한 유형의 〈혼성적 포착〉을 통한 것이다. 화이트헤드에 따르면 이 정신적 느낌의 전달을 통해 그 살아 있는 계기의 정신적 독창성은 어떤 성격과 깊이를 받아들이게 되고, 이런 방식으로 정신적 독창성은 〈방향이 설정되고〉^{canalize} 또 〈강화된다〉^{intensified}는 것이다(PR 107/239).

"이 〈방향 설정〉^{canalization}을 떠난다면, 독창성의 깊이는 그 동물 신체에게 있어 재난을 의미하게 될 것이다. 그와 같은 방향 설정이 있을 때 인격적 정신성은 전개되어, 자신이 의존하고 있는 물질적 유기체의 안정성과 자신의 개체적 독자성을 결합시킬 수 있게 된다. 이렇게 하여 생명은 사회로 되돌아오게 된다. 그것은 독창성을 여러 한계 안에 구속하며, 성격의 반복에서 오는 견실성堅實性, massiveness을 획득한다." (PR 107/239)

따라서 〈살아 있는 인격〉은 〈새로움의 기관〉에 있어 그 방향 설정과 강화를 위해서도 중요한 것이며, 유기체의 안정성과 개체적 독자성을 결합시키는 데 있어서도 중요한 역할을 담당한다고 볼 수 있다. 그럼으로써 생명은 사회로 되돌아온다는 것이다.

〈살아 있는 인격〉으로서의 〈영혼〉에 대한 문제

그런데 화이트헤드가 말한 이 〈살아 있는 인격〉은 생명의 본질에는 속하지 않지만, 전통적으로 보면 〈영혼〉soul의 개념에 상응하는 것에 해당한다. 그러나 화이트헤드는 그 자신의 생명 이해와 관련해 어떤 불변으로 존속하는 영혼 개념에 대해서만큼은 회의적이거나 거부하는 입장이라고 볼 수 있다.

"생명이란 자유를 얻으려는 노력이다. 존속하는 존재는 그것의 모든 계기들 하나하나를 그 계통의 노선과 결부시킨다. <u>영속하는 특성을 지니는 존속하는 영혼을 주장하는 학설은 생명이 제기하는 물음에 대해 전적으로 부적절한 답변이다.</u>" (PR 104/234)

여기선 영속하는 특성을 지닌 존속하는 영혼 개념에 대해선 생명이 제기하는 문제와 관련해 부적절한 답변이라고 표명했었지만, 그럼에도 이것이 화이트헤드가 〈영혼〉의 존재 가능성 자체를 완전히 부정하거나 거부한 것만은 아니라고 봐야할 것 같다. 사실 화이트헤드는 PR 이전에 출간된 『만들어가는 종교』*Religion in the Making*(1926년)를 집필할 당시에도 이 문제와 관련된 언급을 한 바가 있었다.

"이 형이상학적 이론에서는, 순수하게 영적(靈的)인 존재들에 대한 믿음은 물질적 경로들과의 연합 정도는 무시해도 좋거나, 또는 전혀 부재한, 그와 같은 정신성의 경로가 있다는 점을 의미한다. 현 시점에서의 정통적인 믿음은, 모든 사람에게는 죽음 후에 그러한 경로들이 있으나, 모든 동물에게는 죽음 후에 그러한 경로들이 없다는 것이다.

또한 <u>현재 일반적으로는, 순수하게 영적인</u>spiritual <u>존재란 필연적으</u>

> 로 불멸하는 것이라고 주장되고 있다. 여기서 진전된 학설은 그러한 믿음에 대해선 아무런 보증을 주지 못한다. 불멸성에 대한 문제에서나 혹은 신 이외의 순수한 영적인 존재들의 실재에 대해서도 전적으로 중립적이라 할 수 있다.
>
> 그러한 문제가 종교적인 것이든 다른 것이든 신뢰할 만한 것으로 제공된 것이라면 보다 특수한 증거에 의해 결정되지 말아야 할 이유는 없다. 이 강의에서 우리는 단지 인류 전체에 걸쳐서 폭넓은 범위를 지닌 증거를 생각하고 있을 뿐이다. 그런 증거가 체계적 이론을 산출할 때까지는, 특수한 증거라도 그 효력에서는 무기한으로 약화된다." (RM 110-111)

이와 같은 화이트헤드의 언급은 상당히 조심스러운 탐색의 발언으로도 여겨지지만 그는 여기서 어느 정도 중립적인 입장임을 표명하고 있다. 그런데 이후의 화이트헤드는 『관념의 모험』 *Adventure of Ideas* (1933년)에서는 (그동안에 어떤 심경의 변화 같은 게 있었는지는 모르겠지만) 그 자신의 생각을 조금은 더 발전시켜서 다시 또 다음과 같은 흥미로운 진술을 언급한 바 있다.

> "한 인간에 있어, 살아 있는 신체는 정신성과 관련하여, 낮은 등급의 계기들의 살아 있는 사회들에 의해 침투되어 있다. 그러나 그 전체는 높은 등급의 계기들이라는 하나의 인격적인 살아 있는 사회를 지원하도록 조정된 것이다. 이 인격적 사회personal society가 하나의 인격person으로서 정의된 인간이다. 그것은 플라톤이 말했던 영혼soul이다.

이 영혼이 신체를 넘어서 얼마만큼 그것이 존재하기 위한 어떤 지원을 발견하느냐 하는 것은 또 다른 문제이다. 어떤 의미에선 비시간적이며, 또 다른 의미에선 시간적인 신의 영속적인 본성 everlasting nature은 이 영혼과 특이하게 상호 내재의 강력한 관계를 확립할 수 있다. 그러므로 어떤 중요한 의미에서, 영혼의 존재는 그 신체적인 조직화에 대한 완전한 의존성으로부터 자유로울 수도 있는 것이다." (AI 208)

이 같은 언급은 어떤 면에서 앞서의 영혼 진술과 모순되는 것처럼 보일 수도 있겠지만, 좀 더 세밀하게 들여다보면 화이트헤드는 불변으로 존속하는 그런 영혼 개념에 대해선 부정적인 쪽이되 그 자신이 제안하고 있는 신 존재와 관련해선 그 같은 신의 본성과 상호 내재의 관계를 맺는 영혼 개념에 대해서만큼은 모종의 가능성을 열어놓고 있는 것이다. 어쩌면 화이트헤드의 영혼 개념은 기존에 우리가 알고 있는 〈불멸의 영혼〉immortal soul 개념이 아닌 한시적인 수명을 갖는 〈절멸의 영혼〉mortal soul 개념일 여지도 많다. 왜냐하면 앞서 언급했듯이 〈사회〉는 한시적인 역사성을 갖는다고 보기 때문이다. 다만 자연의 계층성이 갖는 〈강도〉intensity의 실현 측면에서 볼 때 화이트헤드가 말하는 영혼 개념은 그때까지의 누적된 진화의 성과들을 포함하면서도 초월하는 특성으로 마련될 수 있는 것이지 어떤 선재해 있는 순수한 정신적 존재로서의 영혼 개념으로 보기엔 힘들 것으로 생각된다. 요컨대 우리가 영혼 존재의 가능성을 인정하더라도 그러한 영혼 개념이 꼭 과거의 전통적인 영혼 개념처럼 영원불멸의 존재로만 봐야 할 그런 필연적 이유 같은 건 없을 것이다.

또한 화이트헤드의 영혼 이해는, 동물 역시 〈살아 있는 인격성〉을 갖추고 있다는 점에서 봤을 때 인간만이 아니라 동물도 얼마간은 (물론 정도의 차이 문제는 있을지라도) 영혼을 지닌 존재로 보고 있다(AI 208). 따라서 여러 영혼들 사이에도 그 차이와 중요성에 따라서도 등급이 있을 수 있다고 보는 것이다. 심지어 하나의 신체가 갖는 전체 생애 안에서도 보면 그러한 차이의 영혼들을 경험하는 것으로도 볼 수 있다.

우리는 신체의 발육과 정신적인 학습 발달을 수행하고 있는 가운데 성장하고 있다. 그러나 나이를 먹더라도 반드시 정신의 성장 성숙이 동반되는 것은 아니다. 생활 속에서도 우리는 전혀 무지하다가 인식을 갖기도 하고, 잠을 자고 있기도 하며, 깨어 있어도 의식을 놓고 살기도 한다. 하지만 때로는 각박한 전체 삶의 현실에 빛을 던져줄 만한 고양된 정신의 목적을 실현하고자 노력하기도 한다. 어떤 영혼은 신체적 생존에 골몰하도록 이끌 수도 있겠지만 그렇지 않고 보다 고양된 정신적 상승을 추구하는 영혼의 경우도 얼마든지 있는 것이다. 근본적인 신체적 생존의 현실에서 보게 되면 오히려 우리의 영혼을 살찌우는 관심거리들은 매우 사소한 것들로 여겨질 수도 있다.

> "인간 영혼의 중추적 유기체는 주로 인간 현존의 사소한 것들에 관심이 있다. 그것은 근본적인 신체 기능들의 활동에 쉽사리 숙고하지 않는다. 그것은 식물성 음식을 신체가 소화하는 일에 주의를 기울이는 대신에 떨어지는 낙엽에 반짝이는 햇살을 부여잡는다. 그것은 시적 감동을 북돋운다(It nurtures poetry)." (MT 30)

물론 동물뿐만 아니라 대부분의 인간 삶이 보여주고 있는 중추적 영혼의 모습은 아무래도 먹고 사는 생존에 골몰하는 점을 도외시할 수 없다. 그러한 가운데 추구하는 집단의 가치를 자신과 일치시키는 경우가 있는가 하면 개인과 가족의 가치에 헌신하는 경우도 있고, 자유로운 개인들 간의 공동체적 가치를 존재의 목적으로 추구하는 경우도 있을 수 있다. 유명한 로렌스 콜버그$^{Lawrence\ Kohlberg}$의 〈도덕 발달 단계〉$^{stages\ of\ moral\ development}$ 이론을 보면 무엇이 옳고 그른지에 대한 이해와 판단에 있어서도 여러 단계적 차이가 있다는 사실, 그리하여 여기에는 보편윤리를 성취하는 가장 높은 수준의 단계가 있다는 점도 명시해놓고 있다.25) 물론 세부적 사항들에 대한 쟁점은 있더라도 적어도 발달적 차이를 보인다는 점만큼은 분명해 보인다. 필자가 보기에도 영혼의 발달이 삶[생명]의 가치를 보다 고양된 수준으로 끌어올리는 점과도 밀접한 관련이 있다고 생각된다. 실제 인류사를 보더라도 일반인으로선 범접하기 힘들 정도의 매우 위대한 삶을 살다간 성인의 반열로 간주하는 그러한 몸삶의 경우도 분명하게 현존했었다. 이들 유기체의 위대한 생애에서 발견되는 중추적 영혼의 깊은 수준은 그때까지의 세계 안에 더할 나위 없는 문화적·정신적 풍요로움에 기여해주는 것으로 평가되고 있다. 이들의 삶이 맺어놓은 영혼의 열매는 거의 영속적 수준에 가깝다. 중추적 영혼이 이끄는 삶의 선택이 이기적 신체의 보신을 위한 선택으로 추동될 수도 있겠지만, 그렇지 않고 보다 많은 생명들을 살리는 고양된 방향의 보편 윤리를 지향하는 선택으로 나아갈 수도 있는 것이다.

그러나 위대한 성인들의 영혼이라고 하더라도 그 신체가 죽음을 경험한 이후에도 어떤 식으로 유지되고 있는지에 대해서는 현재로선 여전히 모호할 따름이며 단지 화이트헤드가 말한, 영속적인 신^{God}의 본성과 상호 내재의 강력한 관계를 맺는 가운데 존재할 수 있다는 정도만 언급해볼 수 있겠다. [*뒷장에서 보겠지만 이때 말하는 신의 본성은 천국의 기능을 하는 신의 〈결과적 본성〉$^{consequent\ nature}$으로 보인다.]

정신의 작용은 물리적 제약으로부터 얼마만큼이나 자유로울 수 있는가?

어찌되었든 이러한 양상의 여러 영혼들이 수준별 차이를 보일 수 있다고 해도, 신체적인 조직화에 대한 완전한 의존성으로부터 얼마간 자유로울 수 있는지는 여전히 의문일 수밖에 없다. 최근 트랜스휴먼 또는 포스트휴먼 담론에서는 〈마인드 업로딩〉(mind uploading, 인간의 정신[마음]을 컴퓨터와 같은 인공물에 전송하는 것)을 거론하기도 하는데 이것이 어떤 관련을 갖고 있는지는 아직 미지수며 여전히 논란들도 많다. 다만 이 문제는 〈탈신체화된 인격적 정신〉이 정말 가능한지를 논의한다는 점에서 어느 정도 관심해볼 수도 있을 것이다. 하지만 살아 있는 인격으로서의 영혼을 과연 usb에 담아낼 수가 있을까? 설령 현재의 인간 생물 종이 나중에 인공지능 기계와 생물체가 융합되는 이를테면 〈호모-옵티머스〉$^{homo-optimus}$ 같은 포스트휴먼의 방향으로 진화하더라도, 빅데이터든 메가데이터든 정보의 복제 전송과 〈살아 있는 인격〉의 현존 양상은 다르지 않은가 생각한다. 물론 이에 대해서도 많은 논의들이 있을 수 있다고 본다.

뿐만 아니라 영혼들 간에도 차이가 있고 또한 절대적 불멸로서 존속하는 영혼보다는 그 차이와 중요성의 등급에 따라 얼마간의 수명도 있다고 보는 필멸의 영혼 이론도 얼마든지 생각해볼 수 있다고 여겨진다. [*사실 화이트헤드 철학에서도 특히 〈영혼〉 개념에 있어선 그야말로 많은 상상의 나래를 펼칠 수밖에 없다. 따라서 여기에 필자의 상상력을 좀 더 부가해본다면, 영혼들이 수명을 갖는다고 하더라도 어쩌면 그 중에서도 가장 최대한의 수명을 누리는 영혼은, 바로 〈신〉이라는 비시간적인$^{non-temporal}$ 현실 존재가 이 세계에 대해 관계 맺고 있는 본성 안에서 그 수명을 유지하고 있다는 생각도 해봤었다. 최대한으로 살아 있는

제10장 자연의 계층구조: 결합체와 여러 사회들

인격으로서의 영혼은 세계의 모든 것들을 품어내면서도 현실 계기들의 자율적 결정들은 존중하기에 소란스런 세계와 함께 모험하는, 그러한 영속적인 영혼 중의 영혼(이때의 영혼이란 그 핵심 정수에 자리하는 단 하나의 현실 존재로서의 신의 본성)을 일컫는다는 것이다. 물론 이는 필자의 유추에 불과할 테지만, 다음 장에서 살펴볼 화이트헤드의 신 존재 역시 분명하게도 세계에 의존되어 있는 점 역시 없잖아 있기에 그러하다. 적어도 신의 본성의 한 측면에 있어선 세계가 없으면 신도 없고 신이 없으면 세계도 없다. 존 캅^{John B. Cobb}은 화이트헤드 철학에서의 영혼을 인간 생애의 역사를 이루는 모든 순간적인 계기들의 구성체인 사회로 보면서 하나의 개인에 하나의 영혼으로 설정하고 있다.26) 그러나 하나의 개인에서 출발은 할 수 있어도 그것이 언제까지나 하나의 개인 영혼으로만 계속해서 남아있게 되는지는 여전히 분명치 않다. 왜냐하면 존속하는 영혼들 간의 결합체도 얼마든지 상정해볼 수 있기 때문이다.]

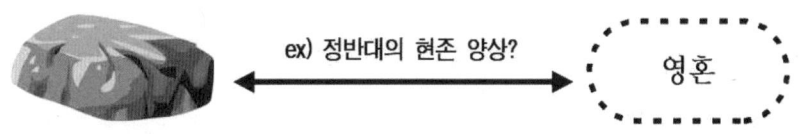

자연의 현존들 중에는, 무기적인 바위처럼 압도적인 물질성이 지배적이어서 정신성이 극히 희박한, 그래서 바위는 물질성만 있지 정신성을 아예 갖지 않는 것으로도 얘기되는, 그러한 물리적 양상의 현존이 있는가 하면, 어쩌면 그 반대로 압도적인 정신의 작용이 있고 물질성은 거의 희박하거나 없다고까지 볼 만한 경우의 또 다른 반대쪽 성격의 현존의

가능성도 있을 수 있다. 아마도 화이트헤드는 이러한 양상의 현존을 살아있는 인격에 해당하는 〈영혼〉으로, 이를테면 그것은 〈뇌의 틈새〉라는 빈 공간을 따라 흘러넘치는 것으로 보고 있는 것 같다. 적어도 화이트헤드에게서 정신의 작용은 물리적 경험에 대한 반작용^{reaction}이자 그것과의 통합^{integration}이면서도 비공간적인$^{non-spatial}$ 것을 의미한 것이기에 (PR 108/241) 어느 정도는 물리적 제약에서도 자유로운 현존이 가능하다고 본 점도 있어 보인다.

흥미롭게도 현대의 과학자들 중에는 뇌 작용의 〈의식〉^{consciousness}이 〈양자 물리학〉과 깊이 관련된다고 보는 입장들이 있다. 대표적으로는 이미 많이 알려져 있듯이 영국의 물리학자인 로저 펜로즈$^{Roger\ Penrose}$와 애리조나 대학의 마취과 의사로 알려진 스튜어트 해머로프$^{Stuart\ Hameroff}$가 제안한 〈양자-뇌 의식〉 가설이 그러하다. 이들은 우리의 뇌 속에는 양자 수준으로 저장되는 정보의 작용이 있고, 이것이 인간 세포의 구조적 구성 요소인 단백질 기반의 〈미세소관〉$^{micro-tubules}$을 중심으로 일어난다고 말한다. 더 놀라운 점은 사람의 신체가 물리적 사망을 보인다고 해도 그 체내의 양자 정보는 미세소관과 우주로 방출된다면서 이때 일시적으로 〈양자 얽힘〉$^{quantum\ entanglement}$을 통해 신체 외부에도 잠깐이나마 머물 수 있는 것으로 보는데—해머로프는 이를 〈양자 영혼〉$^{quantum\ soul}$으로 불렀다— 이 지점에서 만약에 신체가 다시 소생을 얻는 경우 그 양자 정보는 미세소관으로 되돌아가며 〈임사 체험〉$^{Near\text{-}Death\ experience}$을 불러일으킬 수도 있다고 한다.27) 임사 체험[=근사 체험]이란, 쉽게 말해서 죽었다가 살아온 체험을 일컫는 말이다. 만일 그들이 소생하지 못하고 사망하면 이 양자 정보는 결국 신체 외부에, 아마도 무한히 존재할 수도 있다고 보면서 연구자들은 그러한 의식의 작용을 우주의 본질적인 특징으로 보고 있다.28) 물론 이들의 주장은 현대 과학 진영 내에서도 상당한 논쟁에 있을 뿐만 아니라 반대하는 이들도 부지기수다. 그러나 적어도 미지의 발견을 위한 항해에 있어서는 아무 설명적 대안도 없이 무조건 회의적으로만 보거나 반대만 내세우기보다는 합리적 비판을 견지하면서도 가능한의 대안 설명들을 함께 추구해보는 것이 좀 더 나은 건설적인 방향이라고 여겨진다. 무엇보다 과학 이론의 경우는 과학자들의 다수결로 판가름되거나 결정되는 것도 아니어서 어차피 분명한 실험 검증의 절차를 통해 확정될 것이기에 적어도 미개척 진영에 있어선 다양한 실험적 가설들도 함께 계속 경주해볼 필요도 있는 것이다.

그렇다고 필자가 지금 펜로즈와 해머로프의 양자-뇌의식 가설이 화이트헤드의 영혼 개념을 지지하는 증거라고 말하려는 건 아니다. 하지만 놀랍게도 이를 화이트헤드 철학과 연관해서 보는 입장도 나와 있다. 흥미롭게도 물리학과 철학 분야를 넘나드는 영국의 과학철학자인 애브너 시모니$^{Abner\ Shimony}$는 펜로즈의 강연을 비평하는 자리에서 화이트헤드 철학이 펜로즈의 양자-뇌의식 견해를 아주 잘 지지해주는 것으로 주장한 바가 있었고, 이 비평 이후의 펜로즈도 해머로프와의 연구 논문에선 철학적으로 화이트헤드 이론이 자신들의 견해를 뒷받침해주는 것으로도 봤다.[29] 보다 세부적이고 전문적인 논의는 필자의 역량을 넘어선 것이기도 해서 여기선 단지 이런 몇몇 사례들에서도 확인되듯 여러 다양한 논의의 장들이 펼쳐지고 있다는 점만 상기해두면 될 것이다.

여하튼 화이트헤드가 말하는 영혼의 존재가 그 신체적 조직화에 대한 의존성으로부터 자유로울 수 있는 어떤 새로운 가능성까지도 열어놓고 있다고 해도 사실상 그 같은 화이트헤드의 진술들 역시 여전히 모호하고 사변적인 추상이라는 점도 분명해 보인다. 그렇기에 이러한 사변적 진술이 적어도 〈존재론적 원리〉라는 원칙을 벗어난다면 이는 분명 화이트헤드 자신이 근본적으로 의도하는 방향일 수 없다는 점도 명약관화한 얘기다. 우리는 여기서 화이트헤드의 영혼 이해가 그 자신의 생명 이해에 기반된 가운데 〈존재론적 원리〉를 벗어나지 않는 한에서 그 가능성을 탐색해본 나름의 생각 정도라는 점만 짚어두고자 한다.

개념적 새로움의 창출이라는 화이트헤드의 생명 이해와 살아 있는 인격에 대한 언급들은 이후에도 계속 논의해볼 만한 내용이라는 생각이 들어

그런데 화이트헤드의 영혼 이해도 전통적인 영혼 개념이 설령 아니라고 해도 여전히 그것이 무엇인지에 대해선 정말 모호한 것 같아

[정리-자연의 계층구조] 포개어지는 〈내포 위계〉로서의 계층구조

이제 화이트헤드가 보는 자연의 질서에 대한 계층구조를 전체적으로 살펴보도록 하자. 이것은 기본적으로는 진화하는 우주에 있어 무질서를 포함하는 〈결합체〉와 그로부터 형성된 특정 유형의 질서들 곧 〈한정특성〉을 갖는 다양한 〈사회들〉에 대한 내용이 될 것이다. 결국 화이트헤드는 우리 자신을 포함하는 우주시대의 구조를 검토해볼 경우, 여러 유형의 질서들이 겹겹이 층을 이루고 있다고 보았다(AI 199). 따라서 지금까지 언급된 자연의 질서로서의 계층구조를 대략적인 그림으로만 나타내볼 경우 각각의 질서들이 포개어지는 〈내포 위계〉nested hierarchy로서

그려볼 수 있을 것이다[그림 참조].

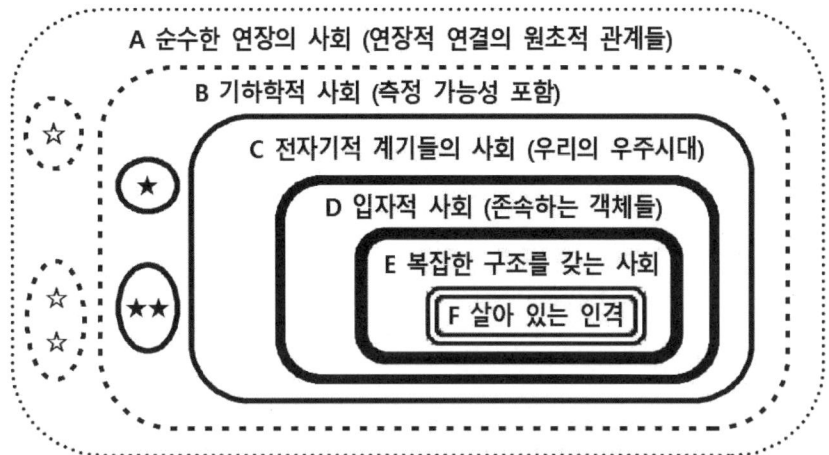

▲ 포개어지는 <내포 위계>로서의 자연의 구조 (☆, ★은 혹시 있을지도 모를 다른 여러 우주시대들도 가능할 수 있다는 점만을 표시한 것임)

이 <내포 위계> 그림은 앞서 도널드 셔번[D. W. Sherburne]이 권했었던 여러 개로 포개어지는 <차이니즈 박스>[chinese boxes] 이미지를 염두에 두고서 필자 나름대로 그려본 시도일 뿐이다. 이때 <자연의 계층구조>는 보다 특수한 사회들이 보다 넓은 사회들 속에 포함되어지는 <내포 위계적 구조>의 양상을 띤다는 것이다.

"자연에 관한 물리적 및 기하학적 이론에 내포되어 있는 물리적 관계들, 측정에 대한 기하학적 관계들, 차원의 관계들, 그리고 다양한 등급의 연장적 관계들은, 보급의 폭이 넓어지는 사회들의 계열로부터 파생된 것이며, 보다 특수한 사회들이 보다 넓은 사회들 속에 포함된 채로 존재한다, 이와 같은 상황이 자연의 물리

학 및 기하학적 질서를 구성하고 있다." (PR 92/213)

진화하는 이 우주는 무수한 원자들로 이루어진 세계지만, 그러한 가운데서 가장 기본적인 원초적 관계들인 〈순수한 연장의 사회〉가 우리의 우주시대를 넘어 모든 우주시대를 포괄하는 거대한 결합체의 〈한정특성〉으로서 자리한다. 화이트헤드는 이를 〈연장적 연속체〉로 개념화하면서 여기에는 매우 극소한 특성들만 갖는 것으로 보고 있다. 그럼으로써 원자론적인 〈다수성〉^{multiplicity}으로 표현되는 이 우주는 비로소 관계성의 〈연대성〉^{solidarity}을 구축한다는 것이다. 〈순수한 연장의 사회〉는 우리의 우주시대 뿐만 아니라 다른 여러 우주시대에도 공통적으로 적용되고 있는 가장 원초적인 질서의 형식에 다름 아니다. 〈기하학적 사회〉는 이보다 좀 더 특수한 관계들의 사회이며, 여기에는 직선에 대한 정의를 갖는 기하학적 특성들을 갖고 있기에 측정 가능성이 포함될 수 있다. 이 역시 우리의 우주시대마저 넘는 연장성의 사회로서의 자연의 질서로 간주된다. 따라서 우리에게 익숙한 4차원의 우주만이 아닌 다양한 차원들의 우주시대들 역시 화이트헤드의 형이상학적 도식에서도 얼마든지 가능한 것이다.

이제 〈전자기적 계기들의 사회〉에 이르러 비로소 우리의 우주시대에 적용되고 있는 보다 뚜렷한 자연의 법칙적 질서들을 찾아볼 수 있다. 물론 자연의 계층구조에서 보면 전자기적 계기들의 사회인 우리의 우주시대도 한시적인 것이고 언젠가는 마감될 수 있는 그러한 역사를 갖는다. 우리의 우주시대에는 여러 개의 〈존속하는 객체들〉로 분석될 수 있는 〈입자적 사회〉가 무기물의 단계에서부터 자리한다. 예컨대 탄소(C)는 〈입자적 사회〉에 해당한다. 그러면서도 이 자연은 그 진화 과정에서 〈탄소생명체〉라는 보다 복잡한 〈구조를 갖는 사회〉로 나아간다는 점 또한 보여주고 있다.

〈구조를 갖는 사회〉는 그 안에 〈종속적 사회〉와 〈종속적 결합체〉를 포함한다. 이때 고등한 동물의 신체는 보다 〈복잡한 구조를 갖는 사회〉이면서도 여기에는 중추적 제어로서의 〈살아 있는 인격〉의 작용까지 보여주고 있다. 이는 고도 단계의 현실 계기들의 유기적인 작용으로 인해 조정되고 있는 사회에 해당한다. 다만 〈전적으로 살아 있는〉 생명체는 〈사회〉라기보다 여전히 진화 중에 있는 〈결합체〉라고 할 수 있겠으며, 또한 영양물을 필요로 한다. 〈생명〉은 사회의 한정 특성이 아니기에 개념적 욕구의 새로움을 창출하는 그 〈독창성〉에 오히려 그 진의가 있는 것으로 화이트헤드는 보고 있다.

그리고 진화하는 〈자연의 계층구조〉를 표현한 〈내포 위계〉 그림에서도 짐작해보듯이 현재 우리의 우주시대 외의 〈다른 여러 우주시대〉가 있을 가능성들도 전혀 배제해선 안 될 것이다. 적어도 그 보다 더 연장된 〈기하학적 사회〉와 〈순수한 연장의 사회〉 안에는 다른 우주시대도 얼마든지 포함될 수 있다. 그렇기에 우리의 우주시대가 속한 〈기하학적 사회〉는 얼마든지 〈다른 우주시대〉를 포함하고 있을 수 있고, 또한 〈순수한 연장의 사회〉는 우리가 속하지 않은 〈다른 기하학적 사회〉를 포함하고 있을 수도 있는 것이다. 즉, 화이트헤드의 형이상학적 우주론에서는 다른 차원의 우주시대 역시 얼마든지 가능할 수 있다는 얘기이면서도, 우리의 우주가 〈순수한 연장의 사회〉에 포함 가능한 〈여러 우주시대들〉 중 매순간마다 시간화·공간화를 형성하며 살아남고 있는 그러한 자연의 우주일 수 있다는 얘기다. 마치 매순간마다 가능한 여러 우주시대들 중에서도 어떤 적자생존처럼 살아남고 있는 합생들의 자연세계랄까. 어쩌면 이것을 두고서 화이트헤드식의 〈다중우주〉$^{multi-verse}$ 버전이라고 볼 지도 모르겠다. 하지만 화이트헤드 철학에선 여러 우주들이 완전하게 절대적으로 분리되어 있는 것도 아니어서 솔직히 〈다중 우주〉라는 표현 역시 과연 적절한지는 여전히 의문도 든다. 왜냐하면 어떤 식으로든 〈연장적 연결〉로서는 전체가 관계되어 있기 때문이다. 결국 우리의 우주시대 입장에서 보면 매순간마다 가능한 다수의 우주들 속에서도 현재의 우리가 속한 하나의 우주로 부단히 창출되어지고 있는 게 아닌가 생각된다. 물론 가능한 다수의 우주들 중에는 때론 〈반물질〉이 지배적인 그 어떤 우주도 생겨날 수 있다. 하지만 분명한 점은, 현재의 우리가 속한 우주는 적어도 그러한 성격의 우주가 아니라는 점이다. 그럼에도 우리의 우주시대를 넘어서는 이 같은 논의들에 대해선 과연 얼마나 그러한지 혹은 얼마만큼의 〈다른 우주시대〉와 〈다른 기하학적 사회〉가 포함될 수 있다는 것인지는 현재로선 무척이나 가늠하기 힘들다. 어차피 이 문제의 해결은 과학상의 관측기술의 발달과도 함께 갈 수밖에 없다. 단지 화이트헤드의 형이상학이 그려본 〈자연의 계층구조〉에서는 그에 대한 가능성들도 함께 열어두고 있다는 점만은 간과하지 않았으면 한다.

제10장 자연의 계층구조: 결합체와 여러 사회들

[* 참고로 앞서 언급된 〈내포 위계〉라는 용어는 필자가 채택한 표현이지만, 이와 유사한 관점의 진술과 개념들은 이미 기존에도 많이 나와 있는 내용들이라는 점도 말씀드린다. 대표적으로 헝가리 출신의 작가이자 철학자며 물리학자였던 아서 케슬러$^{Arthur\ Koestler}$가 제안한 자연의 계층구조인 〈홀라키〉^{holarchy} 개념이 그러하다. 이 〈홀라키〉라는 이 용어는 전체(holos)와 부분(-on)을 함께 뜻하는 'holon(홀론)'과 그리고 '위계'를 의미하는 '-archy'의 합성어로 고안된 것인데, 자연의 존재가 '전체'이면서 '부분'이 되고 있는 홀론적 성격이 진화하는 자연의 모든 계층구조를 형성한다는 점을 담고 있다.30) 또한 이것은 저명한 물리학자인 리스몰린$^{Lee\ Smolin}$이 『우주의 생명』 *the Life of the Cosmos*에서도 언급했던 "자기조직화된 계의 차례로 포개어진 위계"라는 개념과도 주된 핵심 이해에선 크게 다르진 않다고 여겨진다.31) 물론 독자분들이 이러한 내용들까지 일일이 꼭 알아둬야 할 필요는 없다. 단지 화이트헤드가 보는 〈자연의 계층구조〉가 이 같은 〈내포 위계적 성격〉을 띤다는 점에 있어서는 그와 유사한 관점들 또한 현재로선 이미 나와 있다는 점도 함께 참조로서 말씀드리는 것이다.]

생성·소멸하는 현실 계기들로 인해 형성되는 〈시간 경험의 우주〉

이제 우리는 여기서 한 번 더 회전시켜 볼 필요가 있다. 왜냐하면 매 순간마다 현실화되고 있는 자연의 사실들은 언제나 〈지금 이 순간〉 뿐이기 때문이다. 어쩌면 〈지금〉이라는 이 표현조차도 과거와 미래를 상정한 용어라는 점에선 오해가 될 지도 모르겠다. 여기서는 과거와 미래를 상정하는 우리의 일상적인 시간 표현을 쓴 것은 단지 좀 더 쉬운 설명을 위해 쓴 것뿐이다. 그러나 이제는 〈시간화〉를 갖기 이전의 찰나적인 〈생성의 순간〉만 있다고 가정해보자. 그리고 이 지점에서 계층화된 자연의 구조에 있어 가장 복잡성의 정도가 높은 사회를 구성하는 경험의 계기 생성을 떠올려보도록 하자. 이를 테면 살아 있는 인격을 구성하고 있는 현실 계기들이 여기에 해당될 것으로 본다. 이 고도의 계기 하나의 생성에도 그때까지의 여건들이 마련되어야만 현실화될 수 있는 것에 속한다. 이를 테면 〈전자기적 계기들의 사회〉를 그냥 건너뛰고 신체상의 〈살아 있는 인격〉이 곧바로 출현할 순 없는 것이다. 이를 염두에 두면서 이제 우리는 자연의 계층구조를 담고 있는 이 〈내포 위계〉의 도안을 옆 측면으로 살짝 돌려서 본다고 생각해보자.

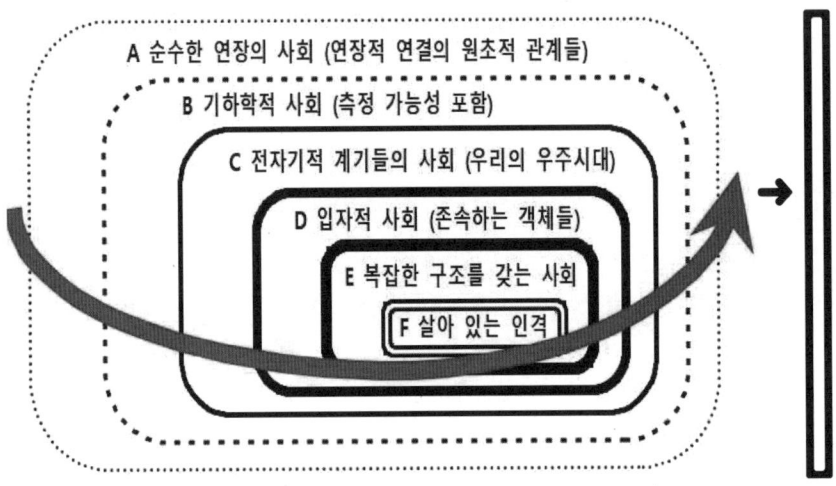

그럴 경우 합생하는 현실 계기들의 합종연횡에 의해 형성되는 〈지금 이 순간〉이라는 얇은 막brane을 갖는, 요동하는 장(場)의 세계를 떠올려 볼 수 있을 것이다. 그럼에도 이는 〈우리의 우주시대〉에서는 폭spread을 갖는 4차원적인 것으로 변형된, 제한된 것으로 볼 수 있겠다. 그러나 궁극적인 원초적 관계성이라는 〈연장적 연결의 사회〉에서 보면 얼마든지 〈다른 여러 차원들〉의 우주로도 나아갈 가능성이 있다는 점도 우리는 잊어선 안 된다. 단지 그것이 우리의 실제적인 관찰 능력을 훨씬 벗어난 것이기도 해서 부득이 상상적 추론으로만 다룰 뿐이다. 그 점에서

제10장 자연의 계층구조: 결합체와 여러 사회들

여기서는 단지 관찰 가능한 〈우리의 우주시대〉만을 고려해보도록 하자.

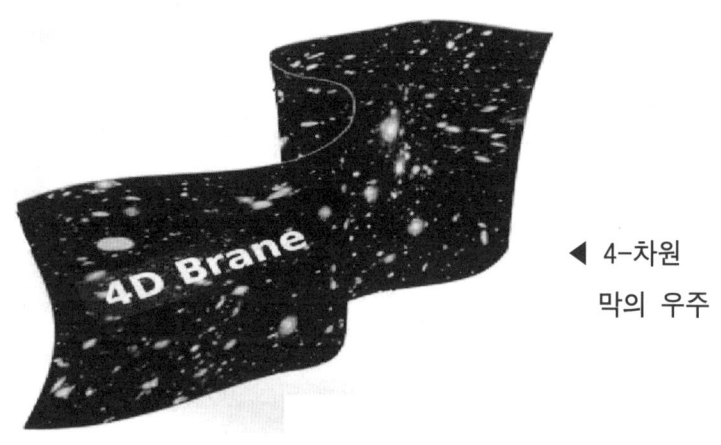

◀ 4-차원
　　막의 우주

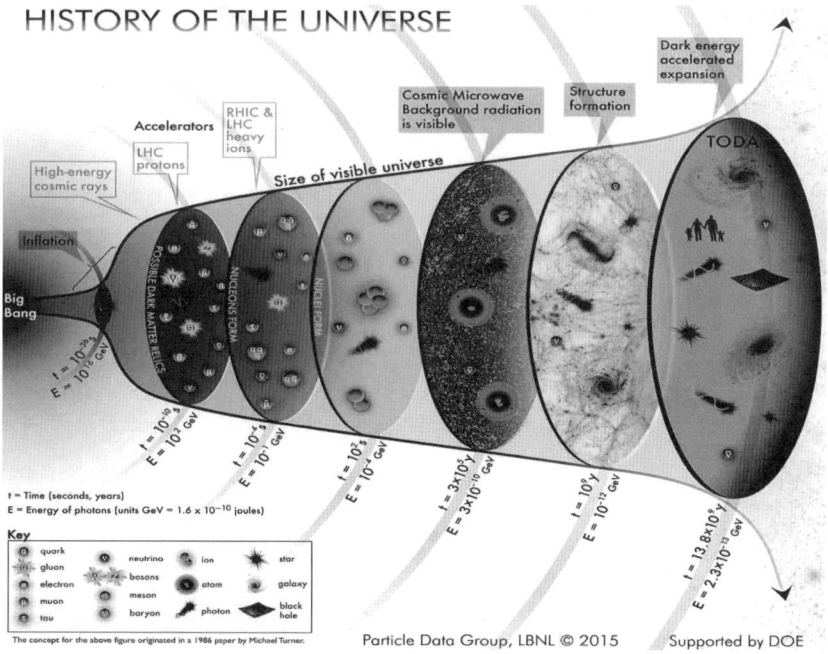

[그림] 138억 년 우주의 역사 그 변천 과정[32)]

일반적으로 현시점에서 설정된 우리의 우주시대 역사는 대략 138억 년 정도로 보고 있다. 즉, 우리의 우주가 138억 년 동안 여러 변천 과정을 겪어 왔음을 얘기한다. 물론 훗날에는 보다 정교한 관측 기술의 개발과 새로운 발견에 따라선 그 수치가 조금이라도 달라질 지도 모를 일이지만 여기선 그런 구체적 수치를 문제 삼고자 함은 전혀 아니다. 필자가 이 지점에서 우선 주목하고 싶은 바는, 〈우리는 늘 변화를 경험하며 살아간다〉는 점에 있다. 그리고 이 변화의 양상들은 누적적인 변천들을 계속적으로 보여준다는 점이다. 그렇기에 지금 순간의 현재 우주는 직전까지의 과거 우주를 먹이로 해서 이 직후에 오게 되는 미래 우주한테 현재의 자신을 먹이로 내어주게 된다고 볼 수 있다. 물론 〈변화〉라는 것을 겪는 우리의 시간 경험들은 근본적으로 현실 계기들의 생성소멸이 잇따르며 나타나는 그 〈차이화〉에서 나온 것이다. 궁극적 실재라는 〈사실〉의 측면에서는 언제나 합생의 계기들, 더 나아가서는 〈포착들〉만이 있을 뿐이다. 시간과 공간의 발생조차도 계기들의 생성이 존재론적으로 우선하는 가운데 비롯되고 있다. 〈현실 계기들의 획기적 epochal 발생〉이 존재론적으로 우선한다는 점에 대해선 이미 앞부분에서 언급했었다. 결국 시간화의 경험도 이로부터 파생된 것이다.

이렇게 보면 〈지금 이 순간〉 우리의 뇌가 책의 정보를 읽고 이해하는 인지 기능을 발휘한다는 점은 실로 놀라운 기적 체험에 가깝다. 왜냐하면 이 경험의 사건은 〈자연의 복잡한 내포 위계〉를 유지하고 있는 가운데 계속적으로 실현되는 중에 있기 때문이다. 따라서 〈생각한다〉는 건, 뇌 밖의 세상과도 연결된 우리의 우주시대의 누적된 경험들이 함께 결부되지 않았다면 오히려 그 실현에선 불가능한 사건이었을 수 있다. 뇌를 볼 때 단지 우리 눈에 드러나는 물리적 경계로서의 뇌만 생각해선 곤란하다. "애플파이를 만들려면 이전의 우주가 먼저 있어야 한다"

제10장 자연의 계층구조: 결합체와 여러 사회들

는 천문학자 칼 세이건Carl Sagan의 통찰처럼 우리의 뇌가 생각을 하려면 그에 상응되는 많은 조건들이 선행적으로 구비되어 있지 않으면 안 되는 것이다. 애플파이의 탄생이 선행 우주를 전제하고 있듯이 우리 뇌세포의 활동이 있기까지는 전체 우주가 합심해서 만들어낸 노력들의 누적된 결과들이 여건으로 자리한다. 그 점에서 우주에서는 정보가 실현되어지는 그 〈순차성〉도 중요할 수밖에 없다. 뿐만 아니라 국소적인 〈부분〉의 창출에도 〈전체〉의 내함을 엿볼 수 있다. 우리의 신체에 〈살아있는 인격〉이 자리하게 된다는 건, 결국 전체 우주의 변천 과정들이 누적적으로 계속 반영되고 있는 가운데 운용되고 있는 것이다.

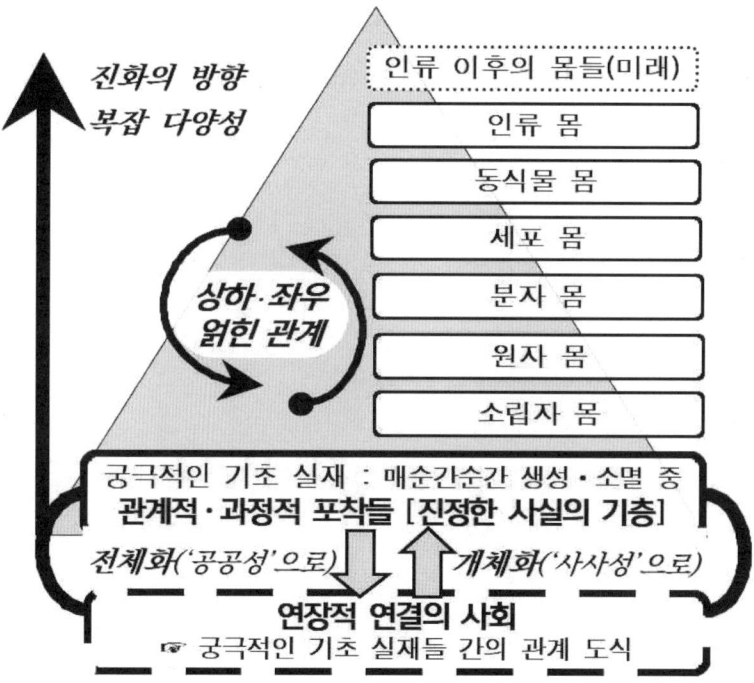

▲ 〈자연의 몸들〉이 형성한 내포 위계 구조 – 다양한 자연의 몸들은 매순간 상하좌우 상호 작용으로 전체 우주를 형성하는 중에 있다. 〈진정한 사실의 기층〉을 제외한 나머지 몸들은 진화 과정에서 파생된 존속물들이다!

진정한 사실들[facts]은 포착들 곧 〈느낌들〉이며 나머진 이로부터 파생된 것들이다. 예컨대 인간에게서 통용되고 있는 사실들도 우리 몸에 의해 추상해낸 것들이라는 애기다. 물론 각각의 몸들의 층위별로도 파생되는 공통의 한정 특성이 있다. 계층화된 자연의 몸들이 갖는 이러한 〈내포 위계〉 구조는 수평적인 구조의 성격도 아니지만 그렇다고 수직적인 위계의 성격도 못 된다. 왜냐하면 상위 부분도 하위 부분을 자기 구성의 필수 요소로 내포하고 있기 때문이다. 그래서 혹자는 이를 〈전개체〉로서의 〈홀라키〉holarchy라고도 일컬었다. 자연의 계층구조는 무수한 몸들의 상호작용으로 얽혀 있는 가운데 매순간 새로움을 창출해내고 있다. 〈미분리된 전체로부터의 느낌들〉과 함께 각각으로 특화되는 〈분리된 개체로서의 느낌들〉이 우리의 자연을 구성하고 있는 것이다.

〈환경〉이란 용어는, 내 몸 밖 주변의 것을 가리키는 낱말이 아니다!
21세기에도 〈생태환경〉 문제가 여전히 심각한 것으로 대두되고 있는데, 어떤 의미에서 〈생태환경〉은 우리의 〈신체 바깥에 있는 환경〉이 아닌 〈신체 자체를 구성하고 있는 조건들〉인 셈이다. 만일 인간 생물 종이 없다면 식물은 지들끼리도 잘 살아갈 수 있지만, 그 반대로 식물이 없다면 인간 생물 종은 한시도 살아갈 수가 없다. 생태적 환경이든 문화적 환경이든 간에, 현재의 환경을 구성하는 모든 것들은 현재의 나를 존립시키고 있는 현실과 독립된 그 무엇이 아니다. 〈환경〉environment이라는 용어는 마치 내 몸 밖의 어떤 것을 지칭하는 것처럼 여길 수 있지만 실은 〈내 몸의 현재를 구성하는 필수 조건〉이 되고 있다는 사실도 우리는 잊어선 안 될 것이다. 그래서 화이트헤드 철학에서는 이것이 〈여건〉이라는 말로도 표현되고 있다.

"현실 존재의 성격은 결정적으로 그 여건datum에 의해 지배된다. 합생에서 생겨나는 느낌의 자유가 어떤 성격의 것이든 간에, 현실 존재는 그 여건 속에 내재하는 수용력[잠재능력]capacity의 한계를 벗어날 수 없다. 여건은 제한하면서 동시에 제공한다. 바로 이러한 학설로부터, 유기체의 특성은 그 환경의 특성에 달려 있게 된다는 결론이 나온다. 비록 모든 환경이 존재들의 사회에 의해 철두철미하게 침투되어 있다는 것은 순수한 가설이긴 해도, 그러나 환경의 성격은 공동으로 그 환경을 구성하는 현실 존재들의 여러 사회의 성격들의 총합sum이다. 존재들entities의 어느 사회에도 속하지 못하는 많은 존재가 환경에 산재하고 있을지도 모른다. 환경 내의 사회는 그 환경의 질서적 요소를 구성할 것이며, 그 환경 내의 비사회적인non-social 현실 존재들은 그 환경의 혼돈적인 요소를 구성하게 될 것이다. 우리가 아는 한, 현실 세계를 순수하게 질서 정연한 것으로 생각하거나 순수하게 혼돈된 것으로 생각할 이유가 없다." (PR 110/245)

어쩌면 현재의 우리가 탄소생명체가 된 것도 그 토대가 된 특정의 우주 환경 속에서 작용된 결과가 될 것이다. 우주 어딘가에는 다른 원소들에 기반된 또 다른 유형의 특수한 생명체가 있을지도 모른다. 하지만 그렇다 하더라도 거기에도 그것이 가능하도록 해주는 환경적 토대가 우선적으로 마련되어 있어야 할 것이며 그로부터 탄생한 해당 유기체는 그 환경의 특성과도 불가분의 관계로서 자리하게 될 것이다. 산소가 공급되는 환경 속에서의 생명체들은 그 특성에 있어 산소와 불가분의 관계를 맺을 수밖에 없는 것과도 같은 이치다.

또한 이러한 양상을 고려할 때 우리는 물리적·화학적·지질학적·

생물학적 환경의 경우만 생각해선 곤란하다. 현재는 인류가 구축해놓은 여러 사회적·문화적 환경들 역시 현재 우리 몸의 특성들을 구성하는 중에 있다. 오늘날 심리학이나 사회학에서도 종종 언급되고 있는 것처럼, 환경에 해당하는 여러 상황^{situations}이 인간의 내적 결정들까지 크게 좌우할 만큼 많은 결정적 영향들을 끼친다는 사실도 분명한 얘기다. 물론 전적으로 그렇진 않는다고 하더라도 대개의 인간이 수행하는 결정들은 거의 대부분 그가 속한 〈상황의 산물들〉이다. 우리는, 현재의 자신이 속해 있는 정치 경제 사회 문화가 구축한 시스템적 상황을 거의 벗어나지 못한 채로 선택 결정을 내린다. 더 나은 진보로 가려면 현재 시스템적 상황들 모두를 고려하는 가운데 수행될 필요도 있겠다. 그럴 경우 기존 시스템의 〈질서〉를 교란하는 〈혼돈〉의 성격도 있게 될 것이다. 또한 여기서도 보듯이 화이트헤드는 〈질서〉와 〈혼돈〉의 이중주가 항상 함께 하는, 과정으로서의 현실 세계를 늘 염두에 두고 있다.

자연에 대한 〈인식〉으로서 존립되고 있는 추상물(실체)의 사회

지금까지 우리는 〈자연의 질서〉를 이루는 여러 유형의 사회들에 대해 살펴봤었다. 다양한 유형의 이들 사회 자체는 어디까지나 직접적인 **현실 존재[계기]**들이 아니며 그로부터 파생된 추상물들^{abstractions}에 해당한다. 앞서 살펴봤던 〈존속하는 객체〉나 이들로 이루어진 〈입자적 사회〉는 우리의 우주시대에 마치 항구적으로 존속하는 실체적 사물로 간주되기 십상이어서 마치 근본적인 성격의 실재로 오인될 수 있다. 그러나 이 같은 시간적 존속의 사물도 어디까지나 〈실재적인 현실 계기들〉과 동일한 것이 아니라는 점에서 명확한 구분의 이해가 필요하다. 즉, 1차적인 것은 현실 계기들의 생성 소멸 과정이며 이로부터 2차적인 사물의 〈존속〉^{endurance}이 마련되고 있는 것이다. 그렇기에 〈전자〉^{electrons}나

제10장 자연의 계층구조: 결합체와 여러 사회들

〈분자〉molecules도 계기들로부터 파생되어진 〈추상물〉이라는 점은 물론이고, 화이트헤드는 거시적인 사물에 해당하는 거대한 건축물인 〈클레오파트라의 바늘〉Cleopatra's Needle(길고 뾰족한 첨탑 모양의 오벨리스크 건축물)도 그러하다고 말한다.

◀ 클레오파트라의 바늘

"만일 우리가 클레오파트라의 바늘 근처에 있었다면 그것을 여간해서 오인할 수 없다. 하지만 누구도 단일 분자나 단일 전자를 보진 못했어도 그럼에도 불구하고 그 사건들의 특성은 이러한 과학적 대상의 용어들로 표현함으로써만 우리에게 설명될 수 있다. 의심할 바 없이 분자와 전자는 추상물이다. 그렇다면 클레오파트라의 바늘도 그렇다. 구체적인 사실들은 사건들 그 자체들이다.

730

나는 이미 여러분에게 추상물이 된다는 건 그 존재가 아무것도 아님을 의미하진 않는다고 설명했다. 단지 그 현존이 자연의 보다 구체적인 요소에 대한 하나의 요인일 뿐이다. 그래서 하나의 전자는 추상적이다. 왜냐하면 여러분은 사건들의 전체 구조를 없앨 수 없으며 현존 상에서의 전자는 여전히 유지되고 있기 때문이다." (CN 109)

여기서 우리는 자연의 구체적 사실과 그로부터 파생하는 추상물의 큰 차이를 하나 알 수 있다. 추상물은 유지될 수 있는 것이지만 자연의 구체적 사실들은 결코 그렇지 않다는 점이다. 자연은 결코 완결적이지 않기 때문에 매순간마다 같은 전자라도 결코 동일한 사실로서의 전자일 수 없다. "같은 강물에 두 번 발을 담글 수 없다"는 고대의 철학적 표현처럼 마찬가지로 "같은 전자를 두 번 경험할 수 없다"는 것이다. 물론 과학에서는 그것이 같은 특성을 보일 경우 1초 전과 1초 후의 전자는 여전히 동일한 전자라고 말할 테지만 자연에 대한 근본적인 경험으로서의 구체적 사실들에서 본다면 결코 그렇지 않다는 점이다. 과학에서 주목하는 전자나 분자는 그것이 갖추고 있는 〈한정 특성〉을 완결된 것으로 보기 때문에 그 한정 특성만 우리의 관찰 속에서 여전히 같은 특성으로 포착된다면 1초 전이든 1초 후든 또는 그러한 전자의 위치가 신체 조직 안에 있든 바깥에 있든 그것들은 똑같은 전자 또는 똑같은 분자로 간주해버린다는 것이다. 따라서 과학은 전자나 분자를 볼 때 그것의 특성을 구현하는 어떤 〈완결적인 한정성〉에 주목한다고 볼 수 있으며, 이러한 것들은 자연의 사건들을 표현하는 우리 자신의 방식이기도 한 것이다.

"자연의 물리적 속성들은 물질적인 대상들(전자 등)로 표현된다. 사건의 물리적 특성은 그러한 대상들^{objects}의 전체 복합체의 장^{場,} ^{field}에 속한다는 사실로부터 발생한다. 다른 관점에서 보면, 우리는 이러한 물질적인 대상들이야말로 사건의 물리적 특성들의 상호 연관성을 표현하는 우리 자신의 방식^{way}에 다름 아니라고 말할 수 있다." (CN 123)

어떤 의미로 보면 이것은 상당히 충격적으로도 들릴 수 있는 언급이다. 전자와 분자도, 결국은 사건이라는 관계성의 실재들을 표현하는 우리 자신의 방식에 다름 아니라는 점이며, 이러한 사태는 우리의 삶에 또 하나의 거대한 추상물의 사회가 존립되고 있다는 사실을 말해주고 있는 것이기도 하다. 고등 유기체로 갈수록 사물을 추상화한 〈사회〉로서 곧잘 지각하는 점이 있다. 인간 생물 종은 정말 많은 수의 〈사물의 질서들〉―또는 질서화한 사물들―을 고안해낸다. 달리 말하면 그것은 사물을 보다 선명한 〈실체〉^{substance}로서 지각하게 된다는 얘기며, 이것은 구체적 사실을 표현하는 우리가 형성하는 삶의 소통 방식이라는 사실이다. 하지만 이것은 상호 연관성에 대한 표현이라는 점에서 어떤 사적인 주관성으로만 매몰되는 그런 차원은 아니며, 사물들의 우주가 갖는 특징들에 근접되고 있는 것으로 봐야 한다.

이미 앞에서 필자는 〈의식의 출현과 함께 '명료한 세계'가 출현했다〉는 언급을 한 적이 있다. 이때 말하는 〈명료한 세계〉가 바로 〈추상물들의 사회〉에 속한다. 물론 인간 생물 종이 지닌 〈의식〉의 출현 이전에도 자연이라는 구체적 사실로서의 사건적 실재는 존재한다. 더 나아가면 그것들은 모호하고 불분명한 어떤 확률파동의 구름처럼 존재하는 것일 수 있다. 하지만 우리한테 그것들이 드러날 때는 우리의 정신성의 작용과 함께 결부된 채로 드러나는 것이다. 화이트헤드가 말하는 정신성은 의식의 작용보다 훨씬 더 외연이 넓은 개념이지만, 그럼에도 특히 〈의식〉이 중요하게 다가오는 이유는, 〈의식〉이야말로 화이트헤드가 표명한 바대로 〈강조의 정점〉acme of emphasis을 찍도록 만드는 자연 내의 특별한 사건이기 때문이다. 의식상에서의 느낌들은 의식을 갖지 않을 때보다도 더할 나위 없이 명료하게 경험되어진다.

하지만 우리의 의식들은 한편으로 변덕스럽기도 해서 종종 착오를 일으키기도 한다. 누군가의 뇌의식에서는 환각에 속하는 허상들을 매우 분명한 느낌으로 경험할 수 있다. 화이트헤드에게서는 허상도 자연에 속하며 단지 〈허상성〉delusiveness에도 여러 단계들이 있음을 얘기한다(PR 64/164-165). 이 점에서 〈허상〉과 〈실상〉의 차이는 우리의 경험들이 얼마나 서로 잘 통용되고 있는지에 따른 〈정도의 차이〉로도 가늠해볼 수 있겠다. 바로 그래서 다양한 경험들에 대한 〈측정적인 표준들〉을 마련하는 방향으로 가게 되는 점도 있는 것이다. 그러한 〈측정의 울타리〉 안으로 포섭되는 한에서 우리의 표현들은 상호 간에도 잘 통용될 만한 경험들을 향유할 수 있게 된다. 그렇기 때문에 비록 전자와 분자가 추상물이라고 하더라도 화이트헤드는 과학을 어떤 동화 같은 이야기로 보질 않는다(CN 27)는 점도 분명하게 밝혀놓고 있다. 그에 따르면, 과학은 미지의 존재들entities을 자의적이고 환상적인 성질들로 꾸미는 데에 종사하고 있진 않다는 것이다(CN 27).

> "과학은 인식knowledge에 대한 원인을 논하는 것이 아니라 인식에 대한 정합성coherence을 논의하는 것이다. 과학이 추구하는 이해는 자연 내에 있는 관계들에 대한 어떤 이해인 것이다." (CN 28)

그리고 과학의 측정 한계마저 넘어서 형이상학적 지평에서 자연 내의 이 관계들의 가장 원초적 유형으로 고찰된 것이 바로 화이트헤드에게서는 연장적 연속체로서의 〈연장적 연결의 사회〉였던 것이다. 이로서 직선이 정의될 수 있는 〈기하하적 사회〉가 나올 수 있겠으며, 그럼으로써 계층화된 자연의 구조 속에서 비로소 〈측정〉이 가능한 여건이 마련되는 방향으로 나아가게 된다. 이렇게 보면 과학은 분명한 〈객관성〉의 학문이라기보다 각각의 주관성들이 서로 통용이 될 만한 상호 소통의 관계들로 구축해가는 〈간주관성$^{inter\text{-}subjectivity}$의 학문〉이라고도 볼 수 있겠다. 〈간주관성〉이라는 용어는 많은 주관(主觀) 사이에서 서로 공통적인 것이 인정되는 성질을 뜻하는 말이다.

"자연은 항상 자신을 넘고 있다. 이것이 자연의 창조적 전진이다"
자연의 기본적 사실들은 결코 완결적이지 않으며 계속적인 흐름 중에 있을 뿐이다. 우리의 관측이 갖는 시공간의 간격도 무시할 수 없다. 우리가 어느 순간에 관찰하는 자연 속의 〈전자〉는 실제로는 이미 흘러가버린 자연에 대한 한 요인으로서 파악된 것일 뿐이다.

> "유기적인 연장적 공동체로서의 자연이라는 개념은 자연이 결코 완결적이지 않다는 본질적인 핵심을 마찬가지로 생략하고 있다. <u>자연은 항상 자신을 넘어서간다. 이것이 자연의 창조적 전진이다.</u>" (PR 289/559)

이처럼 화이트헤드는 자연이 항상 그 자신을 넘어서고 있다는 점에서 자연의 창조적 전진이야말로 분명한 자연의 본성으로 간주하고 있다. 자연은 언제나 요동 중에 있는 들끓고 있는 바다와 같다. 하지만 자연을 탐구하는 우리의 학문에선 그렇다고 해서 무질서와 혼란스런 표현으로만 남겨놓을 수도 없다. 적어도 과학에서는 사물에 대한 질서와 명확한 한정성을 통해서 자연에 대해 표현한다고 볼 수 있다. 무엇보다 우리는 〈클레오파트라의 바늘〉이라는 커다란 건축물도 온전히 직접적인 관계로서 맞닥뜨리고 있지 않다. 이미 그 사이에는 시공간의 간격^{gap}도 근본적으로 자리할 수밖에 없기에 결국 우리가 보는 〈클레오파트라의 바늘〉은 찰나처럼 지나간 자연의 어렴풋한 흔적들을 현재의 관찰자 위치에서 이를 추출해서 보고 있는 것뿐이다.

"클레오파트라의 바늘은 어디서 시작하고 어디서 끝나는가? 그것은 그을음 부분인가? 그것은 분자가 떨어져나가거나 그 표면이 떠돌던 안개의 산성물과 화학적 결합을 이룰 때 다른 대상^{object}이 되는가? 클레오파트라 바늘의 한정성^{definiteness}과 영구성^{permanence}은 과학이 염두에 둔 분자의 가능한의 영구적 한정성에 비하면 아무것도 아니며, 분자의 그 영구적 한정성은 그 차례에서 전자의 한정성한테 넘겨주게 된다. 따라서 과학은 법칙이라는 가장 궁극적인 공식화 내에서 대상들[객체들]을 구하며, 가장 항구적인 특성의 명확한 단순성과 함께 그것들을 그 최종 법칙들로 표현하고 있다." (CN 109-110)

근원적으로 들여다보면 사실상 사물의 모든 경계들은 애매모호함을 드러내고 있다. 자연의 구체적 사실들에 속하는 〈현실[경험의] 계기〉는 이미 기본적으로 〈타자원인성〉과 〈자기원인성〉을 항상 갖고 있기에 이들 간의 합종연횡에 대해 〈이 사물〉과 〈저 사물〉로 경계 짓는 구분 작업들은 결국 〈추상화〉의 작업일 수밖에 없다. 하지만 앞서 화이트헤드

제10장 자연의 계층구조: 결합체와 여러 사회들

가 언급했듯이 이 추상물이 아무 것도 아니라는 것은 결코 아니며 그러한 자연의 구체적 사실들에 한 요인이 되고 있다는 점에서 주목되어야 할 점도 있는 것이다. 과학적 대상에 대한 설명이 추상물을 논하는 것이라고 해도 그것이 여러 근거들과 정합성을 확보함에 따라서는 얼마든지 그 구체적 사실들에 근사적으로 접근될 여지 또한 함께 열려있다고 봐야 한다. 이런 식으로 과학은 항구적이고 명확한 한정성의 사물들을 도출해내며 이를 통해 실용적인 과학기술의 발달에도 기여하고 있는 것이다. 이때 분자의 한정성에서 전자의 한정성으로 더욱 나아갈 경우 좀 더 미세하고 정밀한 측정 느낌의 방향으로 나가는 것이 된다. 물론 그렇더라도 여전히 추상은 추상이다. 정도의 차이가 있는 것뿐이며 그러한 과학의 측정에도 〈단순성〉^{simplicity}과 〈균일성〉^{uniformity}은 자리하고 있는 것이다. 따라서 우리가 속해 있는 진화하는 이 자연은 결코 완결적이지 않으며 항상 자신을 넘어서고 있는 중에 있다는 바로 그 사실이야말로 보다 근원적인 자연의 사태로 볼 수 있다.

현대 과학의 입장에서 본다면 전자와 분자는 구체적 사실로 간주되겠지만, 과정 형이상학에서 보는 존속하는 사물들은 추상물이 되겠군

과정철학에서 보는 구체적인 사실이란 건, 결국 자연은 항상 자신을 넘어서는 중에 있다는 점이겠지

서구 형이상학을 오랫동안 좌절시켜왔던 심각한 혼동과 오해란?

과학에서의 진술들은 사물에 대한 어떤 경계를 긋고 그 특성을 한정 짓고서 이를 표현하곤 한다. 그러한 한정성의 영구성 또는 보다 더 영구적인 한정성을 찾아서 이를 수식으로 표현하고 다시 이를 여러 방면으로 적용하는 작업들이 물리학자들의 주된 임무가 되고 있다. 여기서 말하는 〈영구적 한정성〉permanent definiteness이란 결국 〈존속하는 객체〉에서 나타나는 그러한 〈존속성〉을 함축한 것이다. 이 〈존속하는 사물〉은 추상물인 〈사회〉로서, 그 한정 특성을 구성원들인 〈현실 계기들〉의 생성·소멸을 통해 일정 기간 구현해내고 있다. 〈현실 계기〉 자체가 변화를 갖는 시간적 〈존속〉을 수행하고 있진 않다. 현실 계기들은 그저 생성·소멸할 뿐이다.

오히려 〈사회〉야말로 〈존속〉의 성질을 갖고 있으며 그러한 〈존속〉의 성격으로 인해 마치 변화의 모험을 감내하는 항구적인 〈실체적 사물〉로 간주하도록 유도하는 점이 있다. 그러나 시간적 존속의 사물이 궁극적인 사실로서의 실재적 사물은 아니기에 이를 엄밀하게 잘 구별해서 보지 않으면 안 된다. 화이트헤드 철학에서의 궁극적인 실재적 사물은 **현실 존재[계기]**이다. 워낙 중요한 핵심에 속하는 터라 다시 한 번 더 강조하는 바지만, 우리는 〈실재〉reality라는 개념과 〈실체〉substance라는 개념을 잘 구별해서 들여다 볼 필요가 있다. 따라서 〈궁극적 실재로서의 현실적 사물〉과 〈존속하는 사물로서의 사회〉를 혼동해선 곤란하다는 점을 거듭 말씀드린다. 왜냐하면 화이트헤드는 바로 이 같은 혼동이 서구 철학[형이상학]을 오래도록 좌절시켜왔던 〈착오〉였음을 명시적으로 표명하고 있기 때문이다. 그야말로 중대한 착오에 빠져 있었던 셈이다.

"사회는 존속이라는 독특한 성질을 표출해야만 한다. 존속하는 실

재적인 현실적 사물은 모두 사회들이다. 그것들은 현실 계기들이
아니다. 고대 희랍인들의 시대로부터 유럽의 형이상학을 좌절시
켜왔던 오해란, 다름 아닌 현실 계기들이라는 전적으로 실재적인
사물real things과 이 사회들societies을 혼동한 데에 있다." (AI 204)

여기서 말한 바로 이 혼동이 〈실재〉reality와 〈실체〉substance에 대한 혼동인 것이다. 결국 이 〈사회들〉이 그들에게는 〈실재〉로 오해되는 혼동을 빚어왔던 셈이다. 즉 화이트헤드는 〈실체〉와 〈실재〉에 대한 이 같은 혼동스런 오해야말로 서구 형이상학을 오래도록 좌절시켜 왔던 주범 중의 하나로 보고 있는 것이다.

> <궁극적 실재로서의 현실 계기들>과
> <존속하는 여러 유형의 사회들>을
> 서로 혼동하지 않기!

일원론적 우주냐? 다원론적 우주냐?

따라서 혼동스런 오해가 없도록 좀 더 정확히 구분해서 언급하자면, 존속하는 〈실체〉라는 관념은, 생활상의 유용한 추상을 표현하는 실용적인 목적에서는 성공을 거두고 있긴 하지만, 우주와 사물의 본성에 대한 궁극적인 이해를 다루는 형이상학에서 본다면 그러한 진술들은 그릇된 것으로 봐야 한다는 점이다.

"본질적으로든 우연적으로든 간에 영속적인 성질들을 유지하고 있
는 존속하는 실체라는 단순한 관념은, 생활상의 많은 목적에 있

어 하나의 유용한 추상을 표현하고 있다. 그러나 우리가 그것을 사물의 본성에 대한 근본적인 진술로서 이용하려고 한다면 그것은 그릇된 것으로 판명되게 마련이다. 그것은 일종의 오해에서 생겨난 것이고, 그 어떤 적용에 있어서도 결코 성공한 적이 없었다. 그러나 그것은 단 한 번의 성공을 거둔 적이 있었다. 즉 그것은 언어에서, 아리스토텔레스의 논리학에서, 그리고 형이상학에서 진을 치고 자기의 입장을 고수해 왔던 것이다. 그것을 언어나 논리학에서 사용하는 데에는—앞에서 말한 바와 같이— 충분한 실용적인 토대가 있다. 그러나 형이상학에서의 경우 이 개념은 전적으로 그릇된 것이다. 여기에서의 잘못은 <실체>라는 말의 사용에 있는 것이 아니라, 본질적인 성질로 특징지어지고 우연적 관계와 우연적 성질의 여러 변화 가운데서도 여전히 그 수에 있어 하나로 남아 있는 현실 존재라는 관념을 사용하는 데에 있는 것이다." (PR 79/191-192)

아마도 서구 형이상학에서의 대표적인 <실체> 이해는 데카르트의 <실체 이원론>뿐만 아니라 <일원론적인 유물론> 사례에서도 찾아볼 수 있겠다. 당시 화이트헤드가 유물론을 비판했던 맥락도 바로 그 점에서 나온 것이었는데, 유물론 진영에서 대체적으로 표방된 물질 원자 이해는 그 본질적 속성이나 자기동일성은 유지하고 있는 가운데 외적 관계의 변화로서만 우발적인 모험을 겪는 것으로 그려진다고 봤던 것이다 (SMW 107 ; PR 78/190). [* 덧붙여 필자는 <일원론적 관념론>의 경우에서도 <실체> 이해는 찾아볼 수 있다고 보는데, 이를테면 역사를 시간의 흐름 속에서 <외화된 정신>으로 보거나 <절대정신의 기억>으로 간주하는 헤겔 철학의 성격도 그런 점이 있다고 본다. 물론 헤겔에서도 운동과 변화는 중요한 것으로 작동한다. 그러나 그 핵심은 어디까지나 〈절대정신의 자기실현이라는 전개 과정〉에 있다. 〈실체-성질 도식〉의 폐기를 내세운 화이트헤드의 입장에서 보면, 앞서 스피노자 철학에서도 〈주어-술어 형식〉을 엿볼 수 있다고 밝혔었듯이(PR 7/58), 이 같은 일원론적 관념론에 있어서는 〈실체-성질의 도식〉이 여전히 그 안에 똬리를 틀고 있는 것으로 볼 것이다. 화이트헤드는, 명성 높은 일원론적 철학들은 주어-술어 유형을 갖는 것으로 보고 있다(PR 137/295).]

보다 근본적인 도식에서 보면, 〈일원론적 유물론〉이든 〈일원론적 관념론〉이든, 거기에는 하나[일자]로서의 중심 본체가 계속 유지되고 있는 가운데 외적 관계의 변화를 겪는, 그 같은 실체론적 도식들이 종종 표방되어 왔다고 보는 것이다. 그럴 경우 관계의 변화라는 것도 결국은 그 중심 〈실체〉가 겪는 파생적인 부산물로 전락될 여지 또한 커지게 된다. 이처럼 하나[일자] 중심의 〈실체 형이상학〉이 주로 지배해왔던 서구 철학 진영에서 화이트헤드는 〈과정 형이상학〉을 제안해놓은 것이다. 여기서는 〈실체-성질의 도식〉이 폐기될 뿐만 아니라, 근본적으로는 변화보다 〈생성〉이 더 우선하며, 그 생성으로서의 현실 존재들은 제각기 모두 다른 〈차이들의 존재〉로 간주된다. 모든 현실 존재[계기]들은 저마다 〈환원 불가능한 고유성〉을 확보하고 있다. 그리하여 앞서 말한 본문에 이어 계속해서 화이트헤드는 다음과 같이 언급해놓았었다.

"이와 대립되는 학설은, 현실 존재란 결코 변화하지 않으며, 그것은, 성질 내지 관계의 방식 안에서 그것에 주어질 수 있는 모든 것에 대한 결과물로 보는 학설이다. <u>여기서 철학은 두 갈래의 대안에 직면하게 된다.</u> (i) 그 하나는 변화의 환상을 수반한 일원론적 우주이며, (ii) 다른 하나는 〈변화〉가, 일정한 유형의 어떤 한

사회에 속하는 현실 존재들 간의 차이를 의미하게 되는 다원론적 우주이다." (PR 79/192)

말할 것도 없이 화이트헤드의 철학은 후자에 해당한다. 즉, 〈일원론적 우주〉가 아닌 〈다원론적 우주〉$^{a\ pluralistic\ universe}$의 입장인 것이다. [* 필자는 이 점에서도 화이트헤드가, 바로 그 하버드대에서 심리학과 철학을 가르쳤던 윌리엄 제임스$^{William\ James,\ 1842-1910}$의 영향 역시 크게 입은 것으로 보는데, 제임스는 이미 『A Pluralistic Universe(다원론적 우주)』(1909년 출간)에서 헤겔의 절대적 관념론 철학을 비롯해 일원론적 도식의 관념론들을 자신의 〈근원적 경험주의〉$^{Radical\ Empiricism}$의 입장에서 여실히 비판해놓은 바가 있다.33) 아마도 화이트헤드가 당시 윌리엄 제임스로부터 받은 철학적 영향은 다른 그 어떤 철학자들보다도 매우 컸지 않았을까 생각한다.]

◀ 윌리엄 제임스가 쓴 책인
『A Pluralistic Universe』
표지

 화이트헤드는, 본질적인 성질로 특징지어진 하나의 실체가 여러 변화를 겪는 것은 아니라고 본 거네!

 화이트헤드는 <일원론적 우주>가 아닌 <다원론적 우주>의 입장을 채택한다고 볼 수 있겠지!

● <실체>라는 말의 사용
- 하나의 추상을 표현함에 있어 언어나 논리학에서의 실용적 목적이 있음

● <실체>라는 관념의 형이상학
- 본질적 성질을 특징으로 하면서 우발적 관계의 변화 가운데서도 수적으로는 하나의 현실적인 존재만 있다고 보는 입장 [일원론적 우주]

● <실체> 형이상학을 비판한 화이트헤드 <과정> 형이상학의 입장
- 차이를 갖는 다수의 현실 존재들의 생성소멸로 인해 비로소 운동과 변화가 있게 된다고 보는 우주 [다원론적 우주]

시간적인 자연세계에서 이제는 <비시간적인 어떤 현실 존재>에 대한 고찰로

지금까지의 논의들은 거의 대부분 <시간적인 자연세계>의 사물에 한정되거나 적어도 그와 관련된 내용들이었다. 특히 존속하는 사물로서의 <사회들>은 모두 시간적인 역사성을 갖는 자연의 사건들이다. 알고 보면 이러한 존속물들 곧 <존속하는 객체들>은 실제적으로 독립된 존재들이 아닌 것이다. 적어도 철학에 있어서는, 우리가 사물을 <독립된 현존>으로 보는 이해만큼은 오히려 매우 치명적인 오해가 된다는 점을 화이트헤드는 지적하고 있다.

> "수세기 동안 철학적 문헌을 괴롭게 했었던 오해는 <독립적인 현존>independent existence라는 개념이다. 그런 방식으로 현존[존재]하는 건 없다. 모든 존재entity는, 그것이 우주의 나머지 것과 얽혀있는 방식으로만 이해되어야 한다. 불행히도 이 근본적인 철학적 교리는 <신>God이라는 개념에도 적용되지 않았고 (희랍 전통에 있는) <이데아>Ideas라는 개념에 대해서도 적용되지 않았었다."
> (ESP 83)

<독립적인 존재>라는 이해는 그동안 철학적 문헌에 망령처럼 출몰하여 시달리게 만들었던 <오해>misconception였었다. 그런데 화이트헤드는 바로 그 다음 구절에서도 말하길, 불행히도 <신>이라는 개념도 우주의 나머지 것과 얽혀 있는 존재로서 이해되어야만 한다는 점을 분명하게 밝혀놓고 있다. 그의 철학적 입장은 신 역시 결코 <독립적 존재>일 수 없다는 것이다. 이제 우리는 현실 세계에서의 시간적 성격을 갖지 않는 <비시간적인non-temporal 어떤 현실 존재>에 대해 알아볼 것이다. 화이트

헤드는 이 〈비시간적인 현실 존재〉를 〈신〉^{God}으로 명명해놓았다. 앞서 우리는 화이트헤드가 말한 영혼 개념이 그 자신이 제안하고 있는 〈신〉 개념과 연관된 것이라는 점도 잠깐 살폈었다. 그렇다면 도대체 화이트헤드 철학에서 보는 〈신〉 이해란 과연 무엇인가?

　화이트헤드는 왜 하필 〈신〉이라는 존재를 불러들인 것인가? 그럴 경우 그가 말하는 〈신〉 개념은 기존 유신론의 신 개념과는 또 어떻게 다른 것인가? 적어도 서구 문명사에서 〈신〉이라는 개념과 언명은 참으로 무시할 수 없는 중요한 주제어에 속한다. 〈신〉은 서구 문명의 성격을 읽어내는 핵심 키워드들 중 하나이기도 할 것이다. 유신론자든 무신론자든 문명사에서 〈신〉이라는 이 개념이 특히 서구인들의 몸삶에 매우 뿌리 깊게 영향을 끼쳐왔었다는 사실만큼은 논의의 여지가 없을 정도다. 무엇보다 화이트헤드가 그 자신의 철학 도식에 이를 끌어들인 데에는 단지 〈시간적인 자연세계〉만 가지고는 정합적으로 설명되기가 힘든 지점이 있었고 이와 관련해 모종의 어떤 역할과 기능이 여기에 함께 있어야 할 것으로 본 점에 있다. 그런데 흥미롭게도 또 다른 한편에서는 화이트헤드가 새롭게 제안한 신^{God} 존재는 오히려 신으로 볼 수 없다거나 또는 그의 신 개념을 다소 수정해야 한다고 보는 입장 또한 나중에 나오기도 했다는 점이다. 이제 우리는 말도 많고 탈도 많다고 생각되는 그러한 신^{God} 개념이 화이트헤드 철학에서는 과연 어떻게 설정된 것인지 그의 신 존재 이해에 대해 본격적으로 살펴보도록 하자.

제 11 장

화이트헤드는 왜 신을 끌어들인 것인가?

"나는 엄격한 기술적인 완성도$^{\text{descriptive completeness}}$를 목표로 삼지 않았다면, 신 개념을 나의 체계에 포함시키지 않았을 것이다"

― A. N. 화이트헤드

"신^{God}이라는 개념은, 우리가 이 믿기 어려운 사실, 즉 존재할 수 없는 것임에도 존재하고 있다는 사실을 이해하는 방식인 것이다."

― A. N. 화이트헤드

신이라고?

알다시피 신^{God}이라는 개념이 워낙 말도 많고 탈도 많고 해서 우선은 약간의 썰을 먼저 풀어놓지 않을 수 없다. 화이트헤드는 왜 하필 신이라는 존재를 불러들인 것일까?

"신은 죽었다"를 선언한 니체와 이를 계승한 현대 철학의 사조들은 지금까지도 맹위를 떨치고 있을 만큼 오히려 무신론적인 분위기가 지배적인 오늘이지만, 화이트헤드의 철학은 그런 조류와 다르게 명확히 신 존재를 인정하고 있는 유신론적인 철학사상이다. 즉, 현대사상의 일반적 흐름에서 볼 때도 또는 니체가 보여준 것처럼 오히려 신을 죽였어야 현대 철학의 성격에 좀 더 걸맞는 흐름이었을 수도 있었는데 그의 철학은 그 같은 무신론적 경향에 편승하지 않았고, 아이러니하게도 분명한 〈유신론〉의 입장을 채택했었다는 점이다. 그렇기 때문에 무신론적이고 유물론적인 현대 지성계의 주된 흐름에서 보면, 화이트헤드 철학사상의 유신론적 입장은 그가 여전히 낡은 사조에 머물고 있는 것처럼 보일 수 있다.

하지만 화이트헤드가 제시하고 있는 유신론은 그동안 서구 문명사에서 지녀왔던 〈고전적인 유신론〉$^{Classical\ Theism}$과는 다른 양상의 신 개념을 표방한 것이어서 이 지점에선 화이트헤드 철학에서 제안된 〈새로운 유신론〉$^{New\ Theism}$에 대한 얼마간의 새로운 이해들도 분명 필요하다고 생각된다. 그의 〈유기체 철학〉의 정교한 구도를 모른 채로 단순히 그의 신^{God} 개념만 달랑 뽑아서 이해해볼 수 있는 그런 개념 또한 아니라고 생각된다. 무엇보다 화이트헤드 자신부터가 어떤 유신론적인 종교 신앙을 열렬히 표방한 주류 기독교 신자로 보기도 힘들거니와 분명한 유신론적 종교 신앙의 목적을 갖고서 그의 신 개념이 고안된 것도 아니었기에 상당히 이채로운 점도 없잖아 있다. 그래서인지 화이트헤드 연구자들 사이에서도 그의 신 존재 이해에 각별한 관심을 보이는 담론 형성의 측면—예컨대 과정신학 진영—도 있어왔다. 화이트헤드의 신 개념을 지지하든 비판하든 간에 특히 종교 신학적 논의에선 이에 대한 많은 관심과 설왕설래가 있어왔다는 점만은 결코 부인할 수 없다는 얘기다. 사실상 필자 또한 조금 다른 맥락이긴 하지만 화이트헤드의 신 개념과 관련해 약간의 불만을 품고 있기도 하다. 심지어 화이트헤드 연구자들 중에는 유기체 철학의 구도에서 신 개념을 아예 제거해야 한다는 〈신 없는 화이트헤드〉Whitehead without God를 표방하는 무신론적 입장도 있다. 멀리 갈 것도 없이 이미 PR의 편집자였던 도널드 셔번D. W. Sherburne이 바로 그 같은 주장의 대표자다.34)

그러나 화이트헤드 철학의 신 개념을 매우 적극적이고 긍정적으로 받아들였던 종교철학자인 찰스 하츠온Charles Hartshorn과 그리고 이를 이어받은 기독교 신학자인 존 캅John B. Cobb과 데이비드 그리핀David R. Griffin의 주된 영향들이 자리한 오늘날의 〈과정신학〉process theology 진영은 화이트헤드 철학사상을 일정 부분 계승하면서도 특히 그의 종교 이해와 신 개념을 매우 소중한 유산으로 받아들이고 있는 실정이다[* 물론 찰스 하츠온의 과정신학 그룹도 화이트헤드의 신 개념을 다소 수정한 유신론 입장이다. 다만 마조리 수하키Majorie H. Suchocki나 최근 존 캅의 노선은 하츠온의 수정된 유신론 입장을 채택하고 있진 않다]. 비록 과정신학 진영이 종교 신학적 담론에 좀 더 많이 기울어져 있긴 했어도, 전체적으로 본다면 20세기 사상사의 주된 분위기가 화이트헤드에 대해선 거의 모르거나 멀리 동떨어져 있었던 그러한 와중에서도 그래도 화이트헤드 철학사상의 계승자로 자처했던 매우 드문 그룹에 속했었다고 볼 수 있다.

화이트헤드 철학의 신 존재는 기독교적인가?

사실상 이런 정황에서 보면 화이트헤드의 자연주의 철학 입장은 참으로 묘한 위치에 있다고 여겨진다. 분명 화이트헤드 철학의 신 존재는 기독교를 염두에 둔 그러한 종교적 목적에 맞추고자 불러온 것이 아니다. 오히려 그 반대라고 생각될 만큼 정작 화이트헤드 그 자신은 주류 전통의 기독교를 거의 혐오(?) 발언에 가까울 정도로, 매우 강력한 비판과 비난적 독설을 쏟아낸 적이 더 많다. 화이트헤드는 기독교 신학을 인류의 엄청난 재앙 중 하나로 간주했을 뿐만 아니라(D 174), 기독교의 신 관념이 자신에게는 악마의 관념이며(D 189), 종교개혁을 역사상 거대한 실패들 중 하나에 속하는 것으로 평가한다(D 290-291). 화이트헤드의 그러한 독설들(물론 이 외에도 정말 많다)을 보노라면 마치 "기독교가 망해야 인류 문명이 산다!"는 식의 어떤 저주를 퍼붓는 외침으로까지 다가올 정도였다. 물론 갈릴리인 예수에 대해선 긍정적이었지만 서구 기독교에 대해선 거의 반(反)기독교적 표현들로도 볼 만한 그런 부정적 평가의 발언들은 한두 번이 아니다. 필자가 생각하기로는 만일 기존 기독교가 화이트헤드 철학을 수용하고자 한다면 전통 기독교 교리상의 많은 내용들과 심각한 충돌을 일으킬 뿐만 아니라 거의 전면적인 대수술에 가까운 환골탈태가 있지 않으면 안 될 것으로 보인다. 게다가 전통 기독교 신학의 주요 계보를 형성한다고 간주되는 핵심 신학자들인 아우구스티누스^{Augustinus}('성 어거스틴'으로도 불림), 토마스 아퀴나스$^{Thomas\ Aquinas}$, 마르틴 루터$^{Martin\ Luther}$, 장 칼뱅$^{Jean\ Calvin}$ 등 이들 철학 및 신학사상과의 갈등 역시 불가피하다고 생각된다. 당장 기독교 신학의 세계관 문제부터 분명하게 충돌하고 있다. 알다시피 화이트헤드의 입장은 〈초자연주의〉$^{super-naturalism}$에서 〈자연주의〉^{naturalism}로 전환되어야 한다고 보는 입장이어서 이것만 해도 많은 점들이 달라진다.* 필자는 자연의 인과성을 무시하는, 적어도 그런 관점의 초자연적인 유신론 문제는 이미 루비콘 강을 건넜다고 본다. 물론 그럼에도 여전히 초자연주의 울타리 안에서만 계속 거주하려는 이들도 있겠지만 더 이상 설득력 있는 이론적 일반화의 확장성은 불가능하다고 생각한다. 특히 종교가 자연의 〈인과적 효과성〉을 무시하는 초자연주의를 채택하는 한, 자연과학과의 대립 충돌 역시 불가피할 것으로 본다. 미해결적인 미봉책이나 회피의 방법이 아니라면 결국은 종교와 과학이 함께 소통될 만한 〈자연주의〉에 대한 엄밀한 이해가 있지 않으면 안 될 것으로 생각된다].

뿐만 아니라 앞으로의 종교 신앙의 구조도 기존의 〈믿음 모델〉이 아닌 세계 안의 다양성에도 열린 중심의 〈모험 모델〉로 전환될 필요가 있다. 왜냐하면 종교의 진화적 발달을 주장했던 화이트헤드로선 종교의 〈믿음〉^{belief} 단계보다 한 단계 더 나아간 〈합리화〉^{rationalization}의 단계로 계속 나아갈 수 있어야 한다고 봤을 뿐만 아니라 〈자기만족에 머물고 있는 합리주의〉야말로 세계역사의 발전을 가로막는 〈반(反)합리주의〉로 보고 있기 때문에 〈끊임없이 자기를 초월하는 합리주의〉 곧 〈모험으로서의 합리주의〉를 주장한다는 점에서 결국 종교 신앙의 구조도 〈믿음 모델〉에서 진화된 〈모험 모델〉로 대전환하지 않으면 안 된다고 보기 때문이다.35) 이것은 종교 신앙 구조의 근본적인 패러다임 자체를 뒤바꾸는 것이어서 몇 가지 국소적인 부분의 갱신 차원만으로 머물 수가 없는 것이다.

"당신은 신학을 과학으로부터 보호할 수도 없으며, 또 과학을 신학으로부터 보호할 수도 없다. 또한 형이상학으로부터 신학과 과학을 보호할 수도 없고, 혹은 신학과 과학으로부터 형이상학을 보호할 수도 없다. 진리로 가는 왕도란 없다(There is no short cut to truth)." (RM 79)

　전통 기독교 신학자가 화이트헤드 철학을 놓고 진중한 씨름을 한다는 것은 바둑 경기로 치면 전체 판세를 좌우할 만한 큰 대마를 놓고 씨름하는 것과 같다. 따라서 큰 틀에서의 골격에 속하는 화이트헤드 철학의 기초 패러다임이 수용된다면 그야말로 기존 기독교의 많은 내용들이 온전히 뒤바뀌지 않으면 안 될 정도의 대대적인 혁신의 변화가 불가피하게 요구되는 것이다. 물론 기존의 과정신학 진영처럼 한때 너무 유화적인 전략을 쓰는 바람에 화이트헤드의 본래적인 예리한 급진성과 불편스런 독설들이 어느 정도 가려져 보일 수도 있을 것이다.36) 하지만 만일 그런 게 아니라면 차라리 화이트헤드를 아예 위험스런 이단사상으로 치부하거나 해야 할 것이다. 또는 완전히 곡해하는 게 아니라면 겉으로는 별 것 아닌 것처럼 무시해두거나 혹은 내심 은밀하게 배제시키거나 하는 등 나머지 속 좁은 전략의 선택지들만이 남아있을 뿐이다. 화이트헤드의 기독교 비판 언급들이 기존 종교 신자의 입장에서 본다면 매우 불편해할 수 있는 분명한 껄끄러움의 발언이라는 점은, 그와의 오랜 대화록을 기록해놓았던 루시언 프라이스$^{Lucien\ Price}$의 증언에서도 엿볼 수 있는데, 그는 화이트헤드의 그러한 발언들에 대해서는 독자들한테 한편으로 주의경고를 당부하기까지 했을 정도다(D 13-14). 하지만 그럼에도 불구하고 화이트헤드는 반(反)종교론의 입장으로 가진 않았었고, 종교에 대해 비판적이면서도 종교 자체를 아예 불필요한 것으로는 보질 않았으며, 오히려 더 나은 합리적 종교로의 새로운 종교 진화 가능성이라는 그 희망의 성격도 함께 보여줬었다는 점에서 참으로 묘한 위치에 있다고 말씀드리는 것이다.

　본서에선 화이트헤드의 종교사상을 따로 고찰하고 있진 않지만 적어도 그 어떤 종교 신학의 이론적 토대가 될 수도 있는 그의 신 존재 이해만큼은 당연히 입문 과정에서도 소개하지 않을 수 없다. 그리고 이 부분은 그의 『과정과 실재』 마지막 장인 '제5부 최종적 해석'에서도 보여준 바 있는, 신과 세계에 대한 논의와도 분명하게 관련된 것들이다. 오늘날 현대 과학의 세례까지 입고 있는 〈무신론의 시대〉에서 그의 〈새로운 유신론〉은 도대체 어떤 함의를 가지는 것일까? 시간적인 현실 세계와의 관계에 있어 화이트헤드가 제안한 신의 역할과 기능은 또한 무엇인가? 그의 신 관념은 그가 내세운 〈존재론적 원리〉라는 경험론의 원칙을 위배하고 있는 것은 아닌가? 이제 우리는 화이트헤드의 신 개념에 대한 많은 의문들을 토해낼 수밖에 없는 지경에까지 이르렀다.

그 신[God]이 그 신[God]인가? 신에 대한 고정관념적인 혼동

화이트헤드의 신 이해를 제대로 살펴보기 위해서라도 먼저는 "그 신이 그 신인가?"하는 점에 좀 더 유의해야 할 필요가 있다. 쉽게 말해 우리가 지금까지 흔히 생각해왔던 고정관념적인 신에 대한 개념으로 화이트헤드가 제안한 새로운 신 존재 개념을 들여다보고자 할 경우 자칫 머릿속에서 뒤죽박죽 뒤엉킬 수 있다는 것이다. 만약에 화이트헤드의 신 개념이 우리가 익히 생각해왔던 신 개념과 많이 다르다고 한다면, 적어도 〈신〉^{God}이라는 같은 단어 표기로 인해 이 두 의미가 뒤섞이는 혼동의 경험 역시 가질 수 있다고 생각된다. 실제로도 화이트헤드 철학의 신 개념을 논의하다 보면 이런 혼동들이 알게 모르게 종종 일어나곤 한다는 점을 알 수 있다. 이를 테면, 그의 유기체 철학의 신 개념을 거론할 때 기존의 신 존재 개념만 알고 있던 이들로선 "그건 신^{God}이 아니잖으냐?" 또는 "그런 존재를 어떻게 신^{God}이라고 부를 수 있느냐?" 하는 불만들도 없잖아 나오곤 했었다. 특히 기존의 보수 기독교인들 중에는 화이트헤드가 제안한 신 존재는 인간의 예배를 받기엔 부적합한 신으로 보고 있다. 신은 예배받기를 원하는 존재라는 발상도 실은 알고 보면 역사 속 인간의 생각에서 나온 것일 수 있음에도, 어쨌든 우리의 고정관념 속에는 신^{God}에 관한 일반적인 이미지와 관념들이 이미 형성되어 있는 것 또한 부인할 수 없다. 또한 분명한 점 하나는, 화이트헤드가 자신의 체계에서 신 개념을 도입할 때 기존 기독교의 신 이해나 종교 교리를 염두에 두고 제안된 것은 결코 아니라는 사실이다. 따라서 서구 기독교 문명 하에서 주로 표방되어 왔던 신 이해의 관점에서만 본다면 화이트헤드의 신 개념은 기존의 종교적 숭배를 갖는 신 존재로선 별로 적절하지 않은 것으로도 평가내릴 수 있다. 그러나 이 문제는 〈신〉이라는 개념을 과연 어떻게 정의할 것인가 그리고 신앙의 예배를 비롯해 종교적 의례에 대한 근본적인 재고찰 문제와도 여전히 결부되어 있을 뿐이다. 이미 고정관념화된 것들이지만 어쩌면 다시 재고되어야 할 가능성은 또 없겠는가 하는 것이다.

지금은 시중에 〈십자형 나사못〉이 흔한 세상이지만, 한때 〈나사못〉 하면 하나의 홈만 파있는 〈일자형 나사못〉만 떠올리던 시절이 있었다. 즉, 많은 사람들이 "〈나사못〉은 다름 아닌 〈일자형 나사못〉"으로 받아들였던 시대가 있었다는 얘기다. 하지만 〈나사못〉에 하나의 유형만 있어야 한다는, 필연적이고 절대적인 이유 같은 건 없다. 결국 변화는 찾아왔고 〈십자형 나사못〉은 그로부터 200년이 지나서야 일반화될 수 있었다. 물론 실용적 물품의 경우는 어쩌면 우리 안의 고정관념을 쉽게 바꾸는 일도 무리 없이 가능할 테지만, 이 〈신〉이라는 개념의 경우는 종교와 철학과 관련되어 있다보니 〈우리 안의 고정관념〉을 바꾸는 일이 정말 쉽지 않다는 사실도 분명하다.[37] 하지만 우리가 어떤 개념을 생각할 때, 꼭 한 가지 유형의 정형화된 개념만 지녀야만 하고 나머지 가능성들에 대해선 이를 막아놓는 것도 자유로운 상상력과 창조적 사유에 대한 반역일 것이다.

　이 지점에서 필자가 언급하려는 것은, 신^{God} 이해에 있어서도 우리가 알고 있어왔던 기존의 신 개념만을 자꾸만 떠올리기보다는[고집하기보다는] 화이트헤드가 말한 신 개념을 놓고서도 그간의 입장들과 서로 공정하게 비교 검토해볼 수 있도록 원점에서 함께 들여다보자는 데에 있다. 다시 말해 신에 대한 기존의 선(先)이해들이 있더라도 여기서는 '신^{God}이란 과연 무엇인가?'하는 문제를 우리 모두가 근본적으로 다시 재설정해보자는 점을 제안하고픈 것이다. 물론 여기에는 신은 없다거나 불필요하다는 〈무신론적 입장〉까지도 포함해서 드리는 얘기다. 그저 막연한 신비로만 포장해놓은 언급들이나 전통이라는 미명하에 군림하기만 하는 권위 그리고 종교 교리와 맞지 않는다며 무작정 외면하는 태도 및 논리에도 반하는 내용들을 무조건적인 믿음으로 강요하는 일 등 애초 화이트헤드가 추구하고자 했던 사변철학의 이상에도 어긋나는 방향이 될 뿐이다. 즉, 노출된 논리적 모순과 부정합성 앞에서도 이를 무조건 옹호하거나 정당화할 수만은 없는 것이다.

　많은 사람들이 흔히 신^{God} 존재를 떠올릴 때면 절대자, 완전자, 초월자, 전적인 창조자, 전지전능한 존재, 유일한 자기원인자 등 이러한 성격의 초자연적인 존재를 머릿속에 많이 떠올린다. 이것들은 신 개념에 대한 대부분의 일반적인 인식으로 이미 자리해있다. 그러나 화이트헤드가 말하는 신 존재 개념은 기존의 전통적인 신 존재가 부여받고 있는 그러한 속성들에 부합되지 않는 점들이 있기에 자꾸만 뒤섞여서 알게 모르게 혼동스런 느낌도 들곤 한다. 따라서 화이트헤드 철학에서의 신 존재 이해는 기존의 신 개념에 대한 고정된 이해들을 벗고 근본적으로 다시 들여다볼 필요도 있는 것이다.

제11장 화이트헤드는 왜 신을 끌어들인 것인가?

이 요청은 어떤 면에서 기존의 유신론자들뿐만 아니라 기존의 무신론자들에게도 똑같이 요청되는 얘기다. 왜냐하면 사실상 대부분의 기존 무신론자들이 부정하거나 비난하는 신 존재 역시 앞서 말한 그러한 속성과 결부된 신 이해들이었기 때문이다. 우리는 이 점에서 〈전투적 무신론자〉를 표방했던 진화생물학자인 리처드 도킨스$^{Richard\ Dawkins}$가 자신의 유명한 베스트셀러인 『만들어진 신』(원제 *The God Delusion*, 신이라는 망상)에서 그 자신이 집중적으로 공격하는 유신론 비판의 초점은 아인슈타인이 말한 스피노자의 범신론적인 신 개념이 아니라 기존의 서구 주류 기독교가 표방해왔던 〈초자연적인 창조자〉로서의 신 이해에 한정시키고 있다는 점에 한편으로 주목할 필요도 있겠다.[38] 이를테면 구약성서에 묘사된 야훼 신은 자연의 인과적 법칙을 일방적으로 종종 무시하며 이를 깨트리기도 했던 그런 초자연적인 신 존재로 나오는데 도킨스는 바로 그러한 신 존재를 비판했던 것이지 예컨대 범신론적인 신 존재를 공격의 타겟으로 삼았던 것은 아니었다. 그럼에도 사람들은 마치 도킨스가 유신론 전체를 공격한 것으로 종종 여긴다. 그러나 도킨스의 그 저작을 잘 들여다보면 문제를 삼은 공격의 대상은 정확히 초자연적인 신 존재와 이를 믿는 유신론 종교에 한해서 비판된 것이었다. 필자가 볼 때는 사실상 화이트헤드 자신도 그런 〈초자연적인 신〉에 대해서만큼은 도킨스와 함께 비판적으로 반대하는 입장일 것 같다. 그러나 궁극적으로는 무신론이 아닌 유신론의 입장으로 나아간다는 점에선 무신론자인 도킨스와는 또 다르게 갈라진다고 볼 수 있는 것이다.

〈초자연주의〉^{supernaturalism}에 대한 거부는 화이트헤드의 철학 체계에선 매우 일관된 것이다. 〈초자연주의〉란 자연세계를 초월한 존재/힘/사건 등 이러한 것들이 자연의 인과율 혹은 자연의 인과적 성격을 간헐적으로라도 깨트릴 수 있다고 보는, 그러한 신념 사조를 의미한다. 따라서 이것은 〈자연주의〉naturalism와도 근본적으로 양립 가능하지 않다. 주로 종교인들에게 이미 〈초자연주의〉는 이미 〈자연주의〉를 넘어서는 상위 개념으로서의 신조일 따름이다. 즉, 초자연주의를 받아들이는 입장에선 그런 자연에 대한 인과적 설명의 궁극적인 배후에는 언제든 〈초자연적인 존재/힘/사건〉이 자리할 수 있다고 믿는 것이어서 자연과학의 설명 자체가 무의미해지거나 혹은 그런 종교 믿음에 종속되거나 할 뿐이다. 기껏해야 자연과학도 〈초자연적인 존재자〉의 영광을 드러내는 시녀 역할로서만 자리매김 되고 있다. 과학이 단지 종교 신학에 복무하는 시녀로 전락되고 있는 한, 그런 신학에 의해 뒷받침되고 있는 종교라면 그 종교는 여전히 전근대적인 중세 시절에 머물고 있을 가능성이 크다.

우리가 서양철학의 기원을 적어도 고대의 자연철학자 탈레스Tales에 두고 있다고 한다면 여기에서부터 이미 유의미한 혁신적 통찰 역시 이끌어냈을 수도 있었다. 고대 철학자인 탈레스는 나일강 범람의 원인이 자연을 지배하고 있는 신의 진노 같은 어떤 초자연적인 원인으로 생각했던 것이 아니라 그 원인에 대한 설명도 자연 안에서 구하고자 했었다. 이처럼 철학의 탄생기에는 〈초자연주의〉에서 〈자연주의〉로의 방향전환의 흐름도 있었던 것이다. 이러한 〈자연철학〉의 정신을 계승하고 있는 화이트헤드로선 초자연주의적 종교들에 대한 비판과 거부는 한편으로 자연스러운 행보라고 생각된다. 오히려 그는 현대 자연과학의 성과들을 진지하게 받아들이면서 이를 철학적으로 성찰하려는 입장이었다. 그 점에서 화이트헤드의 유기체 철학이 현대 자연과학의 성과들과도 잘 어울릴 수 있다고는 하지만, 신God 존재를 끌어들인 명백한 유신론 사상을 표방한다는 점만은 분명히 현대 과학자들의 입장에서 보면 그것과 어울리기 힘든 성격의 개념으로만 간주될 가능성도 클 것으로 보인다. 즉, 유신론적 철학사상과 자연과학의 양립 가능성을 화이트헤드 철학을 통해 접할 수 있다는 점은 한편으로 기존의 자연과학자들한테는 매우 생경한 이해가 될 수도 있는 것이다.

하지만 우리가 기존의 신 존재에 대한 고정관념들 역시 없잖아 있어 왔듯이 〈자연과학〉이라는 분야도 마찬가지로 "필연적으로 유물론적이고 무신론적이어야 한다"는 〈형이상학적 믿음〉도 일종의 잘못 전제된 고정관념일 수 있다. 유물론이든 무신론이든 어차피 그에 대한 최종 설명의 자리도 과학 자체가 아닌 결국 철학적 논의에 속하고 있다. 앞서 말한 데이비드 그리핀은 그의 저작 『화이트헤드와 자연주의 종교론』에서 〈자연주의〉^{naturalism}에 대한 분석을 통해 종교 신앙에 남아 있는 〈초자연주의〉 문제를 온전히 극복해야 하는 것뿐만 아니라 종교가 〈자연주의〉를 받아들인다고 해서 필연적으로 유물론이나 무신론으로만 꼭 기울어지는 것도 아니라는 점도 함께 살펴봤던 대표적인 화이트헤드안에도 속한다. 즉, 〈자연주의〉가 반드시 〈유물론〉이나 〈무신론〉과 동의어가 아닐 수 있음도 분명하게 밝혀놓고 있는 것이다. 그렇다면 〈초자연주의〉가 아닌 〈자연주의〉 사조를 채택하면서도 그것은 〈유신론〉의 입장일 수도 있는가? 이에 대해 화이트헤드 철학이 제공하는 답변은 "그렇다!"이다. 화이트헤드 철학의 유신론은 바로 그 가능성의 탐색에 속한다.

속 좁은 신은 가라! 그런 신은 없다!

무(無)로부터 우주를 창조한 창조주로서의 신, 초자연적인 절대적 힘을 지닌 전지전능한 신 등 그러한 신 개념만을 신 존재로 보겠다는 건 이미 〈우리 안에 길들여진 신 이해〉에서 나온 것일 뿐이다. 이미 우리 안에는 〈문화적으로 습득된 신 이해〉가 깃들어 있는 것이다. 하지만 유신론의 유형과 종류가 어찌 그러한 내용의 유신론만 있겠는가? 이미 철학사에서도 등장한 바 있던 스피노자의 범신론 사상은 분명히 기존의 신 이해와 다른 것이었다. 그래서인지 그의 사상은 불경스런 신성모독이라는 비난을 받기도 했다. 하지만 지금 시점에서 보면 스피노자에게 가해진 그러한 비난들은 참으로 부당한 것이었음을 우리는 안다. 20세기 유명 과학자인 아인슈타인이 볼 때도 스피노자의 신 개념이야말로 초자연적인 인격적 신보다는 훨씬 더 낫다고 봤을 만큼 적어도 그런 낡은 신 개념만은 극복되어야 할 지점이라고 생각된다. 이와 마찬가지로 유신론자든 무신론자든 우리는 이제 기존의 신 개념들을 다시금 새롭게 재고해볼 수도 있음을 말씀드리는 것이다.

● 기존의 <유신론자들>과 <무신론자들>에게 드리는 당부 한 가지
- 신 개념에 대한 고정관념들(=절대초월자, 전지전능자, 무無로부터의 전적인 창조자 등)을 일단은 내려놓고 보기, 우선은 화이트헤드 철학의 신 개념을 이해하고서 자신이 알던 기존의 신 이해와 공정한 비교 검토를 부탁드림

[※ 관련해서 행여 오해를 좀 더 줄여보고자 현재 필자의 입장도 미리 말씀드리고자 한다. 비록 나의 경우는 과거엔 기독교 신학 전공자였고 화이트헤드의 신 개념을 수용하는 유신론자이긴 했지만, 현재 표방하는 필자의 입장은 <유신론>이냐 <무신론>이냐 하는 것보다는 오히려 정확히 말씀드리면 <탈신론(脫-神論)적 몸론>의 입장이라고 해야 할 것 같다. 이 같은 입장에서 필자가 보는 (기독교를 포함해 어떤 유신론적 종교 신앙이든 상관없이) 종교 신앙의 핵심에는 그 사람이 유신론자냐 무신론자냐 하는 그런 여부 자체가 그리 큰 중요한 문제로 자리해 있지

않다. 즉, 〈유신론〉이냐 〈무신론〉이냐 하는 도식 자체는 그야말로 특정한 사변의 실험에서는 취급될 수 있더라도 〈어떤 삶을 살 것인가〉 하는 전체 우리의 몸삶을 놓고 보는 차원에선 필히 유신론 신앙을 절대적으로 갖춰야 한다거나 또는 그 반대로 절대 무신론자여야 한다는 식의, 고정된 정답 같은 건 없다는 얘기다. 우리가 신을 믿느냐 신을 믿지 않느냐 하는 여부가 종교 신앙을 결정짓는 핵심이라고도 생각지 않는다. 오히려 유신론자냐 무신론자냐 하는 잣대 자체를 넘어서 1차적으로는 〈몸의 현실〉이 훨씬 더 중요하다고 보기 때문에 이 점을 필자로선 〈탈-신론적인 몸론〉이라고 표현해 본 것이다.

만일 어떤 사람이 유신론자라고 해서 그런 사람들만을 신께서 자기 백성으로 받아들인다거나 혹은 신을 믿는 사람들만 천국에 보내고 신을 믿지 않는 무신론자들은 몽땅 지옥 심판으로 보낸다는 그런 발상과 믿음은 필자 역시 거부하는 입장일 뿐만 아니라 도리어 그런 잣대야말로 우리의 몸삶에 훨씬 더 해로울 수도 있다고 보는 입장이다. 물론 이 때 말한 신^{God}이라는 용어 대신에 하나님/야훼/알라/천주님/상제님/천지신명/하늘님 등 뭐라 칭하든 그런 식의 신 개념에 상응하는 존재를 뜻한 것인데, 설령 그런 신이 존재한다고 하더라도 정작 자기를 믿는 신자들만 천국 백성으로 삼고, 신을 믿지 않으면 영원 형벌의 지옥에 보내는 그런 신 존재라면, 그야말로 얼마나 〈속 좁은 신〉인가 싶다. 한마디로 그런 신이란 없다고 보는 게 필자의 입장이다. 물론 누군가는 〈지옥 형벌의 신〉이 필요하다고 볼 지도 모르겠다. 인류의 다양한 화풀이와 분노를 대리할 지옥 형벌 심판자로서의 신 존재는 여전히 필요하기 때문에 부정되어선 곤란하다고 보는 이들도 있을 수 있다. 하지만 이 글에서는 그런 맥락이나 입장과는 다른 차원의 논의가 될 것이며, 일단은 유신론이냐 무신론이냐 하는 문제 자체에만 자꾸 집착하지 않기만을 당부 드리는 바이다. 우리의 신념들이 신의 존재를 믿느냐 믿지 않느냐 혹은 유신론자냐 무신론자냐 하는 문제 자체가 어쩌면 신 자신에게도 시간적 세계의 우리 자신에게도 그리 큰 중요한 문제가 아닐 수 있다. 보다 중요한 것은 몸삶의 현실을 더욱 건강한 몸삶의 현실로 계속 개척해나가는 것임을 말씀드리고 싶다.

필자가 이런 얘길 하는 이유는 아무래도 알게 모르게 필자의 관점 역시 끼어들 위험성(?)도 있다고 본다면 그러한 의혹의 시선에서 볼 땐, 마치 필자 또한 〈유신론 변증 목적〉에 빠져서 화이트헤드의 신 개념을 소개하는 것으로도 비춰질 수 있기 때문에 그 부분에서도 가급적 오해를 줄이고자 필자의 입장 역시 미리 밝혀드리는 것이다. 사실 화이트헤드의 신관은 현재로선 〈과정신학〉을 비롯한 일부 진보 기독교 진영에서나 받아들이는 정도지 거의 대부분의 보수 기독교 진영에서는 대체로 잘 모르고 있기도 하거니와 알더라도 표피적이고 왜곡되게 이해된 채로 비판 거부되는 경우들이 훨씬 더 많은 것 같다. 그러나 적어도 **합리주의를 지향하는 종교관**에서 보면 현시점에서 〈유신론 변증 목적〉을 추구하는 것은 정작 낡은 신앙의 작태라고 여겨진다. 오히려 변증적 〈믿음〉보다는 합리적 〈모험〉이 더 긴요한 것이다. 전자는 〈반(反)합리주의〉로 안주될 수 있지만 후자는 〈합리주의〉를 더 확장할 수 있다. 알고 보면 〈신앙의 시대는 합리주의의 시대〉인 것이다(RM 86).

따라서 화이트헤드 철학의 신 이해에 있어서도 필요한 것은 단 하나, 자신이 현재 믿는 사상이 아무 흠 없는 완결적인 것으로만 간주하는 그런 〈근본주의자〉만 아니었으면 하는 〈열린 대화의 태도〉라고 본다. 유신론자여도 좋고 무신론자여도 좋지만, 단 현재의 자기 입장을 이미 확고 불변한 것으로 확정지은 〈근본주의자〉만 아니였으면 한다는 얘기다. 왜냐하면 그러한 〈근본주의자〉와는 대화 토론 자체부터가 아예 불가능하다고 보기 때문이다. 즉, <무신론적 종교인>이든, <유신론적 종교인>이든 이미 고정화된 자기믿음을 갖는 <근본주의> 입장만 아니라면 얼마든지 대화와 토론이 가능할 것이다. 그러나 근본주의자와는 대화와 토론 자체가 불가능하다. 심지어 과학만이 만능이요 과학만이 제일이라는 <과학 근본주의자>도 있을 수 있겠는데 그 역시 이미 과학을 절대시한다는 점에선 진전된 생산적인 대화나 토론이 힘들 수 있다. 사실 지금까지 인류 과학의 역사에서 보여왔던 건강한 소통 방식을 따른다면 <과학 근본주의>도 그 자체가 이미 과학 스스로를 위배하고 있는 모순적인 태도일 것이다. 어떤 형태의 근본주의든 마찬가지일 것으로 본다. 알고 보면 근본주의가 지닌 심각한 문제란 다름 아닌 <대화에 임하는 태도의 문제>이기도 한 것이다. 그들의 태도는 현재 자신들이 철썩 같이 믿고 있는 것들이 이미 완결되고 확정된 정답으로 간주하고서 대화에 임한다. 그럴 경우 상호 간의 생산적인 대화나 토론이 되는 것은 매우 힘들며 그저 일방적 강요와 훈계와 교시들 그리고 무조건적 옹호의 변증들만이 난무할 것이다.

   그러나 적어도 구체적이고 정확한 근거들에 기반된 분명한 오류가 발견된다면 기존의 종교사상 및 교리들도 얼마든지 수정 또는 폐기 그리고 새로운 <모험의 길>로도 그 가능성을 열어놓을 수 있어야 한다. 물론 여기에는 화이트헤드 철학과 필자의 입장을 비롯해 그 어떤 사상들 역시 예외일 수 없다는 점도 분명한 얘기다. 이러한 열린 모험은 모든 혁신의 방향성 및 개종의 가능성까지도 늘 열어놓고 함께 가는 길이다. 그래서 <모험의 길>인 것이다. 만일 여전히 오류와 비극에도 반성치 않는 그 심각한 완고함이 훨씬 커서 거의 가망이 없을 정도라면 그런 종교에 대한 탈출 및 개종의 가능성도 한층 더 커질 것이다. 한 사람의 전체 인생을 놓고 본다면 과연 무엇이 더 큰 성장의 길이 될 것인지를 우리는 끊임없이 고민하지 않을 수 없다. 마찬가지로 유신론자든 무신론자든 적어도 이 점만은 함께 서로 열어놓고서 화이트헤드 철학을 살펴보자는 말씀을 드리는 것이다. 철학에선 어쩌면 그것이 담고 있는 내용보다도 〈자기오류가능성〉을 열어놓고서 함께 하려는 〈열린 대화의 자세〉가 훨씬 더 중요한 게 아닌가 생각된다. 알고 보면 〈모험〉이야말로 더 큰 자신감과 진정으로 신뢰하는 믿음에서 나온 것이다. 모험 모델의 종교 신앙이야말로 영혼의 실질적인 성장을 확보할 것이다. 신에 대한 예배는 어떤 안전지대에서의 숭배 행위가 아니다.

"신에 대한 예배는 무사안전의 규례 rule of safety 가 아니다. 그것은 영혼의 모험이며, 도달하기 어려운 것을 향해 솟구치는 비상이다. 종교의 사망은 모험의 고귀한 소망을 억압함으로써 찾아온다."
(SMW 192)

따라서 종교 신앙의 구조에 있어서도 기존의 〈믿음 모델〉보다 끊임없이 자기초월적인 합리주의의 모험을 부단히 추구하려는 방향이라면, 현재의 자기 믿음의 수정 변경 가능성까지도 열어놓고 있는 〈모험 모델〉이야말로 훨씬 더 폭 넓은 성장과 더 깊은 성찰의 기회를 제공해줄 수 있다고 본다. 창조적인 열린 대화를 위해선 유신론자든 무신론자든 자기오류가능성을 배제한 어떤 고정불변의 입장을 옹호하거나 변증하는 일에만 묶여 있을 것이 아니라 때로는 더 설득력 있는 참신한 입장에도 얼마든지 자기를 열어놓으면서 저 무지개 너머로 함께 나아가는 그러한 대화 토론의 길이 오히려 우리 자신의 좁은 시야의 견문을 훨씬 더 폭 넓고 더 깊게 열어줄 것으로 기대하는 바이다. 화이트헤드 역시 표방한 것처럼, 진리로 가는 왕도란 없기에 우리는 철학[형이상학],

과학, 종교의 3자 소통 관계를 지향할 필요가 있다고 본다(RM 79). 어느 한 쪽이 일방적으로 우위에 있다거나 환원된다고도 보질 않는다. 그렇다고 단일한 하나의 통일을 주장하는 것도 아니다. 단지 다양성들 간의 양립 가능한 소통 관계들을 추구하려는 것뿐이다. 역사적으로 보더라도 종교, 철학, 과학은 인류사에 큰 영향을 주었던 주요 전통들에 해당한다. 현실적인 우리의 삶은 이들 전통의 효과성에서 결코 자유로울 수 없다.

> 세상에는 유신론자도 있고 무신론자도 있지만 적어도 자신이 현재 믿는 바를 지나치게 확신하는 사람일수록 다른 견해에는 예민하게 배타적인 것 같아!

> 유신론자든 무신론자든 자신이 현재 믿는 바가 절대 확고불변한 것으로 여긴다면 결국 대화 토론도 불필요한 게 되겠지!

신과 관련한 화이트헤드의 입장 변천 과정

이제부터는 화이트헤드의 신 존재에 대한 본격적인 고찰이다. 앞서 전통 기독교의 신 존재에 대한 화이트헤드의 부정적인 이해 및 서구 종교에 대한 비판적 평가들에서도 엿볼 수 있듯이 적어도 그가 무슨 종교적 의무감을 갖고서 철학에 신을 끌어들였다고 보긴 힘들다. 즉,

신이 존재해야 한다는 입장을 시작부터 염두에 둔다거나 이를 전제하고서 그 자신의 체계 안에 신 존재를 끌어들이고 있는 게 아니라는 점이다. 그렇다면 도대체 왜 신을 끌어들인 것인가 하는 의문이 있겠는데, 일단 이에 대해선 화이트헤드의 다음의 언급에서 엿볼 수 있을 것 같다.

"나는 엄격한 <기술적인 완성도>descriptive completeness를 목표로 삼지 않았다면, 신 개념을 나의 체계에 포함시키지 않았을 것이다"39)

화이트헤드가 표명한대로 자신의 철학사상을 체계화함에 있어 엄격한 <기술적인 완성>을 목표로 했기 때문에 신 개념을 포함시킨 것이라면 결국 우리는 그의 체계화에 구체적으로 어떤 요인이 이를 끌어들이게 만들었는지를 더 깊이 살펴보지 않을 수 없다. 이 같은 화이트헤드의 진술은 신을 끌어들인 것이 마치 부득이했다는 점을 암시하고 있는 듯하다. 실제로 화이트헤드의 저작들을 잘 살펴보면 그러한 정황사정을 짐작케 하는 점들이 있다.

신에 대해선 불가지론agnosticism의 입장이었다는 중기 시절까지만 해도 화이트헤드는 자신의 작업 안에 신 존재를 끌어들이지 않았었다.40) 그러다가 『과학과 근대세계』(1925년)에서 자신의 체계 안에 처음으로 신God을 도입했었는데 여기서도 신은 PR에서의 <현실 존재>라기보다 어떤 원리적인 존재로 언급되고 있어 다소 소극적이고 모호한 점도 있었다. 그리고선 자신의 종교론 강의였던 소품 걸작인 『만들어가는 종교』 Religion in the Making (1927년)에서는 신 존재가 형성적 요소이면서도 세계로부터도 영향을 받는 <현실 존재>라는 점으로도 나아갔으며

제11장 화이트헤드는 왜 신을 끌어들인 것인가?

마침내 자신의 대표작인 『과정과 실재』(1929년)에서는 〈현실 존재로서의 신〉이라는 점을 보다 확고하게 설정하면서도 신의 물리적이고 정신적인 본성^{nature}에 관한 분석의 내용들을 더욱 구체적으로 펼쳤던 것이다. 일련의 과정들을 보면 화이트헤드는 분명 자신의 신 존재 개념을 계속적으로 업데이트 하듯 발전시키고 있었다. 화이트헤드의 신에 관한 분석들은 PR에서 가장 풍성한 정점을 찍고 내려온다. PR 이후에는 신에 관한 언급이 거의 드문 편이며 그렇다고 자신이 PR에서 제안했던 〈새로운 유신론〉의 입장을 수정하거나 철회한 적도 없었다.

뿐만 아니라 정작 PR 안에 있어서도 매우 흥미로운 점이 엿보인다. PR에서 기술된 화이트헤드의 신 존재 개념은 사실상 그의 형이상학 체계 전체에서 볼 경우 없어서는 안 될 매우 중요한 역할을 하는 점이 있다. 그런데도 그가 PR에서 내세운 4가지 주요 범주들에선 신 존재가 언급되어 있지 않고 오히려 신을 〈몇 가지 파생적 개념들〉에서 다룬다는 사실은 한편으로 신에 대한 어떤 확고한 신념 속에서 이론의 전개를 펼쳤다기보다는 여전히 조심스럽게 접근하려는 측면들을 보여주는 지점이라고 생각된다. 즉, 화이트헤드의 신 존재는 4가지 주요 범주 도식인 궁극자의 범주, 현존의 범주, 설명의 범주, 범주적 제약들에 대한 논의에서는 다루지 않은 채로 〈제2장 범주의 도식〉을 끝맺고 있으며, 오히려 〈제3장 몇 개의 파생적 개념들〉에서 이를 다루고 있다는 사실에서도 그의 이러한 점을 어느 정도 짐작해볼 수 있다는 얘기다(PR 제1부 3장 참조). 비록 PR이 화이트헤드의 다른 저작들보다는 신 존재에 대한 가장 많은 분석의 내용을 담고 있다고는 하지만 이런 정황들까지 고려해서 본다면, 화이트헤드가 자신의 과정 형이상학의 체계화를 위해서 마지못해 신 존재를 넣은 것 같다는 인상도 들 정도다. 이때 말하는 '마지못해'라는 언급은 그의 체계화가 추구하는 논리적인 일관성과 정합성을 위해 부득이하게 도입하고 있는 것이 아닌가 하는 점이다. 확실히 이 점에서의 화이트헤드는 아리스토텔레스의 철학적 탐구 자세를 따른 것으로 여겨진다.

형이상학의 체계화에 있어 화이트헤드는 바로 이 부분에선 형이상학적으로 〈제일의 운동자〉$^{Prime\ Mover}$라는 신 관념을 도입했던 철학자 아리스토텔레스를 한편으로는 매우 높게 평가한 바가 있다(SMW 173). 실은 아리스토텔레스도 인격적 신의 도입이 아닌 어떤 논리성과 정합성의 차원에서 그 같은 관념이 구상된 것으로 보이는데, 화이트헤드도 분명 그러한 측면의 아리스토텔레스를 높게 평가한 것으로 보인다. 물론 화이트헤드 철학의 유신론 입장은 아리스토텔레스가 내세운 〈부동의 동자〉$^{Unmoved\ Mover}$나 이를 신학에도 적용될 만한 탁월한 실재로서의 신^{God} 관념에 대해서는 이를 거부하는 입장이다. 하지만 그럼에도 아리스토텔레스가 보여준 다양한 분야들에 대한 폭넓은 관심사와 함께 형이상학적으로는 냉정한 고찰을 유지한 채로 신에 대한 관념을 도입한 그를 가장 위대한 형이상학자로도 표현해놓은 점을 감안한다면(SMW 173), 분명 그 자신도 그 같은 탐구 자세를 따른 것으로 볼 수 있을 것 같다. 필자가 이러한 얘길 꺼내는 이유는 앞서 말했듯이 화이트헤드가 신을 불러들인 이유가 어떤 예외적인 존재자로서 이를 정당화하기 위한 목적으로 적극 도입된 것이 아니라는 점에 있다.

> "신은 형이상학적 원리들의 붕괴를 막기 위해서 불러들여진, 모든 형이상학적 원리들로부터의 예외자로 취급되어서는 안 된다. 신은 형이상학적 원리들의 주요한 예증사례^{exemplification}인 것이다."
> (PR 343/650)

사실 화이트헤드 철학 전반을 놓고 보면, 서구 철학을 결정적으로 오염시켰다고 봤던 아리스토텔레스와는 상당히 대척적인 위치에 서 있으면서도 다방면에 대한 폭넓은 관심사를 보인 점이나 체계화에 있어 냉정을 유지하고 보려는 그 이론적 탐구 자세만큼은 서로가 많이 닮아 있다는 생각도 든다. 〈부동의 동자〉를 도입했음에도 우리는 아리스토텔레스를 종종 〈자연철학자〉로서 간주한다. 어떤 인격적 존재로서의 개념의 도입을 떠올리게 하지도 않기에 우리는 아리스토텔레스가 어떤 종교 신앙의 의무감에서 그런 개념을 도입한 건 아니라고 본다. 어쩌면 화이트헤드 입장에선 아리스토텔레스야말로 〈경쟁적인 모방자〉로 자리해있었는지도 모를 일이다. 적어도 화이트헤드가 자신의 신 관념을 구상함에 있어선 아리스토텔레스를 많이 참조했다고 여겨지는데, 이를테면 아리스토텔레스의 본문을 빌려와서 자신의 철학적 개념 용어를 몇 가지만 바꿔 대체해놓으면 아리스토텔레스의 그것과도 같아진다고 말한 언급도 이런 맥락에서 엿볼 수 있겠다(PR 344/651-652).

그렇다면 이제 우리는 엄밀한 기술적인 완성도를 추구하고자 했던 화이트헤드의 철학적 작업이 과연 엄격한 원칙을 그 자신에게도 적용해서 신^{God}이라는 존재가 구상된 것인지를 검토할 필요가 있을 것이다. 바로 이 지점에서 중요한 포인트는 '현실 존재만이 근거가 될 수 있다'고 천명한 〈존재론적 원리〉에 대한 일관된 원칙 적용이 아닐 수 없다. 왜냐하면 아무런 근거도 없는 존재를 끌어들인다는 건 그야말로 화이트헤드 자신의 원칙마저 스스로 위배하는 것이 될 뿐이기 때문이다. 결국 화이트헤드의 신 개념은 〈존재론적 원리〉라는 원칙을 엄격히 적용해서 나온 개념인가 아니면 신 존재만은 예외적으로 간주해서 불러들인 개념인가를 묻지 않을 수 없는 것이다.

<존재론적 원리>의 의미, 가능태에 대한 현실태의 근거 우위

우리는 이미 "현실 존재만이 근거가 될 수 있다"는 <존재론적 원리>ontological principle에 대해선 살펴봤었다. 이 <존재론적 원리>는 화이트헤드가 기존의 서구 전통철학의 주된 흐름과 다른 성격의 것으로 내세운 것이라는 점도 앞서 누차 강조한 바가 있다. 이것은 그 자신의 철학적 자리가 결국 <경험론>의 입장에 서 있음을 천명한 것에 해당한다. 그가 말하는 <현실 존재>는 다름 아닌 <경험의 계기>occasion of experience이며 <경험의 방울들>drops of experience이자 오직 경험을 통해서만이 그 근거적 정당성을 확보할 수 있다고 봤었다. 그렇기에 그의 <존재론적 원리>는 "현실 존재가 없으면 근거reason도 없다"라는 명제로도 요약될 수 있다고 언급해놓고 있다(PR 19/79).

> "이 존재론적 원리가 의미하는 바는 현실 존재만이 근거가 된다는 것이다. 따라서 근거를 탐색한다는 것은 하나 내지 그 이상의 현실 존재를 탐색하는 것을 말한다." (PR 24/89)

바로 이 점에서 화이트헤드는 **현실적인 것을 떠나서는 아무 것도 존재하지 않는다**는 경험론의 입장 그리고 신적인 이데아의 관념적 성격을 극복하고자 했던 아리스토텔레스의 일반 원리를 화이트헤드 역시 자신의 철학 안에서도 이를 보존하는 점 또한 표방할 수 있었던 것이다(PR 40/119-120). 화이트헤드 철학에서의 기본적인 존재의 두 유형은 <현실 존재>와 <영원한 객체>이다(PR 22/85). 그럴 경우 영원한 객체는 그 자체로서 결코 근거가 될 수 없고 <오직 현실 존재만이 근거가 된다>고 봤었다.

"단순히 빨강에 대해 생각하는 것만으로는 빨강이 무엇인지what is red를 알 수 없다. 우리는 오직 이 현실 세계에서 여러 가지 물리적 경험의 모험을 감행함으로써만 빨간 사물을 찾아낼 수 있게 된다. 이 학설은 경험론의 궁극적인 근거이다." (PR 256/504)

따라서 화이트헤드가 보는 〈존재론적 원리〉는 〈가능태에 대한 현실태의 근거 우위〉를 천명한 것임에는 분명하다. 적어도 화이트헤드의 〈존재론적 원리〉를 일관되게 적용하는 한에서는 현실태를 배제한 〈순수 관념〉의 정당성을 마련할 수 없다. 〈순수 의식〉, 〈순수 존재〉, 〈순수 감각〉 등 뭐라 불리든 마찬가지다. 만약에 그것이 실재하는 존재로서의 정당성을 가지려면 필히 〈현실 존재〉로부터 그 근거들을 확보할 수 있어야만 한다. 어떤 〈자체적 존립〉을 정당화할 만한 모든 근거들은 〈추상적인 가능태〉가 아닌 〈구체적인 현실태〉로부터 이끌어내야만 할 것이다. 화이트헤드 철학의 이런 점은 그때까지의 전통적인 관념론 입장에 대한 경험론적 입장에서의 항거라고 볼 수 있다. 또한 이것은 서구 기독교 문명의 형이상학이 지녀왔던 〈무(無)로부터의 창조〉creatio ex nihilo라는 개념 역시 거부한 것이기도 하다. 적어도 그의 철학에선 〈절대 무(無)〉라는 개념은 가능하지 않다. 도대체 왜 그런가?

절대 무[없음]의 의미, 비존재인 무(無)로부터 뭔가가 나올 수 있는가?

화이트헤드가 말하는 〈존재론적 원리〉는 어떠한 형이상학적 제안을 하든지 간에 반드시 어떤 현실태에 근거된 설명을 구해야만 한다고 보기 때문에 그에 따르면, 현실 세계에 뭔가가 새롭게 창출되었다는 것은, 반드시 과거적 여건과 필수적인 관련이 있어야 한다는 것이며, 여기에 주체적 직접성을 갖는 현실 존재의 자기결단의 요소도 함께 결부된 사태라는 것이다. 전자는 〈작용인〉$^{\text{efficient cause, 작용적/동력적 인과}}$에 상응하는 〈타자원인성〉에 속할 것이며 후자는 〈목적인〉$^{\text{final cause, 목적적 인과}}$에 상응하는 〈자기원인성〉에 해당할 것이다. 이 두 성격 모두 현실태에 근거되어진다. 즉, 전자인 과거적 여건에는 과거의 현실태가 근거로서 포함될 것이며, 후자의 경우는 현재의 현실태가 갖는 직접적인 자기창조의 결단에 근거를 둔 것으로 볼 수 있다. 그렇기 때문에 아무 여건도 없는 곳에서, 즉 그 어떠한 것도 부재한 〈절대 없음〉으로부터 그 어떤 새로움의 창조가 마련될 수도 없고 창출될 수도 없다고 보는 것이다.

만일 이 지점에서 우리가 아무런 근거나 설명도 없이 무(無)로부터 전적으로 뭔가가 창출되어 나올 수 있다고 주장한다면 이는 논리적으로도 이미 모순적인 주장이 되고 만다. 왜냐하면 이것은 결국 〈절대적인 무(無)〉에서 유(有)가 나올 수 있다는 주장이 될 뿐이기 때문이다. 하지만 이 같은 〈절대 무(無)〉의 존립에는 아무런 근거를 찾아볼 수 없다. 그런 〈절대 무(無)〉라는 것이 과연 존재한다는 것인가? 오늘날 현대물리학에서도 말하는 무(無)라는 것도 분명히 〈절대 무(無)〉가 아니라 〈양자 요동〉$^{\text{quantum fluctuation}}$이 충만한 양자 바다의 진공의 의미를 담고 있다. 즉, 진짜 백퍼센트 아무것도 없는 절대적인 무(無)가 아니며 진공 속에도 〈에너지〉로 가득 차 있다는 것이다. 화이트헤드 철학에서도 〈절대 무(無)〉는 가능하지 않은 개념으로 본다. 이는 그의 철학적 도식이 〈존재론적 원리〉를 표방함으로 인해 안착하게 되는 필연적 귀결이기도 하다.

"존재론적 원리는 모든 결단이 하나의 혹은 그 이상의 현실 존재와 관계될 수 있다고 선언한다. 왜냐하면 현실 존재를 떠나서는 아무것도 없고, 단지 비존재non-entity가 있을 뿐이며, 이때 <남아 있는 것은 침묵뿐>(The rest is silence)일 것이기 때문이다." (PR 43/125)

"설명해 주는 사실이 <비존재>로부터 현실 세계로 흘러 들어올 수 있다고 가정한다면, 이는 개념상 모순이다. <비존재>란 무無, nothingness를 말한다. 모든 설명해 주는 사실은 현실적 사물의 결단 및 효력과 관계한다." (PR 46/132).

"존재론적 원리에 따르면 없는 곳nowhere으로부터 세계 속으로 유입되는 것은 아무것도 없다. 현실 세계에 있는 것은 무엇이나 어떤 현실 존재와 관련을 가질 수 있다." (PR 244/483)

여기서 화이트헤드는 <무>nothingness를 <비존재>non-entity로 일컫고 있다. 그것은 한편으로 <관련 없음>이기도 하다. 그것이 만일 <존재>한다면 거기에는 반드시 어떤 <관련 있음>이 있어야 한다고 봤었다. 결국 화이트헤드 입장에서는 진정한 <없음(無)>은 관계 자체도 가능하지 않으며 사유 자체도 불가능한 것에 속할 뿐이다. 그것은 <절대적인 무(無) 관계성>이며 <모든 것의 절대적 없음>이다. 그야말로 <절대 무>란 <절대 없음(無)>인 것이다. 화이트헤드 철학에선 그런 건 없다고 보고 있다. 말 그대로 '없다'는 얘기다. <영원불변하는 자체 존립적 존재>나 또는 <자기충족적인 사실> 같은 것도 상정하고 있지 않다.

"<무(無)존재>nonentity 속에서 떠다니는 자기존립적인self-sustained 사실 같은 건 없다." (PR 11/66)

이렇게 보면 화이트헤드의 입장은, 구약성서에 나온 야훼 신의 말씀으로 표기된 "나는 스스로 있는 자니라"(출애굽기 3장14절)라는 구절의 뜻과도 어긋난다고 볼 수 있겠다.41) 즉, '스스로 있는 자'라는 것은 타자와 관계를 맺지 않고도 〈오직 자기원인으로만 존재한다〉는 의미의 영원한 자존자(自存者) 혹은 전적인 자기독립적 존재인 점을 내세운 것인데, 화이트헤드 철학의 체계에선 보면 그러한 신 존재는 거부되거나 부정될 수밖에 없다. 그런데 서구 철학사에 있어 스피노자 철학에서의 신 존재도 〈유일 무한 실체〉one infinite substance라는 개념을 만족시키는 〈전적인 자기원인적 존재〉로서의 신 존재로 보기도 하지만, 화이트헤드의 신 이해는 그런 도식과는 다른 양상을 띠고 있다. 화이트헤드 철학에서의 상호 관계성[타자원인성+자기원인성]은 존재의 부차적 성질이 아닌 존재론적 본질에 속할 만큼 신조차도 예외이지 않다. 나중에 보겠지만 신도 세계도 이미 서로 풀기 힘들 정도로 함께 뒤얽힌 채로 형성 과정 중에 있다. 세계가 없다면 신도 없다고 볼 정도로 신과 세계는 상호의존적인 관계에 놓여 있다. 게다가 신과 세계 모두 창조성의 피조물로도 얘기된다. 이 점에 대해선 뒤에서 다시 또 거론할 것이다.

이렇게 볼 때 우리는 〈절대적 의미의 무(無)〉와 〈일상적 의미의 무(無)〉의 개념을 조금 구분해서 볼 필요도 있을 것 같다. 우리가 주로 언급하고 있는 무[없음] 개념은 내가 속한 시간적인 현실 세계에 없다는 의미의 무(無)를 뜻하고 있다. 화이트헤드 철학에선 존재[있음]의 기본적인 두 유형이 〈현실 존재〉와 〈영원한 객체〉라는 점에서(PR 22/85), 우리가 일반적으로 떠올리는 무(無)는 결국 영원한 객체들이 현실 존재[계기]로 실현되고 있지 않은 〈미결정성의 사태〉를 일컫는 것일 뿐이다. 즉, 영원한 객체는 존재한다고 해도 그것은 어디까지나 가능적으로만 존재할 뿐이지, 현실적으로 존재하는 것은 아닌 것이다. 그것은 기껏해야 과거 세계의 효력으로 남아 있는 객체적 불멸성일 순 있어도 시간적 세계를 형성하며 주체적 직접성을 갖는 경험자는 아니다. 그렇기에 우리가 흔히 떠올리는 무[없음] 개념은 결국 시간적인 현실 계기들의 현존 부재를 지칭한 것에 해당한다고 볼 수 있다. 이것은 어떤 의미로 온전한 무[없음] 개념이라기보다 상대적 의미의 〈결핍〉 개념에 가깝다. 따라서 이러한 무[없음] 개념을 절대적 의미의 무[없음] 개념과 혼동해선 곤란할 것이다.

"절대 무(無)로부터 뭔가가 나올 수 있는가?" 결국 〈존재론적 원리〉를 따르는 화이트헤드 철학에선, 모든 설명해주는 사실들은 현실적 사물의 결단 및 효력과 관계하기 때문에 "그럴 수 없다!"가 될 것이다. 화이트헤드의 철학은 서구 기독교 문명의 형이상학이 지녀왔던 〈무(無)로부터의 창조〉creatio ex nihilo라는 관념을 분명하게 거부한다. 그렇다보니 이를 이어받은 과정신학 진영에서도 〈무(無)로부터의 창조〉 관념이야말로 오히려 더 비성서적인 것으로 본다.42) 신의 창조 작업은 자연세계와 협력해서 수행하는 〈공동 창조자〉로서의 작업이다. 뒤에서 좀 더 언급하겠지만, 신을 포함한 모든 현실 존재들은 서로 간에 역할적 차이가 있음에도 기본적으로는 〈창조성의 피조물〉이면서 일정 부분 현실 세계를 함께 만들어내는 〈공동의 창조자〉이기도 한 것이다.

화이트헤드 철학의 이런 점들은 기존의 전지전능한 창조주 신 관념에 빠져 있던 보수 기독교 진영뿐만 아니라 심지어 진보적인 복음주의 기독교 진영이라고 하더라도 〈초자연적이고 전지전능한 창조주〉라는 신 이해를 받아들이고 있는 한, 적어도 그러한 만큼 화이트헤드의 신 이해를 받아들이기에는 매우 힘들어하거나 상당히 곤혹스럽게 여길 것으로 보인다. 왜냐하면 그동안 서구 기독교 신학이 믿어왔던 주된 신 개념과는 너무나도 거리가 큰 것이기 때문이다.

> ☞ <무(無)로부터의 창조> 개념은 <존재론적 원리>라는 원칙에 위배된다.
>
> ☞ 따라서 화이트헤드 철학은 <무(無)로부터의 창조>creatio ex nihilo 를 거부한다.

시간적인 현실 세계에 없는 <미실현의 영원한 객체들>은 어디에 있는가?

현재 우리의 경험 속에서도 충분히 인지할 수 있듯이, 시간적인 현실 세계는 제한적으로만 가능태를 현실화하고 있는 그러한 세계다. 만일 그렇다면 시간적인 경험 세계 안에 실현되어 있지 않은 미결정성의 영원한 객체들(즉, 현실 존재의 결단에 의해 구현되지 못한 영원한 객체들)은 도대체 어디에 존재하고 있다가 별안간 시간적인 현실 세계 안에 구현되고 있는 것인가? 시간적인 현실 세계엔 없는 가능태들(영원한 객체들)은 도대체 어느 장소에 존재하고 있다는 것인가? 우리는 이러한 물음 역시 충분히 떠올려 볼 수 있다. 이것은 아직 실현되어 있지 않은 <미실현의 가능태들>도 어딘가에는 반드시 있어야만 한다는 점을 상기해주는 것이기도 하다. 바로 그 <미실현의 가능태들>은 그동안 도대체 어디에 잠복해 있다가 별안간 이 세계 안으로 출몰하고 있는 것인가?

화이트헤드 철학에선 그러한 것들이 정당성을 확보하려면 분명 <어딘가>에는 자리해있어야만 하는데, 시간적인 현실 세계에서도 찾아볼 수 없다고 한다면 도대체 그것들은 어디에 자리해있다는 것인가를 우리는 묻지 않을 수 없다. 여기서 말하는 그 〈어딘가〉가 화이트헤드 철학에선 결국 〈어떤 현실태〉에 해당한다. 이때 앞서 살펴봤듯이, 이 지점에서 무(無)로부터 창출된다고 보는 식의 해결은 전체 형이상학 체계를 오히려 더 손상시키는 비논리적인 모순이 될 뿐이다. 그렇기 때문에 〈존재론적 원칙〉을 일관되게 적용하는 가운데 전체 체계를 손상시키지 않으면서 모순을 피해가는 논리적 해결책이 되려면 그러한 영원한 객체들이 자리해있을 법한 〈어떤 현실 존재〉가 반드시 있어야만 하는 점이 있다. 바로 이 〈어떤 현실 존재〉가 앞서 말한 〈미실현의 가능태들〉이 자리하는 〈어떤 곳〉을 말한다.

"모든 것은 어떤 곳에 있어야 한다. 여기서 〈어떤 곳〉이란 〈어떤 현실 존재〉를 의미한다. 따라서 우주의 일반적인 가능태도 어떤 곳에 있어야 한다." (PR 46/131)

결국 핵심적으로 문제시 된 부분은, 시간적인 현실 세계에는 없는 그러한 영원한 객체들이 도대체 어디에 자리하고 있는가에 대한 문제에 있었다. 가능태에 속하는 영원한 객체 자체는 생성 소멸하지 않는다. 그것은 영원한 동일자일 뿐이다. 적어도 영원한 객체들은 새로 창조되거나 하는 존재들도 아니기에 〈존재론적 원리〉라는 원칙에 따를 경우 반드시 〈어떤 현실 존재〉에 근거될 수 있어야만 했다. 그리고 이때 말하는 〈어떤 현실 존재〉는 〈시간적인 현실 존재〉여선 곤란하다. 왜냐하면 시간적인 현실 세계 안에 없는 가능태들이 자리해야 한다는 점에서 오히려 〈비시간적인 현실 존재〉$^{\text{non-temporal actual entity}}$로 볼 수밖에 없는 것이다. 바로 이 〈비시간적인 현실 존재〉를 화이트헤드는 자신의 체계에서 〈신〉^{God}으로 간주하고 있는 것이다(PR 46/131).

결국 정리하자면,〈미실현의 가능태들〉이 현실 세계 안에 실현될 때 그것은 무(無)로부터 나온 것이 아니라 그 〈어떤 현실 존재〉와의 관련성 속에 있다가 시간적인 현실 세계 안에 구현되는 것으로 본다는 것이며, 이때 말하는 〈어떤 현실 존재〉라는 것이 화이트헤드가 말하는 〈신〉^{God}에 해당한다는 것이다. 그리고 여기서 짐작할 수 있듯이, 이 〈어떤 현실 존재〉는 〈시간적인 현실 존재〉일 수가 없기에 결국은 〈비시간적인 현실 존재〉로 설정된다. 즉, 화이트헤드가 말하는 신은 다른 〈현실 계기〉$^{actual\ occasion}$와 달리 시간성에 종속되어 있지 않은 〈비시간적인 현실 존재〉라는 것이다. 결국 시간적인 현실 세계에 없는 〈미실현의 가능태들〉은 바로 이 〈비시간적인 현실 존재〉라는 곳에 자리해 있다고 볼 수 있다.

이미 **현실 존재[계기]**를 설명했던 앞장에서 언급했듯이, 〈시간적인 현실 존재〉는 다른 말로 〈현실 계기〉와 동의어에 해당한다. 하지만 화이트헤드 철학에서 신^{God}만은 〈현실 존재〉이지 〈현실 계기〉가 아니다. 이때 신^{God}이라는 현실 존재와 다른 **현실 존재[계기]**들과의 결정적 차이는 시간성에 종속되느냐 아니냐의 차이에 있다. 화이트헤드 철학에서의 신 존재는 시간에 종속되어 있지 않는 〈비시간적인 현실 존재〉로 간주된다. 쉽게 말해 시간적인 현실 존재들, 곧 현실 계기들은 소멸하지만, 비시간적인 현실 존재인 신은 소멸하지 않고 영속하는 현실 존재인 것이다. 하지만 이 같은 차이점을 제외한다면 신^{God}이라는 현실 존재는 다른 〈시간적인 현실 존재들〉의 특징 역시 함께 공유하고 있기에 여전히 〈현실 존재〉로도 불린다. 즉, 화이트헤드가 이 신^{God}을 현실 존재로 보는 이유에는 시간적인 현실 존재들과 마찬가지로 신도 물질성과 정신성이라는 두 가지 양극적 성격을 함께 갖고 있다는 점에서 현실 존재가 갖는 기본 특성 자체는 모두 공통적으로 보여주고 있기 때문이다.

> ☞ **시간적인 현실 존재** = 현실 계기
> (또는 경험의 계기, 획기적 계기라는 표현도 쓴다)
>
> ☞ **비(非)시간적인 현실 존재** = 신[God]
> (시간적인 현실 세계에 없는 <미실현의 가능태들>의 장소)

소멸한 과거임에도 어떻게 현재의 계기에 여건으로 주어질 수 있는가?

또 한 가지를 잠시 생각해보자. 지나간 과거로서의 현실 세계라는 것은 이미 소멸된 현실 계기들에 해당할 것이다. 그런데 화이트헤드가 말한 현실 계기들이 생성 소멸하는 것이라면 말 그대로 그것들은 이미 소멸된 것들이어서 알고 보면 그 어떤 것도 남아 있지 않아야만 한다. 즉, 뭔가로 계속 남아 있다고 하는 것은 어떤 면에서 <소멸>이라는 뜻에도 부합되지 않는 얘기일 것이다. 화이트헤드 철학에서 현실 계기들의 소멸은 <주체적 직접성>subjective immediacy을 상실한 것에 해당한다. 그리하여 현실 계기들은 소멸한 후에도 후행하는 우주에 대해 불멸하는 객체로서는 계속 남겨진다고 얘기된다. 그렇다면 이것은 분명하게도 <소멸>에 대한 전적인 의미가 아니잖은가? <소멸>이란 것은 말뜻 그대로 남겨지는 게 아니라 사라져 없어지는 것이다. 정말로 그것이 소멸한 것이라면 도대체 어떻게 후행하는 우주에 그 자신을 여건으로 내어줄 수 있다는 것인가? 이 물음은 한편으로 <주체적 직접성>을 상실한 것이 된 <객체적 불멸성>objective immortality에 대한 존재론적 근거를 묻는 것이기도 하다. 그렇다면 그것은 어떻게 가능하다는 것인가? 결국 이 문제를 해결할 장치도 함께 마련되지 않으면 안 되는 것이다.

　소멸한 계기들이 시간적 세계 안에서는 소멸이 될지언정 계속 여건으로 남아있으려면 어딘가에는 계속 머물고 있어야만 한다. 하지만 계기들의 소멸이 〈주체적 직접성〉을 상실하고 있는 이상, 이를 시간적인 현실 계기들로부터 이끌어내긴 매우 힘들다. 결국 그것이 자리할 수 있는 어떤 〈장소〉^{locus}가 있어야 한다고 볼 수 있겠으며, 그 장소는 〈시간적인 세계의 장소〉가 아닌 〈비시간적인 어떤 장소〉이지 않으면 안 되는 것이다. 결국 이러한 얘기는 어떤 〈비시간적인 현실 존재〉가 시간적인 현실 계기들이 생성·소멸할 때마다 이를 남김없이 거둬들여서 이를 보존하고 있어야만 한다는 점을 함의하고 있다. 그럼으로써 합생을 시작하는 계기들한테 이를 여건에 포함시켜 넘겨주는 그러한 역할을 한다는 점을 짐작해볼 수 있는 것이다. 결국 과거로부터의 계승에 있어서도 이를 손실 없이 보존하고 전해줄 수 있는 어떤 매개적 운반자가 필요한 셈이다.

　따라서 화이트헤드는 그때까지의 미실현된 영원한 객체들을 불러들이기 위해서 그리고 소멸한 과거를 남김없이 보존하고 전해줄 수 있기 위해서는, 어떤 모종의 현실 존재를 필요로 할 수밖에 없다고 본 것 같다. 그리고 이러한 점을 모두 고려해본다면 그와 같은 현실 존재는 〈시간적인 현실 계기〉로서는 그 역할을 제대로 감당할 수 없다고 봤었고 오히려 〈비시간적인 현실 존재〉일 때 좀 더 적절한 적임자로 간주될 수 있다고 봤었다. 모든 현실 존재들도 그 중요성에서 등급이 있고 그 기능에서 차이가 있다고 했는데(PR 18/78), 이 특별한 역할을 맡고 있는 현실 존재를 일컬어 화이트헤드는 〈신〉^{God}이라고 불렀던 것이다. 이처럼 신은 〈비시간성〉을 띠고 있기 때문에 〈현실 존재〉로는 불리지만

〈현실 계기〉로는 불리지 않는다. 신은 항상 〈현실 존재〉일 뿐이다.

결국 소멸된 시간적인 계기들이 후행하는 우주에 여건으로 주어지려면 이를 보존하고 전달할 역할자도 필요하다고 본 거네!

그리고 미실현된 영원한 객체의 출현을 위해선 어떤 비시간적인 장소도 필요하다는 거였어!

전체 체계화에 있어 논리적 일관성과 정합성을 위배하지 않아야

그런데 설령 이 지점에서도 신이 전혀 필요 없다고 여전히 가정해보자. 즉, 신 없이도 그저 과거로부터의 계승만은 가능하다고 설정해보자는 것이다. 하지만 그렇다고 할 경우에도 문제는 여전히 남게 된다. 이를테면 후행하는 합생 과정의 전개는 어차피 신 없이 과거 세계로부터 넘겨받은 것이기 때문에 결국은 과거의 어떤 것을 재생 반복하는 것이 될 뿐이다. 만일 반복 재탕이 아니라고 할 경우에는, 새로이 시작하는 합생 과정 자체가 이전에 없던, 어떤 〈새로운 영원한 객체〉를 창조하는 과정이 되어야만 한다. 하지만 그렇게 되면 〈영원한 객체〉라는 개념 자체가 다시 또 손상을 입게 된다. 왜냐하면 영원한 객체는 동일자로서 정의된 것이기에 영원한 객체 자체가 새롭게 창조되는 것은 아니기 때문이다. 화이트헤드가 분명하게 밝혔듯이 〈새로운 영원한 객체〉novel eternal objects란 말은 가능하지 않다(PR 22/86). 심지어 화이트헤드가 말한 신조차도 새로운 영원한 객체를 창조하는 그런 존재가 전혀 못 된다. 영원한 객체들은 단지 합생 과정을 통해 실현^{realization}되느냐 마느냐 할 뿐이지 영원한 객체 자체가 창조적 생성을 한다거나 새롭게 태어나는 것은 결코 아니다. 따라서 이 경우엔 영원한 객체라는 개념과도 어긋나게 된다. 결국 이 같은 문제들로 인해 전체 체계화를 이루고 있는 개념들이 부득이하게 손상되거나 서로 상충하거나 어긋나는 불일치와 균열들까지도 발생될 수 있다. 그렇게 되면 이것은 사변철학의 체계를 구성함에 있어 〈논리적 일관성〉과 〈정합성〉의 원칙을 위배하는 것이 될 것이다.

따라서 그러한 역할자로서의 신이 없다고 보게 되면 전체 체계화에 있어 또 다른 모순과 부정합성들이 연쇄적으로 치명상을 입게 되는 심각한 난점들 역시 생겨나게 된다. 하지만 그렇지 않고 만약에 영원한 객체를 보존하는 역할로서의 〈어떤 비시간적인 장소가 되는 현실 존재〉가 있다고 해둔다면 그 같은 문제들도 정합적으로는 극복될 수 있다고 본 것이다. 바로 이 지점에서 〈비시간적인 현실 존재〉를 어떤 'X'라고 설정하든 뭐라 부르든지 일단은 상관없다고 해보자. 중요한 핵심 관건은, 전체 체계화의 〈정합성〉과 〈논리적 일관성〉을 위해서는 반드시 영원한 객체들이 자리하는 장소로서의 어떤 'X'라는 〈비시간적인 현실 존재〉가 필요하다고 본 점에 있다. 그러한 가운데 화이트헤드는 이 같은 존재를 〈신〉^{God}이라고 명명하고 있는 것뿐이다. 그렇게 볼 경우, 이는 앞서 거론된 바가 있었던 〈이전에 없던 새로움〉의 출현 곧 〈창발〉^{emergence}의 문제에 있어서도 화이트헤드의 형이상학적 체계에서는 온전한 설명이 가능해진다. 필자가 생각하기로는 〈창발〉이야말로 언제나 과학의 측정선 안으로는 포획되지 않는, 직접적 경험의 창출 영역이라고 생각된다. 여하튼 화이트헤드는 그 자신의 체계화의 원칙에 해당하는 〈존재론적 원리〉를 전혀 위배하지 않으면서도 〈신〉이라는 현실 존재가 가능할 수 있는 자리를 논리적으로도 일관성 있게 확보하고 있는 셈이다. 더 적극적으로 말한다면, 화이트헤드는 오히려 〈존재론적 원리〉를 철저히 고려했었기 때문에 그 어떤 X라는 현실 존재, 곧 비시간적인 현실 존재인 〈신〉을 구상할 수밖에 없었다고 보여질 정도다.

더 나은 가치를 추구하는 비교 느낌의 근원은 어디서 온 것인가?

또 한 가지는, 세계 안의 온갖 이상ideal의 실현들은 언제나 더 나은 가치의 실현들을 추구하는 과정에서 일어나고 있다. 그것은 〈저 가치〉보다 〈이 가치〉가 더 중요하고 더 낫다고 보는 비교 느낌에 기인한다. 모든 〈가치화/가치매김〉valuation의 실현에는 이러한 비교 느낌이 있다. 여기에는 많은 상관적인 비교의 느낌들이 다양하게 있을 수 있다. 대표적으로는 아름다움과 추함, 선과 악, 참과 거짓 같은 그러한 가치들의 추구일 것이다. 물론 무엇이 가장 아름답고, 선하며, 참인 것인가 하는 것은 전체를 가늠하기가 힘든 유한한 존재로선 제각각 가치매김이 다를 것으로 본다. 여기서 중요한 점은 저마다의 내용물들이 제각각 다르다고 하더라도 그러한 것들조차도 어떤 비교 우위의 느낌들을 통해서 실현하고자 하는 중에 있는 것이며, 그런 가운데서 보다 이상적인 가치들을 추구하려 한다는 사실이다. 핵심은, 더 나은 이상ideal을 추구하고자 하는 이 비교 느낌의 근원은 과연 어디로부터 계속 나오고 있는가 하는 점이다. 만약에 우리가 모든 가치들을 완전히 동등한 것들로 간주해버린다면 비교의 느낌도 들지 않을 만큼 사실상 이것은 모든 가치들을 〈무의미〉로 전락시키는 것이기도 하다. 이는 어떤 면에서 화이트헤드도 언급했던 "추상적인 가능태들의 건조하고도 무기력한 분리(barren inefficient disjunction of abstract potentialities)" 상태와도 크게 다르진 않을 것으로 본다. 따라서 모든 추상적 가능태들을 질서화한 이상^{ideal}과 현재 사실들 간의 비교 느낌이 있게 될 경우, 우리는 시간적인 세계 안에서 더 나은 이상으로 향하려는 〈미래로의 충동〉을 불러일으킬 수 있다. 화이트헤드는 직접적 사실을 넘어서는 가능태로서의 이상의 유혹을 〈신성〉神性, Deity이라는 용어로 표현했었다(MT 101).

화이트헤드가 어려운 특별한 전문 용어들을 가급적 배제하고서 썼던 『사고의 방식』 Modes of Thought에는 다음과 같이 언급되어 있다. 그에 따르면 우리의 경험 속에는 〈신성에 대한 감각〉$^{sense\ of\ deity}$이 함께 포함되어 있다는 것이다.

> "최종적으로는, 신성^{Deity}이 있다. 그것은 중요성, 가치, 그리고 현실적인 것을 넘어선 이상에 의한 우주 내의 요인이다. 우리 자신을 넘어선 가치^{worth}에 대한 감각이 생겨나는 것도 신성(神性)의 이상들과 공간적인 직접성들^{immediacies}과의 관련에 의해서다. 초월적인^{transcendent} 우주의 통일성과 실현된 현실태들의 다수성^{multiplicity}은 모두 이 신성에 대한 감각을 통해 우리의 경험 속으로 들어오는 것이다. 이 초월적인 가치에 대한 감각에서 떠나면, 실재^{reality}에 대한 타자성^{otherness}도 우리의 의식 안으로 들어오지 않을 것이다. 우리 자신을 초월하는 가치가 있어야만 한다. 그렇지 않다면, 경험된 모든 것은 단지 우리 자신의 유아론적인^{solipsist} 존재 양식^{mode}에 속하는 무기력한 세부사항들만이 될 것이다. 우리는, 세계의 많은 현실태들이라는 명백함^{obviousness}과 그리고 깨달은 가치의 보존을 위한 세계의 통일성에 대한 명백함 그리고서 실현된 사실을 초월하는 이상들로의 이행^{transition}을 위해서는 신성에 대한 감각에 빚지고 있는 것이다." (MT 102)

현재의 그 자신을 넘어서 있는 것들은 모두 초월해 있는 것들이다. 뿐만 아니라 현실을 넘어서 있는 것들 역시 초월적인 것에 해당한다. 아주 간단히는 〈이상〉과 〈현실〉에 대한 것이다. 즉, 실현된 사실을 넘어선 초월적인 가치 및 이상에 대한 감각이 우리 경험 안에 있지 않다면 그러한 가치와 이상에 대한 실현을 좇는 경험의 실현도 결코 나올 수 없다는 얘기인 것이다. 여기서 화이트헤드는 이를 〈신성에 대한 감각〉sense of deity과 관련해서 표현해놓고 있다. 화이트헤드는 이것이 우리 경험 속에 깃들어 있다고 봤으며 이는 경험의 본질에 속하는 것으로 간주한다. 실제 우리의 경험을 돌아보더라도 그야말로 다양한 가치 및 이상에 대한 실현 경험들을 갖고 있음은 말할 나위 없는 것이다.

> "영입된 이상, 목표로 삼은 이상, 성취된 이상, 말살된 이상 등 여러 이상에 대한 경험들이 있다. 이것은 우주의 신성에 대한 경험이다. 이 최종 경험과 관련한 성공과 실패의 뒤얽힘은 본질적인 것이다. 그럼으로써 우리는 우리 자신과 다른 우주와의 관계를 경험한다. <u>우리는 본질적으로 우리가 아닌 것과 관련하여 우리자신을 가늠하고 있는 것이다. 유아론적인 경험에는 성공이나 실패가 있을 수 없다. 왜냐하면 유아론적 경험만이 존재할 것이기 때문이다. 거기에는 비교의 기준이 없다. 인간의 경험은 명시적으로 그 자신을 외적인 기준과 관계하고 있다. 따라서 우주는 이상들의 원천</u>source<u>을 포함한 것으로서 이해된다.</u>" (MT 103)

우리는 이 지점에서 "신적인 본질은 인간적 본질에 불과하다"[43]고 봤던 독일의 무신론 철학자 루트비히 포이어바흐Ludwig A. Feuerbach와도 그 입장이 확연히 달라지는 점도 엿볼 수 있다. "종교는 인간의 유아적 본질"로 간주했던 포이어바흐의 경우는 이상^{ideal}에 해당하는 완전성의 근거를 결국 불완전하고 유한한 인간에게 속한 것으로 그래서 온갖 이상들에 대한 경험들은 이미 인간 안에 깃들어 있는 능력 안에 전제된 것으로 봤었다.[44] 반면에 화이트헤드의 경우, 이상^{ideal}은 현재를 초월해 있는 것이 현재 속으로 진입되는 것으로 보며, 근본적으로 유기체가 진화를 한다는 점도 이전에 없던 새로움의 사건들이 계속적으로 세계 안에 구현되는 가운데 일어나는 일이면서, 이는 그때까지의 세계 안에는 없었던 이상에 대한 경험들과 결부된 것으로 보고 있다. 하지만 포이어바흐의 경우 그것은 결국 현재를 넘는 미래로 이행하는 초월의 경험일 수 없고 오히려 인간 안에 잠복된, 그러니까 이미 인간 속에 지니고 있었던 터라 초월이 아닌 내재에 대한 경험만이 될 뿐이다. 그에게 있어 초시간적인 영원성은 이미 시간적인 존재나 사물들이 지녀왔던 거였었고 이를 창조적으로 새롭게도 만들어내는 것이 되고 있다. 반면에 화이트헤드는 그러한 영원한 이상들에 대한 경험은 근본적으로는 시간적인 사물에 속하지 않는 것과의 비교 느낌들에서 나온 것으로 본다. 다소 도식적으로 언급해본다면, 〈현재의 한계를 넘는 이상을 꿈꾼다〉는 건 A에게서 A가 아닌 다른 어떤 것과의 비교 느낌을 통해서 나올 수 있는 것이지, 만약에 A만 존재한다면 A에게서는 A만 나올 수밖에 없다는 것이며, A에게서 다른 새로운 B가 결코 나올 수 없다고 보는 것이다.

　PR에서의 화이트헤드는 영원한 객체들이 현실 존재에 관여할 때 그것들이 〈등급화〉^{gradation}된다는 표현을 많이 쓴다(PR 31/101, 87/204 등). 어떤 임의적인 상황에서도 우리는 우선적으로 실현하고 싶은 가능태가 있는 것이고 그와 함께 부차적인 것으로 전락되는 가능태 역시 있게 될 것이다. 이것은 〈개념적 가치화〉$^{conceptual\ valuation}$의 범주와 관련한다.

〈가치화〉는 개념적 느낌의 〈주체적 형식〉$^{\text{subjective form}}$으로서 우리는 저마다의 가능태들에 동등한 가치느낌을 부여하지 않는다. 가치를 실현함에 있어서도 어떤 비교의 기준에 따라 평가하고 있는 것이다. 그런데 이 비교 느낌에 대한 시원적 출처라고 할 만한 근거를 오로지 과거의 시간적인 현실세계 안에서만 구한다고 한다면 그것은 결코 그때까지의 현실세계를 넘어서는 새로운 미래로의 이행 경험을 창출할 수 없다. 그러한 주체적 경험은 새로움의 경험을 창출할 수 없게 된다. 따라서 주체의 경험에는 〈이상들의 원천〉$^{\text{source of ideals}}$이 우리 경험 속에 반드시 관련될 수 있는 것이어야 한다고 화이트헤드는 내다봤다. 그렇기 때문에 화이트헤드는 우리 경험이 갖는 〈과정의 형식〉$^{\text{form of process}}$이 과거로부터 파생된 것에만 전적으로 의존하지 않는다는 점을 분명하게 밝혀놓고 있다.

> "이 이상들의 원천에 대한 효과적인 양상이 현재 경험 속에 내재하고 있는 신성이다. 역사적 중요성에 대한 감각은, 이상들의 그 신적인 통일성 속에서 쇠퇴하지 않고 있는 영속적인^{everlasting} 과정에 대한 우주에 대한 직관^{intuition}이다.
>
> 따라서 신성과 역사적 과정 사이에는 어떤 본질적인 관련이 있다. 이러한 연유 때문에, 과정의 형식은 전적으로 과거로부터 파생된 것에만 의존하지 않는 것이다. 헛됨과 좌절의 한복판에서 쇠퇴하는 시대가 되면 과정의 형식은 새로운 질서의 형식들을 포함하는 다른 이상들을 이끌어내게 된다." (MT 103)

화이트헤드가 말년에 쓴 『사고의 방식』 *Modes of Thought*(1938년)

에 담긴 이 내용들은 거의 십 년 전에 매우 전문적인 용어들로 쓰였던 『과정과 실재』에 비하면 나름대로 상당히 쉽게 풀어서 쓴 점이 있다 (* 물론 쉽다고 얘기하지만 상대적 의미로서의 그렇다는 것이지 여전히 일반 대중의 입장에서 본다면 쉽지 않은 내용들도 많다). 『과정과 실재』에서는 다음과 같이 언급되고 있는데 이는 이제부터 우리가 본격적으로 살펴볼 내용이기도 하다.

"시간적인 사물들은 영원적인 사물에 관여함으로써 생겨난다. 이 두 조組, sets는 시간적인 것의 현실태를 가능적인 것의 초시간성 timelessness과 결합시키는 어떤 것ª thing에 의해 매개된다. 이 궁극적 존재는 세계 속의 신적 요소이며, 이것으로 말미암아 추상적인 가능태의 건조하고도 무기력한 이접離接, disjunction은 이상적인 실현으로서의 효과적인 연접連接, conjunction을 원초적으로 획득하게 된다. 원초적인primordial 현실 존재에 있어서의 가능태의 이러한 이상적 실현은 형이상학적 안정을 이루어내고 있으며, 이로 말미암아 현실적 과정은 형이상학의 일반적 원리를 예시하고, 발현하는 질서의 각 특수한 유형에 고유한 목적을 달성한다. 순수한 가능태를 이처럼 원초적으로 가치화하는 이 현실태 때문에, 각 영원한 객체는 각각의 합생 과정과 일정한 효과적 관련을 맺게 된다. 그와 같은 질서화ordering를 제쳐놓는다면 시간적 세계 내에서 실현되지 않은 영원한 객체들의 완전한 이접 상태만이 있게 될 것이다. 새로움은 무의미하게 되고 생각조차 할 수 없게 될 것이다." (PR 40/119)

〈시간적인 사물〉과 〈영원적인 사물〉이란 화이트헤드가 존재의 대표적인 두 유형으로 각각 거론한 바 있는 시간적인 현실태인 〈현실 계기〉와 초시간성을 갖는 가능태인 〈영원한 객체〉에 해당된다고 볼 수 있다. 여기서 〈관여〉^{participation}란 〈진입〉^{ingression}의 다른 표현임을 말씀드린 바 있다. 이 표현들은 화이트헤드 철학에선 〈영원한 객체〉와 관련되고 있는 용어들이다. 이 영원한 객체들[대상들]은 초시간성에 놓여 있는 반면에 현실태들은 시간성에 놓여 있다고 볼 경우 화이트헤드 철학에선 이 양자를 매개해 줄 어떤 것$^{a\ thing}$ 또는 바로 그러한 어떤 현실 존재가 필요하다고 봤던 것이며, 그는 이 존재를 신^{God}으로 명명해놓은 것이다. 이 신이 현실 존재이긴 하지만 그것은 〈원초적인 현실 존재〉$^{primordial\ actual\ entity}$ 또는 〈원초적인 현실태〉$^{primordial\ actuality}$로도 언급되고 있다(PR 40/119, 65/167, 87/205, 344/650). 이 〈원초적〉이라는 용어는 신 자신의 본성과 관련된 것으로 이에 대해선 잠시 뒤에 설명할 것이다. 일단 여기서 중간 정리를 해본다면 일단 화이트헤드가 신을 끌어들인 연유에는 크게 세 가지 이유를 들 수 있을 것으로 본다.

● 화이트헤드가 어떤 〈비시간적인 현실 존재〉를 상정할 수밖에 없었던 이유
① 이전에 없던 미실현된 영원한 객체들의 장소로서 (창발과 관련)
② 소멸한 계기들에 대한 과거 보존과 계승으로서
③ 가치와 이상적 질서의 원천이라는 궁극적인 비교 기준으로서

[※ 이것은 화이트헤드 철학의 〈존재론적 원리〉 및 논리적 일관성과 정합성을 모두 따르고 있는 가운데서 도출해낸 것이다. 그리고 이때 말하는 〈비시간적인 현실 존재〉를 가리켜 화이트헤드는 신[God]이라고 명명해놓은 것이다.]

이제 우리는 화이트헤드가 말하는 신 존재가 다른 현실 존재의 양상과 어떻게 맞물리게 되는 건지를 좀 더 구체적으로 살펴보고자 한다. 그는 신을 어떤 예외적인 존재로 보기보다는 오히려 다른 현실 존재에 적용되는 양상과 동일한 형식적 성격을 갖는 것으로 보는데, 그 지점이 바로 모든 현실 존재가 지닌 양극적兩極的, dipolar 성격이 신에게서도 예외 없이 적용되어진 〈신의 양극적 본성〉에 해당한다.

신의 양극적인 두 본성 : 〈원초적 본성〉과 〈결과적 본성〉

① 신의 원초적 본성(God's primordial nature)

화이트헤드에 따르면 모든 현실 존재들은 기본적으로 〈양극적인〉兩極的, dipolar 성격이라는 〈물리적인 극〉physical pole과 〈정신적인 극〉mental pole을 갖는다. 이 점은 신도 포함해 그 어떤 현실 존재도 예외 없이 적용되는 사태다.

> "현실 존재는 본질적으로 양극적인 것으로서, 〈물리적인 극〉과 〈정신적인 극〉을 가지고 있다." (PR 239/475)

> "경험의 사례는 그것이 신이든 세계의 현실 계기이든 간에 모두 양극적이다." (PR 36/113)

> "모든 현실 존재와 마찬가지로 신의 본성은 양극적이다. 신은 원초적 본성primordial nature과 결과적 본성consequent nature을 갖고 있다." (PR 345/653)

따라서 신이라는 현실 존재 역시 〈물리적인 극〉과 〈정신적인 극〉을 지닌다. 이 점에 있어선 신이라는 비시간적인 현실 존재나 시간적인 현실 존재[계기]나 동일한 적용을 받고 있어 다르지 않다. 신의 본성 역시 양극적인 것으로 화이트헤드는 이를 각각 신의 〈원초적 본성〉과 신의 〈결과적 본성〉으로 불렀었다(* 또는 '시원적 본성'과 '귀결적 본성'으로 번역하는 경우도 있긴 하지만 여기서는 PR 국역판의 번역어를 따랐다). 이러한 신의 〈원초적 본성〉과 〈결과적 본성〉은 다른 현실 존재가 갖는 정신적인 극과 물리적인 극에도 상응되는 것이다. 이때 신의 정신적인 극은 〈원초적 본성〉으로서 그리고 신의 물리적인 극은 〈결과적 본성〉으로 자리한다.

> ● 신[God]이라는 현실 존재의 양극적 본성
> - 정신적인 극 : 신의 원초적 본성
> - 물리적인 극 : 신의 결과적 본성

먼저 화이트헤드가 말하는 신의 〈원초적 본성〉은 다음과 같이 소개되어 있다.

"원초적으로 창조된 사실은 영원한 객체의 다양성 전체에 대한 무제약적인^{unconditioned} 개념적 가치화이다. 이것이 신의 〈원초적 본성〉$^{primordial\ nature}$이다." (PR 31/101)

"신의 〈원초적 본성〉은 자신의 여건 속에 모든 영원한 객체를 포함하는 개념적 느낌의 통일적 합생이다." (PR 87-88/205)

"원초적인 것으로서 고찰될 경우, 신은 절대적으로 풍부한 가능태의 무제한적인unlimited 개념적 실현realization이다." (PR 343/650)

이들 언급은 화이트헤드가 표명한 신의 〈원초적 본성〉에 대한 아주 간명한 정의로 볼 수 있겠다. 이 신의 〈원초적 본성〉은 신의 정신적인 극에 해당하는 신 자신의 〈개념적 느낌〉conceptual feeling에 해당한다. 즉, 신God이라는 현실 존재도 영원한 객체들을 포착한다는 얘기다(* 주의: 신이 영원한 객체를 창조한다는 얘기가 아님!). 이때 〈무제약적인 개념적 가치화〉unconditioned conceptual valuation라는 것은 다수의 영원한 객체들에 대한 신에 의한 〈질서화〉ordering를 말한 것으로 여기에는 어떠한 제약적 요소도 없이 신 그 자신의 자유로운 결정에 의한 질서화를 뜻한다. 시간적인 현실 존재들은 그때까지의 현실세계에 의한 제약을 받지만 신은 그렇지 않은 가운데 자유로운 결정을 행사한다는 것이다. 이것은 무한한 가능태들을 개념적으로 포착한다는 점에서 다수의 영원한 객체들에 대한 궁극적이고도 기본적인 조정adjustment이 되고 있다(PR 32/105).

화이트헤드는 이러한 신의 원초적 본성을 "모든 영원한 객체에 대한 〈완전한 직시(直視)〉complete envisagement라고도 불렀다(PR 44/128). 〈직시〉란, '마음에 그린다'는 뜻으로 화이트헤드는 이 용어가 '본다(vision)'는 뜻의 〈비전〉vision이라는 말보다 무난하다는 점을 밝히고 있다(PR 34/107). 신의 원초적 본성은 모든 영원한 객체들에 대한 포착을 통한 신 자신의 〈완전한 직시〉인 것이다. 이것이 바로 신이 행사하는 〈무제약적인 개념적 가치매김〉에 해당한다. 그렇다면 화이트헤드는 왜 이 같은 구상을 하게 되었을까? 이는 앞서 언급한 바 있는 신이라는 존재를 자신의 체계화에 끌어들일 수밖에 없었던 이유와도 관련된 것이다.

"존재론적 원리의 작용 범위가 <결단>이 현실 존재와 관계되어야 한다는 명제로부터의 여러 논리적 귀결에 의해 완전히 드러나는 것은 아니다. 모든 것은 어떤 곳에 있어야 한다. 여기서 <어떤 곳>somewhere이란 <어떤 현실 존재>를 의미한다. 따라서 우주의 일반적인 가능태도 어떤 곳에 있어야 한다. 왜냐하면 그것은, 그것이 거기서 아직 실현되지 않고 있는 그런 현실 존재에 대하여 근사적인 관련을 보유하고 있기 때문이다. 이 <근사적인 관련>proximate relevance은 새로운 것의 출현을 규제하는 목적인(目的因)으로서, 연이어 계속되는 합생 가운데 다시 나타난다. 지금 말한 이 <어떤 곳>은 비시간적인 현실 존재이다. 따라서 <근사적인 관련>은 <신의 원초적인 마음에 있어서의 관련>(relevance as in the primordial mind of God)을 의미한다." (PR 46/131)

존재론적 원리에서 볼 때 우주의 일반적인 가능태들이 자리할 수 있는 <어떤 곳>이 필요한 것이며, 화이트헤드는 여기서 근사적인 관련을 보유한 <신의 원초적인 마음mind>이라고도 표현하고 있는 것이다. 이것은 어떤 의미로 비시간적인 성격을 갖고 있기 때문에 현실성을 결여한 것처럼 여겨진다. 바로 그런 점에서 화이트헤드는 다음과 같이 표현한다.

"신의 원초적 본성을 그 자체만 놓고 본다면, 그것은 현실태를 결여한, 신의 한 요인에 지나지 않는다." (PR 34/107)

"신의 원초적 본성 속에 있는 영원한 객체는 플라톤적 이데아계를 구성하고 있다." (PR 46/132)

우리는 앞서 화이트헤드의 영원한 객체 개념이 플라톤의 이데아 형상 개념들을 일정 부분 계승한 표현이라는 점을 살폈었다. 그렇기에 신의 원초적 본성 속에 자리하고 있는 영원한 객체들은 플라톤의 이데아계를 구성한다고도 표현한 것이다. 하지만 앞서 언급했듯이 신은 영원한 객체를 창조하거나 하진 않는다. 영원한 객체 자체는 현실 존재에 의해 포착되어 결단을 통해 진입될 뿐이지 별안간 창조되거나 하는 그러한 성격의 것이 아니다.

"신은 영원한 객체를 창조하지는 않는다. 왜냐하면 신의 본성은 영원한 객체가 신을 필요로 하는 것과 꼭 마찬가지로 영원한 객체를 필요로 하기 때문이다. 이는 존재의 범주적 유형들 간의 정합성^{coherence}을 예시해 주는 한 사례가 된다." (PR 257/505)

이러한 영원한 객체들은 신의 원초적 본성 속에서 플라톤의 이데아계를 구성하고 있다는 점에서 볼 때 시간적인 현실성을 결하고 있는 고도의 추상적 성격을 지닌다고 볼 수 있을 것이다. 그러나 신의 원초적 본성 자체는 세계로부터 초월해있음에도 이것의 기능은 다시 시간적인 현실세계 속으로 내재하는 점이 있다. 나중에 보겠지만 그것이 바로 모든 현실 계기들이 합생을 시작할 때 갖는 〈최초의 주체적 지향〉$^{initial\ subjective\ aim}$에 해당한다. 이것은 진화하는 세계에 대한 신의 관련성에서 파생된 것이다(PR 347/657). 그리고 그의 또 다른 저작인 『관념의 모험』에서는 〈신의 원초적 본성〉을 〈우주의 에로스〉$^{Eros\ of\ the\ Universe}$로 표현한 적도 있었다(AI 253). 화이트헤드는 이 〈신의 원초적 본성〉이 갖는 특성들을 다음과 같이 열거해놓고 있다.

"신의 본성의 한 측면은 신의 개념적 경험으로 구성되어 있다. 이 경험은 그것이 전제하는 어떠한 현실태에 의해서도 제한되지 않는 세계 내의 원초적 사실$^{primordial\ fact}$이다. 그러므로 <u>그것은 무한한 것으로서 어떠한 부정적 포착도 수반하고 있지 않다. 신의 본성의 이러한 측면은 자유롭고, 완전하며^{complete}, 원초적이고, 영원하며, 현실성을 결여하고 있고, 또 무의식적이다.</u>" (PR 345/653)

● 신의 <원초적 본성> 정리

☞ 신의 개념적 느낌들로 이루어진 신의 정신적 본성
☞ 영원한 객체에 대한 전(全)포괄적인 원초적 가치화 또는 무제약적인 개념적 가치화[가치매김]
☞ 미실현된 모든 가능태들을 비축해놓고 있는 영원한 객체들의 저장고(reservoir)
☞ 특징들 : 무한성, 무제약, 완전함, 원초적, 영원성, 현실성 결여, 무의식적

---

② 신의 결과적 본성(God's consequent nature)

앞서 말한 신의 <원초적 본성>이 무제약적인 개념적 가치화라는 신 자신의 개념적 느낌으로 구성되어 있다면, 신의 <결과적 본성>은 이 세계에 대한 신의 물리적 느낌으로 구성된다고 볼 수 있다. 즉, 이것은 현실 존재의 양극적 성격 중에서도 <물리적인 극>에 해당되는 것이다.

"신의 <결과적 본성>은 진화하고 있는 우주의 현실태에 대한 신의

물리적 포착$^{physical\ prehension}$을 말한다." (PR 88/205)

"신의 결과적 본성이란 현실태의 다양한 자유를 신 자신의 현실화 ^{actualization}의 조화로 수용함으로써 신 자신의 경험을 성취하는 것을 말한다. 그것은 신의 순수한 개념적 현실태에 따르는 결여성^{deficiency}을 보완하여 완전한 것이 되게 하는, 실재적으로 현실적인 것으로서의 신이다" (PR 349/660)

이는 화이트헤드가 PR에서 밝힌 신의 <결과적 본성>에 대한 정의들이다. 본문 글에서 신의 순수한 개념적 현실태가 원초적 본성으로서의 신이라면, 실재적으로 현실적인 것으로서의 신은 결과적 본성으로서의 신이라고 할 수 있겠다. 앞서 언급했듯이 신의 원초적 본성의 경우 현실성을 결여하고 있지만, 신의 결과적 본성에서는 이 현실성이 결여된 부족분^{deficiency}을 채우고 있는 것이다. 이런 점에서 보면 신을 가리켜 무조건 '완전한 존재자'라고 말하기는 힘들다고 여겨진다. 왜냐하면 신조차도 현실성의 결여된 부족분을 채워야만 하는 존재이기 때문이다. 전통적으로 기존의 많은 신 존재 증명의 논증들이 '신은 완전한 존재자'라는 점을 존재론적 논증의 전제로서 많이 삼곤 했지만, 화이트헤드 철학의 이런 맥락에서 보면 오히려 그 전제부터가 '무비판적인 믿음'으로 끌어들인 게 아니었나 생각된다.

신의 원초적 본성에서는 그 여건이 무한한 가능태들인 영원한 객체들이었다고 한다면, 신의 결과적 본성에서의 여건은 진화하고 있는 우주의 현실태들이 되고 있다. 신의 결과적 본성에서는 그러한 우주의 현실태들을 신 자신의 경험으로 가져온다. 따라서 우주의 현실태가 합생적 결단을 통해 자유를 행사한 경험들을 모두 포착하여 신 자신의 느낌으로서 불러들인다고 볼 수 있다. 간단히 말하면 우리가 보고 듣고 느끼는 모든 경험들 곧 세계 안의 모든 경험들은 신 자신의 경험으로도 느껴지게 된다는 얘기다. 그럼으로써 신은 세계에 대한 물리적 느낌의 경험들을 그 자신의 원초적 본성이라는 개념적 욕구와 대비시켜 조정해내는 가운데 다시 세계 안으로 내재하게 된다. 이른바 신은 세계에 대해 초월하며 내재하고 있는 것이다. 신의 결과적 본성에서는 세계로부터 초월하고 있으며 초월적인 신의 원초적 본성에서는 다시 세계 속으로 내재하고 있다. 한편으로 보면 이것은 신 역시 세계의 영향으로부터 자유롭지 않다는 점을 말해주는 것이기도 하다. 각각의 시간적 계기들은 신을 구현하고 있을 뿐만 아니라 또 신 안에서 구현되고 있기 때문에 신과 세계를 포함한 모든 현실태들은 기본적인 구도상 결코 유리되어 있지 않은 것이다(PR 348/659).

우주의 현실태의 다양한 경험들을 신 자신의 경험 속으로 끌어온다는 점은 한편으로 신의 역할이 과거 세계의 보존에도 있다는 점 또한 내포해주고 있다. 화이트헤드 철학에서 모든 현실 계기들은 시간적인 계기들이어서 생성하고 소멸한다. 그럼에도 진화하는 현실세계는 소멸해버린 과거로부터 연달은 계승이 되고 있는 연속성을 띠고 있다. 달리 말해, 소멸한 계기는 그 자신이 행사한 자유가 후속하는 계기들한테 어떻게 영향을 계속 끼칠 수 있는가 하는 점을 고려해볼 경우, 여기에는 소멸이 아닌 보존의 역할 또는 그러한 매개가 될 만한 현실 존재, 즉 존재론적 근거가 있어야만 하는 것이다. 바로 이 역할이 신이라는 현실 존재의 결과적 본성에 해당한다. 신의 결과적 본성에 대한 이러한 점을 셔번은 다음과 같이 소개한 바가 있다.

"현실 존재들은 생성하고 이어서 소멸한다. 그러나 그것들은 또한 객체적으로 불멸하는 것으로 기능한다. 객체적으로 불멸하는 것으로서의 현실 존재들은 현실태와의 연계를 상실한 것들이며, 이런 점에서 그것들은 영원한 객체들의 영역과 유사한 것이다. <u>객체적으로 불멸하는 현실 존재들은 신의 결과적 본성을 통해 현실태와 연계된다. 결과적인 것으로 간주되는 신은 현실 존재들의 각 세대를 파악하고 보존하여 미래에로 그들의 역량을 매개한다.</u>"45)

신의 결과적 본성은 결코 세계를 버리지 않는다. 신은 세계를 구제한다. 이 같은 신의 결과적 본성에서는 아무런 손실도 장애도 없으며 세계는 직접성의 일치에서 느껴진다고 보았다(PR 346/654). 여기서 화이트헤드가 말하는 신의 결과적 본성은 이 세계가 시간의 소멸에 완전히 빠지는 것을 구제하고 있긴 하지만 그것은 또 한편으로 이 세계에 대한 단순한 보존 그 이상의 역할을 한다는 점도 있다. 왜냐하면 신의 결과적 본성은 세계의 경험들을 자기 안으로 끌어들이고선 신 자신의 원초적 본성에 비추어, 시간적 세계 내의 단순한 잔해에 지나지 않는 것들을 활용하는 가운데 신 자신의 경험을 성취해나가고 있기 때문이다.

"원초적 본성은 개념적이며, 결과적 본성은 신의 물리적 느낌들이 신의 원초적 개념들 위에 짜여 들어간^{weaving} 것을 말한다." (PR 345/653)

"신의 원초적 본성의 완결성에서 유래하는 신의 주체적 지향의 완전성은 결국 신의 결과적 본성의 특성이 된다." (PR 345/654)

결국 신의 결과적 본성은 그 자신의 원초적 본성과의 비교 통합의 위상을 갖게 되는 셈이다. 즉, 합생의 성격이 비교적 위상을 갖는 점은 시간적 계기들과도 마찬가지인 것이며, 신의 결과적 본성에 속하는 물리적 느낌들은 그 자신의 원초적 본성에 속하는 개념적 느낌들과 통합되는 비교적 느낌의 위상에 의해 완결된다는 것이다.46) 화이트헤드는 이러한 신의 결과적 본성을 〈애정tenderness과 지혜wisdom의 심판〉이라고도 표현했다. 왜냐하면 세계의 모든 경험들을 구제하고 있을 뿐만 아니라 그 자신의 지혜를 통해 이를 활용하고 있기 때문이다. 그리고 이러한 기능을 하는 신을 〈천국〉kingdom of heaven의 기능을 하는 신으로 보고 있다.

"신의 결과적 본성은 세계에 대한 신의 심판judgment이다. 신은 세계가 신 자신의 삶의 직접성 속에 들어올 때, 세계를 구원한다. 신의 결과적 본성은 구원될 수 있는 것은 그 어떤 것도 버리지 않는 애정tenderness의 심판이다. 그것은 또 시간적 세계 내의 단순한 잔해에 지나지 않는 것을 활용하는 지혜wisdom의 심판이다." (PR 346/655)

"신의 결과적 본성은 개별적인 자기실현self-realization을 갖는 요소들의 다수성multiplicity으로 구성되어 있다. 그것은 통일성unity인 것과 마찬가지로 다수성이며, 자기 자신을 초월하는 끊임없는 전진인 것과 마찬가지로 하나의 직접적인 사실이다. 그렇기 때문에 신의 현실태는 또한 창조의 과정 가운데 있는 현실적 구성 요소의 다수성으로서 이해되지 않으면 안 된다. 이것이 천국의 기능을 하고 있는 신이다." (PR 350/662)

신과 세계는 우주의 창조적 전진 속에 놓여 있다고 했을 때 신이라는 현실태는 바로 그러한 창조의 과정 속에서 현실적인 구성 요소가 되고 있는 역할을 분명하게 담당하고 있다. 따라서 화이트헤드가 말하고 있는 이 천국은 신 안에서 오늘 우리와 함께 하고 있는 천국인 것이다(PR 351/663). 신은, 우주의 현실태의 다양한 경험들을 신 자신의 경험으로서 수용하고 있으면서도 궁극적으로는 그 자신의 원초적 본성에 비추어 그러한 개념적 느낌들을 물리적으로 성취하고자 함에 있기 때문에 이러한 신의 결과적 본성이야말로 세계에 대한 구원이면서 사랑이자 지혜의 심판이 되고 있는 것이다. 이 점에서 화이트헤드가 말하는 신의 모습은 상당히 애정 어린 인내의 신의 모습을 떠올리게 해준다고 볼 수 있다.

"신의 본성의 이와 같은 작용하는 성장을 가장 잘 이해할 수 있는 이미지―그것은 한갓 이미지에 지나지 않지만―는, 그 어떤 것도 상실되지 않도록 하려는 애정 어린 배려의 이미지이다." (PR 346/654-655)

"신의 결과적 본성을 이해하는 데 필요한 또 하나의 이미지는 신의 무한한 인내$^{\text{infinite patience}}$라는 이미지이다." (PR 346/655)

신은 세계를 강제로 이끈다거나 하지 않는다. 신은 〈물리적 산출〉$^{\text{physical production}}$로 세계 안에 그 힘을 행사하는 존재가 아니다. 오히려 행사되고 있는 것은, 신의 개념적 조화의 〈압도적 합리성〉$^{\text{overpowering rationality}}$이다. 그렇기 때문에 세계의 동요를 애정 어린 배려로 이끌어가는 신의 인내라는 이미지가 있게 되는 것이다. 이러한 신을 세계의 시인(詩人, poet)으로 비유한 다음의 화이트헤드 문구는 화이트헤드 연구자들 사이에서도 꽤나 인상적으로 남아 있는 명문 중 하나다.

> "신의 역할은 산출력과 산출력의 투쟁도 아니고, 파괴력과 파괴력의 투쟁도 아니다. <u>신의 역할은 그의 개념적 조화의 압도적 합리성이 그의 인내 속에서 행사되는 데 있다.</u> 신은 세계를 창조하지는 않는다. 신은 세계를 구제한다. 아니 보다 정확히 말하면, <u>신은 진·선·미에 관한 자신의 비전에 의해 세계를 이끌어가는 애정 어린 인내심을 갖고 있는, 세계의 시인이다.</u>" (PR 346/655)

신은 세계에 대해 물리적 산출력을 행사하는 것이 아니어서 세계를 직접적으로 창조한다고 보기는 힘들다. 오히려 신의 개념적 느낌의 그 합리성에 설득된 또는 그것에 감복된 세계의 자율성을 통해 그 일을 해나간다고 볼 수 있다. 이를 여기서는 진·선·미에 관한 자신의 비전에 의해 세계를 이끌어간다고 표현한 것이다. 신은 그 자신의 개념적 느낌들의 현실화를 위해서라도 그 물리적 성취를 위한 파트너로서 이 세계가 반드시 필요하다. 그리하여 신과 세계는 각기 상대편에 있어서의 새로움을 위한 방편^{instrument}인 것이다(PR 349/659). 따라서 신도 세계도 서로를 필요로 하고 있는 가운데 존재하고 있다. 이 점에서 신의 결과적 본성이 없다면 이 세계는 구제 받을 길이 없게 된다. 하지만 그러한 신의 결과적 본성으로 인해 신 자신도 세계로부터 불가피한 제약을 받는 것이며 그 불완전성을 띠게 되는 것이다. 이 같은 신의 결과적 본성에 대한 특성들을 화이트헤드는 다음과 같이 열거하고 있다.

"다른 한쪽의 측면은 시간적 세계에서 파생된 물리적 경험과 더불어 생겨나고, 이어서 원초적 측면과 통합되기에 이른다. 그것은 결정되어 있고, 불완전하며, 결과적이고, <영속적>^{everlasting}이며, 완벽하게 현실적이면서 의식적이다. 신의 필연적인 선함^{goodness}은 신의 결과적 본성의 결정성^{determination}을 표현하고 있다." (PR 345/653)

● 신의 <결과적 본성> 정리

☞ 진화하는 이 세계에 대한 신의 물리적 포착
☞ 신의 원초적 개념들 위에 물리적 느낌들이 짜여 들어간 것
  (애정과 지혜의 심판, 천국의 기능을 하는 신)
☞ 특징들: 결정성, 불완전성, 영속성(* 영원성이 아님), 현실성 충만, 의식적

[※ 신의 결과적 본성에 있어 한 가지 특기할 만한 사항은, 화이트헤드가 신의 결과적 본성에 대해서는 "everlasting(영속성의, 영속적인)"이라는 용어를 쓰고 있다는 점인데, 이것은 "eternal(영원한)"과는 미묘한 차이가 있는 것이다. 적어도 화이트헤드가 신의 결과적 본성의 특징을 언급할 때에는 "eternal(영원한)"을 쓰지 않고 "everlasting(영속성의, 영속적인)"이라는 용어를 쓴다. 이 'everlasting'의 경우는 '영구히 계속되는'의 의미로서 이는 시간적 세계와의 접촉 가운데서 영구히 계속되고 있음을 함축하지만, 'eternal'의 경우는 그렇지 않고 시간성을 벗어난 영원의 성격을 담고 있다는 점에서 일말의 미묘한 차이가 있다. 오히려 화이트헤드는 'eternal'을 신의 원초적 본성의 특징에 속하는 것으로 본

다(PR 345/653). 따라서 〈영속성〉은 신의 결과적 본성의 특징에 해당하고, 시간성을 탈피하고 있는 〈영원성〉은 신의 원초적 본성에 속하는 이러한 미묘한 차이도 함께 있다고 보면 될 것이다.]

궁극자는 창조성이며, "신은 원초적인 피조물"이라는 주장의 뜻

화이트헤드 철학의 유신론은 기존의 서구 신학자들을 매우 당혹스럽게 만드는 점들이 있는데 그 중의 하나를 꼽는다면 "신은 원초적인 피조물(God is the primordial creature)"(PR 31/102)이라는 점을 들 수 있겠다. 우리가 알던 기존의 사고방식에선 '신이라는 존재는 이미 창조자라는 점을 담고 있는 개념인데 신이 어떻게 피조물일 수 있느냐?'하는 반문이 퍼뜩 들지도 모르겠다. 이는 우리가 그동안 생각해왔던 신 존재에 대한 개념이나 고정관념들을 완전히 뒤바꾸고 있는 것으로도 여겨질 수 있다. 그러나 화이트헤드의 철학을 찬찬히 들여다보면 이는 논리적이고 정합적인 귀결이기도 한 것이다. 화이트헤드는 기본적으로 신을 포함해 모든 현실 존재들을 피조물로 보고 있다(PR 22/86).

그렇다면 신^{God}이라는 현실 존재도 피조물^{creature}이라고 한다면 그러한 현실 존재를 창조하는 궁극적인 창조자^{creator}는 도대체 누구냐 하는 질문도 여전히 던질 것으로 보인다. 화이트헤드의 철학 체계에서 그것은 다름 아닌 창조성[창조력]^{creativity}이다. 그러나 이 말은 한편으로 오해도 될 수 있겠는데 왜냐하면 화이트헤드에게서 창조성[창조력] 자체는 〈존재자〉가 아니기 때문이다. 우리가 앞서 살펴봤듯이 그것은 다^{many}에서 일^{one}로의 과정을 있게 하는 〈새로움의 원리〉로서의 활동력을 말한다. 모든 현실 존재들은 바로 이러한 창조성[창조력]에 의해 생겨난다는 것이며, 여기에는 신도 예외이지 않다는 것이다. 다만 〈원초적 본성〉을 갖는 신이라는 현실 존재를 고려해본다면 결국 신 존재를 창조성에 의한 〈원초적인 피조물〉로도 볼 수 있다는 얘기다. 즉, 화이트헤드가 보는 신 존재는 창조성의 제약을 받는 〈원초적인 현실 존재〉라는 의미인 것이다. 물론 이때 말하는 〈원초적〉이라는 용어는 신의 원초적 본성을 가리킨다고 보면 되겠다.

"신의 원초적 본성은 창조성에 의해 획득되는 원초적 성격이다." (PR 344/651)

여기서 좀 더 설명되어야 할 점은 신과 창조성 간의 연관성이다. 주지하다시피 화이트헤드 철학에서는 〈궁극자〉가 신이 아니라 〈창조성〉creativity이며, 신도 창조성의 피조물로 설정되어 있는데, 이것은 〈창조주로서의 신〉이라는 일반적인 신 존재 이해와는 상당히 거리가 있는 얘기로도 들린다. 따라서 여기에 대한 분명한 이해가 있지 않으면 안 될 것이다. 왜 화이트헤드는 절대적 존재가 아닌 창조성[창조력]을 궁극자로 설정해놓은 것인가?

"무릇 철학 이론에는 우발성들accidents에 힘입어서 현실적인 것이 되는, 어떤 궁극자an ultimate가 존재한다. 그것은 오직 그 우발적인 구체화들embodiments을 통해서만 그 특성이 규정될 수 있는 것인데, 그 우발성들로부터 단절될 때 그것은 현실성actuality을 잃게 된다. 유기체 철학에서는 이런 궁극자를 가리켜 〈창조성〉이라고 부른다. 그리하여 신은 그것의 원초적인 비시간적 우발성(primordial, non-temporal accident)이다." (PR 7/58-59)

여기서는 먼저 〈우발성〉이라는 개념부터 이해해보도록 하자. 〈우발

제11장 화이트헤드는 왜 신을 끌어들인 것인가?

성〉이라는 뜻은 알다시피 예기치 않은 뜻밖의 사고나 사건의 발생을 함축하고 있는 것처럼 어떤 합리적으로 해명 불가능한 사건의 한 측면을 일컫는 것에 해당한다. 화이트헤드는 이 〈우발성〉이라는 용어를 설명할 때 이것이 〈결단〉^{decision}을 의미하는 것으로 소개한 적이 있었다.47) 이때 말하는 〈결단〉이란, 그 어떤 필연성에 의한 결단이 아니라 〈자유로운 결단〉을 말한 것이며, 그 점에서 〈우발성〉은 〈자유로운 결단에 의한 발생〉이라는 점을 함축하고 있는 것이다. 그렇다면 이것은 분명 필연성이 아닌 우연성에 속하는 사태다. 결단이 갖는 자유의 행사는 합리적으로는 해명 불가능한 비합리주의 영역에 해당한다(앞의 6장에서 〈결단〉에 관해 언급한 내용 참조). 진정한 자유의 행사는 이미 결정된 것에 대한 순응일 수만은 없다. 오히려 그것은 결정된 것들까지 넘어서고자 하는 이탈 또는 반작용의 흐름을 지향하는 점이 있다. 화이트헤드는, 우주 안에는 항상 직접적 결단의 여지를 남기는 우연성^{contingency}이라는 것이 있다고 봤었다(PR 284/551). 따라서 화이트헤드 철학에서 〈자유로운 결단〉의 궁극적인 원천은 〈창조성〉에 기인한다고 볼 수 있다. 화이트헤드는 이러한 창조성을 〈궁극자〉로 상정한 것이다.

모든 현실 존재들은 주어진 여건으로부터는 제약을 받지만, 적어도 그 안에서 어떤 가능태들을 실현할 지에 대해서만큼은 자유로운 결단을 하고 있다. 바로 이 점에서 화이트헤드가 보는 현실 존재의 성격에는 〈자기창조적〉$^{self-creative}$이라는 요인도 있음을(PR 25/91) 우리는 고려하지 않을 수 없다. 모든 현실 존재들은 〈타자원인성〉에 의해 제약되어 있으면서도 직접적 결단에 있어서는 〈자기원인성〉을 드러내고 있는 것이다. 따라서 화이트헤드의 과정 형이상학에서는 "세계가 자기 창조적"(PR 85/201)인 것처럼 〈신 또한 자기창조적〉이라고 볼 수 있겠다. 다시 말해, 신이 〈창조성의 피조물〉이라는 표현이나 〈원초적인 비시간적 우발성〉이라는 언급들은 결국 신이라는 현실 존재 역시 창조성에 근거하여 자유로운 결단을 행사한다는 의미로 보면 될 것이다. 다만 이러한 신의 원초적 결단은 시간적인 결단이 아닌 〈비시간적인 결단〉에 해당한다는 점에서만 다른 시간적인 현실 계기들의 결단과 차이가 있을 뿐이다. 바로 이 점에서 화이트헤드는 신을 언급할 때 창조성의 〈원초적인 비시간적 우발성〉primordial, non-temporal accident 으로도 표현했던 것이다.

> "신은 창조성의 원초적인 비시간적 우발성이다. 스피노자의 철학이나 절대적 관념론 등의 일원론적 철학에서는 이런 궁극자가 신이며, 이와 동등한 의미에서 〈절대자〉The Absolute 라고도 불린다. 그러한 일원론적 도식에 있어서는 궁극자 속에, 그 우발성들에 돌려야 할 것을 넘어서, 최종적인 어떤 〈탁월한〉eminent 실재성이 불합리하게illegitimately 허용되어 있다. 이와 같은 일반적 관점에서 본다면 유기체 철학은 서아시아나 유럽의 사상보다는 인도나 중국의 사상의 기조에 더 가까운 것으로 생각된다. 후자 쪽에서는 과정process을 궁극자로 보는데, 전자 쪽에서는 사실fact을 궁극자로 보고 있다." (PR 7/59)

필자는 화이트헤드의 이 언급이 서구 철학의 주된 기조에서 보면 상당히 혁명적인 언급이 될 만하다고 본다. 그 이유는, 그 어떤 〈절대적 존재〉라도 우발성의 요소를 피할 수 없음을 명시적으로 표명하고 있을 뿐만 아니라 아예 〈창조성〉을 〈궁극자의 범주〉로 설정해놓고 있다는 점에서 범주적으로 못박고 있기 때문이다. 이것은 결국 그 어떤 최고의 탁월한 실재라고 하더라도 세계를 관조하거나 변화를 감내할 뿐인 〈정적인 존재〉일 수가 없다는 점을, 그리고 이 세계 역시 그 어떤 정태적인 우주로 남아 있을 수도 없다는 점을 함의해주고 있다. 〈영원불변의 순수 진리〉라는 것도 가능하지 않을 것이다. 어차피 모든 사물이 창조성[창조력]의 손아귀에 놓여 있기에 그런 건 없다. 적어도 화이트헤드가 보는 우리의 우주는 궁극적으로 〈우발성의 창조〉를 구현하고 있는 과정인 것이다. 이런 차원에서 보면 화이트헤드는 오히려 기존의 〈정식화된 진리〉를 벗어나려는 〈비합리주의자〉나 〈해체주의자〉로 평가될지도 모르겠다. 하지만 화이트헤드의 경우는, 모든 사물의 본질에는 두 가지 원리인 〈보존〉conservation과 〈변화〉change가 있다고 보기에(SMW 201) 오히려 전복이나 탈주 자체를 목적으로 하지 않으며, 어디까지나 〈어떤 중심을 갖는 가운데서의 합리주의의 모험〉인 점이 있다.

[* 필자의 표현으로 언급해본다면, 어떤 영원불변의 〈진리〉眞理가 있는 게 아니라 오히려 〈진리〉進理와 〈퇴리〉退理가 있을 뿐이다. 영원불변의 진리truth는 우리가 흔히 생각하는 〈진리〉眞理 개념으로 시공초월 영원불변의 참인 명제로서의 이치를 말한 것이라면, 〈진리〉進理는 과정상에서 더 나은 성장 방향으로 진보(進步)할 수 있도록 이끄는 이치를 뜻한다고 볼 수 있겠다. 〈퇴리〉退理는 〈퇴보로 이끄는 가르침들〉을 말한 것이다. 예컨대 절대 불변의 〈진리〉眞理를 자처하지만 정작 시대를 퇴행시키는 〈퇴리〉退理도 얼마든지 있다. 〈퇴리〉의 전형적인 사례로는, 시대와 전혀 소통하지 못한 채로 "믿으라!"고만 강요될 뿐인 〈무기력한 종교 교리의 관념들〉을 들 수 있겠다.]

물론 절대적 존재인 신이 궁극자의 범주 지위에선 **빠져** 있다는 사실이 한편으로 전통 신학자들한테는 별로 달갑지 않게 보일 수 있다.[48] 하지만 화이트헤드로선 논리성과 정합성의 기술에서 본다면 이러한 입장이 좀 더 나은 합당한 귀결로 본 것 같다. 오히려 화이트헤드가 보기에는 그때까지의 서구 신학과 철학사상이야말로, 궁극자 속에 우발성들에 돌려야 할 정도를 벗어나서 그동안 최종적인 어떤 탁월한 실재성을 〈불합리하게〉 허용해왔다고 본 것이다. 서구 사상사가 어떤 탁월한 실재성의 절대자 또는 그러한 신 관념을 선호해왔지만 그것이 궁극자의 범주로서는 아니라고 본 것이다. 궁극적인 것은 어디까지나 〈다^{many}에서 일^{one}로의 창조적 전진이라는 과정〉으로 볼 따름이다. 따라서 〈과정^{process}〉을 궁극자로 보는 화이트헤드의 입장에선(PR 7/59) 지금까지의 서구사상사가 주로 〈과정 망각의 역사〉였다는 비판을 가한 것 역시 이런 맥락에서 보더라도 지극히 자연스러운 표명이 아닐 수 없다(MT 81). 적어도 화이트헤드 철학에서는 신이 〈궁극자의 범주〉라는 지위에 있지 않으며, 오히려 다(多)에서 일(一)로의 과정을 통해 산출되는 새로움의 원리인 창조성[창조력]이 여기에 속하고 있다.

〈궁극자의 범주〉에 신이 속하지 않고 오히려 창조성이 속한다는 점은 그동안 서구 사상사에선 꽤 낯선 주장이 아닌가 생각되네!

화이트헤드 철학에선 창조성에 의한 다에서 일로의 과정이라는 우주의 창조적 과정만이 궁극적인 것으로 본 것 같아!

<창조성>과 <신>과 그리고 <시간적인 피조물>과의 관계

우리는, <창조성>과 <현실 존재>와의 관계가 서로가 서로를 제약하는 관계라는 점을 이미 앞에서 살펴본 바가 있다. 이 점은 신이라는 현실 존재에 대해서도 마찬가지다. 신의 원초적 본성, 곧 <무제약적인 개념적 가치화>unconditioned conceptual valuation라는 신의 작용은 <창조성>에 의해 생겨나면서도 그것은 <창조성을 제약하는 조건>이 되고 있는 것이다. 그리하여 화이트헤드가 보는 신은, <창조성의 원생적原生的, aboriginal 사례>이자 <원생적 조건>aboriginal condition이라고 얘기된다.

"모든 것에 미칠 뿐만 아니라 그 어떤 것에 의해서도 구속받지 않는 가치화라는 (신의) 비시간적 행위는 창조성에 의한 피조물인 동시에 창조성을 위한 조건이 되고 있다." (PR 31/103)

"진정한 형이상학적 견해는, 신이 이 창조성의 원생적 사례이며 (God is the aboriginal instance of this creativity), 따라서 신은 이 창조성의 활동을 제약하는 원생적 조건이라는 것이다." (PR 225/448-449)

여기서 <원생적>이라는 말의 의미를 우주의 과거라는 태고적 의미로 이해하기보다는 매순간순간 모든 생성의 창조가 일어나는, 그러한 <발생의 처음>에 함께 한다는 의미다. 따라서 화이트헤드 철학에서의 "신은 모든 창조에 <앞서>before 있는 것이 아니고 모든 창조와 <더불어>with 있다"(PR 343/650)고 얘기되는 것이다. 그리고 화이트헤드 철학에서는 시간적인 현실 존재들이 창조성의 제약을 받는 것처럼 신도 현실 존재에 해당된다는 점에서 다른 시간적인 현실 존재와도 동일한 지위에 놓여 있다. 즉, 시간적인 현실 존재들도 자기원인적 존재이듯이 신도 자기원인적 존재로서 함께 하고 있는 것이다. 신이라는 현실 존재 역시 창조성[창조력]에 의해 그 자신의 자유로운 결정을 행사할 뿐이다. 따라서 신도 창조성[창조력]의 피조물이라는 화이트헤드의 언급을 우리는 그러한 의미로 이해할 필요가 있겠다. 또한 신도 다른 현실 존재들과 마찬가지로 창조성을 제약한다. 그리하여 이들은 서로가 서로를 필요로 하는 얽힘의 관계로 자리한다.

"〈창조성〉은 그 〈피조물〉을 떠나서 무의미하며, 신은 〈창조성〉과 〈시간적인 피조물〉을 떠나서 무의미하고, 〈시간적인 피조물〉은 〈창조성〉과 〈신〉을 떠나서 무의미하다." (PR 225/449)

이처럼 〈창조성〉과 〈신이라는 비시간적인 피조물〉과 〈시간적인 피조물〉이 서로 분리될 수 없을 만큼 서로 얽혀 있음을 엿볼 수 있다. 즉, 〈창조성〉에 의해 신이라는 〈비시간적인 피조물〉과 〈시간적인 피조물〉이 있게 된다는 것이며, 이것은 모든 현실 존재가 자유로운 결단을 행사함으로써 〈자기 창조적〉이라는 점을 갖게 된다는 것이다. 또한 〈존재론적 원리〉에 의해 〈창조성〉은 피조물인 현실 존재를 떠나서는 무의미하며 이들 현실 존재들은 창조성을 제약하는 사례가 되고 있다. 뿐만 아니라 창조성을 제약하는 〈원생적인 조건〉이자 창조성에 대한 〈원생적인 사례〉가 되고 있는 신이 없다면 창조성과 시간적인 피조물 역시 모두 무의미하게 된다. 앞서 신의 본성에서도 볼 수 있었듯이 신이 없다면 세계 안에는 새로움도, 질서도 나올 수 없게 되는 것이다.

유기체 철학에서의 신(God)은 창조성에 의해 생겨난 〈원초적인 피조물〉로 봅니다. 따라서 〈궁극자의 범주〉에 속하는 것은 〈창조성〉이지 〈신〉이 아닙니다.

정리

이상에서 볼 수 있듯이, 화이트헤드 철학의 신 관념은 지금까지의 전통적인 신 이해와는 많은 차이를 보여주고 있다. 특히 완전무결하고 전지전능한 초월적 절대자 그리고 무(無)로부터 세계를 창조한 창조주라는 관념은 일반적으로 신에게만 부여하는 속성들로 간주되어 왔지만 화이트헤드는 그러한 신 존재 이해에 반대한다. 우리가 지나치게 기존 신학자의 관점에만 편중해서 보질 않는다면, 이러한 화이트헤드 철학의 신에 대한 입장이야말로 오히려 논리적 일관성과 정합성의 추구에 대한 정직한 귀결이라는 점을 목도할 수 있게 된다. 필자가 앞서 기존의 신에 대한 고정관념들이 화이트헤드 철학의 신 개념을 이해할 때는 자꾸만 불필요한 장애가 될 수 있다는 점을 말한 것도 이런 연유들에 기인한 것이다. 물론 이 같은 신을 놓고 보수적인 신학자나 종교인들은 그런 신한테 어떻게 예배를 드릴 수 있냐며 따져 물을 수도 있겠지만 적어도 철학적 논의에서 그런 점은 별문제이며 종교에서의 예배 문제는 또 다른 논의의 차원으로 이어질 뿐이다. 오히려 밤낮으로 경배받기를 원하는 그런 신이라면 화이트헤드 입장에서는 분명 악마의 관념으로 여겼을 것이다.

현재의 우리가 주목하려는 바는, 종교 신앙을 위해 철학을 거기에 끼워 맞추려는 작업에 있지 않으며, 아리스토텔레스의 형이상학 작업처럼 형이상학적 고찰로서의 신 이해를 보다 냉정하게 살펴보고자 하는 점에 있다. 화이트헤드는 자신의 철학 체계가 〈논리적 일관성〉과 〈정합성〉을 확보하려면 아무래도 그 어떤 〈비시간적인 현실 존재〉를 상정할 수밖에 없다고 간주한 것 같다. 그리고 그렇게 함으로 인해 〈시간적인 경험의 계기들〉과도 오히려 더 잘 들어맞을 수 있다고 여겼던 것이다. 그리고 그것이 우주와 사물에 대한 이해를 한층 더 깊게 해주는 것으로 봤었다.

"우주는 그 자신의 여러 다양한 대립자들—그 자신의 자유와 그 자신의 필연성, 그 자신의 다양성과 그 자신의 통일성, 그 자신의 불완전성과 그 자신의 완전성—의 적극적인 자기표현$^{\text{self-expression}}$을 달성하고 있는 것으로 간주될 수 있다. 이 모든 〈대립자들〉^{opposites}은 사물의 본성 속에 있는 요소들로서 뿌리 깊게 거기에 존재하고 있다. <u>〈신〉이라는 개념은, 우리가 이 믿기 어려운</u>

사실—존재할 수 없는 것임에도 존재하고 있다는 사실—을 이해하는 방식인 것이다." (PR 350/661-662)

 따라서 화이트헤드 스스로도 언젠가 밝힌 적이 있었듯이 그가 신이라는 개념을 통해 확보하고자 했던 것도 특정 종교 신앙에 대한 정당화에 있지 않았었고 오히려 〈경험에 대한 온전한 해명〉에 있었다고 봐야 할 것이다. 여기서는 화이트헤드 철학의 신 이해와 관련해 대략적인 핵심 내용들만 살펴본 것에 지나지 않는다.

● **화이트헤드가 〈비시간적인 현실 존재로서의 신〉을 상정한 이유**
① 이전에 없던 미실현된 영원한 객체들의 장소로서 (창발과 관련)
② 소멸한 계기들에 대한 과거 보존과 계승으로서
③ 가치와 이상적 질서의 원천으로서의 궁극적인 비교 기준으로서

 화이트헤드 철학의 도식에서는 신이 없다면 세계 안에는 새로움이 나올 수 없는 것으로 얘기된다(PR 164/342). 새로움에 대한 경험이야말로 화이트헤드 철학에서의 신 이해와 결부되어 있는 것이다.
 이상에서 보듯이 유기체 철학에서의 신 존재는 다른 현실 존재들과 마찬가지로 물리적이고 정신적인 양극적 성격을 띠고 있다. 신의 원초적 본성은 모든 영원한 객체들에 대한 개념적 가치화로서 신의 정신적인 극을 이루고 있는 신의 본성이다. 또한 신의 결과적 본성은 진화하는 이 세계에 대한 물리적 느낌으로서 그것은 신의 물리적 극을 이루고 있다. 신의 원초적 본성에서는 현실성을 결한 비시간적인 완전성을 확보하고 있지만, 신의 결과적 본성에서는 시간적 세계와 관계를 맺고

있기에 현실성을 확보하면서도 불완전한 것이다. 하지만 신의 원초적 본성은 진화하는 이 세계에 내재하여 불완전한 이 세계가 새로운 질서와 이상을 갖도록 함에 있어 시원적인 원천이 되고 있으며, 그러한 신의 원초적 개념들 위에 물리적 느낌이 짜여 들어가는weaving 신의 결과적 본성은 이 세계의 경험들을 손실 없이 보존하고 활용하는 신의 애정과 지혜의 심판을 보여주고 있는 것이다. 이는 그가 표명한 대로 세계를 구원하고 있는 신의 활동에 다름 아니다. 지금까지는 화이트헤드가 말한 신 이해의 핵심만 간단 정리해보았다.

● 신의 두 가지 양극적 본성

① 신의 <원초적 본성>
☞ 신의 개념적 느낌들로 이루어진 신의 정신적 본성
☞ 영원한 객체에 대한 전(全)포괄적인 원초적 가치화 또는 무제약적인 개념적 가치화[가치매김]
☞ 시간적 세계에 없는 가능태들까지 자리하고 있는 영원한 객체들의 보고reservoir
☞ 특징 : 무한성, 무제약성, 완전함, 원초적, 영원성, 현실성 결여, 무의식적

② 신의 <결과적 본성>
☞ 진화하는 이 세계에 대한 신의 물리적 포착
☞ 신의 원초적 개념들 위에 물리적 느낌들이 짜여 들어간 것
  (애정과 지혜의 심판, 천국의 기능을 하는 신)
☞ 특징 : 유한성, 결정성, 불완전성, 영속성, 현실성 충만, 의식적

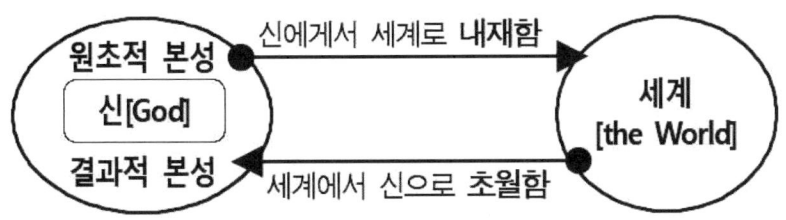

▲ 신[God]과 세계[the World]의 초월과 내재의 관계

　신의 원초적 본성 자체는 신 자신의 목적적 이상에 속하는 것이기에 세계에 있어선 초월적인 비전이라고도 할 수 있겠지만 이것은 결국 시간적인 세계 속으로 내재하게 된다. 이 신의 원초적 본성은 시간적인 계기들의 합생에 있어 〈최초의 주체적 지향〉initial subjective aim을 갖도록 해준다. 신의 결과적 본성은 세계에 대한 물리적 느낌으로부터 비롯된 것이면서 신 자신의 원초적 본성과의 비교 통합의 위상으로 나아가는 것이기에 결국 세계로부터는 초월한다. 여기서는 결국 신의 두 본성이 갖는 그 흐름의 방향이 각각 그러하다는 얘기다. 원초적 본성에서는 신에게서 세계 안으로 내재하며, 결과적 본성에서는 세계로부터 신 안으로 초월한다. 물론 신도 세계도 창조성에 힘입어 모두 자유로운 결단을 행사하는 한에서 〈자기 창조적〉self-creative 작용을 하고 있는 것이다. 그러면서도 이들의 자유로운 결단의 행사는 서로에게 영향을 끼치는 그러한 상호 관계로 자리해 있다.

　그러나 지금까지 화이트헤드가 시도한 신의 본성에 대한 형이상학적 체계화가, 인류 지성의 성취라는 세계철학사에 있어서도 매우 보기 드문 창의적인 철학적 작업이긴 했지만 과연 그것이 깔끔하게 성공적인 것인지에 대해선 여전히 미심쩍게 볼 필요도 있을 것 같다. 왜냐하면 여기에는 신의 본성에 대한 미완의 문제도 함께 남아 있기 때문이다. 무엇보다 우리가 더욱 간과하지 말아야 할 점은, 화이트헤드가 표방한

〈모험〉의 정신일 것이기에 이는 화이트헤드 자신의 체계에 대해서도 예외를 두어선 안 될 것으로 보인다. 그 점에서 우리는 정당한 합리주의의 모험을 통한 보다 깔끔한 설명들을 가급적 추구하려 하되 한편으로는 그 체계를 불신할 만한 점도 주도면밀하게 찾아볼 필요도 있는 것이다. 그럼에도 화이트헤드의 신 이해와 그가 제안하는 신과 세계의 관계가 그때까지의 서구의 전통적인 유신론 이해와 상당히 다르게 접근된 것이라는 점은 분명해 보인다. 서구 근대 세계관의 한계 그리고 뉴턴 물리학의 붕괴와 20세기 물리학의 성과들도 철학적으로 반영하고자 했던 현대의 철학사상임에도 한편으로는 신 존재 자체를 아예 제거한 것도 아니어서 어떤 측면에선 종교와 과학과 철학이 묘하게 함께 녹아 있는 느낌도 없잖아 드는 것이다.

이제 다음 장에서는 〈최초 주체적 지향〉과 관련된 신과 세계의 관계 양상들과 이를 통한 〈우주의 창조적 전진〉이라는 가장 궁극적인 형이상학적 그림을 그려보고자 했던 화이트헤드의 최종 해석의 장으로 치닫게 될 것이다.

제 12 장

우주의 창조적 전진 :
신-나-타자 얽힘의 공동 창조

"주여 나와 함께 하소서, 때 저물어 날 이미 어두우니"
— 어느 찬송가 가사

"신과 현실 세계는 공동으로, 새로운 합생의 최초 위상을 위한 창조성의 성격을 구성한다."
— A. N. 화이트헤드

무無로부터의 창조가 아닌 더불어with 만들어가는 신의 창조 사역

화이트헤드 철학이 〈무(無)로부터의 창조〉를 거부할 뿐만 아니라 신도 〈원초적인 피조물〉로 간주되면서 궁극자로서의 범주 지위를 상실한 점으로 인해 결국은 신(God)이라는 존재의 역할에 대한 회의와 의문이 들 수도 있을 것이다. 이를테면 화이트헤드 철학에서의 신 존재는 세계에 대한 창조 작업을 전혀 하지 않는다는 것인가? 하는 의문을 표할 수 있다. 하지만 그렇지는 않다! 비록 궁극자로서의 범주 지위는 아니더라도 화이트헤드가 말하는 신 역시 세계에 대한 〈창조자〉creator로서의 역할을 담당하는 것으로 언급된다. 그렇다면 그것은 어떻게 수행된다는 것인가?

우선 화이트헤드가 말하는 신의 창조 사역은 무(無)로부터의 창조가 아니기에 우주의 기원이라는 〈태초〉beginning의 창조를 논하고 있진 않다. 오히려 매순간 현실 계기들의 생성 과정에 일정 부분 함께 기여하는 그러한 창조 사역에 해당한다. 앞서 신은 〈창조성의 원생적 사례〉라는 점을 밝혔듯이, 결국 이 〈창조〉라는 것은 지금도 여전히 일어나고 있는 중에 있음을 이해할 필요가 있겠다.

> "원초적인primordial 것으로서 고찰될 경우, 신은 절대적으로 풍부한 가능태의 무제한적인unlimited 개념적 실현이다. 이런 측면에 있어 <u>신은 모든 창조에 〈앞서〉before 있는 것이 아니고, 모든 창조와 〈더불어〉with 있다.</u>" (PR 343/650)

여기서의 신은 무제한적인 개념적 실현이라는 〈원초적 본성〉으로서의 신이다. 이것은 신의 정신적 극에 해당하면서도 시간적 계기들이 갖는 개념적 느낌의 원천으로 자리하고 있다. 따라서 신은 모든 현실 계기들이 생겨날 때마다 더불어(with) 함께 하고 있는 〈비시간적인 현실 존재〉이기도 한 것이다. 바로 이 점에서 우리는 신의 창조 작업에 대한 두 가지 성격을 엿볼 수 있다.

첫 번째로 신의 창조 사역은 항상 모든 계기들의 창조와 함께 하는 〈현재 진행형〉이라는 점이고, 두 번째는 전적인 창조가 아닌 일정 부분에 대한 기여로서의 〈공동의 창조〉라는 점이다. 즉, 신은 세계와 더불어[with] 창조를 진행해가는 〈공동창조자〉part-creator인 것이다. 이것은 현실 존재의 기본 성격이 자기원인이라는 자기 창조적 성격을 신이라는 현실 존재뿐만 아니라 시간적인 현실 존재들도 함께 공유하고 있는 점에 해당한다(PR 85/201, 222/443). 모든 창조성의 사례에는 타자원인성과 자기원인성이 항상 같이 얽혀 있다.

여기서 우리는, 원초적 본성으로서 고찰된 신 존재가 "모든 창조에 앞서before 있는 것이 아니고, 모든 창조와 더불어with 있다"라는 화이트헤드의 주장에 대한 보다 구체적 고찰로 들어가 볼 필요가 있다. 이 지점에서 우선 짐작해볼 수 있는 건, 시간적인 모든 현실적 계기들이 생겨날 때마다 〈신〉이라는 현실 존재가 그것들에 대해 수행하는 어떤 중요한 창조 사역으로서의 역할이 있다는 점이 될 것이다. 그런데 신의 원초적 본성은 신 자신의 개념적 느낌에 해당하기 때문에 그것이 시간적인 계기들과 관련을 갖는다면 그 역시 시간적 계기들의 정신성과 관련될 것이라는 점도 충분히 짐작해 볼 수 있겠다. 이른바 화이트헤드는, 시간적인 현실 계기들이 갖는 개념적 느낌의 기본 출처가 결국은 비시간적인 현실 존재인 신의 본성으로부터 파생된다는 점을 말하고 있는 것이다. 바로 이 지점에서 우리가 중요하게 살펴봐야 할 부분이 다름 아닌 〈최초의 주체적 지향〉initial subjective aim이라는 개념이다. 이 〈주체적 지향〉이란 〈목적인〉final causation에 해당하는 요소다. 쉽게 말해 화이트헤드는, 신이 시간적 계기들에게 어떤 〈목적인〉이 될 만한 요소를 부여하는 그러한 존재로 보고 있는 것이다. 그렇다면 이것은 마치 아리스토텔레스 철학에 따른 중세 신학의 구도처럼 신의 목적으로 나아가는 목적론적 도식의 재탕이 아닌가 하는 의구심도 얼마든지 불러일으킬 수 있겠다. 이제부터 우리는 이러한 의구심과 함께 하나씩 살펴보도록 하자.

〈최초의 주체적 지향〉은 어디로부터 온 것인가?

이미 앞장에서 살펴봤듯이, 신 존재가 그때까지의 현실 세계에 없던 미실현된 영원한 객체들이 거하는 저장고^{reservoir}라는 점은 한편으로 현실 계기가 합생을 시작할 때 어떤 개념적 느낌의 창출이 가능한 그 원천적 기반으로도 작용한다는 점을 말해주는 것이기도 하다. 즉, 합생에 관여하는 영원한 객체들의 진입에 대한 근거를 결국 신이라는 현실 존재로부터 비롯된 것으로 본다는 얘기다. 그런데 앞서 우리는 합생을 고찰할 때, 어떤 2차적인 개념적 느낌의 발생을 설명해주는, 그래서 이 세계가 과거에 대한 답습이나 반복으로 떨어지지 않는 이유를 설명해주는 범주 장치, 곧 세계 안에 〈새로움〉^{novelty}을 가능케 해주는 범주 장치로서 〈개념적 역전의 범주〉$^{Category\ of\ Conceptual\ Reversion}$라는 것을 살폈었다(PR 249/491-492). 그러나 세계 안에 〈새로움〉을 가능케 하는 지점에 대하여 화이트헤드가 말한 신이라는 현실 존재까지 포함시켜 고려한 경우라면 이때의 〈개념적 역전의 범주〉는 폐기될 수 있는 그러한 것에 해당한다(PR 249-250/493). 왜냐하면 이미 비시간적인 현실 존재라는 신이 새로움의 원천이라는 역할을 맡고 있기 때문이다. 오히려 보다 유효하다고 보는 범주 장치는 〈개념적 가치화$^{Conceptual\ Valuation}$의 범주〉일 것이다.

바로 이 점에서 고찰할 부분은, 현실 계기가 갖는 개념적 느낌에 대한 존재론적인 출처 문제다. 계기가 갖는 개념적 느낌으로서의 정신의 작용은 〈작용인〉efficient causation이 되기도 하지만 〈목적인〉final causation으로도 기능한다. 현실 계기의 합생 과정을 주도하고 있는 그 〈목적인〉이란 다름 아닌 〈주체적 지향〉subjective aim을 말한다. 이는 〈주체의 목적〉—또는 〈주관 목적〉—에 해당한다. 어쨌든 화이트헤드에게서 이 〈주체적 지향〉은 합생 과정을 관장할 뿐만 아니라 하나의 피조물로서의 그 자신의 자기 창조를 결정하는 그 주체 자체로 간주되고 있다(PR 69/175). 이것은 해당 계기가 품고 있는 〈이상〉理想, ideal에 해당하며 따라서 계기의 합생 과정은 그러한 이상을 실현하는 〈목적〉aim에 맞춰져 있는 것이다. 화이트헤드의 철학은 〈목적인〉의 작용을 배제하지 않는다.

> "자기창조self-creation 가운데 있는 현실 존재는, 개체적 만족으로서 그리고 초월적 창조자로서의 자신의 이상ideal에 의해 인도된다. 이러한 이상을 향유하는 것이 〈주체적 지향〉subjective aim이며, 이 때문에 현실 존재는 하나의 결정적인 과정이 되고 있는 것이다." (PR 85/201)

그리고 〈만족〉은 이 같은 이상ideal에 대한 확정적인 실현이 된다.

> "〈만족〉을 노리는 〈주체적 지향〉은 목적인final cause 내지 유혹lure을 이루며, 그것에 의해서 확정적인determinate 합생이 있게 된다." (PR 87/205)

이 합생의 〈목적론적 과정〉에서 보면 헤겔적이다.49) 그렇다면 우리는, 합생의 최초 국면에 있어서는 그 이상^{ideal}의 출처가 도대체 어디로부터 온 것인가를 묻지 않을 수 없다. 그것 역시 무(無)로부터 왔다고는 볼 수 없다. 하지만 과거의 현실세계로부터 전적으로 왔다고도 볼 수 없다. 적어도 새로운 이상의 경우 그것은 과거의 현실 세계에도 속하지 않는 것들이다. 바로 이 지점에서 화이트헤드는 계기의 합생에 있어 〈최초의 위상〉$^{initial\ phase}$을 구성하는 점에 있어서는 신도 함께 참여하는 것으로 간주하며, 이 최초의 위상은 〈신의 원초적 본성〉에서 직접 파생된 것이라고 말한다(PR 67/170). 바로 이것이 현실 계기에 있어서는 〈최초의 주체적 지향〉$^{initial\ subjective\ aim}$의 출처가 되고 있는 것이다. 그것은 세계 안에 새로움과 질서를 낳고 있는 원천으로 자리한다.

> "그 순수한 정신적 독창성은 신의 원초적 본성에서 생겨나는 관련성^{relevance}의 방향 설정에 따라 활동한다는 데 주목해야 한다. 이처럼 시간적 세계에 있어서의 독창성은 모든 질서와 독창성의 근거에 따라 주어지는 최초의 주체적 지향에 의해—비록 결정되지는 않는다 해도—제약된다."(PR 108/240)

따라서 비시간적인 현실 존재인 신과 시간적 세계를 이루는 현실 계기와의 관계에 있어서는 〈신의 원초적 본성〉으로부터 파생된 〈최초의 주체적 지향〉을 이해해보는 것이 매우 중요할 것으로 보인다. 이 〈최초의 주체적 지향〉은 현실 계기가 합생을 시작할 때 갖게 되는 〈기본적인 개념적 지향〉$^{basic\ conceptual\ aim}$으로서 이것은 "그 현실 세계에 관련되어 있지만 그 존재의 결단을 기다리는 미결정성들^{indeterminations}을 수반한 개념적 지향"이라고 할 수 있겠다(PR 224/447-448). 또 달리 표현한다면 이것은 〈느낌에의 유혹〉$^{lure\ for\ feeling}$이 되고 있는, 해당 존재에게

심어진 일종의 〈정신의 싹〉germ of mind으로도 볼 수 있다(PR 85/201). 이에 대한 존재론적인 출처가 바로 신God이라는 것이다. 화이트헤드가 보는 세계에 대한 신의 창조 사역은 바로 이와 관련한다.

합생 과정을 주도하는 주체적 지향이이라는 목적인이 결국 신의 창조 사역과 관련된다고 보는 건, 중세 신학적 발상과는 어떤 차이가 있는 것일까?

무(無)로부터의 창조가 아니면 무슨 창조라는 것일까? 여기선 <최초의 주체적 지향> 개념이 중요한 핵심이 되는 것 같아!

각각의 시간적 합생에 <최초의 주체적 지향>을 부여하는 신

신의 본성으로부터 주체적 지향이 시간적 계기의 합생 과정의 최초 단계에 관여되고 있다는 사실은 중요하다. 조금 긴 인용이지만 중요한 본문 내용인지라 함께 살펴보고자 한다.

"주체적 지향의 최초의 단계는 신의 본성 속에서 개념적으로 실현된, 사물들의 불가피한 질서로부터 그 주체가 계승한 기본 재산이다. 합생하는 주체의 직접태immediacy는 그 주체 자신의 자기구성self-constitution을 생생하게 지향함으로써 성립되고 있다. 따라서 그 지향의 최초의 단계는 신의 본성에 뿌리를 내리고 있으며, 그 지향의 완결은 주체-초주체$^{subject-superject}$의 자기원인$^{self-causation}$에 의존하고 있다. 신의 이러한 기능은 그리스 사상이나 불교 사상에 나타나 있는 사물들의 냉혹한 작용과 유사하다. 최초의 지향은 그 막다른 골목^{impasse}에 있어 최선의 것이다. 그러나 만일 그 최선의 것이 악이 될 경우, 신의 잔인성은 재해(災害)의 여신 아테^{Ate}로 의인화될 수 있다. 쭉정이는 불 속에 던져진다. 신이 행하는 냉혹한 작용은 <질서>를 향한 지향으로서의 가치화이다. 그리고 <질서>란, 조정된 대비에서 생긴 패턴화된 강도의 느낌을 수반한 현실태를 허용하는 <사회>를 의미한다. 이런 의미에서 신은 구체화^{concretion}의 원리이다. 즉 신은 각각의 시간적 합생에 그 자기원인 작용의 출발점이 되는 최초의 지향을 부여하는 그런 현실 존재인 것이다." (PR 244/483-484)

주체적 지향의 최초 단계가 신의 본성으로부터 이어받은 기본 재산이라는 점은 결국 현실 계기가 합생의 과정을 시작함에 있어선 반드시 신의 역할이 필요하다는 점을 말해주는 것이다. 따라서 화이트헤드가 말하는 신은 모든 창조와 더불어(with) 있는 존재이다. 하지만 그 지향의 완결에 있어서는 해당 계기의 주체가 지닌 자기원인 작용에 의존한다. 이것은 달리 말하면 신으로부터 유래된 최초의 주체적 지향은 그 합생 과정에서 계기가 행사하는 자유로운 결단에 의해 얼마든지 수정될 수 있다는 의미이기도 하다. <주체적 지향>이라는 최초의 단계에서는 신의 관여가 있지만 그 지향의 완결에서는 어디까지나 계기의 자율적 결단에 맡겨져 있는 것이다. 따라서 우리는 이렇게 생각해볼 수도 있겠다. 신은 각각의 시간적 계기들에게 정신적 향도를 이끌만한 <목적인>의 요소를 부여하고 있지만 그것에 대한 최종 확정 여부는 어디까지나 계기 스스로의 자기원인 작용에 맡겨놓은 것이라는 점이다.

한편, 위의 본문 중에서 "신이 행하는 냉혹한 작용은 〈질서〉를 향한 지향으로서의 가치화"에 대해선 약간의 설명이 필요해 보인다. 화이트헤드의 신은 초자연적 존재자로서의 신이 아니기에 그때까지의 현실 세계의 과거 경험들을 자기 마음대로 뒤바꾸나 변경할 수 있는 그런 전능한 존재가 전혀 못된다. 신은 세계에 대해 제멋대로의 물리적 산출력으로 개입하여 자신의 힘을 행사하고 있지 않다. 앞서 신의 결과적 본성에서도 언급했듯이, 오히려 과거에 일어났던 경험들을 보존하고 이를 활용하는 지혜를 발휘할 순 있어도 그때까지 실현된 사실들[계기들의 결단으로 구체화된 완결들]을 제멋대로 바꾸거나 하진 못한다는 것이다. 화이트헤드 철학에서의 신 존재는 마치 전능한 힘이나 능력이 결여된 존재인 걸로 보인다. 예컨대 아무리 신이라고 하더라도 자연의 인과적 질서를 거슬러 해와 달의 운동을 멈추게 만드는 식의 능력—또는 그 비슷한 전능한 능력—을 갖춘 그런 존재자는 아니라는 얘기다.

따라서 자연의 인과적 질서의 흐름은 신조차도 마음대로 좌지우지할 수가 없다. 만일 그런 초자연적인 존재자가 있다면 그 신은 제멋대로 하는 전제 왕권의 절대 군주나 독재자 같은 일방적 힘을 행사하는 가부장적 신이 될 따름이다. 이 같은 전능한 힘에 대한 동경과 숭배는 사실상 인간에게서는 얼마든지 발견되고 있다. 그러한 힘으로 단번에 모든 골치 아픈 문제들을 온전히 해결해주길 기대하는 것은 한편으로 보면 거의 모든 인간에 깃든 〈전체주의적 환상〉이기도 하다. 역사적으로 보더라도 이런 심리적 투사가 종교에 들어와서 종종 〈예배를 받는 숭배의 대상〉이 되어왔던 것이다.

그에 비해 화이트헤드 철학에서의 신 존재는 위대하고 탁월한 신으로서는 전혀 매력이 없다고 보거나, 힘 있는 절대 군주자 모델의 신이

제12장 우주의 창조적 전진: 신-나-타자 얽힘의 공동 창조

아니어서 무기력한 존재자로 낯설게 여길 수도 있다. 다만 신도 그때까지 실현된 과거 세계의 제약 하에서 어떤 최선의 가능성으로서 거기에 걸맞는 〈목적인〉의 요소를 부여하고 있는 것뿐이다. 그렇기 때문에 그러한 사태가 이미 벼랑 끝으로 내몰린 막다른 것이 되었을 수도 있고 그럴 경우에는 신조차도 어찌하지 못하기 때문에 오히려 잔인한 신으로 재해의 여신으로 의인화될 수도 있다는 얘기다. 화이트헤드의 신은 전능하신 만능 해결자로서의 신[=하나님]이 아니며 진화하는 세계가 행사한 자유로운 결단의 결과적 반영도 무시할 수 없다. 결단의 자유를 행사한 결과는 사라지지 않는다. 그러다보면 여기에는 "하늘도 무심하시지"라고 한탄하는 그런 우리 주변의 흔한 경험 사례들도 포함될 수 있을 것이다. 이처럼 화이트헤드가 보는 신의 역할과 기능도 사물들의 냉혹한 작용처럼 여겨질 수도 있다. 심지어 그것은 갈릴리 예수가 십자가상에서 죽어가며 외쳤던 "나의 하나님, 나의 하나님 어찌하여 나를 버리셨나이까"(마가 15장 34절)라는 처절한 항변의 현장 곧 신 없음의 무신성(無神性)으로도 여겨질 수 있다. 그런 〈신 없음의 현장〉이야말로 신의 존재성을 새롭게 재고하도록 이끈다. 정말로 신이 없다고 볼 수도 있겠고, 애초 신의 사역 자체가 전능 해결 방식이 아니었던 것으로도 볼 수 있다. 오히려 전지전능한 만능 해결사로서의 신 관념은 오랜 고통과 비극의 경험들에 처해 있던 인간들의 심리적 불안을 해소할 환상 또는 그런 심리적 투사물로서의 신 관념이 역사 속에서 마련된 것으로 볼 여지가 더 크다. 그래서 때론 집단의 원한과 보복적인 감정이 성스러운 신의 전쟁으로 둔갑하여 이를 정당화되기도 했던 것이다.

다시 논의로 돌아와서, 본문에서 언급한 신의 작용으로서의 "〈질서〉를 향한 지향으로서의 가치화[가치매김]"에 대해서도 알아보자. 이것은 해당 합생적 계기가 신의 본성으로부터 부여받은 개념적 느낌을 현

실화할 수 있도록 유도된 〈구체화의 원리〉the principle of concretion로서 개입된다는 점을 함축한 것이다. 간단히 말하면, 이때의 신은 그 자신이 목적하는 개념적 느낌들의 가능태가 현실 계기의 실현으로 구체화되는 데에 관여하는 존재라는 점을 함축한 얘기다. 가능태가 현실태로 구현되는 과정 속에는 신의 뜻도 함께 포함되고 있다. 하지만 이 신의 작용은 어디까지나 주체적 지향의 최초 단계에서나 일어나는 차원일 뿐이다. 합생의 계기는 그 자신의 주체적 지향을 완결함에 있어서는 신이 목적하는 바를 수정하는 〈결단의 자유〉도 지니고 있기에 최초 단계에 부여된 신의 뜻과는 정작 다른 방향으로 가기도 한다. 이 합생의 과정은 계기 스스로를 만들어가는 〈자기창조〉self-creation의 과정이기도 한 것이다. 화이트헤드가 강조했듯이, 신도 세계도 궁극자의 범주인 〈창조성〉의 손아귀에 있음을 우리는 결코 잊어선 안 된다(PR 349/659). 그렇기 때문에 사실상 합생하는 계기가 자기창조의 작용으로서 어떤 결단을 행사할 지는 신조차도 알 수 없다. 신과 세계는 각기 상대편에 있어서의 〈새로움을 위한 도구〉instrument of novelty인 것이다(PR 349/659).

이러한 맥락에서 보더라도 화이트헤드가 상정하고 있는 신은 기존의 신 존재와는 많이 다른 양상을 보인다는 점을 이해할 것으로 본다. 그 신은, 자연을 좌지우지하는 초자연적 존재자로서의 능력을 갖고 있지도 않아서 전능(全能)하지도 않고 또한 전지(全知)하지도 않은 존재라고 할 수 있다. 설령 신이 그때까지의 과거 세계를 포착함에 있어서는 '전지(全知)한다'고 볼 수 있더라도 현재의 합생 계기가 어떤 쪽으로 결단을 행사할지 그리하여 미래가 어떻게 현실화될 지는 계기의 결단에 맡겨져 있어 항상 〈열려 있는 미래〉인 것이다. 제약된 시간적 계기들이긴 해도 그 안에서도 〈결단의 자유〉가 작용되는 영역만큼은 신조차도 그러한 계기들의 자율적 결단에 내맡겼다고 볼 수 있다. 한때 아인슈타인

제12장 우주의 창조적 전진: 신-나-타자 얽힘의 공동 창조

은, 신은 주사위 놀이를 하지 않는다고도 했었는데, 어찌 보면 화이트헤드의 신은 오히려 〈세계와 함께 모험을〉 하고 있는 셈이다.

☞ 주체적 지향의 최초 단계는 신의 본성으로부터 받은 기본 재산 [제약적 측면]

☞ 주체적 지향의 완결까지는 합생 계기의 자기원인 작용에 의존 [자유의 측면]

[* 절대자로서의 신[=하나님]을 믿는 보수 기독교의 입장에서 볼 때 이러한 화이트헤드의 신은 든든한 믿음을 갖게 해주기보다는 꽤나 불안한 존재로 비춰졌던 걸로 보인다. 즉, 화이트헤드의 신은 우주의 종말에 이르러서도 악에 대한 싸움에 있어 그 최종 승리를 확정지을 수 없는 그런 불확실한 존재자로 여겨진다는 점이다. 그러나 화이트헤드의 신 이해는 서구 기독교에서 말하는 선과 악의 싸움에 대한 종말론적인 최종 승리라는 그런 신화적인 믿음에 기대고 있지 않다. 오히려 화이트헤드가 말하는 신은 인내어린 설득의 이미지로서 더디더라도 시간적 계기들의 〈자기 창조〉와 같이 가겠다는 것이며, 그럼으로써 시간적 세계와 함께 〈공동의 창조〉와 그에 따른 〈공동의 책임〉을 같이 지겠다는 것이어서 그 구도가 이런 점에서도 매우 다르다고 볼 수 있겠다. 이 같은 신의 모습은 언젠가 찰스 하츠온$^{\text{Charles Hartshorn}}$이 시사한 적이 있듯이, 강력한 절대 힘으로 백성을 다스리는 〈제왕적인 군주 모델로서의 신〉이 아니라 오히려 함께 참여하면서도 먼저는 이상적 비전을 제시해 보이며 안내하는 식의 〈민주적 지도자 모델의 신〉에 가까운 것으로 비

유되기도 했었다. 현실적으로 숙고되어야 할 지점은, 오히려 신의 전능성이 아닌 "신에게 솔직히"라는 <세계 안의 신의 무능성>에 대한 깊은 성찰인 것이며, 그것은 시간적 존재들의 창조적 결단의 자유를 행사하는 과업과도 함께 맞물려 있다. 어떤 면에서 신도 세계와 함께 스스로를 만들어가고 있는 과정으로서의 존재인 것이다.]

신의 목적은 <강도>를 불러일으키는 것

여기서 한 가지 짚고 넘어가야 할 점은 <신의 목적>에 대한 것이다. 이 <신의 목적>이란 <신의 원초적인 욕구들>에 다름 아니다. 하지만 우리가 혼동하거나 오해를 해선 안 될 점 하나는, 필자가 지금 말하는 것은 <세계에 대한 신의 목적>이 아니라 <신 스스로가 추구하는 바로서의 목적>을 말한 것이다. 왜냐하면 그것은 신의 자유로운 결단의 행사이기 때문에 한편으로는 시간적인 이 세계와는 무관한 것으로서 마련되었기 때문이다. 앞서 신의 원초적 본성은 무제약적이고 무제한적이라는 점을 밝혔었다. 이때의 신은 그 어떤 제약도 받지 않고 자유롭게 결단을 행사한다는 점에서 이는 그 자신을 제약하는 과거 여건이 없음을 암시해주는 것이기도 하다. 신의 원초적인 본성의 경우에는 과거 역사라는 것이 없다. 거기에는 비교할 만한 특수한 것이 없다.

"특정한 역사의 진로는 신의 원초적 본성을 전제로 하고 있지만, 신의 원초적 본성은 그것을 전제하지 않는다." (PR 44/128)

"<원초적인>primordial 현실 존재로서의 신의 경우에는 과거가 없다. 따라서 개념적 느낌의 이상적인 실현이 선행한다." (PR 87/205).

신의 원초적 본성은 특정한 역사의 진로를 전제하지 않으며, 거기에는 비교할 만한 아무런 기준 같은 것도 없다. 오직 신 스스로가 원하는 바로서의 목적만이 있는 것뿐이다. 그렇다면 그것이 무엇인가? 화이트헤드가 이 부분에서 얘기하는 것이 바로 〈강도〉強度, intensity다. 일단은 〈강도〉 개념에 대한 간단한 설명이 먼저 필요할 것 같다. 〈강도〉라는 표현은 오늘날엔 인문학, 자연과학, 기술과학 등 여러 분야들에서 쓰이고 있는 용어인데, 그것은 말 그대로 〈강한 정도〉 혹은 〈단단하고 센 정도〉를 일컫는 단어로 보면 되겠다. 앞서 "〈질서〉를 향한 지향으로서의 가치화"로서의 신의 작용을 얘기했지만 여기에도 〈패턴화된 강도〉patterned intensity를 갖는다는 점도 분명하게 언급하고 있다. 이때 신의 목적이 되고 있는 원초적 욕구들이 추구하는 바는 어디까지나 〈강도〉를 불러일으키는 데에 있다는 것이다. 화이트헤드에 따르면, 신을 포함한 모든 현실 존재들은 〈주체적 강도의 범주〉에 의거해 주체적 강도의 정도measure를 드러내는 것으로 보고 있다. 이때 화이트헤드가 말한 〈주체적 강도의 범주〉란 다음과 같다. 참고로 이것은 아홉 개의 범주적 제약들 중에서도 여덟 번째의 것에 해당한다.

"viii) 주체적 강도Subjective Intensity의 범주. 개념적 느낌의 개시origination가 되고 있는 주체적 지향은 (a)직접적 주체에서의, 그리고 (b)이에 관련된 미래에서의 느낌의 강도를 지향하고 있다.

〈직접적〉immediate 현재와 이에 〈관련된〉relevant 미래를 지향하는 이 이중의 지향은 겉보기만큼 그렇게 분리되어 있는 것이 아니다. 왜냐하면 관련된 미래를 결정하는 일이나 그 강도를 예비하는 데 관여하는 예측적anticipatory 느낌은 모두 느낌의 직접적 복합

체에 영향을 끼치는 요소이기 때문이다." (PR 27/94-95)

〈직접적 현재〉immediate present의 느낌 속에는 〈관련된 미래〉relevant future에 대한 느낌을 예측적으로[예기적으로] 간직하고 있다는 점에서 해당 주체의 〈강도의 정도〉measure of intensity에 따라선 미래를 결정지을 수도 있는 상당한 〈중요성〉을 드러낼 수 있다. 따라서 화이트헤드 철학에서의 〈강도〉 개념은 과거뿐만 아니라 직접적 현재를 넘어서는 미래까지 포함시켜서 이를 하나로 묶어서 보게 해주는 개념에 해당한다.50) 그런데 화이트헤드는 〈신의 목적〉이 바로 이 같은 〈강도〉를 불러일으키는 데에 있다고 본 것이다.

"신의 목적God's purpose을 함께 구성하고 있는 여러 원초적 욕구들appetitions이 추구하는 것은 강도intensity이지 보존preservation이 아니다. 그런 욕구들은 원초적이기 때문에 거기에는 보존할 아무것도 없는 것이다. 신은 그 원초적 본성에 있어서, 이러저러한 특정의 것에 대한 사랑 때문에 움직이는 것이 아니다. 왜냐하면 창조성의 이러한 근본적인 과정에는 미리 만들어진 특수한 것이 하나도 없기 때문이다. 자신의 존재 기반에 있어서 신은 보존에도 새로움에도 다 같이 무관심하다." (PR 105/236)

"창조적 전진에 있어서 신의 목적은 강도intensity를 불러일으키는 데에 있다. 사회를 불러일으킨다는 것은 이 절대적 목표에 이르기 위한 보조적인 절차에 불과하다." (PR 105/236)

화이트헤드의 신은 기계적인 사랑의 신이 아니다. 신도 어디까지나 자신의 자유를 행사하는 중에 있을 뿐이다. 신의 원초적 본성은 앞서 살펴본 대로 다수의 영원한 객체들을 신 스스로가 질서화―즉 개념적 가치화[가치매김]―한 것이다. 이것이 신의 원초적인 욕구에 해당한다.

그런데 화이트헤드는 이러한 신의 원초적 본성을 강도에 대한 〈절대적 표준〉absolute standard으로 언급한 바가 있는데, 우리는 이에 대해서도 주목해 볼 필요가 있다. 물론 각각의 시간적인 계기들도 〈주체적 강도의 범주〉에 의해 제각기의 주체적 강도를 구현하고 있지만, 여기선 〈신의 원초적 본성의 강도〉야말로 제약하는 과거 세계가 없고 그래서 〈무제한적인 개념적 가치화〉가 가능하다는 점에서 〈압도적이고 절대적인 표준〉으로 간주될 수 있다고 본 것이다.

> "각각의 계기는 그 주체적 강도의 정도measure에 비례하여 그 창조적 강조emphasis의 정도를 나타낸다. 그 강도에 대한 절대적 표준The absolute standard이 신의 원초적 본성의 강도이다. 그것은 어떠한 현실 세계로부터도 생겨나지 않으므로 크지도 작지도 않은 것이다. 그것은 자기 자신 속에 비교의 기준이 될 만한 아무런 구성 요소도 가지고 있지 않다." (PR 47/134)

신의 원초적 본성에서는 다수의 영원한 객체들에 대한 최대한의 구제로서의 가치매김이 자리한다. 이와 비교를 할 만한 다른 기준이 없이 마련된 신의 본성인 것이다. 따라서 원초적 본성으로서의 신은 유한한 다른 그 어떤 현실 존재들보다도 가장 압도적이고 절대적인 강도를 지닌 존재로서 자리할 수밖에 없다. 그렇다면 이러한 신이 유한한 시간적인 현실 계기들과는 과연 어떤 관계를 맺고 있다는 것인가? 그것은 다름 아닌, 시간적인 계기들은 바로 이 원초적 본성으로부터 〈최초의 주체적 지향〉이라는 것을 부여받는다는 것이다. 그럼으로써 모든 시간적 계기들은 신의 본성으로부터 비교를 가질만한 강도의 표준을 부여받고 있다는 점이다. 그렇기 때문에 이때 신이 관여한 최초의 주체적 지향[목적]은 어떤 의미로 신에게 있어서도 해당 계기에 있어서도 그리고 그와 관계된 타자인 다른 계기들에 있어서도 최상의 것이기도 하다. 이에 대해선 화이트헤드 연구자 중 한 명인 아이보르 레클레어$^{Ivor\ Leclerc}$ 다음과 같은 간명한 언급이 유기체 철학의 체계가 드러내고자 하는 바를 보다 분명하게 알려준다고 생각된다.

"각 특정한 현실적 존재자에 관해서, 신의 목적은 그 현실적 존재자의 최대한의 현실화이다. 그러나 가치 강도의 그러한 현실화는 그 현실적 존재자 자신을 위해서만은 아니다. 그것은 또한 신을 포함한 타자들을 위해서이기도 하다."[51]

그것은 신과 합생하는 계기 자신과 타자 모두를 위한 것으로서의 최대한의 가치 강도를 갖는 것에 해당한다. 따라서 창조적 전진에 있어서의 〈신의 목적〉은 세계에 대한 그의 경험이 그 자신의 경험에 있어 가능한 최대의 강도를 낳게 할 그런 성격의 세계를 출현시키는 데에 있는 것이다.[52] 유기체 철학에서 〈강도〉^{intensity}라는 건, 그 과정상에 있어 그것이 강해지는 〈강화〉^{intensification}가 되거나 또는 그것이 쇠약해지는 〈약화〉^{enfeeblement}가 되거나 하는 흐름으로 나아간다. 따라서 화이트헤드에 따르면, 신의 원초적 본성의 강도야말로 〈강도에 대한 절대적 표준〉이라는 점에서 신은 근본적으로 〈강화〉를 지향하는 현실 존재로 자리한다는 점을 기억해둘 필요가 있다.

제12장 우주의 창조적 전진: 신-나-타자 얽힘의 공동 창조

비교나 제약이 없는 신의 원초적 본성의 강도야말로 강도에 대한 절대적 표준으로 자리합니다. 신의 목적은 이 강도를 추구하는 데에 있습니다. 최초의 주체적 지향에는 이러한 신의 내재가 있습니다.

신은 <강화>를 지향하는 새로움의 기관

지금까지 신의 목적과 관련한 화이트헤드의 이러한 언급들을 정리해 본다면, 결국 가능한 많은 영원한 객체들의 구제라는 신의 원초적인 목적이 이 세계에 대해서도 최대한의 강도를 갖도록 하는 세계가 되도록 이끄는 점을 짐작해 볼 수 있을 것이다. 그리고 바로 이 지점에서 신의 원초적 본성으로부터 나와서 현실 계기에 마련되는 <최초의 주체적 지향>은 적어도 그 강도를 구현함에 있어서는 신에게도 해당 계기에게도 최고의 것이라는 점도 미루어 알 수 있는 부분이다. 화이트헤드는 이러한 기능으로서의 신을 일컬어 강[도]화^{intensification}를 지향하는 <새로움의 기관>이라고 말한다.

"현실 존재의 합생에 있어서의 기본적^{basic} 위상을 구성하는 시원적^{primary} 여건^{data}에 대한 실재적인 전망적 입각점^{standpoint}을 마련해 주는 원리가 없다. 이것을 결정하는 현실 세계의 여러 요인들

에 관해서는 이 연구의 후반부에서 논하게 될 것이다. 그러한 요인들은 <주체적 지향>$^{subjective\ aim}$의 최초의 위상$^{initial\ phase}$을 구성한다. 그리고 이 최초의 위상은 신의 원초적 본성에서 직접 파생된다. 다른 기능의 경우와 마찬가지로, 이 기능에 있어서도 <u>신은 강화를 지향하는 새로움의 기관이다</u>(God is the organ of novelty, aiming at intensification)." (PR 67/170)

이러한 언급을 통해서 우리는 신의 목적과 함께 세계에 대한 신의 기능과 역할을 이해해 볼 수 있다. 신은 강화를 지향하는 <새로움의 기관>으로 자리한다. 그런데 신의 원초적 본성의 강도는 절대적인 표준이라는 점에서 시간적 합생의 계기로서는 온전한 구현이 불가능하다. 따라서 신은 이 세계에 대해선 중간 단계로서의 성취로서 그 계기가 달성한 <만족의 깊이>$^{depth\ of\ satisfaction}$에 대해선 신경을 쓴다. 왜냐하면 신은 현실 계기와의 상호 작용을 통해서도 가능하면 자신이 원하는 목적으로 나아갈 수 있도록 최대한 힘쓰고자 하기 때문이다. 따라서 <강화>를 지향하는 신으로서는 이 세계에 대해선 강도를 불러일으키는 생명의 젖줄이 되고 있는 것이다.

"신은 직접적 계기가—그 계통으로부터의 유래에 관한 한—낡은 것이든 새로운 것이든 마음을 쓰지 않는다. <u>그 계기에 있어서 신이 목적하는 바는 신 자신의 존재의 성취를 향한 중간 단계로서의 만족의 깊이이다.</u> 신은 현실 계기가 생겨날 때마다 그것에 대하여 그의 애정을 쏟는다." (PR 105/236)

여기서 <만족의 깊이>가 무엇을 말한 것인지에 대해선 여전히 의문이 있을 수도 있겠는데, 이 〈만족의 깊이〉에 대해선 화이트헤드가 다른 곳에선 이렇게 쓰고 있다.

"서로의 조화를 필요로 하는 사회들이 지배력을 가진다는 것은 만족의 깊이를 위한 본질적인 조건이 된다." (PR 93/214)

따라서 신이 시간적 세계의 계기들에게 원하는 바는, 서로의 조화를 필요로 하는 사회들이 지배력을 갖도록 하는 데에도 있는 것이다. 그것은 서로의 존재들이 그 자신에게서나 타자에게서도 중요한 존재로서 함께 자리매김 되도록 하는 데에 있다는 의미다. 그렇지만 이 지점에서도 간과되어선 안 될 점은, 어떤 특정한 사회의 추구에만 안주되어야 할 것이 아니라 끊임없이 〈강도〉^{intensity}가 강화되는 흐름으로 계속적으로 더 나아갈 수 있어야 한다는 것이다. 어차피 신의 목적도 그 자신의 원초적 본성의 강도, 즉 〈강도의 절대적 표준〉만큼에 충족되지 않는 한 어떤 특정한 사회로는 만족하지 않을 것이다. 그렇기에 진화하는 이 세계가 달성하는 성취들은 어디까지나 신에게 있어서는 〈중간 단계〉에 속하고 있을 뿐이다.

우리는 앞서 화이트헤드가 이해한 〈생명〉에 대한 정의에는 "개념적 느낌의 새로움"을 담고 있음을 살폈었다. 따라서 생명의 진정한 핵심은 기존 사회라는 질서를 넘어서는 데에, 달리 표현하자면 생명은 기존의 정해진 질서를 오히려 거스르는 새로움의 생산에 그 핵심 의미를 둔다고 볼 수 있겠다. 이때 신은 그러한 〈새로움의 원천〉으로서 이 세계 안에 생명을 불어넣고 있는 존재가 되고 있다. 그렇기 때문에 화이트헤드가 언급한 바대로, 신이 사회를 불러일으킨다는 것은 〈강화〉를 지향하는 그 목적에 비추어보면 보조적인 절차에 불과한 것이다(PR 105/236).

또 한 가지 특기할만한 점은, 화이트헤드가 언급한 〈새로움의 기관〉organ of novelty에 대해서다. 〈새로움의 기관〉이라는 이 용어는 PR 전체를 통틀어서는 딱 두 번 언급되어 있는데, 하나는 방금 본 것처럼 신에 대해서이고(PR 67/170), 또 다른 하나는 세계 안의 신체 특히 뇌 속의 틈새interstices에서 일어나는 생생한 독창성과 관련해서다(PR 339/642). 화이트헤드는 둘 다 〈새로움의 기관〉으로 일컫고 있다. 또한 『이성의 기능』에서도 현재를 초월한 새로움을 낳는 정신적 경험과 관련해서 한 번 나온다(FR 33). 마치 제각각의 〈새로움의 기관〉에 대해 언급한 것 같지만 세계 안에 〈새로움〉이 발현되는 사건으로서 본다면 이것들은 전혀 별개의 것일 수 없다. 우선 화이트헤드는 〈생명〉이 발현되는 장소로서 그것은 세포의 틈새 또는 뇌의 틈새라는 〈빈 공간〉empty space이라는 점을 분명하게 언급했었다(PR 105-106/236-237). 그런데 동물 신체를 포함해 인간 경험의 경우를 특히 감안해본다면, 우리는 결국 뇌의 틈새에서 〈새로움〉의 요소가 발현되고 있다는 사실을 부인하지 못한다. 흔히 새로운 아이디어가 솟아나는 출처를 가리킬 때도 종종 머리를 가리키곤 한다. 달리 말하면 우리 인간의 신체와 관련해 가장 최대한의 강도를 불러일으키는 신의 내재는 우리의 뇌 속에서 발현되고 있다는 것이다. 즉, 〈새로움〉은 우리의 신체 안에서 새로운 발상이나 참신한 생각을 통해 그리고 이것의 표현이 되는 우리의 말과 행동으로 드러나게 되며, 그럼으로써 시간적인 세계 안에 영향을 끼치게 된다는 사실이다. 다만 신이 〈강화〉를 지향한다는 점에서 보면, 이때의 〈새로움〉은 단지 유별나기만한 피상적인 새로움이라기보다 그때까지의 과거 세계의 평균성을 넘는 훨씬 더 강화된 강도적 새로움으로 출현할 때 세계 안에 진보를 낳는 창조적 혁신으로 이어질 가능성 역시 매우 높아진다고 봐야할 것이다. 화이트헤드는, 파생적이며 공감적인sympathetic 개념적 가치화[가치매김]를 수반하고 있는, <신으로부터 파생된 새로운 혼성적 느낌들>을 <진보의 토대들>foundations of progress로 보고 있다(PR 247/488).

최초 주체적 지향의 등급화된 영원한 객체들과 <강도적 관련성의 원리>

화이트헤드는 최초의 주체적 지향을 언급하면서 이것은 "개념적 느낌을 위한 영원한 객체들의 최초의 관련성의 등급들을 결정한다"고 했었다(PR 244/484). 여기서 말한 <관련성의 등급들>gradations of relevance이라는 것은 신God이라는 현실태가 관여함에 있어 미실현된 영원한 객체들을 최초의 위상에 제공할 때 거기에는 <등급들>이 있음을 의미해준다. 물론 이 등급은 신의 전(全)포괄적인 개념적 가치화[가치매김]에 의해 매겨진 등급을 말한다. 즉, 신의 질서화ordering에 따른 등급 매김이 있게 된다는 것이다.

"원초적으로 창조된 사실은 영원한 객체의 다양성 전체에 대한 무제약적인 개념적 가치화[가치매김]이다. 이것이 신의 <원초적 본성>primordial nature이다. 이 완전한 가치화로 말미암아 개개의 파생적인 현실 존재에 있어서의 신에 대한 객체화는, 그 파생적인 계기의 합생 중에 있는 위상과 영원한 객체와의 관련성에 대한 어떤 등급화graduation으로 귀착된다." (PR 31/101)

<등급>이라는 표현은 PR에서 종종 쓰곤 하는 용어이기도 한데 여기서는 <영원한 객체와의 관련성의 등급화>에 주목한 것이다. 이 등급화는 개념적 가치화와 결부되어 있다. 쉽게 말해서 합생 계기가 신으로부터 최초의 주체적 지향을 부여받더라도 거기에는 신이 소망하는 높은

등급의 가능태가 중요한 것으로서 자리한다는 것이다. 신은 여러 가능 태들을 동일하게 가치화[가치매김] 하지 않고 그 자신의 원초적 본성에 따른 〈강도〉^{intensity}의 강화에 좀 더 기여하는 가능태로 실현되기를 원하고 있는 셈이다. 결국 신에 의한 질서화에 있어 그 같은 〈강도〉의 정도로 등급화된다고 볼 수 있다. 화이트헤드는 이를 〈강도적 관련성의 원리〉(principle of intensive relevance, 강도를 갖는 관련성의 원리)라는 표현을 썼었다.

> "현실 존재를, 저마다 단지 그 수에서만 다를 뿐 각기 다른 것의 무차별적인 반복에 불과한 것으로부터 구출하기 위해서는 어떤 원리가 요구된다. 이러한 요구는 〈강도적 관련성의 원리〉$^{principle\ of\ intensive\ relevance}$로 충족된다. 강도적 관련성이라는 개념은 〈선택의 가능성〉이라든지, 〈보다 많은, 혹은 보다 적은〉$^{more\ or\ less}$이라든지, 〈중요한, 혹은 하찮은〉$^{important\ or\ negligible}$과 같은 개념들의 의미에 있어 기본이 된다. 이 원리가 주장하려는 것은, 우주의 모든 사항^{item}은 저마다―추상적 사고로서 아무리 터무니없는 것일지라도, 또 현실 존재로서 아무리 소원한 것일지라도―어떤 한 현실 존재의 구조 속에서 포착된 것으로서 그 자신의 관련성의 등급^{gradation}을 가진다는 것이다." (PR 148/312-313)

모든 선택 가능성들이 똑같은 중요성의 비중으로 우리 앞에 놓여 있지 않다는 점은 사실상 어떤 면에서 지극히 상식적인 애기이기도 하다. 우리의 일상적 경험에서 볼 때도 내 앞에 놓인 여러 가능성들을 우리는 동일하게 평가하지 않는다. 알고 보면 모든 선택의 순간들이 그러하다. 특히 좀 더 중요한 선택의 순간에서는 그 같은 경험들은 훨씬 더

제12장 우주의 창조적 전진: 신-나-타자 얽힘의 공동 창조

명료하고 예리하게 경험되어진다. 예컨대, 물건을 고를 때, 시험 답안을 고를 때, 면접을 볼 때, 짝을 선택할 때 등 내 앞에 놓인 여러 다양한 가능성들이 있긴 해도 그 속에는 보다 더 중요한 것으로 간주하는 가능성이 있는가 하면 하찮거나 사소한 것으로 간주하는 가능성들도 있는 것이다. 다시 말해서, 현실 세계 안에서의 다양한 가능성들은 결코 동등한 등급을 갖고서 우리 앞에 놓여 있는 게 아닌 것이다. 동등한 등급이 아니기 때문에 실제적인 결단에서는 과연 어떤 가능성을 선택할지가 매우 중요해지는 것이다. 마찬가지로 신이 관여한 최초의 주체적 지향에 있어서도 여기에는 영원한 객체들에 대한 관련성의 등급화가 있음을 잊어선 안 된다. 앞서 말했듯이 그것은 최대한의 강도를 불러일으키는 것에 해당한다. 그러나 신으로부터의 최초의 주체적 지향이 있고나서는 합생적 계기의 생성은 자기원인적 과정이 된다. 이러한 자기원인적 과정의 계기는 최초의 주체적 지향을 수정할 자유도 지니고 있다. 신은 계기들에게 강압적으로 나온 게 아니어서 그 계기들의 자유로운 결단 역시 존중한다. 사실상 이러한 점들은 이미 여러 화이트헤드 연구자들도 잘 소개해주고 있다.

"새로운 계기가 신으로부터 그 최초의 지향을 받아들이면서 합생을 시작할 때, 그 계기는 양립 가능한 가능태들의 패턴 속의 특정한 요소를 소망스런 것으로 느낄 것이다. 그런데 이 첫 단계에서 가장 소망스런 것으로 간주되는 가능태는 그에 앞서 신이 가장 소망스런 것으로 느꼈던 가능태일 것이다. 왜냐하면 최초의 위상은 완전히 순응적인 것이기 때문이다. 그러나 후속하는 위상에서 주체는 자율적인 결단을 통해, 동일한 패턴 내의 다른 가능태를 보다 소망스런 것으로 보아 선택할 수 있을 것이다. 계기가

갖는 결단의 자유, 자기원인성은 이러한 선택에서 구현되고 있는
것이다."53)

"일단 최초의 주체적 지향이 주어진다면 계기의 생성은 자기원인
적이다. 자기원인$^{Self-Causation}$은 모든 현실 존재에 내재하는 것이
다."54)

따라서 해당 계기가 최초 주체적 지향에서는 신이 가장 소망하는 가
능태를 순응적으로 느끼더라도 이후로는 자기원인성을 갖는 생성의 과
정 곧 〈자기창조의$^{self-creative}$ 과정〉으로 돌입한다고 보면 될 것이다. 하
지만 신으로부터의 최초 주체적 지향이 있음으로 인해 합생 계기는 그
자신의 주체적 지향으로서 정립해나간다고 볼 수 있다. 시간적인 계기
들은 합생 과정에 있어서는 최초의 단계에서의 주체적 지향에 의해 비
록 제약되어 있긴 하지만 그러한 가운데서도 이를 수정하는 결단 역시
얼마든지 감행한다고 봐야 할 것이다. 달리 말하면 시간적인 존재들은
신이 원하는 기대를 저버리기도 하는 그러한 자유를 행사한다는 점이
다. 또한 결단을 행사하는 시간적인 계기들은 〈주체-초주체〉로서 후행
하는 우주를 제약하는 데에도 관여될 것이다. 타자로부터 제약되고 있
다는 점에선 결정되어 있지만 그러한 가운데서도 그 반응에 있어 어떻
게 〈자기창조〉$^{self-creation}$를 해나갈 지에 있어서는 자유롭다고 얘기된다.
이 점에서 화이트헤드는 범주적 제약들 중에서도 마지막 아홉 번째 범
주적 제약인 〈자유와 결정성의 범주〉를 언급한다.

"ix) 자유와 결정성의 범주$^{The\ Category\ of\ Freedom\ and\ Determination}$. 개개
의 개체적인 현실 존재의 합생은 내적으로 결정되어 있으되, 외

제12장 우주의 창조적 전진: 신-나-타자 얽힘의 공동 창조

적으로는 자유롭다.

이 범주는 다음의 정식으로 압축될 수 있다. 즉 개개의 합생에 있어 결정 가능한 것은 무엇이든지 결정되지만, 거기에는 그 합생의 주체-초주체subject-superject의 결단에 맡겨지는 것이 언제나 남아 있다는 것이다." (PR 27-28/95)

이처럼 합생 계기의 위상적 과정은 신을 비롯해 제약된 채로 최초의 단계를 갖게 되는 것이지만 후속 위상의 과정에서는 계기 스스로를 정립해나가는 〈자기 창조〉를 수행한다고 볼 수 있다. 그래서 화이트헤드에 따르면 해당 계기의 그 주체는 〈자율적인 주인〉autonomous master이라고 일컬어진다.

"괜찮다면 우리는 이를 다음과 같이 표현할 수도 있을 것이다. 즉 <u>신과 현실 세계는 공동으로, 새로운 합생의 최초 위상을 위한 창조성의 성격을 구성한다</u>는 것이다. 이렇게 구성된 주체는 그 자신을 직접 합생하여 주체-초주체로 나아가는 자율적인 주인이다." (PR 245/484)

따라서 신이 전적인 창조자는 아닌 것이다. 알고 보면 모든 창조의 작업에는 계기들도 〈주체-초주체〉로서 함께 참여하고 있는 것이다. 따라서 현실 세계가 되고 있는 우주 만물은, 신과 세계가 만들어내는 공동창조의 장(場)이면서 진화 중에 있는 공동창조의 결과물이기도 한 것이다. 우리는 다함께 창조적 전진의 과정 속에 놓여 있다.

<창조자>로서의 신

그럼에도 화이트헤드가 보는 신과 세계의 관계에 있어서의 신 존재는 <미적 일관성의 척도>로 간주된다. 세계와 함께 가는 공동창조자이긴 해도 신의 역할이 세계와 마냥 동일한 것만은 아니었다. 신의 창조적 활동에는 세계에 없는 특별한 요소가 있음을 화이트헤드는 분명히 하고 있다.

> "신은 세계에 대한 미적 일관성의 척도이다(God is the measure of the aesthetic consistency of the world). 창조적 활동에는 얼마간의 일관성이 있다. 왜냐하면 그것은 신의 내재^{immanence}에 의해 조건 지워지기 때문이다." (RM 99)

따라서 화이트헤드 철학에서는 신의 본성이 <강도에 대한 절대적 표준>이 되고 있듯이 이 같은 신의 창조 활동 역시 세계 안에서 역사를 이끌어가는 어떤 하나 이상의 유익한 방향 제시가 될 수 있다고 보는 것이다. 세계를 얼마간 조건화하는 <신의 내재>라는 건, 결국 세계에 대한 가장 기본적인 신의 창조자 역할이 해당 합생 계기에 대해 <최초의 개념적 지향>을 갖도록 마련해준다는 점에 있음을 암시해주는 것이기도 하다. 물론 이때 말하는 <최초의 개념적 지향>이란 신으로부터 비롯된 합생 계기의 개념적 위상을 이루는 개념적 지향$^{conceptual\ aim}$이면서, 그 현실 세계에 관련되어 있지만 해당 존재의 결단을 기다리는 미결정성들^{indeterminations}을 수반한 개념적 지향을 뜻한 것이다(PR 224/447).

> "어떤 의미에서 각 시간적 존재는 신 자신과 마찬가지로 그 정신적 극에서 생긴다. 그것은 신으로부터 자신의 토대를 이루는 개

념적 지향—그 현실 세계에 관련되어 있지만 그 존재의 결단decision을 기다리는 미결정성들을 수반한 개념적 지향—을 이끌어 낸다. 이 주체적 지향은 그 존재의 계속되는 수정 속에서, 물리적 느낌과 개념적 느낌 간의 상호 작용의 계속되는 위상들을 지배하는 통일화의 요인으로 남는다. 존재의 그러한 결단은, 그 합생의 위상에서 새로움이 생기기 이전, 발생의 초기 단계에 있는 피조물에게는 불가능하다." (PR 224/447-448)

즉, 이 같은 〈개념적 지향〉의 최초 마련에 있어서는 신이라는 현실 존재가 있어야만 가능한 것이다. 따라서 창조성의 또 다른 피조물인 신이 시간적 존재자들의 정신적 극의 〈창조자〉로서 자리하지 않으면 안 되었다. 이런 점에서 신은 〈태초〉라는 시간의 선재로서 앞에 있는 최초 원인자라기보다는 모든 시간화와 공간화가 발생하는 생성의 시원적인 최초 국면들에 함께[with] 있다는 점에서의 최초 원인자인 셈이다. 이는 아리스토텔레스적 의미와는 또 다른 구도로서 설정된 것에 속한다. 그리고 이때의 신의 작용은 〈개념적 가치화〉conceptual valuation의 범주에 따라 각각의 시간적인 현실 존재가 갖는 정신성에 해당하는 개념적 느낌을 신이 마련해놓고 있는 것으로 볼 수 있겠다. 따라서 개념적 느낌의 새로움이라는 생명의 작용은 근본적으로 신이 없으면 불가능한 것이다. 화이트헤드 철학의 신은 바로 그런 의미에서의 〈창조자〉라는 얘기다.

"개념적 가치화[가치매김]의 범주, 즉 범주적 제약 IV에 따라, 그 주체에 있어서 신의 개념적 느낌에 대한 여건과 가치화를 재생산하는reproduces 파생된 개념적 느낌이 있게 된다. 이 개념적 느낌이 앞의 진술에서 언급한 최초의 개념적 지향이다. 이런 의미에

서 신은 각각의 시간적인 현실 존재의 창조자^{creator}라 할 수 있다." (PR 225/448)

물론 신도 궁극적으로는 창조성(창조력)의 사례에 속하기 때문에 궁극자의 지위는 어디까지나 창조성(창조력)에 있는 것이지만, 화이트헤드 철학에서의 신 존재 역시 시간적인 현실 존재에 대한 〈창조자〉로서의 역할을 담당하고 있다는 점도 결코 간과되어선 안 될 것이다. 그렇기 때문에 만약에 신이 없다면 〈관련성 있는 새로움〉$^{relevant\ novelty}$이란 있을 수 없다고 화이트헤드는 말한다.

"신은 현실 존재이다. 신에 의해, 영원한 객체의 다양성 전체는 합생의 각 단계와의 등급화된 관련성$^{graded\ relevance}$을 획득하게 된다. 신이 없다면 관련성 있는 새로움이란 있을 수 없게 될 것이다. 신의 결단에 따라 현실 존재에서 생기는 것은 무엇이든지 먼저 개념적으로^{conceptually} 생겨나고, 이어서 물리적 세계로 변환된다." (PR 164/342)

신은 각각의 시간적인 현실 계기들이 갖는 개념적 느낌에 있어서의 창시자인 셈이다. 이러한 사실은 한편으로 시간적인 현실 계기들이 그 시간성에 종속되는 한계를 극복할 수 있는 하나의 길을 열어 보여주는 것이기도 하다. 왜냐하면 시간적인 계기들이 갖는 정신의 작용에 있어서는 비시간적인 현실 존재인 신과 접속되고 있기 때문이다. 따라서 물리적 측면에서 보면 〈시간 속〉에 있지만 정신적 측면에서 보면 〈시간 밖〉과 접촉하고 있는 셈이다.

"현실 존재는 어느 것이나 모두 그 물리적 극에 관한 한 <시간 속에>in time 있으며, 그 정신적 극에 관한 한 <시간 밖에>out of time 있다." (PR 248/491)

신이 합생 계기들에 최초의 개념적 지향을 부여한다는 점은 결국 신이 세계 속으로 어떻게 진입되고 있는지를 말해주는 것이겠군!

반면 시간적 계기들은 자기실현의 완결을 통해 결국 신의 경험 속으로 자기를 넘겨주는 관계인 거네!

 이렇게 보면 신과 세계[=시간적 계기들의 세계]의 관계 구도가 서로 어떠한 대칭의 구도를 이룬다는 점을 미리 짐작해볼 수도 있을 것이다. 신이라는 존재는 그 자신의 정신적 극과 관련한 시간 밖에서 시간적인 세계와 관련한 시간 안으로 내재하고 있다면, 시간적인 현실 계기들은 물리적 극과 관련한 시간 안에서 신과 관련한 시간 밖으로 끊임없이 초월하고자 하는 점이 있다. 양자는 마치 거울 대칭의 구도처럼 서로 맞서 있는 상호 의존 관계인 것이다. 신과 세계에 대한 이 같은 대칭의 구도는 『과정과 실재』 마지막 제5부의 대미를 장식하는 내용에 속하고 있다. 특히 이 부분은 세계 안의 종교와 예술에 대한 경험들이 다루는 주제와도 깊은 관련을 맺고 있다는 점에서 매우 주목할 만한 것이라고 생각된다.

신[God]과 세계[the World]는 대칭적인 상호 관계로 있다!

PR 제5부에 나온 〈세계〉는 원문에선 항상 'the World'라는 대문자로 표기되고 있다. 신의 상대편에 놓인 이 세계는 계기들의 세계다. 여기서 화이트헤드가 내다본 〈신과 세계의 관계〉는 서로 마주선 거울처럼 대칭의 구도를 띠고 있는데, 이러한 점을 PR 제5부에 이르러선 신과 마주선 상대자로서의 세계와의 대칭 관계를 보다 명확히 드러내고자 했었다. 그는 신과 세계가 마치 서로 정반대의 맞은편에 자리한 것 마냥 〈대비된 대립자〉contrasted opposites라는 표현을 쓰고 있다(PR 348/658). 그에 따르면 신과 세계의 관계 맺기는 모든 면에서 정반대로 작용한다는 것이다. 이는 신과 세계의 상호 대칭 관계를 이해함에 있어 매우 중요한 암시가 아닐 수 없다. 그리하여 화이트헤드가 쓴 PR의 마지막 장에서는 우주의 창조적 전진에 있어 신과 세계의 상호 대비적이고 대칭적인 관계가 빚어내는 최종 해석의 그림을 선보인다. 이는 〈신이라는 비시간적인 현실 존재〉와 〈시간적인 현실 계기〉와의 전체 구도에서의 관계에서 보는 차이점을 알 수 있게 해주는 지점이기도 하다.

"신의 성립은 정신적 극에서 시작되고, 현실 계기의 성립은 물리적 극에서 시작된다." (PR 36/113)

신과 세계 둘 모두 현실 존재로도 불리지만, 비시간적인 신의 생성 과정과 시간적인 현실 계기의 생성 과정은 그 개시origination에서는 정반대의 다른 양상을 드러내며 시작한다. 이러한 대조적 차이와 함께 영속적으로 상호 관계를 맺으면서 빚어내는 우주의 창조적 과정의 그림은 상당한 것이다. 화이트헤드는 이를 통해 형이상학이라는 스케치북에 그가 생각하는 신과 세계의 관계 도식—곧, 우주의 창조적 전진 속에 놓여있는 신과 세계에 대한 관계 양상들—을 그 자신의 형이상학 체계의 구도에서 그려내고 있는 것이다.

"모든 점에서 신과 세계는 그들의 과정과 관련하여 서로 정반대로(conversely) 움직인다.

신은 원초적으로 일자(一者, one)이다. 즉 신은 다수의 가능적 형상들의 관련성에 대한 원초적 통일이다. <u>과정에서 신은 결과적 다양성을 획득하고, 원초적 성격은 이러한 다양성을 그 자신의 통일성 속에 흡수한다.</u>

세계는 원초적으로 다자(多者, many), 즉 물리적 유한성을 지닌 다수의 현실 계기들이다. 과정에서 세계는 결과적 통일성을 획득하는데, 이 통일성은 하나의 새로운 계기로서, 원초적 성격의 다양성 속으로 흡수된다.

따라서 신은, 세계가 다자이면서 일자인 것으로 간주되어야 하는 것과는 정반대의 의미에서, 일자이면서 다자인 것으로 간주되어야 한다."(PR 349/659-660, 밑줄과 단락의 줄바꿈은 필자의 표시)

이처럼 화이트헤드 철학에서의 신과 세계는 그 원초적 국면과 과정에서의 결과적 국면은 정반대의 구도로 맺어져 있다. 원초적으로 〈신은 일자〉이지만 〈세계는 다자〉이다. 하지만 그 과정에 있어서의 신은 〈결과적 다양성〉을 획득하는 반면에 세계는 〈결과적 통일성〉을 획득하고 있다. 이 통일성에 의해 생겨난 하나의 계기는 다시금 다자로서의 세계로 흡수된다. 신과 세계의 이러한 대칭 관계 구도에 대해 셔번의 다음과 같은 설명도 들어봄직하다.

"신의 구조는 세계의 구조와 대칭$^{mirror\ image}$을 이룬다. 세계는 미완의 것이다. 그것은 그 본성상 자신을 완결짓기 위해 모든 사물의 기초에 있는 하나의 존재를 필요로 한다. 이 존재가 신이다. 세계를 완결짓는 존재로서의 신은, 왼손이 오른손의 보완물이듯이 세계의 보완물이며, 그 결과 모든 현실 존재들을 지배하는 원리들은 신에게서 몇몇 사례를 통해 반대되는 방식으로 예증된다."[55]

이렇게 볼 때 우리는 지금까지 살펴본 화이트헤드의 신과 세계에 대한 형이상학적 관계 도식과 기존의 주요 서구 종교가 지녀왔던 신과 세계의 형이상학적 관계 도식과의 가장 큰 차이점 하나를 언급해 볼 수 있을 것 같다. 그것은 신과 세계의 관계가 화이트헤드 철학에서는 상당히 〈상호 대칭을 갖는 수평적인 관계〉의 그림인 반면에, 기존의 주된 종교의 신 관념을 살펴보면 거기서의 신과 세계 관계는 거의 대부분이 〈수직적이고 종속적인 관계〉로 표방된 도식이었다는 점이다. 따라서 화이트헤드 철학의 구도처럼 〈상호 의존적인 신과 세계의 대칭 관계〉가 있는가 하면, 기존의 주된 서구 종교의 신 관념에서 볼 수 있었던 <세계에 대한 신의 일방 관계>가 있는 것이다. 화이트헤드 철학이 그려내고 있는 신과 세계의 상호 대칭 관계 구도는 다음의 각 안티테제[정립에 반하는 반정립] 형식의 표현들에서 그 절정을 보여주고 있다.

"마지막 요약은 오직 일련의 안티테제antithesis—그 외견상의 모순은 현존의 여러 다양한 범주를 무시하는 데 있다—에 의해 표현될 수 있을 뿐이다. 각 안티테제에는 대립을 대조로 전환시키는 의미의 전환이 있다.

신은 항구적이고 세계는 유동적이라고 말하는 것은, 세계는 항구적이고 신은 유동적이라고 말하는 것과 마찬가지로 참이다.

신은 일자(一者)이고 세계는 다자(多者)라고 말하는 것은, 세계는 일자이고 신은 다자라고 말하는 것과 마찬가지로 참이다.

세계와 비교할 때 신이 탁월하게 현실적이라고 말하는 것은, 신과 비교할 때 세계가 탁월하게 현실적이라고 말하는 것과 마찬가지로 참이다.

세계가 신에 내재한다고 말하는 것은 신이 세계에 내재한다고 말하는 것과 마찬가지로 참이다.

신이 세계를 초월한다고 말하는 것은 세계가 신을 초월한다고 말하는 것과 마찬가지로 참이다.

신이 세계를 창조한다고 말하는 것은 세계가 신을 창조한다고 말하는 것과 마찬가지로 참이다." (PR 347-348/658)

PR 제5부에 실린 이 테제들은 화이트헤드 연구자들 사이에서도 너무나 유명한 테제들이기도 하다. 물론 이러한 내용들은 신과 세계의 관계를 수직적이고 종속적인 관계로만 보거나 절대자로서의 창조주 신 관념만 알고 있던 사람들에게는 상당히 낯설게 여겨질 것으로 보인다. 화이트헤드 철학에서의 신과 세계는 〈대비된 대립자〉로서 상호 의존적 관계의 구도로 제안되었다. 그리고 신과 세계에 대한 이 구도는 앞서 언급했었던, "신의 성립은 정신적 극에서 시작되고, 현실 계기의 성립은 물리적 극에서 시작된다"(PR 36/113)는 점까지 우리가 함께 고려해 본다면 여기서 언급된 이 안티테제들 역시 좀 더 분명하게 그려질 것으로 생각된다. 신과 세계의 존재 성립은 그들의 과정과 관련해서 서로 역으로 추구되고 있으면서도 서로 분리될 수 없을 정도로 얽혀 있는 상호 관계가 아닐 수 없다. 즉, 이들 각각의 존재 성립은 상대편의 존재 성립에도 함께 관여되고 있다는 점에서 이 같은 표현들 역시 나올 수 있었던 것이다.

그렇다면 화이트헤드는 왜 이러한 상호 대비의 대칭 구도로서 신과 세계에 대한 관계 도식을 구축한 것일까 하는 의문이 들 수 있다. 그것은 지금까지의 인류 지성사에서도 드러났던 대표적인 두 관념의 경합이 그가 보기에도 매우 중대한 관심사로서 있어왔던 점과 관련된다고 봤었기 때문이다. 이 대표적인 이 두 관념이란 다름 아닌 〈유동〉^{flux}과 〈영속성/영구성/항구성〉^{permanence}이라는 관념이다. 물론 이 두 용어는 각각 〈세계〉와 〈신〉에 대한 본성을 특징짓는 주된 의미로서, 그러면서

제12장 우주의 창조적 전진: 신-나-타자 얽힘의 공동 창조

도 서로 대립되는 의미로서 통용되곤 했던 그러한 낱말에 속한다. 결국 화이트헤드는 PR 제5부 신과 세계에서 바로 이 대립되는 의미로 보이는 〈유동〉과 〈영속성〉에 대한 두 관념을 그 자신의 형이상학 체계화를 통해선 서로 정합적으로 조화롭게 어울릴 만한 고찰로서 다루고 있는 것이다.

신과 세계의 관계는 대비된 대립자로서 그들의 과정과 관련하여 대칭적인 역(逆)의 관계로 상호 작용합니다.

유동과 영속성

화이트헤드는 "모든 사물은 흐른다"라는 〈사물들의 유동^{flux}〉을 해명하는 것이 형이상학이 지닌 주요 과제 중 하나에 속한다고 보면서도, 그것과 경합하는 정반대의 관념에 대해서도 발견되고 있음을 얘기한다. 그것은 바로 〈사물들의 영속성^{permanence}〉이라는 관념이다. 흥미롭게도 화이트헤드는 어느 찬송가의 구절 속에서 바로 이 두 관념이 완벽히 결합된 하나의 통합적 경험의 표현을 발견한다.

"〈모든 사물은 흐른다〉라는 말 속에 들어 있는 의미를 해명하는

것이, 형이상학의 주요 과제 가운데 하나이다.

그러나 그것과 경쟁하는^{rival} 정반대의 관념이 있다. 나는 지금 이 자리에서 그 관념을, 헤라클레이토스가 그의 생각을 묘사했던 것과 같이 완벽하게 표현할 만한 불멸의 명구를 떠올리지 못한다. 이 정반대의 관념은 사물들—견고한 지구, 산, 돌, 이집트의 피라미드, 인간의 정신, 신과 같은—의 영속성을 역설한다.
… (중략) …
결국 우리는 저 유명한 찬송가의 처음 두 줄에서, 하나의 통합적 경험에 있어서의 두 관념의 완벽한 결합에 대한 표현을 발견한다.

[주여] 나와 함께 하소서, Abide with me;
때 저물어 날 이미 어두우니 Fast falls the eventide.

여기서 첫째 줄은 <함께하다>abide, <나>me, 그리고 호소의 대상이 되고 있는 <존재자[신]>Being 등, 영속하는 것들을 표현하고 있으며, 둘째 줄에서는 피할 수 없는 유동의 한복판에다 이 영속하는 것들을 갖다 놓고 있다. 여기에 마침내 형이상학의 온전한 문제가 정식화되고^{formulated} 있음을 발견하게 된다." (PR 208-209/420-421)

"주여, 나와 함께 하소서, 때 저물어 날 이미 어두우니"는 어떤 의미로 <신^{God}과 나와 타자^{Others}의 얽힘 관계>에 대한 문장 표현으로도 볼 수 있다.56) 이들 요소는 결코 분리될 수 없는 얽힘의 관계다. 여기서

제12장 우주의 창조적 전진: 신-나-타자 얽힘의 공동 창조

화이트헤드는 〈유동〉flux과 〈영속성〉permanence이라는 이 두 관념은 분리될 수 없을 만큼 인류의 지성사에선 오래도록 지녀온 것인데 철학의 과제에는 바로 이 두 관념에 대한 모순 없는 통합적 해명이 필요하다고 본 것이다. 그리고 이에 대한 막연한 일반화로서의 직관적 표현을 화이트헤드는 어느 찬송가 구절에서 이끌어낸 것이다. 다시 말하면, 화이트헤드가 찾아낸 "(주여) 나와 함께 하소서, 때 저물어 날 이미 어두우니"라는 구절은 고대의 "모든 사물은 흐른다"는 구절에서 좀 더 진화된 버전의 경구로서 제안된 것으로 볼 수 있다. 물론 헤라클레이토스가 찾아낸 불멸의 명구만큼 세련된 표현인지 아닌지는 몰라도 화이트헤드는 이를 어느 찬송가 구절에서 찾아낸 것이다. 왜냐하면 사물의 유동성만을 표시한 그런 덧없음 속에서도 어떻게 항구적인 〈영속성〉을 확보할 것인가를 인류의 지혜들은 이를 항상 고민해왔었다고 봤기 때문이다. 무엇보다 여기서 말하는 〈영속성〉은 단지 계속적으로 존속하기만 하는 사회의 단조로운 〈존속성〉endurance이 아니다. 유동하는 세계 속에서도 앞서 말한 〈강도〉intensity를 강화해가는 방향으로서의 영속성의 추구인 것이다. 〈생명〉의 목적은 단지 존속하기만 하는 것에 있지 않다는 점을 상기하길 바란다.

> "상이한 시대마다 정신성의 형성을 통제하는 기질temperament로서의 다양하고도 대조적인 성질들이 있다. 이미 앞장에서, '나와 함께 하소서'라는 기도invocation를 지배하고 있는 **영속성에 대한 감각(sense of permanence)**과 <때 저물어 날 이미 어두우니>라는 귀결을 지배하고 있는 **유동에 대한 감각(sense of flux)**에 대해 주의를 환기시킨 바 있다. 이념들Ideals은 영속성과 유동이라는 두 관념을 둘러싸고 형성된다.

<u>피할 수 없는 유동 속에는 무엇인가 머무르는 것이 있고, 압도적인 영속성 속에는 유동성으로 빠져나가는 요소가 있다. 영속성은 오직 유동성으로부터만 추출될 수 있고, 일시적인 계기는 영속성에 복종함으로써만 충분한 강도를 확보할 수 있다. 이 두 요소를 분리시키려는 사람들은 명백한 사실조차도 해석할 수 없게 될 것이다.</u>" (PR 338/639)

화이트헤드는 우리가 추구하는 〈영속성〉은 피할 수 없는 없는 〈유동성〉의 한복판에서 추구되어야 한다는 점을 강조하고 있으면서, 현실 계기가 순간의 〈일시성〉을 극복함에 있어선 〈영속성〉에 부합하고자 할 때 충분한 강도^{intensity}를 확보할 수 있는 것으로 봤었다.

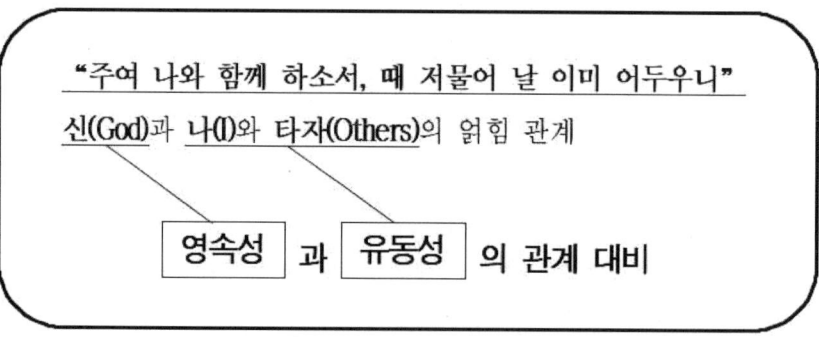

시간과 영원, 미켈란젤로의 예술 작품에서 읽어내다

사물의 〈유동〉과 그리고 그 유동 안에 머물고 있는 〈영속성〉과의 대비는 한편으로 시간과 영원으로도 대비시켜 볼 수 있을 것이다. 그렇기에 앞서 말한 유동과 영속성의 대조에 이어 화이트헤드는 그러한 예시

제12장 우주의 창조적 전진: 신-나-타자 얽힘의 공동 창조

의 하나로 유럽 르네상스 시대의 저 유명한 미켈란젤로(Michelangelo, 1475-1564)가 만든 걸작 조각상에 대한 예술적 경험의 사례마저 들고 있다. PR에서 언급해놓은 미켈란젤로의 조각상에 대한 화이트헤드의 평을 한 번 들어보자.

▲ 미켈란젤로 조각상: 낮과 밤[Day and Night] / ⓒ www.florencewebguide.com

"플로렌스[이탈리아의 피렌체]의 메디치 교회에 있는 네 개의 상징적 조각상들figures—미켈란젤로의 걸작 조각인 낮과 밤, 저녁과 새벽—은 사실의 추이passage 속에 깃들어 있는 영속적인 요소들을 전시해주고 있다.

이 조각상들은 순환하는 연속에 기대어 있으면서도, 사물의 본성 가운데 있는 본질을 영원히 보이면서 거기에 머물러 있다. 완전

854

한 실현이란 단지 추상에 있어서의 초시간적인 것의 예증에 불과한 것이 아니다. 그것은 더 많은 것을 하고 있다. 그것은, 그 본질상 일시적인 것 안에 초시간성^{timelessness}을 심어놓는다.

완전한 순간은 시간의 경과 속에서도 쇠퇴하지 않는다. 이때의 시간은 <끊임없이 소멸한다>$^{perpetual\ perishing}$는 성격을 잃고 만다. 그것은 <영원성의 움직이는 이미지>$^{moving\ image\ of\ eternity}$가 된다."
(PR 338/639-640)

▲ 미켈란젤로 조각상: 저녁과 새벽[Evening and Dawn] / ⓒ www.florencewebguide.com

여기서 화이트헤드가 언급한, 시간의 경과 속에서도 쇠퇴하지 않는 <완전한 순간>$^{perfect\ moment}$ 또는 <완전한 실현>$^{perfect\ realization}$이란 과연 무엇일까? 그것은 분명 유동성으로부터 충분한 강도^{intensity}로 확보된 초시간적인 영속성이 될 것이며, 이는 결국 순간과 영원의 합일이 아닌가 생각된다. 또한 그 실현에 있어 강도를 불러일으키는 〈강화〉^{intensification}의 방향도 결국 〈완전한 순간〉 또는 〈완전한 실현〉으로의 진화로 나아가는 것이 될 것이다. 이 〈완전한 순간〉은 유동하는 세계와 영속성을 확보한 신과의 관계가 함께 만들어가는 완전한 실현의 순간이기도 한 것이다. 그럼으로써 그것은 〈영원성의 활동적 이미지〉로 자리하게 된다. 순간 속에 깃들어 있는 영원의 요소들은 시간의 경과를 통해서도 결코 빛바래거나 쇠퇴함 없이 머물고 있는 것이다.

생각건대, 대부분의 세계 안의 위대한 문학과 예술작품들은 유동하는 사물들 속에서 〈영원성의 움직이는 이미지〉를 아주 예리하고 탁월하게 포착해낸, 그럼으로써 세계 안에 많은 공감과 감화를 불러일으킨 것들이 아닐 수 없다. 우리는 그러한 작품들을 통해 시간의 경과 속에서도 쇠퇴하지 않는 어떤 느낌을 (상징작용의) 의미로도 이끌어내는 것이다. 이 같은 예술에 대한 미적 경험을 통해서, 필연적인 유동에서의 불확실성과 불안감에도 불구하고 안정감 있는 영속성과도 조우하게 됨으로써 그에 따른 치유의 효과마저 체험하는 점이 있다. 어떤 면에서 이 〈영원성의 움직이는 이미지〉야말로 우리 안에 끊임없이 매혹을 불러일으키는 〈약동하는 생명력에 대한 이미지〉이기도 한 것이다. 달리 말하면 그것들은 〈시간으로부터 오는 필연적 소멸을 당당히 껴안고서도 이를 넘어서고 있는, 살아 있는 불멸에 대한 이미지〉인 것이다.

'시간'이라는 뿌리 깊은 악의 극복을 향해

〈유동과 영속성〉이나 앞서 말한 〈시간과 영원〉에서도 보듯이 그러한 종교나 예술의 경험들에서는 일시적인 것들 안에 심고자 하는 초시간성, 즉 〈소멸하지 않는 시간〉을 추구한다는 점은 분명해 보인다. 그러나 이것의 실현은 〈새로움〉^{novelty}이라는 신선함을 질식시키는 단조로움의 질서 안에서는 구현될 수 없다. 살아 있는 유기체로서의 경험들은 그러한 단조로움을 벗어나려는 새로움 또한 갈망하고 있는 것이다.

"질서만으로는 충분하지 않다는 것이다. 요구되는 것은 훨씬 더 복잡한 어떤 것이다. 그것은 새로움으로 들어가는 질서이다. 따라서 그 질서의 거대함이 단순한 반복으로 퇴화하는 일은 없게 되며, 또 새로움이 항상 계(system)의 배경에 반영되어 있게 된다." (PR 339/641)

따라서 우리가 추구하는 방향은 그 삶[생명]이 단조로움의 반복으로 퇴화되지 않고 계속 새로움을 반영함으로써 신선함을 갖는 영속적 안정성의 삶[생명]이 될 것이다. 아주 거칠고 간명하게 말한다면 그것은 〈신적(神的) 존재로의 진화〉이기도 하다. 이것은 상실을 수반하지 않으려는 최고도로 고양된 삶의 방식 또는 그런 상향적 진화로 나아가는 흐름 속에서 추구되고 있는 바다. 이 같은 점은 화이트헤드가 봤을 때 특히 문명사회에서의 종교가 바로 이 같은 문제를 끌어안고 숙고한 것으로 보고 있다.

"종교 문제를 가장 일반적인 형식으로 나타낸다면, 그것은 시간적 세계의 과정이, 새로움이 상실을 의미하지 않는 그런 질서 속에서 서로 결속되어 있는 다른 현실태들의 형성으로 이행하여 가는가 어떤가 하는 문제이다." (PR 340/644)

"모든 종교의 기초가 되는 우주론의 주제는 영속적 통일성 속으로 이행하는 세계의 역동적인 노력에 대한 이야기이며, 세계의 다양한 노력을 흡수함으로써 완결의 목적을 달성하는 신의 비전의 정태적인 위엄에 관한 이야기이다." (PR 349/660)

물론 이러한 문제들을 탐사하는 종교의 주제들은 완결된 정답으로 확정될 만한 것이 아니어서 실현 불가능한 것으로 간주될 수 있다. 〈새로움이 상실을 의미하지 않는 질서〉(an order in which novelty does not mean loss)라는 것은 과연 무엇을 말한 것일까? 이는 분명히 그 시원적 출처를 시간적 세계에서는 찾을 수 없다는 점에서 신의 본성[이상적 비전]으로부터 생겨난 질서화를 말한 것이며, 그러한 질서 속에서 결부된 다른 현실태들로의 형성 곧 그러한 진화의 방향으로 나아감을 추구하는 것이 바로 종교가 일반적으로 숙고하고 있는 문제라는 것이다. 저마다의 종교들이 마련한 예식/예배/제의 등 그 무엇을 하든, 각 종교별 수행 또는 영성훈련을 하든 간에 그러한 종교의 다양한 의례들도 결국은 어떤 영원성의 체득에 그 궁극적 목적을 두려는 점이 있다. 이를 통해 흘러가는 시간의 경과 속에서도 영속적인 안정성을 확보하고자 하는 것이다. 여기서 화이트헤드는 〈시간〉이야말로 그 끊임없는 소멸로 인해 상실을 불러온다는 점에서 가장 뿌리 깊은 〈악〉^{evil}으로 내다본다.

"시간적 세계에 있어서의 궁극적 악은 그 어떤 악보다도 뿌리가 깊다. 그것은 과거가 사라진다는 사실, 시간이 〈끊임없는 소멸〉이라는 사실에 있다. 객체화는 제거^{elimination}를 수반한다. 현재의 사실은 과거의 사실을 충분한 직접성에 있어서 동반하고 있지 않다. 시간의 과정은 과거를 분명한 느낌 아래에다 은폐시킨다." (PR 340/644)

〈끊임없는 소멸〉을 불러들이고 있는 시간은 〈제거〉를 수반한다. 따라서 화이트헤드가 보는 〈악〉의 기본 특성에는 〈상실〉을 불러온다는 점이나 〈제거〉나 〈파괴〉라는 점이 포함될 수 있겠다(RM 97). 또한 화이트헤드는, 〈악〉이란 사물들이 엇갈린 목적들purposes로 있을 때 일어난다고 했었다(RM 97). 이렇게 보면 시간적인 세계에서의 〈악〉은 불가피한 것이다. 왜냐하면 우리는 살아가면서 〈선택〉selection을 할 수밖에 없고 그러한 선택은 필연적으로 〈제거〉를 불러들이기 때문이다. 선택은, 가능한 방해되는 것들을 제거해버리려는 활동에 속한다.

"선택은 방해하는 양상을 최소화시키려고 하는 별개의 시간적 질서를 향한 첫걸음으로서의 제거이다. <u>선택은 악의 척도인 동시에 그 악을 회피하는 과정이다.</u> 그것은 사실상 방해 요소를 버린다는 것을 의미한다." (PR 340/644)

우리는 여기서 〈선택〉이 갖는 두 측면을 엿볼 수 있다. 〈불가피한 제거로서의 선택〉과 그러한 〈악을 회피하는 선택〉의 과정이 있을 수 있겠다. 그렇다면 불가피한 제거를 수반하지만 가능하면 만족의 깊이를 위한 〈강도〉intensity를 강화하는 방향으로의 선택이 그나마 시간적 세계의 악을 극복하기 위한 방안이 될 것이다. 그것은 서로의 조화를 필요로 하는 사회들이 지배력을 갖도록 하는, 다시 말해 서로의 존재들이 그 자신에게서나 타자에게서도 중요한 존재로서 함께 자리매김 되도록 하는 그러한 선택으로 가는 방안이다. 그런데 만일 우리가 여기서 〈강도〉의 문제와도 관련된 질적 차이의 측면은 전혀 고려하지 않은 채로 단지 정량적으로만 고려할 경우, 이는 마치 제레미 벤담Jeremy Bentham의

'최대 다수의 최대 행복'이라는 〈공리주의적 원리〉Utilitarian Principle 입장에도 가까운 것이 되고 만다. 하지만 화이트헤드의 경우는 앞서 언급했었던 〈강도적 관련성의 원리〉를 따른다. 화이트헤드는 행복Happiness도 강도의 여러 등급들로 차별화될 수 있다고 보는 입장이어서 벤담의 공리주의적 입장에 대해서도 비판한 바가 있다(AI 40). 그런데 만약에, 모든 사물들이 저마다의 존재 가치로서 존재하고 있으면서 그것이 다른 타자의 존재 가치에도 기여하고 있는 그러한 상태라면 여기에선 악이 일어난다고 볼 수 없을 것이다. 하지만 이 같은 실현의 완전성은 제한된 선택을 수반하는 시간적 세계에 있어서는 불가능할 것으로 본다. 결국 상실을 불러오는 악에 대한 극복과 처방은 분명하게도 어떤 상실이 없으면서 새로움과 완결성을 향한 모험을 겪는 그 같은 존재를 필요로 할 수 밖에 없다. 우리는 앞서 신의 〈원초적 본성〉과 〈결과적 본성〉이 이에 대한 역할들을 한다는 점을 살폈었다. 모든 영원한 객체들이 거하는 처소로서의 〈신의 원초적 본성〉과 그리고 세계 내의 모든 경험들을 보존하고 이를 지혜로 활용하는 〈신의 결과적 본성〉은 바로 이와 관련해 파괴적인 악을 극복하려는 흐름에 있어 하나의 대안의 길을 제공해 주고 있는 것이다.

"사실에 있어 쓸데없는 요소라는 건 없다. 따라서 악과의 싸움은, 복잡한 조화의 구조를 도입하는 중간 요소들의 공급에 의한 활용의 방식을 구축하는 과정이다." (PR 340/644)

신의 본성이 세계의 경험들을 온전히 버리지 않고 그 자신을 위한 지혜의 변형으로 활용하고 있듯이 시간적 세계에서의 악과의 싸움에 있어서도 그러한 신의 모습을 닮아가고자 하는 과정이 중요한 핵심이 될 수밖에 없다. 화이트헤드의 신은, 시간적 세계의 〈동반자〉companion로서 우리가 닮아야 할 신이지 공포와 두려움의 심판을 피하기 위해 그를 달래고자 그저 굴종적으로 숭배해야 할 신이 아니다(RM 41). 앞서 언급했듯이, 시간적 계기들에 대해 신이 목적하는 바는, 신 자신의 존재의 성취를 향한 중간 단계로서의 만족의 깊이였었다(PR 105/236). 따라서 화이트헤드가 볼 때, 신 역시 경험 중에 있는 존재자인 것이다. 그리하여 화이트헤드는 세계와 관계를 맺고 있는 신의 본성에 대한 이미지를 표현할 때 〈애정 어린 배려의 이미지〉라는 점을 언급하고 있다.

"순전히 자기 본위적인 파괴적 악의 반항들은 단지 사소한 개개의 사실들에 지나지 않는 것으로 밀려난다. 그렇지만 그것들이 하나하나의 기쁨에서, 하나하나의 슬픔에서, 필요한 대비의 도입에서 성취한 선(善)은 그것과 완결된 전체와의 관계에 의해 이미 구제되어 있다. 신의 본성의 이와 같은 작용하는 성장을 가장 잘 이해할 수 있는 이미지—그것은 한갓 이미지에 지나지 않지만—는, 그 어떤 것도 상실되지 않도록 하려는 애정 어린 배려의 이미지이다." (PR 346/654-655)

화이트헤드가 말하는 신의 본성은 구원될 수 있는 그 어떤 것도 버리지 않는 사랑의 심판과 시간적 세계의 잔해들을 활용하는 지혜의 심판을 수행한다는 점에서 보상과 처벌의 무자비한 도덕가로만 볼 수도 없다. 이처럼 화이트헤드 철학의 신 이해와 기존의 서구 주요 종교가 지녀왔던 신 이해가 많은 점에서 다르다는 점을 느낄 수 있을 것이다. 화이트헤드의 신은 일방 관계를 맺고 있는 제왕적 모델이 아니다. 무자비한 도덕가도 아니어서 영원 형벌의 지옥 심판 같은 것도 없다. 뿐만 아니라 화이트헤드의 신은 〈무(無)로부터의 창조〉를 펼쳤던 존재도 아니다. 확실히 화이트헤드의 유신론은 지금까지의 서구 문명사에 뿌리 깊게 각인되어 있는 신 이해와는 많은 점이 다르다고 볼 수 있다. 다시 말해, 기존의 서구 주요 종교의 신 유형과 화이트헤드의 신 이해는 근본적으로는 서로 양립 가능하지 않다고 보며 마땅히 일관성과 정합성을 갖추고자 할 경우 분명하게 수정되어야 할 것으로 본다는 애기다. 사실상 화이트헤드는, 우리가 종교의 경전을 읽고 해석할 때 새롭게 마련된 〈해석학적 존재론〉을 통해서 해당 종교의 양식들도 온전히 새롭게 〈재구성〉되어야 함을 그리고 〈재해석〉될 수 있어야 함을 촉구하고 있는 것이다.

그리고 이 점에서 화이트헤드는 서구 기독교의 사례를 살펴볼 경우, 놀랍게도 성서 안의 〈갈릴리 예수〉에게서는 기존의 서구 기독교 전통과는 오히려 잘 맞지 않는다면서 그 자신이 표명한 신의 본성의 이미지들과 결합시킨다. 화이트헤드가 보는 기존의 서구 기독교 신학은 갈릴리 예수 그리스도와는 맞지도 않기 때문에 따라서 전면적으로 새롭게 수정 또는 재편될 수 있어야 한다고 봤던 점이 있다. 심지어 화이트헤드는 가톨릭과 갈라진 개신교 역사의 종교개혁 사건조차도 그리스도교 신학을 전혀 개선하지 못했다는 점에서 훨씬 더 완전한 실패라고 평가할 정도로 상당한 비판적 입장을 드러낸 바 있다(AI 166). 그의 저작들 곳곳에는 기독교 신학에 대해서는 대체로 부적합하다고 보는 비판적 평가들을 여러 차례 언급한 바가 있다.

"불행히도 기독교 신학자들은 결코 일반적인 형이상학으로까지 이러한 진일보를 이뤄내지 못했었다. 이러한 좌절의 이유는 또 하나의 불행스런 전제였다. 신의 본성은 이 시간적 세계의 개체 사물들에 적용된 모든 형이상학적 범주들로부터 면제되었던 것이다. 신의 개념은 그 야만적 기원으로부터 승화되었다. 신은, 고대 이집트나 메소포타미아의 왕들이 그들의 피지배자인 거주민들에 대해 취했던 관계와 마찬가지로 전체 세계에 대해서도 동일한 관계로 자리했던 것이다." (AI 169)

화이트헤드는 서구 전통 기독교 신학이나 신에 대해 언급할 때 <야만적>barbaric이라는 용어를 붙여 쓰곤 했는데, 이것의 의미는 그러한 기독교 신학 또는 신에게서 드러나고 있는 <힘의 폭력성>뿐만 아니라 바로 그 지점에 있어선 아직 문명화가 덜된 듯한 <미개한 상태>라는 점도 함께 담고 있다. 적어도 <야만적>이라고 표현한 그 밑변에는, 우리의 삶이 야만으로 가는 방향이 아닌 보다 건강한 문명화를 위해서라도 필히 개선[개정]되어야 함을 암암리에 피력한 것이라고 생각된다.

신과 세계, <상호 의존 관계>와 <일방 관계>라는 형이상학적 구도의 양립 불가능한 차이

알다시피 서구 문명사에 뿌리 깊은 영향을 끼친 아브라함의 종교들(유대교, 기독교, 이슬람교)에 나타난 주된 신 관념은 세계에 대한 일방 관계로서의 신 이해를 드러냈었다. 시간적 세계의 지위는 신의 전지전능한 주권 속에 종속된 것이었고, 그럼으로써 신에 의해 무(無)로부터 전적으로 창조된 피조물에 속했었다. 이러한 구도에서 보는 신과 세계의 근본적인 관계 양상은 상호 영향을 끼치는 관계가 아닌 신의 창조 주권 또는 그 힘에 복속된 일방 관계로서 맺어져 있다. 참고로 여기서 말하는 신의 전능성의 의미는, 자연의 인과적 흐름에 대해서도 마음대로 간섭하거나 이를 깨트릴 수 있다고 믿는 초자연적 존재로서의 신

제12장 우주의 창조적 전진: 신-나-타자 얽힘의 공동 창조

이해를 함축한 의미다. 물론 신을 전능한 힘의 존재로 묘사해 온 것은 고대인들의 신화적 세계에서도 찾을 수 있을 만큼 매우 뿌리 깊은 형이상학적 연원을 갖는 것이지만, 철학의 태동 이후 형이상학적 체계화라는 이론의 측면에서 본다면 기독교 신학의 경우엔 아우구스티누스의 기여가 결정적으로 매우 컸었다고 본다. 기독교 신학에서의 신은 세계와의 관계 맺기에 있어 창조자와 피조물이라는 수직적인 일방 관계로 놓여 있다. 신은 세계에 영향을 끼칠 뿐이지 세계가 신에게 영향을 끼치는 통로에 대해선 신학적으로 거의 정식화되어 있지 않다.

〈세계에 대한 신의 일방 관계〉라는 유형은 아리스토텔레스 철학을 끌어들인 중세 토마스 아퀴나스의 신 이해에서도 엿볼 수 있다. 〈부동의 동자〉$^{unmoved\ mover}$로서의 신 개념은 모든 만물의 〈제1원인〉$^{Causa\ Prima}$이라는 지위를 갖고 있다. 신은 세계 만물의 작동에 있어 궁극적 원인으로서의 존재인 것이지, 신 자신은 그 스스로가 자기원인자여서 세계로부터 영향을 받는 관계가 아닌 것이다. 반면에 화이트헤드 철학에서의 구도는, 신과 세계 모두 현실 존재로서 서로 간에는 차이―그렇지만 매우 중요한 차이―를 갖고 있긴 하지만 상호 영향을 끼치고 있는 수평적 구도의 상호 관계를 맺고 있다. 화이트헤드의 입장은 그동안 기독교 신학이 애호해왔던 〈부동의 동자〉로서의 신의 관념이나 〈탁월하게 실재적인〉$^{eminently\ real}$ 것으로서의 신의 관념을 거부한다(PR 342/648).

"그들한테 신은 탁월하게 실재적이었고, 세계는 파생적으로 실재적이었다. 신은 세계에 필수적이지만, 세계는 신에 대해 필수적이지 않다. 이들 사이에는 넘사벽(gulf)이 있었다." (AI 169)

필자가 여기서 번역어로 채택한 우리말의 〈넘사벽〉이란 단어는, 알다

시피 '넘을 수 없는 사차원의 벽'의 줄임말로, 아무리 노력해도 자신의 힘으로는 격차를 줄이거나 뛰어넘을 수 없는 상대를 가리키는 말인데, 전통 기독교 신학에서 말하는 신과 세계의 관계야말로 그 격차가 너무나 커서 이 같은 <넘사벽 관계>라는 얘기다. 화이트헤드는 이 <넘사벽 관계>가 낳고 있는 가장 나쁜 점에 대해 계속해서 다음과 같이 말한다.

"넘사벽의 가장 나쁜 점은 상대측에서 일어나고 있는 것들을 매우 알기 어렵다는 점이다. 이것이 전통신학의 신의 운명이었다. 우리의 시간적 세계에서 수집된 신이 존재한다는 증거들은 신비주의를 오래도록 과장해서 그려보이는 것뿐이다. 또한 무제한적인 전능성의 가장 나쁜 점도 모든 사건의 모든 세부사항들에 책임성이 동반된다는 것이다." (AI 169)

[* 이렇다보니 필자가 보기에도 화이트헤드의 철학을 통해 정립될 수 있는 신학적 성격과 기존 기독교의 전통 신학과의 적어도 큰 그림에서의 충돌만큼은 매우 불가피하다고 보는 것이다. 필자가 이런 얘길 꺼내는 이유 중 하나에는, 이 같은 분명한 차이를 보이는 신과 세계의 관계 구도 문제가 결국 어떤 형이상학적 구도를 택할 것인가 하는 해석적 선택의 문제와도 연관된 것이라는 점에도 있다. 이 양자는 양립 가능하지 않은 근본적인 차이를 드러내는 구도여서 둘 중에 좀 더 나은 설명력을 확보하는 형이상학적 구도를 이제는 선택할 필요가 있다고 생각된다. 쉽게 말해, 초자연적 능력을 지닌 전지전능한 신 존재는 화이트헤드 철학의 신의 구도와는 양립 가능하지 않다는 점을 굳이 숨길 필요도 없다는 것이며, 이를 분명히 해둘 필요가 있다는 점이다. 애초 화이트헤드는, 기존 기독교 신학 전통과는 양립 불가능한 모순점이 있어

제12장 우주의 창조적 전진: 신-나-타자 얽힘의 공동 창조

왔다고 봤었기에 초자연적인 전지전능한 존재로서의 신 관념을 버렸었고 한때 탐독했던 신학 서적들도 결국 처분하기까지 했었다. 화이트헤드는 분명한 기독교 신학의 비판자였고 그 점에서 기존의 전통 기독교에는 속한다고 볼 수 없다. 그러나 그는 신과 종교에 대한 사항들을 완전히 버렸다기보다 오히려 기존의 신 관념을 수정 또는 폐기하고 새로운 구도의 신 관념을 그의 후기 형이상학에서 마련해놓았던 것이다.

그런데 이러한 화이트헤드의 새로운 유신론 작업을 다시금 추상적인 언술로 포장하여 전통 기독교의 신 관념들과 애써 조화시키려 한다면 이것은 한편으로 화이트헤드가 그토록 비판하며 빠져나오고자 했던 기존 기독교 신학의 부조리와 모순점들과 또 다시 연결될 수 있는 봉합적 시도로 여겨질 가능성도 크다. 생각건대, 현재의 주류 기독교 신학이 할 일은 전면적인 새로운 형이상학의 수혈을 통해 다시금 전면적인 체계화를 마련하지 않으면 안 될 것으로 본다. 쉽게 말해 신론, 인간론, 교회론, 구원론, 우주론 등 이러한 조직신학들도 새로운 형이상학의 수혈을 통해 새롭게 재편할 수 있어야 한다는 것이다. 같은 성서 구절을 놓고도 어떤 형이상학을 받아들이느냐에 따라선 그 해석은 완전히 달라진다. 왜냐하면 형이상학 자체가 <해석학적 존재론>이기 때문이다.]

"<부동의 동자>unmoved mover로서의 신의 관념은 적어도 서구 사상에 관한 한, 아리스토텔레스에게서 비롯되었다. <탁월하게 실재적인> 것으로서의 신의 관념은 기독교 신학이 애호하는 학설이다. 이 두 관념이 결합되어, <u>근원적이며 탁월하게 실재적인 초월적 창조자, 즉 그의 명령으로 세계가 존재하게 되고 그가 강요하는 의지에 그 세계가 복종하는 그런 초월적 창조자라는 관념이 된 것은</u>, 기독교와 이슬람교의 역사에 비극을 야기시켜 온 오류

<u>이기도 하다.</u>" (PR 342/648)

이처럼 역사상에서 분명한 오류와 비극을 야기시켜 온 점이 있음에도 이를 여전히 수정하지 않는다면 이는 더 이상 진보할 수 없는 사망으로 치닫는 것이 될 것이다. [* 이는 보수적인 종교의 문제만이 아니다. 예컨대 오늘날 진보 기독교 진영에선 형이상학이 얼마나 중요한 문제인지를 간과하고 주로 정치권력 문제와 사회경제사 문제에 집중하는 점이 있는데, 만일 그러한 경우라면 이는 문명사에 있어 형이상학이 문화의 형성으로 우리 안에 스며들면서 결국 〈몸화〉된다는 점을 오히려 간과하고 있는 것으로도 볼 수 있겠다. 힘의 전능성을 믿고 따르며 숭배하는 복음일수록 이를 전파하는 종교 사제들도 그러한 힘의 대리자로 표상되면서 권력화 될 수 있는 것이며 그럼으로써 결국 몸삶으로 체득되어 마치 스스로가 전능 신의 힘을 빌어서 왕노릇을 하게 될 위험성에도 빠지게 되는 것이다.]

또 한 가지 언급할 점은, 화이트헤드가 볼 때 〈부동의 동자〉로서의 신 관념의 출처가 아리스토텔레스에서 비롯된 점을 비판하면서도 정작 그의 스승 플라톤의 통찰에서 주목해야 할 점을 강조한 대목이다. 화이트헤드는 종교 역사상 가장 위대한 지적 발견의 하나로서 후기 플라톤의 작업에서 표명된, 세계의 〈신적 요소〉$^{divine\ element}$가 〈강압적 작인(作因)〉$^{coercive\ agency}$이 아닌 〈설득적 작인〉$^{persuasive\ agency}$으로 봤던 점을 꼽는다(AI 166). 이는 설득을 이뤄내는 합리성^{rationality}의 힘이라고 볼 수 있다. 화이트헤드가 보는 "신의 역할은 그의 개념적 조화의 압도적 합리성이 그의 인내 속에서 행사되는 데 있다"(PR 346/655). 이처럼 화이트헤드는 후기 플라톤의 통찰로부터 정말 많은 자양분들을 얻어내고 있다. 비록 플라톤이 그 자신의 체계화된 이론의 조정에까진 이르지 못했지만, 화이트헤드가 볼 때는 그가 만년에 이 통찰을 아무 조건 없이 선언하고 있다고 봤었고 그러한 플라톤의 학설을 종교사의 가장 위대한 지적 발견의 하나로까지 평가했었다(AI 166). 그러나 플라톤의 이 위대한 통찰은 이후엔 안타깝게 제대로 정립되지도 실현되지도 못했었다.

> "강제성compulsion의 최고 작인으로서의 신이라는 이 학설이 형이상학적으로 승화됨으로써, 신은 전적으로 파생적인 세계를 전능하게 처리해주는 유일한 최고의 실재로 변모했었다." (AI 166)

알다시피 지금까지도 서구의 주요 종교들에서 보여줬던 신과 세계의 관계는 거의 대부분 〈설득적인 작인〉보다 〈강압적인 작인〉으로 드러나는 점이 훨씬 더 많았다. 화이트헤드는 이러한 점을 달리 표현하기를 〈신적인 폭군〉Divine Despot과 〈노예적 우주〉slavish Universe라는 관계로 빗대어 언급하기도 했었는데 그 같은 낡은 관념이 기독교 신학 안에 잔존해왔다는 사실을 불행이라고 했었다(AI 26). 〈신적인 폭군〉과 〈노예적 우주〉의 관계란 그야말로 〈넘사벽의 관계〉가 아닐 수 없다.

따라서 신을 아리스토텔레스처럼 〈부동의 동자〉로 간주하거나 〈강압적인 작인〉 또는 〈강제성의 최고 작인〉the supreme agency of compulsion으로 보는 것은 정작 앞서 언급했던 후기 플라톤의 위대한 통찰로부터는 더욱 거리가 멀어진 후퇴에도 해당될 것이다. 서구의 주요 종교 역사에서 분명하게 목격되고 있듯이, 인류사에 참담한 비극을 야기시킨 데에는 그 형이상학적 폐해와 오류도 함께 자리하고 있어 새로운 대안이 요구된다. 따라서 이제는 〈믿음의 종교〉가 아닌 개방된 열린사회 속에서 더 큰 합리적 설득을 구하며 그 소통의 반경과 신뢰도를 끊임없이 확장해가는 〈모험의 종교〉 시대로 나아갈 필요가 있다. 오히려 개념적 조화의 압도적 합리성이 갖는 설득적 힘을 믿는다면, 그러한 신을 오히려 더 신뢰한다면, 더더욱 이러한 모험의 길을 두려워할 이유가 없을 것이다.

● 화이트헤드 철학이 비판한 <신과 세계의 일방 관계>

☞ <탁월한 실재로서의 신>과 <파생적 실재로서의 세계>라는 넘사벽 관계

☞ 세계를 움직이게 하는 원인이면서 그 자신은 원인을 갖지 않는 신과의 관계 - 아리스토텔레스의 <부동의 동자> 개념이 도입된 유신론 반대

☞ 설득적 작인으로서의 신이 아닌 강압적 작인으로서의 신과의 관계

☞ 결국 <신적인 폭군>과 <노예적 우주>로 전락되고 있는 관계

플라톤이 신적 요소를 강압적인 작인이 아니라 설득적인 작인으로 봤던 점은 종교 역사상 가장 위대한 지적 발견들 가운데 하나로 봅니다.

주요 유신론 사상의 전통들과는 잘 맞지 않는 갈릴리 예수의 비전

화이트헤드는, 기존 서구 기독교[그리스도교]가 믿어왔던 신의 모습은 대체로 우상 숭배적인 것으로서 로마 황제인 시저^{Caesar}의 속성을 부여한 것이라고 진단한다.

> "서구 세계가 기독교를 받아들였을 때, 시저(Caesar, 카이사르)는 승리를 거두었고, 서구 신학의 표준 텍스트는 시저의 법률가들에 의해서 편찬되었다.
> … (중략) …
> 이집트, 페르시아, 로마의 황제와 같은 이미지로 신을 만들어내는, 보다 뿌리 깊은 우상 숭배가 존속되고 있었다. <u>교회는 전적으로 시저에게 속해 있던 속성들을 신에게 부여했던 것이다.</u>" (PR 342/648)

화이트헤드로선 아무래도 서구 문명의 주요 전통에는 기독교 문명이 자리하고 있기에 그 역시 서구 기독교가 지녀온 문제를 건드리지 않을 수 없었던 걸로 보인다. 여기서 화이트헤드의 날카로운 관찰력은 기존 기독교의 신학은 그가 볼 때 이천 년 전 갈릴리 예수에서 볼 수 있었던 비전과 그 근본적인 구도에서 많이 다르다고 본 점에 있다. 심지어 예수 그리스도조차도 필시 그리스도교 신학을 제대로 이해하지 못했을 것으로 볼 정도다(D 30). 화이트헤드의 이런 주장이 아마도 기존 기독교 신학자들한테는 얼마간의 공분을 자아내도록 할지도 모르겠다. 분명한 사실은, 화이트헤드가 보기에도 복음서에 나타난 갈릴리 예수의 통찰적인 비전은 지금까지의 서구 유신론 철학의 양상에서 그 어느 것과도 잘 들어맞지 않는 또 다른 새로운 점이 있다고 본 것이다. 다시 말해서 화이트헤드의 입장은 서구 종교사에서 갈릴리 예수의 통찰로 드러났던 간결한 비전이 제대로 체계적인 이론의 꽃을 피우지 못한 것으로 보고 있으며 그렇기에 여기에는 그것에 걸맞는 새로운 유신론 철학의 체계가 다시 필요하다는 점을 조심스럽게 내비치고 있는 것이다.

"겸양^{humility}에 대한 갈릴리 사람[예수 그리스도]의 간결한 비전은 여러 시대에 걸쳐 불확실하게 명멸하였다. 그 종교의 공식적인 정식화에 있어 그것은, 유대인들이 그들의 구세주에 대해 잘못된 생각을 품었던 것을 단순히 그들의 탓으로 돌려버리는 지엽적인 형식을 취해 왔다." (PR 342/648)

그리하여 화이트헤드가 보는 갈릴리 예수는, 그때까지의 서구 유신론 철학의 주요 전통들—곧 ①통치하는 시저, ②무자비한 도덕가, ③부동의 동자—의 신의 모습과 이해에도 잘 들어맞지 않는다고 결론 내린다.

"갈릴리인[예수 그리스도]에 의한 기독교의 기원에는, 이 세 주요 사상 계통의 어느 것과도 잘 들어맞지 않는 또 다른 암시가 들어 있다. 그것은 통치하는 시저도, 무자비한 도덕가도, 부동의 동자도 역설하지 않는다. 그것은 정적 속에서 서서히 사랑에 의해 작용하는 세계 내의 부드러운 요소들을 강조한다. 그것은 또 이 세계가 아닌 왕국의 현재적 직접성 속에서 목적을 찾는다. 사랑은 통치하지 않으며, 또 부동의 것도 아니다. 또 사랑은 도덕에 대해 별로 주의하지 않는 편이다. 그것은 미래에 눈을 돌리지 않는다. 왜냐하면 그것은 직접적 현재에서 그 보답을 발견하기 때문이다." (PR 343/649)

이처럼 화이트헤드는 이천 년 기독교를 다시 새롭게 재고하게끔 만든 점이 있다. 즉, 기독교가 갈릴리 사람[예수 그리스도]로부터 새롭게 재출발·재구성될 수 있어야 한다고 본 것이다. 그리스도조차 이해하지 못할 그리스도교 신학이라면 분명한 혁신이 필요하지 않을 수 없다. 그렇지 않는 한 해당 종교에 희망을 걸기는 매우 힘들 것이다. 이 점에서 화이트헤드 철학을 종교 신학에 적용하고자 했던 <과정신학> 진영은 한편으로 기독교를 새롭게 변혁하고자 한 점에선 유의미한 시도 중 하나라고 생각된다. 서구 기독교는 갈릴리 예수의 비전을 통해서 <예수의 형이상학> 혹은 <예수운동의 세계관>을 새롭게 다시 정식화할 필요가 있다. 적어도 화이트헤드는 부동의 동자를 주장했던 아리스토텔레스 철학이 기독교 형이상학으로 그 정당성을 제공해주기에는 분명한 한계가 있다고 봤었다. 낡은 틀을 벗고서 이제는 "새 술은 새 부대에" 담아야 할 때가 온 것이다.

> ● 갈릴리 예수에 의한 기독교의 기원
> ☞ ①통치하는 시저, ②무자비한 도덕가, ③부동의 동자 그 어느 것과도 맞지 않음
> ☞ 갈릴리 예수에 적용 가능한 기독교를 위해선 새로운 정식화가 다시 요구됨57)

[* 그런데 필자가 생각하기로는 아무래도 기존의 보수 기독교가 화이트헤드의 철학 사상을 받아들이기엔 매우 벅찰 것으로 여겨진다. 물론 보수적인 기독교 신학자들도 이성과 믿음 또는 지성과 신앙이 서로 대

립하지 않는다는 식의 주장들도 곧잘 한다. 하지만 깊이 들여다보면 이 같은 주장들은 그 일관성을 실제 결여하고 있다. 표면적으로는 〈이해를 추구하는 믿음〉을 얘기한다지만 가장 근본적인 1차성은 어디까지나 초자연적인 신의 계시나 기독교 교리에 맞춰져 있기 때문에 신적 영역을 항상 우위에 깔고서 이성적 이해로서의 믿음을 받아들이고 있는 것뿐이다. 종교 신앙에 있어선 이들의 이성[지성]은 믿음[신앙]에 여전히 종속되어 있다. 그런데 이 같은 입장 표명은 일찍이 기독교 신학의 역사에 결정적인 영향을 끼쳤던 아우구스티누스의 신학에서부터도 엿볼 수 있는 그러한 점에 속한다. 아우구스티누스는 철학을 태동시킨 고대 자연철학자들한테선 신적 지성을 발견할 수 없다고 하여 거의 대부분 그 의미를 격하시키고 있는 반면에 『티마이오스』를 썼던 플라톤은 그렇지 않았다고 하여 결국 신 존재의 우위성을 아주 강력하게 표방했었고 이 같은 사유의 기본 도식은 기독교 신학사 전체를 통틀어서도 매우 결정적으로 작용했었다.[58] 하지만 이것은 인류 지성의 역사 전체에서 보면, 신화에서 철학으로 즉 〈초자연주의에서 자연주의로〉 이동했던 철학이 행성 지구의 역사에 태동하게 된 그 의미와 공헌을 망각하고 다시금 〈자연주의에서 초자연주의로〉 퇴행될 수 있는 우를 범하는 것이어서, 자연철학에 대한 아우구스티누스의 신학적 관점의 평가들은 정작 제대로 된 온전한 평가로 볼 수 없다고 생각된다. 결국 아우구스티누스가 내다본 철학함의 의미는 마땅히 신학에 봉사하는 〈신학의 시녀〉여야만 했던 것이다.

고전적인 전통 유신론이 신과 세계의 일방 관계로 표방되어왔던 점에서도 이미 짐작되고 있듯이, 그동안 중세 학문이 보여준 신학과 철학의 관계 양상들도 대체로 상호 의존의 관계가 아닌 〈지배와 종속의 일방 관계〉로 자리해왔던 점이 매우 컸었다. 이 같은 주된 양상들은 오늘날의 기독교 진영 안에서도 여전히 뿌리 깊은 사유의 도식으로 남아 있다. 따라서 변화하는 시대의 양상들과 지속적으로 소통하기보다는 주로 자신들의 과거 종교 전통들을 변호하기에 급급하여 주로 〈변증〉의 전략으로 나온다. 알고 보면 〈모험〉을 거부하고 자족해왔던 것이다.]

신과 세계가 빚어내는 우주의 창조적 전진의 종극은 어디인가?

화이트헤드가 보는 신[God]과 세계[the World]의 관계는 서로 유리될 수 없는 상호 대비의 관계로서 놓여 있다. 그것은 신의 〈욕구적 비전〉appetitive vision과 세계의 〈물리적 향유〉physical enjoyment가 함께 우선적으로 어우러지면서 결부되어진 사건이자 그의 형이상학적 관계 도식에서 보는 최종 도식으로 자리한다. 〈창조〉의 작업에 있어서는 서로가 서로를 필요로 하고 있는 불가분의 관계인 것이다.

"신과 세계는, 욕구적 비전과 물리적 향유가 창조에 있어 우선성을 똑같이 요구하고 있다는 최종적인 형이상학적 진리를 표현하면서, 서로 대치하고 있다. 그러나 어떠한 두 현실태도 서로 유리될 수 없다. 하나하나가 저마다 소중하다. 그래서 **각 시간적 계기는 신을 체화하고(embodies), 신 속에서 체화된다(embodied)**. 신의 본성에서는 항구성permanence이 원초적인 것이며, 유동은 세계로부터 파생된다. 또 세계의 본성에 있어서는 유동이 원초적인 것이며, 항구성은 신으로부터 파생된다. 그리고 세계의 본성은 신에게 있어 원초적 여건이며, 신의 본성은 세계에게 있어 원초적 여건이 된다." (PR 348/659, 강조는 필자의 표시)

세계라는 현실태는 물리적 향유를 갖고 있지만 더 나은 이상을 향한 욕구를 품고 있다. 신은 이러한 세계에 대해선 욕구의 비전이 되고 있는 존재이다. 신도 그 자신의 개념적 비전을 물리적으로 성취해줄 만한 파트너가 있지 않으면 안 되기에 반드시 세계를 필요로 할 수밖에 없다. 따라서 신과 세계의 관계는 서로가 서로에 있어 여건이 되고 있으면서도 서로를 원하고 있는 그러한 관계로서 항상 대치하고 있는 것이다. 여기서 〈체화하고 체화된다〉는 것은 상호 관계를 통한 몸의 구성요소가 되고 있다는 의미다. 결국 〈창조〉 역시 신과 세계가 같이 만들어내고 있는 〈공동 창조〉인 것이다. 그렇다면 신과 세계가 빚어내고 있는 이 같은 〈공동 창조〉의 최종 종극은 어디인가? 를 질문해 볼 수도 있을 것이다. 흥미롭게도 계속 이어진 화이트헤드의 언급은 다음과 같다.

"창조 작용은 영속성인 그 최종 극—세계의 신격화$^{\text{the Apotheosis of the World}}$—에 도달했을 때, 항구성과 유동을 성공적으로 화해시킨다."
(PR 348/659)

여기서 화이트헤드는 창조 활동의 〈최종 극〉$^{\text{final term}}$을 얘기하고 있다. 그것이 다름 아닌 〈세계의 신격화/신성화〉라는 것이다. 아주 간명하게만 보면, 이것은 〈신과 세계의 합일〉이면서 〈세계 진화의 최종점〉에 해당한다고도 볼 수 있다. 이는 〈세계가 신으로 온전히 진화된 상태〉인 것이다. 사실상 오늘날의 과학기술의 발전에서도 엿볼 수 있듯이 세계의 진화 방향은 적어도 〈시간과 공간에 대한 제어와 지배〉로 나아가는 점이 있다. 어떤 면에서 〈신〉이란, 〈인간이 꿈꾸는 시공간의 지배자〉로서 인간은 시공간에 대한 제어와 지배로서의 신적 존재가 되고자 하는 노력 중에 있는 것이다. 다시 말하면, 이것은 상실을 불러오는 여러 제약들의 한계들을 점차로 극복해가려는 방향인 것인데 여기서의

〈세계의 신격화〉라는 건 그 진화 방향에 있어서도 가장 궁극적인 최종점으로 볼 수 있다는 얘기다. 시공간의 제약으로부터 자유롭지 않은 우리 인간들은 신을 꿈꾸고 있는 셈이다. 물론 이것이 실제 최종적으로 가능한지를 묻는 것은 여기선 일단 접어두고 우선은 화이트헤드가 PR에서 언급한 〈세계의 신격화〉라는 것이 과연 무엇을 말한 것인지에 좀 더 주목해보자.

이 〈세계의 신격화〉란, 결국 세계에 있어서의 신은 궁극적 이상을 향한 진화의 종극점이 된다는 것이고 세계는 신에게 있어서 비전에 대한 물리적 성취라는 종극점이 된다는 것이다. 더 간단히 말하면 이것은 〈신과 세계의 공동 창조에 대한 공동의 최종 만족〉에 다름 아니라는 얘기다. [* 필자는 이를 〈GIO 만족〉$^{God\text{-}I\text{-}Others\ Satisfaction}$으로도 표현한다. 즉, 신[God]과 나[I]와 타자[Others]의 얽힘 관계가 모두 만족을 갖는 상태인 것이다. 그런데 화이트헤드 철학에서 〈만족〉이란 〈소멸〉에 다름 아니다. 그 점에서 이것은 일종의 〈대(大)소멸〉에 해당된다고 볼 수 있다. 흥미롭게도 불교가 말하는 열반$^{Nirvana,\ 니르바나}$의 뜻도 고(苦)가 완전한 제거된 소멸인데, 이 같은 불교의 직관 역시 반영해본다면 이를 〈만무〉$^{滿無,\ full\ naught}$의 상태로도 볼 수 있지 않나 생각된다. 필자가 말하는 〈만무〉란 〈없음의 무無〉가 아니라 〈충만의 무無〉이며, 〈가득한 무無〉를 의미한다.59) 물론 이는 필자의 견해에 불과하다는 점을 말씀드린다. 이처럼 신과 세계의 관계는 〈세계의 신격화〉에 이르러선 각자의 소임을 다하고 〈대(大)만족〉으로 소멸되는 것으로 볼 수도 있겠다. 그러면서도 이 신과 세계의 공동 만족이 오히려 다음의 획기적 차원으로 완전히 넘어가는 새로운 차원, 곧 〈획기적인 대(大)전환 국면〉이 될 수도 있기에 이를 영원히 마감하는 그런 류의 최종 완결로도 볼 필요가 없다고 생각된다.]

그렇다면 창조 작용의 최종 극이라는 〈세계의 신격화〉라는 것이 과연 실제적으로 실현 가능한지를 질문해볼 수 있겠다. 이는 분명 현실성에서 상당히 더 멀어진 —그렇기에 주로 신비주의 진영에서나 다루는 — 매우 사변적인 논의에 속할 것이다. 필자가 생각하기로는, 화이트헤드가 비록 창조 작용의 최종 극으로서의 〈세계의 신격화〉를 언급해놓긴 했지만 이것의 완전한 실현은 한편으로 불가능하다고 보는 것이 일반적 시각으로 여겨진다. 사실 PR 어디에도 이 짤막한 언급 외에는 전혀 설명을 해놓고 있지도 않을 뿐만 아니라 오히려 화이트헤드는 신과 세계 양자 모두 정태적인 완결에는 이르지 못한다고 분명하게 못 박고 있다는 점에서 우리의 우주는 항상 창조적 전진 중에 있다고 보는 것이 보다 적절한 관점이라고 여겨진다. 즉, 항구성[영속성]과 유동의 성공적인 화해라는 이 최종 극이 달성되는 〈완전한 실현〉은 단지 우리 안에 이상으로서만 현존한다는 얘기다.

"신은 모든 정신성의 무한한 근거이며, 물리적 다양성을 추구하는 비전의 통일이다. 세계는 완성된 통일을 추구하는 유한한 것들, 곧 현실태들의 다양성이다. <u>신도 세계도 정태적인 완결에 이르지는 못한다. 이 양자는 궁극적인 형이상학적 근거, 즉 새로움을 향한 창조적 전진의 손아귀에 있다.</u> 신과 세계는 각기 상대편에 있어서의 새로움을 위한 도구^{instrument}인 것이다." (PR 349/659)

물론 여기서 말하는 〈창조적 전진〉$^{creative\ advance}$이라는 건, 발달적 진보의 의미라기보다 우선은 신과 세계가 빚어내는 창조의 활동이 계속적으로 전개되고 진행된다는 의미로서 보는 것이 좀 더 분명한 기본적 시각일 것으로 생각된다. 우리가 〈과정〉^{process}을 망각하지 않고 있다면

제12장 우주의 창조적 전진: 신-나-타자 얽힘의 공동 창조

결국 신과 세계 역시 정태적인 완결에는 이르지 못한다고 보는 것이 보다 자연스러운 귀결일 것이다. 현실 세계는 〈창조적 전진〉으로서의 과정만 있을 따름이다. 누군가에게는 이러한 도식이 악에 대한 신의 최종 승리를 안겨줄 수 없다는 점에서 많은 불안을 지닐 지도 모를 일이지만, 여기서는 오히려 불안[정]함—또는 미결정성의 불확실함—과 함께 가는 과정으로서의 우주인 것이며 여기에는 언제나 〈새로움〉이라는 창조적 경험의 우주, 어떤 면에서는 자신을 항상 새롭게 만들어갈 수 있는 모험의 장(場)으로서의 우주라는 점이 훨씬 더 큰 의미를 지닌다고 볼 수 있겠다. 여기엔 신도 예외이지 않다. 신은 창조와 심판 형벌의 기계적 신이 아니다. 신은, 미성숙한 인간들이 자신의 불안 문제를 어찌하지 못해 이를 해소하고자 만들어낸, 그럼으로써 절대적 안정과 의존으로서 마련된 전지전능한 해결사로서의 존재가 아니다. 신도 살아 있기에 자유가 있는 것이며, 신 역시 자신을 만들어가는 모험 중에 있는 존재인 것이다.

태초와 종말의 거대한 목적론적 도식의 우주관에 대한 거부!

여기서 우리는 한 가지 분명히 해둘 점이 있다. 화이트헤드는, 우리가 속한 창조물 전체가 어떤 목적론적 도식의 우주처럼 그 최종 극에 있어 어떤 하나의 신적(神的)인 사건으로 향해 나아간다는 생각을 거부한다. 인류사의 종교와 철학에서도 많이 나타난 바 있는, 필연적인 진보 사관은 결코 화이트헤드의 입장이 아니다.

"종교와 철학적 사상에서 흔히 볼 수 있는 이 궁극적^{final} 질서에 대한 믿음은, 모든 유형의 순차성이 필연적으로 최종[종극의] 사례$^{terminal\ instances}$를 수반하고 있다는 널리 유포된 오류에 기인된

것으로 보인다. 따라서,

「……머나먼 저편에 있는 하나의 신적인^{divine} 사건,
  창조물 전체가 그것을 향해 나아가네,」

라는 테니슨$^{A.\ Tennyson}$의 시구는 그러한 잘못된 우주관을 표현하고 있는 것이 된다." (PR 111/247)

사실상 이런 류의 거대한 목적론적 도식의 우주론이라는 관념은 지금까지도 많은 인기를 누릴 만큼 여전히 횡행하고 있는 실정이다. 즉, 이 같은 관념에서는 현재 진행되는 역사적 시간의 과정들도 그 완성의 최종점을 향해가며 결국 그 종극에 이르게 된다는 식의 발상을 지니게 된다는 것이다. 하지만 앞서 살펴본 바가 있듯이, 화이트헤드가 표방하는 철학적 우주론은 〈일원론적 우주〉$^{monistic\ universe}$가 아닌 〈다원론적 우주〉$^{pluralistic\ universe}$라는 점을 우리가 간과해선 안 된다. 모든 존재들의 태초이자 시원적 의미가 되는 하나[일자]^{one}로부터 나와서 다시 궁극적인 하나[일자]로 수렴해가는 그러한 진행 과정의 우주는 어디까지나 〈일원론적 우주〉인 것이며, 화이트헤드 철학이 추구한 창조성의 〈다원론적 우주〉 입장과는 구분해서 볼 필요가 있겠다.

따라서 화이트헤드가 보는 우리의 우주는 늘 열려 있고 창조적 전진의 진화는 계속될 따름이다. 앞서 말한 〈세계의 신격화〉의 실현에도 이르지 못한다고 하더라도 신과 세계의 창조 활동은 부분적으로는 열매를 맺기도 하면서 각기 상대편에게 새로움의 경험들을 제공해주고 있는 것이다. 오늘날에 많이 쓰는 표현으로 언급해본다면, 우리의 우주는 신박한 경험을 결코 멈추지 않는다는 얘기가 될 것이다(* 최근에 등장한

신조어인 '신박하다'는 말은 '새롭고 놀랍다' 또는 '신기하다'를 뜻함).

창조적 전진으로서의 우주가 갖는 4가지 창조적 위상

끝으로 화이트헤드는 우주의 창조적 전진에 있어 4가지 창조적 위상을 거론한다. 이 위상들은 신과 세계가 함께 만들어내고 있는 우주에 대한 창조적 과정의 국면들로 제안된 것이다.

"우주가 자신의 현실태를 완성시키는 데는 네 가지 창조적 위상이 있다.

첫째로, 현실태로서는 부족하지만 가치화의 조정에 있어서는 무한한, 개념적 개시^{origination}의 위상이 있다.

둘째로, 현실태들의 다수성을 갖는 물리적 개시의 시간적 위상이 있다. 이 위상에서는 충만한 현실태가 확보되지만, 개체 상호간의 연대성에 결함이 있다. 이 위상은 그 결정적 조건을 첫^{first} 위상에서 도출하고 있다.

셋째로, 완성된^{perfected} 현실태의 위상이 있다. 여기서 다자(多者)는, 개체적 동일성에 있어서나 통일성의 완결성에 있어서나 어떤 상실이 있다고 하는 제약 없이, 영속적으로 하나이다. 영속성에 있어서 직접성은 객체적 불멸성과 화해한다. 이 위상^{phase}은 그 존재 조건을 선행하는 두 위상에서 이끌어낸다.

넷째 위상에서는 창조적 행위가 완결된다. 왜냐하면 완성된 현실태는 시간적 세계 속으로 되돌아가고, 또 이 세계를 제약하여 각각의 시간적 현실태가 그 세계를 관련 있는 경험의 직접적 사실로서 포함하도록 하기 때문이다. 왜냐하면 천국은 오늘 우리와 함께 있기 때문이다. 이 넷째 국면의 행위는 세계에 대한 신의 사랑이다. 그것은 개별적인 계기들에 대한 개별적인 섭리이다. 세계에서 이루어지는 것은 천국에서 실재성으로 변형되고, 천국에서의 실재성은 세계로 되돌아 이행한다. 이러한 상호 관계 때문에, 이 세상의 사랑은 천국의 사랑이 되고, 다시 이 세상에 흘러넘친다.

이런 의미에서 신은 위대한 동반자—이해하는 일련탁생(一蓮托生)의 수난자fellow-sufferer who understands—이다." (PR 350-351/663)

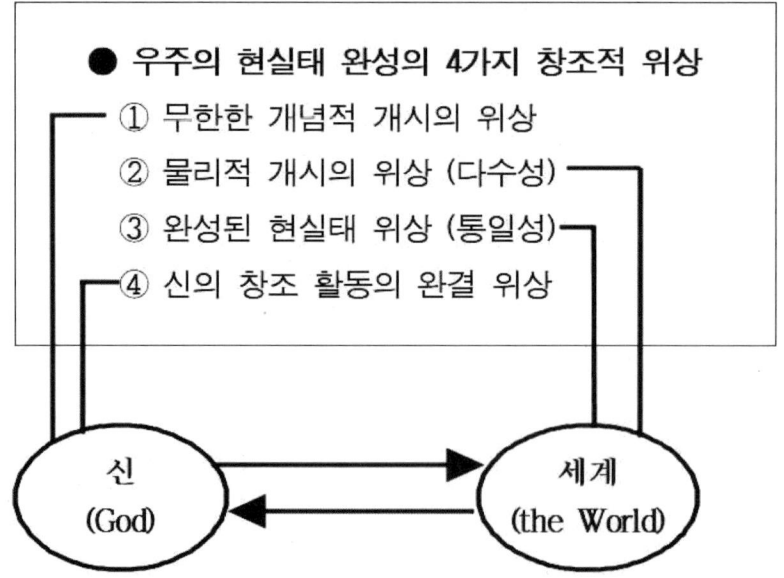

제12장 우주의 창조적 전진: 신-나-타자 얽힘의 공동 창조

이 4가지 위상은 신과 세계라는 우주 전체를 놓고 볼 때 형성되고 있는 주요 4가지 국면들에 해당한다. 창조적 전진으로서의 이 우주는 바로 이 4가지 국면들을 드러내고 있는 과정인 것이다. 첫 번째의 무한한 개념적 개시의 위상이 신의 원초적 본성의 국면을 말한 것임은 분명하다. 두 번째는 시간적인 물리적 현실태의 국면이 여기에 해당하고, 세 번째는 앞의 두 국면을 이어받아 시간적인 세계 안에서 그 통일성이 완결된 현실태의 국면을 말한다. 결국 완결된 통일성은 객체적 불멸성으로 들어간다. 그리고 네 번째는 비시간적 존재인 신 안에서 완결된 현실태의 국면이 세계 속으로 되돌아가는 것을 말한다. 이는 신의 창조 활동이 완결되는 국면으로서 오늘 우리와 함께 있는 〈천국의 실재성〉에 해당한다. 그럼으로써 세계 안의 다양한 존재 가치들 중에는 덧없음을 넘어 여전히 영롱한 빛이 되고 있는 영속성을 발하는 지점들도 있게 되는 것이다. [* 비록 PR에서 화이트헤드가 오늘 우리와 함께 있는 〈천국의 실재성〉에 대해 구체적인 사례를 들어 설명하진 않았지만, 필자가 생각하기로는 오히려 『관념의 모험』에서 〈마비〉^{anaesthesia}와 구분하고 있는 〈평화〉^{peace}(AI 285)의 실현을 말한 것으로 생각된다. 〈평화〉야말로 오늘 우리와 함께 하고 있는 천국의 실재성이라는 분명한 열매이자 선물이며 생명과 운동에 대한 왕관이라고 여겨진다. 평화에는 여러 경계들을 넘어서는 호소로서, 무한에 대한 파악이 내포되어 있다(AI 285). 평화는 비극에 대한 이해이면서 동시에 그것에 대한 보존이기도 하다(AI 286). 화이트헤드는 진화의 과정에서 합리주의가 부분적으로는 성취될 수 있다고 봤듯이 마찬가지로 신의 사랑 역시 천국의 실재성으로 오늘 우리와 함께 할 수 있다고 본 것이다.]

그리고 마지막 문장의 일련탁생(一蓮托生)이라는 표현은 원래 불교 용어로서 어쩌면 생소할 수도 있는 사자성어지만 현재는 이 뜻이 다소

변하여 그냥 쉽게 풀이하자면 '함께 운명을 같이 한다'는 의미로 쓰인다. 그 점에선 괜찮은 번역이라고 본다. 화이트헤드가 보는 신은 이 세계와 한 배를 탄 〈운명공동체〉로서 함께 맺어져 있다. 따라서 유기체 철학에서의 신은 우리의 고통을 이해하며 함께 나누는 동무이기에 〈위대한 동반자〉the great companion 로도 표현될 수 있는 것이다.

신이 우리의 고통을 이해하며 함께 나누는 동무이자 위대한 동반자라는 건 신에 대한 숭배적 종교 문화에서 보면 조금 신선한 충격이 아닌가 생각되네!

기존의 제왕적 신 관념에 젖어 있는 사람들이나 신 자체를 반대하는 무신론자한테는 오히려 달갑지 않게 보일 수도 있어!

주요 세 가지 전통[종교, 철학, 과학]의 발전을 위한 3자 소통의 시너지 관계로

이제 PR에서 언급된 화이트헤드의 과정철학에 대해 본서가 담고자 했던 기초 입문으로서의 내용 소개들은 거의 마무리 되었다. 혹자는 PR에서 구축된 〈과정 형이상학〉에 대한 마지막 제5부의 최종 해석의 장이 지나치게 종교적인 색조가 아니냐고 불만을 표할 지도 모르겠지만, 화이트헤드 입장에선 어차피 〈형이상학〉은 창조적인 문명의 활력과 건설에 필연적으로 요청될 수밖에 없다고 보고 있기 때문에 인류사의 여러 종교 경험들 역시 무조건 배제될 것이 아니라 제대로 된 소통의 새로운 형이상학을 통해서 적절한 해석과 의미를 확보할 수 있도록 해야 한다고 봤다. 이것은 21세기 현시점에서 볼 때도 철학과 종교와 과학 간의 3자 소통 관계를 지향하는 것에 해당한다. 어느 하나가 다른 쪽을 배제하거나 환원시키는 관계가 아닌 서로 소통을 맺고 있는 가운데 각자의 역할을 감당하고 있는 〈시너지^{synergy}의 관계〉를 맺을 필요도 있는 것이다. 이 〈시너지의 관계〉란 상호 연결망 속에서의 〈동반 상승의 관계〉를 뜻한다. 결국 종교와 과학 간의 충돌이 계속 반복되거나 대립함으로써 빚어지는 소모적 갈등의 양상을 두고서 그 자체를 생산적으로만 봐야 할 이유도 없으며, 그렇다고 갈등을 마냥 회피하거나 배제할 필요도 없다고 본다. 오히려 충돌과 반목의 피로한 대립 관계를 생산적인 시너지 관계로 나아가고자 함이 더 가치 있다고 여겨진다.

필자는, 오늘날 세계 최첨단의 물리과학 실험 장소인 CERN[유럽원자핵공동연구소] 전시회관에도 걸려 있는 다음의 3가지 물음을 비단 과학에만 해당되는 특정 영역의 물음으로는 보질 않는다.

● 종교, 철학, 과학 할 것 없이 우리 삶의 대표적인 공통 물음
1. 우리는 어디서 왔는가? (Where do we come from?)
2. 우리는 어떤 존재인가? (What are we?)
3. 우리는 어디로 가는가? (Where are we going?)

이 물음들은 분명 지금까지의 인류사의 종교에서도 그리고 철학에서도 끊임없이 물어왔었고 숙고해왔던, 또한 지금도 계속적으로 여러 방

식들로 탐구 모색되고 있는 〈인류 공통의 물음〉이라고 해도 지나친 과언이 아닐 정도다. 이미 철학 이전의 고대인들의 신화적 이야기에서도 이 물음들에 대한 답변을 찾고자 했었음을 우리는 엿볼 수 있다. 그런데 오늘날에는 막대한 천문학적 비용이 투입되고 있는 최신의 첨단과학 실험 현장에도 이 물음이 걸려 있을 만큼 거의 동서고금 〈인류 공통의 물음〉이기도 한 것이다.

이것은 우리가 신을 믿든 안 믿든 상관없이 살아가는 중에도 문득문득 엄습할 만큼, 대부분의 사람들이 적어도 한 번 이상은 떠올려보는 그러한 〈인류 공통의 물음〉에 속하고 있다. 따라서 이 같은 공통의 물음 앞에서 될 수 있는 한, 학제 간의 협력을 필요로 한다는 점도 말할 나위 없는 얘기다. 나는 이러한 물음들에 대해서는 과학, 철학, 종교 등 어떤 특정 분야의 경계선이 있다고는 생각되지 않는다. 다른 차이가 있다면 이들 물음에 대한 설명을 찾아가는 탐구의 방식들일 것이다. 그렇기에 이 물음들에 대한 종교, 철학, 과학에서의 답변들이 모두가 완전히 똑같을 수도 없겠고, 그렇다고 해서 저마다의 답변들이 서로 아무런 관계가 없다거나 조금이라도 전혀 겹치지 않는다고도 보긴 힘들다.

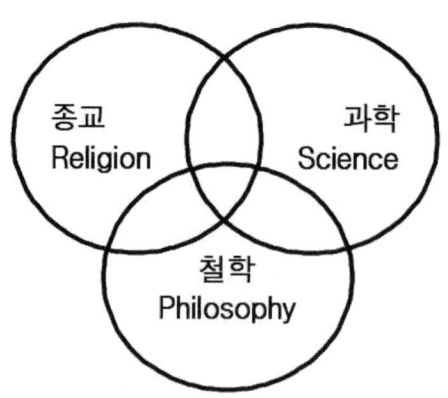

◀ 지구 역사에 등장한 종교, 철학, 과학이 서로 양립 가능한 3자 소통 관계를 갖고 전개된다면, 각자의 전문 영역의 제한적 한계도 넘는 창조적 문명의 안내자로서 훨씬 더 심원한 대안으로서의 유용한 비전을 제안해볼 수도 있는 것이다.

제12장 우주의 창조적 전진: 신-나-타자 얽힘의 공동 창조

총체적인 우리의 몸삶에서 종교, 철학, 과학 진영들은 서로 완전히 격리된 채로 전개되진 않는다. 그 어떤 순수 특정 분야를 표방하더라도 그것들은 파편적 영역들로만 외따로 있지 않다. 우리는 항상 전체 세계와 관계를 맺고 있는 경험의 과정으로서 살아가는 중에 있다. 그 어떤 〈개체화〉도 결국은 〈전체에 대한 개체화〉이기에 이 세계의 경험들을 보다 온전하게 설명함에 있어서도 종교적 설명과 철학적 설명 그리고 과학적 설명들 간의 상호 자극과 연관성의 큰 그림들 역시 충분히 요구될 수 있는 것이다. 그렇기에 여기서 말하는 종교, 철학, 과학 간의 3자 소통 관계란 주된 영향을 끼친다고 보는 분야로서 꼽은 것에 불과하며 궁극적으로는 모든 전문 분야들 및 각각의 다양한 개별자들까지도 아우르는 관계적 현실을 놓고서 하는 얘기인 것이다. 우리 자신이 어떤 전문 분야에 속해 있든지 간에 결국은 위와 같은 기본적인 물음들을 지닌 채로 의미를 만들어가며 살아가는 점이 있는 것이다.

심지어 동일한 전문 분야라고 하더라도 인간 현실의 경우 저마다 개인마다 그룹마다 지역마다 다른 양상의 차이들을 보인다. 물론 여기에는 차이도 있으면서 서로 유사한 공통의 이해들도 얼마간은 있을 것이다. 저마다의 모든 삶의 형식들이 완전하게 파편화된 상태만은 아닐 것이며 서로 간에 초월과 내재의 관계를 맺는 중에 있을 뿐이다. 어떤 식으로든 우리 모두는 서로 관계적으로 연결되어 있는 경험의 장(場)으로서의 전체 현실 속에서 살아가고 있는 것이다. 결국 공통의 물음을 묻는다고 하더라도 각각의 개인들은 저마다의 방식들을 찾는 가운데 있다고 여겨진다.

따라서 근본적인 기본 물음들에 대한 답변의 추구가 각자의 전문 분야들에서 그리고 개체화된 개인의 몸삶에서 출발하더라도 이를 찾아가는 탐구의 과정에서는 서로 간에 대화, 경쟁, 환원, 종합 등 여러 양상들도 충분히 띨 수 있는 일이 아닐 수 없다. 진화하는 세계 속에서 완전무결한 정답의 설명이란 존재하지 않는다. 단지 더 나은 이상의 방향으로 나아가고자 할 따름이며, 그리고 그 과정에서 저마다의 모순과 오류를 보다 완화하는 방향으로 끊임없이 노력할 따름이다. 앞으로도 인류라는 생물 종은 이러한 물음들에 대한 탐구 자체를 멈추거나 하진 않을 것이다. 물론 먹고 사는 생업에 쫓기는 삶이라면 이러한 물음들도 사치로 느껴지거나 별 관심도 없는 물음이 될 수도 있겠지만, 그럼에도 이것은 우리 안의 가장 큰 좌표로서의 핵심이 될 만한 삶의 기초 물음이라고 생각된다. 왜냐하면 우리는 이를 통해 자기 자신을 포함해서 우리가 속해 있는 현재의 우주에 가장 궁극적이고도 기본적인 의미들을 부여할 수 있기 때문이다. 어쩌면 이것은 근시안적인 현재의 인류 행보에 있어서도 그 미래를 좌우할 지도 모를 매우 중대한 것일 수 있다.

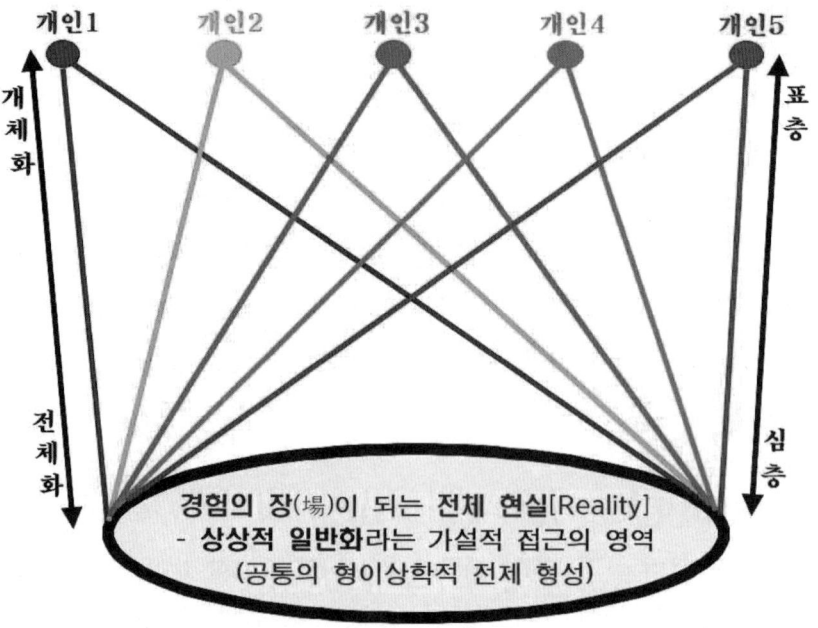

제12장 우주의 창조적 전진: 신-나-타자 얽힘의 공동 창조

　모든 경험의 장(場)이 되고 있는 전체 현실에서 완전히 자유로운 이는 아무도 없을 것이다. 또한 그것에 속해 있는 어느 누구도 전체 현실에 대한 완전한 파악이란 것도 불가능할 것이다. 따라서 근원적인 물음들을 쫓아가는 〈형이상학〉이란, 제한된 다양한 경험들을 근거 자료로 삼아서 그 불가능한 과제를 창조적인 상상력으로 돌파하려는 시도의 실험 영역으로 볼 수 있겠다. 그럼으로써 서로의 파편화된 경험 조각들을 논리적으로 그리고 정합적으로 연결시켜서 전체와 개체 경험에 대한 온전한 해명을 추구하고자 하는 것이다. 하지만 이 같은 추구에는 아주 단순한 서사에 대한 믿음에서부터 여러 지역의 민속적 이야기들, 부족 국가의 전설과 신화, 고대로부터 이어온 종교의 가르침 등 굳이 딱딱하고 건조한 개념들로 축조된 철학적 언어가 아니어도 여러 방식들로 추구될 수 있다고 봐야 한다. 시와 소설의 문학 및 온갖 예술 작품들이 담고 있는 세계도 암암리에 그러한 역할을 하고 있는 것이며, 설령 초고도의 은하 문명에 사는 외계지성체가 들려준 것이라는 SF적 이야기들도 그들 나름으로는 〈현재 경험에 대한 온전한 해명〉을 시도하고 있다는 점에서 거기에도 그 어떤 형이상학의 기능과 역할이 작용되고 있는 것이다.

　우리 모두가 문명사에서 근원적 물음들을 다양한 방식들로 쫓는 형이상학의 심원한 기능과 그 역할을 여전히 경험하는 중에 있다지만, 필자로선 이러한 기본 물음들을 갖고 저마다의 답변들을 찾아가는 과정에 있어 화이트헤드의 〈존재론〉과 〈우주론〉이 현재의 인류 문명의 행보에 완벽한 대안이 되는 정답이라고까지 주장하는 것은 결코 아니다. 다만 적어도 창조적인 대안 문명의 건설과 미래에 화이트헤드 철학사상이 분명한 도움이 될 수 있다고 본다는 점에서는 이를 꼭 추천 드리는 바다. 서로 간에 파열음을 내는 피로한 관계보다는 더 큰 역량을 발

휘할 수 있는 시너지를 낼 수 있을 만한 생산적인 소통 관계로 나아가는 일은 보다 중요할 것으로 생각된다. 철학자로서의 화이트헤드가 그 스스로도 언급한 바가 있듯이,

"철학이 무기력하다는 오명에서 벗어나 그 최고의 중요성에까지 이르려면, 종교와 과학-자연과학이든 사회과학이든- 간의 긴밀한 관계 형성이 맺어질 수 있도록 해야 할 것이며 그래서 종교와 과학을 하나의 일관성을 갖는 합리적인 사유의 도식 속에 융합시킴으로써 그 최고의 중요성을 획득할 수가 있다" (PR 15/73).

이처럼 철학이 무기력하다는 오명에서 벗어나 그 역할의 중요성을 획득함에 있어 봤을 때, 현재 필자의 입장은 화이트헤드의 과정철학이 종교와 과학 간의 소통에 있어서도 또한 보다 정교한 범주들의 도식까지 제공해놓은 체계화된 분석의 성취에 있어서도 심지어 현대 양자-중력 물리학의 주요 통찰까지 아우르고 있는 〈철학적 세계관〉이나 그리고 낡은 종교의 틀에서 벗어나 〈21세기 종교변혁의 새로운 길〉을 모색하고자 한다면, 화이트헤드의 〈과정 형이상학〉 이상으로 더 유용한 틀을 아직까지 발견해내진 못했었다. 하지만 앞으로는 화이트헤드의 과정 형이상학보다도 훨씬 더 나은 대안 사상도 얼마든지 나올 수 있다고 보며, 이 점은 필자 또한 항상 고대하는 바라는 점도 분명하게 말씀드린다.

궁극적으로는 화이트헤드를 통해서든 아니면 또 다른 참신한 이론을 통해서든 아니면 다방면의 예술 작업이나 여러 창의적인 활동들을 통해서든 상관없다. 어쨌거나 이를 통해서는 종교, 철학, 과학 간의 3자 소통 관계를 포함해 모든 다양한 몸삶의 과정들이 서로 함께 어우러지

는 양립 가능한 소통과 여러 건설적인 시너지 관계들을 도모해가는, 활력 있는 창조적 문명의 미래를 기원해본다.

[부록]

화이트헤드 이후의 수정 입장들
- 존재[과정]의 이유와 모험

"사상의 생명력(vitality)은 모험 속에 있다. 그것이 내가 평생 해온 말이고, 그 외에는 말할 게 거의 없다. 관념은 오래 유지되지 않는다. 그것에 대해선 뭔가가 행해져야만 한다. 관념(idea)은 끊임없이 어떤 새로운 측면에서 볼 수 있어야만 한다. 어떤 새로움의 요소를 때때로 가져와야만 하며, 그것을 중단하면 그것도 멈추게 된다. 삶[생명]이 의미하는 바는 모험이다(The meaning of life is adventure)."

― A. N. 화이트헤드

존재론적 물음 : 존재의 근본적인 이유 찾기

　마지막 장 내용은 주로 화이트헤드 철학 이후에 나온 2차 논의들과 연관된 것이어서 화이트헤드 본인의 생각이 아니기에 별책부록 정도로 취급했으면 한다. 여기서는 화이트헤드 철학이 남겨놓은 〈미완의 문제〉와 그 이후 이와 관련된 해석자들의 수정 입장들에 대해 간략히만 소개해 본 후, 그리고선 일부 해석자에 의해서 화이트헤드 철학—특히 과정 유신론과 궁극자의 범주 부분—의 치명적인 문제로 제기했던 〈존재론적 물음〉Ontological Question의 문제에 있어 이 문제가 화이트헤드 철학에서는 어떻게 응답될 수 있는지를 언급해보고자 할 것이다. 따라서 본장에선 화이트헤드 사후에 펼쳐진 2차적 논의들을 주로 다루고 있기 때문에 아무래도 화이트헤드 자신의 언급보다 이후의 여러 해석자들(* 물론 여기선 필자까지 포함해서)의 입장을 간략하게나마 정리해보는 것이어서 어찌 보면 굳이 입문 단계에서는 다루지 않아도 될 논의들로 여겨질 수 있다. 그래서 별개의 부록으로 봤으면 한다는 것이다. 또한 논란이 많은 장이라는 점도 사전에 밝혀두는 바다. 그럼에도 화이트헤드 철학이 현재진행형에 있다는 점도 함께 언급해보는 것 역시 조금은 필요해 보이기에 여기서는 개략적으로만 소개해보고자 한다.

　화이트헤드 이후, 그의 사상 전반을 연구한 계승자는 거의 없었지만 그럼에도 그의 후기 시절의 〈형이상학적 유신론〉을 중심으로 이를 연구한 몇몇 해석자들은 있었는데, 그 중에는 화이트헤드가 자신의 범주체계에서 설정해놓은 〈궁극자의 범주〉와 관련해 〈신〉을 제외시키고 오히려 〈창조성〉을 넣은 것에 대해서만큼은 매우 큰 불만을 갖는 이들 역시 등장하게 되었다. 특히 서구 문명사에서 그동안 〈창조주〉creator로 믿어왔던 신 이해에 있어 적어도 그때까지의 종교 신학 중심의 담론에서 본다면, 화이트헤드가 PR에서 주장한 〈궁극자의 범주〉는 매우 못마

땅하게 여길 수 있는 지점에 속했던 것이다. 여기에는 몇몇 해석자들이 있긴 하지만 그 대표적인 불만자 중의 한 명인 로버트 커밍스 네빌 Robert C. Neville을 중심으로 살펴보고자 할 것이다. 참고로 그는 보스턴 대학교에서 신학, 철학, 종교학을 가르치고 있으며, 미국형이상학회 회장, 미국종교학회 회장 등을 역임한 것으로도 알려져 있다.

로버트 네빌의 주된 문제제기의 핵심 불만은 일종의 〈존재론적 물음〉—즉, 우리의 우주는 왜 무엇이 조금이라도 없지 않고 존재하고 있는가 하는 물음—에서 나온 것이다. 이 같은 〈존재론적 물음〉은 오늘날 철학에서도 종종 거론되는, 존재에 대한 궁극적인 의문에 속하고 있다. 이는 어떤 면에서 〈존재 물음의 우위〉를 주장한 하이데거 또는 인간의 궁극적인 관심이자 〈존재 그 자체〉Being-Itself를 표명했던 기독교 조직신학자인 폴 틸리히Paul J. Tillich 등 주로 이러한 논의들에서 맞닥뜨리곤 하는, 그런 〈존재론적 물음〉을 떠올리게 해주는 것에 속한다. 이 같은 〈존재론적 물음〉을 화이트헤드 철학에도 적용해서 표현해본다면, 복잡한 단위들인 **현실 존재[계기]**가 왜 조금이라도 존재하고 있느냐 또는 영원한 객체는 왜 있는 것이고, 다(多)에서 일(一)로의 통일적 과정, 〈궁극자의 범주〉로서의 〈창조성〉은 왜 존재하는 것인가 등 이러한 물음들이 될 것이다.60) 바로 이 지점에서 종교철학자인 네빌이 보기에, 화이트헤드가 내세운 〈궁극자의 범주〉는 〈존재론적 상황〉ontological situation을 기록할 뿐이지 〈존재론적 물음〉의 문제를 제대로 다루진 않는다고 보면서, 기껏해야 그것은 〈경험적 일반화〉empirical generalization에 불과할 뿐인 것으로 평가절하 했었다.61) 적어도 〈존재론적 물음〉에 대한 온전한 답변을 화이트헤드 철학의 구도에서는 제대로 마련될 수 없다고 봤던 것이다. 과연 그러한가? 그런데 정작 이 문제에 대한 네빌 그 자신의 해결책은, 신 존재를 모든 형이상학적 원리들까지 창조해낸 창조자

[부록] 화이트헤드 이후의 수정 입장들 - 존재[과정]의 이유와 모험

creator로 내세운 입장이어서 어떤 면에서 화이트헤드가 그토록 반대했던 〈무(無)로부터의 창조〉 또는 〈일원론적 절대자〉의 구도로 도로 되돌아간 것 같은 느낌마저 들었었다[* 여기서 말한 〈절대자〉가 서구에선 주로 신 존재를 의미한 것이기도 했지만, 동양 문화권에서의 무(無) 또는 무극(無極), 도(道), 천(天) 이러한 것들도 여기에 속할 수 있다고 본다. 물론 여기에도 여러 해석적 문제들 역시 분분할 수 있겠다]. 그리하여 네빌은 기존의 과정신학 진영과 또 다르게 ―또는 과정신학에 대한 또 다른 대안의 종교철학으로서― 화이트헤드를 수정하는 입장을 폈던 것이다.

과연 네빌의 주장처럼 화이트헤드 철학에서는 〈존재론적 물음〉, 곧 〈존재[있음]의 궁극적 이유를 찾는 물음〉은 답변될 수 없는 것인가? 아니면 네빌이 추구한 방식과는 또 다른 답변이 가능한 것인가를 모색해 보고자 한다. 만일 가능하다면 그것은 또 무엇인가? 하지만 그 전에 먼저 언급해야 할 점이 있는데, 우선은 화이트헤드 철학 이후의 논의들에 있어 그의 유기체 철학을 다소간 수정한 입장들에 대한 소개 정도는 있어야 할 것이기에 이를 먼저 거론하지 않을 수 없다. 앞서 말한 네빌의 불만과 그가 제시한 입장까지 포함해 이들 모두 화이트헤드의 과정철학을 또 다르게 수정한 입장으로 나아갔었다. 다만 순서적으로 화이트헤드 철학 이후, 특히 그의 유신론에 대한 수정 입장이 나오게 된 약간의 배경 맥락부터 함께 언급해 볼 필요가 있겠다.

결과적으로만 보면, 하츠온 그룹의 과정신학적 수정 입장이나 그와 또 다른 수정을 가했던 네빌의 주장 모두 〈수정주의 진영〉에 속한다. 이들 수정론자들은 거의 대부분, 화이트헤드 철학이 애초 제안했던 〈신〉God 관념에 대한 불만들과 밀접하게 연관된 문제로서 자리한다는 점도 상기해둘 만하다. 셔번의 수정 입장은 아예 신을 빼고자 했었다.

<미완의 문제>와 그에 관련된 수정 입장들

한 가지 분명하게 말씀드린 점은, 화이트헤드의 과정철학이 우리의 경험들과 관련해서 정말 많은 것들을 궁극적으로 설명해내고자 노력한 시도라고 해도 이것이 모두를 만족시킬 수 있다거나 그러한 작업을 마냥 성공적인 도식으로만 봐야 할 이유도 없다는 점일 것이다. 화이트헤드 철학 역시 여전히 <만들어가는 과정> 중에 있다는 점도 말할 나위 없는 얘기다. 그리하여 화이트헤드가 남겨놓은 <미완의 문제>라는 것이 있었다. 이 <미완의 문제>를 간단히 언급하자면, 그의 유기체 철학에서 만족으로 소멸하지 않는 신 존재가 시간적 계기들에게 어떻게 여건으로 주어질 수 있는가 하는 문제로 알려져 있다. 이후의 화이트헤드 연구자들에게도 바로 이 문제가 많은 쟁점들을 불러일으켰던 점이 있었다. 더구나 화이트헤드 스스로도 이 문제만은 해결하지 않았음을 시인했다고 하니 아무래도 논란이 되었을 걸로 보인다. 다만 이것은 화이트헤드의 저작이 아닌 그의 제자 존슨[A. H. Johnson]과의 대화로 인해 알려져 있는 것인데, 논의의 소개를 위해 먼저 그 부분을 발췌 인용해본다.

> 존슨 : 당신이 평소에 말하는 신이 하나의 현실 존재라는 얘기는 신에 대한 기술을 어렵게 만드는 게 아닙니까? 예를 들면, '하나의 현실 존재가 완결되었을 때 소멸한다는 것'은 신이 직접성과 창조적 전진을 보유한다는 점과도 대조적일 수 있으며, 신이 소멸한다는 뜻에서의 완결된 적은 단 한 번도 없다는 사실과도 대조적일 수 있습니다.
>
> 화이트헤드 : 그렇죠.
>
> 존슨 : 만일 신이 결코 소멸하지 않는다면, 어떻게 다른 현실 존재들의 여건으로 마련됩니까? 여건은 단지 현실 존재의 '내적

현존'이 소실된 후에야 이용 가능한 것 아닙니까?

화이트헤드 : 지금 말한 것이 진짜 문제에요. 나는 그 문제의 해결을 시도하지는 못했습니다.[62]

이 〈미완의 문제〉가 단순히 이 문제 하나만 걸려 있는 게 아니다. 이로 인해 신[God]이라는 현실 존재의 〈만족〉[satisfaction] 문제 및 신의 〈초주체적 본성〉[superjective nature]의 문제와도 함께 걸려 있다. PR에서도 〈신의 초주체적 본성〉에 대해선 약간의 언급만 있을 뿐 이에 대한 상세한 설명은 나와 있질 않다. 이런 사정 때문에 굳이 필자 또한 앞장에서 〈신의 초주체적 본성〉에 대한 문제를 거론해놓진 않았던 것인데, 오히려 본장에서 조금이나마 언급해보는 것이 나을 것으로 생각된다.

알다시피 시간적인 현실 계기들은 만족으로 완결하여 소멸하는 것이어서 후행하는 우주에 여건으로 주어지는 것에는 별다른 문제가 없다. 물론 더 정확히 말하자면, 여기에는 신의 역할도 있기에 정합적으로는 별 문제가 없게 되는 것이다. 그런데 정작 화이트헤드 철학에서의 신 존재는 시간적인 현실 계기가 아니기 때문에 만족으로 완결하여 소멸하는 존재가 못 된다. 따라서 과연 비시간적인 현실 존재로서의 신은 어떻게 시간적인 계기들에게 여건으로 주어질 수 있는가 하는 문제가 미완으로 남게 된다는 점이다. 사실상 시간적 계기들이 만족으로 완결하여 여건으로 주어지는 것이 가능한 연유에는 과거를 남김없이 보존하는 신의 역할이 있었기에 가능한 점이 있었다. 하지만 정작 신 자신은 소멸하지 않기 때문에 어떻게 시간적 계기들에게 여건으로 주어질 수 있는지에 대해선 화이트헤드 자신의 설명을 찾아보기란 매우 힘들다. 신은 영속적인 합생 중에 있을 뿐 소멸하지 않은 존재인데 도대체 어떻게 〈초주체적 본성〉이 나올 수 있는지 또한 의문이 드는 것이다.

그러다보니 이와 관련해 이후의 일부 연구자들 중에서는 화이트헤드 철학의 신 개념을 수정하는 방향으로도 나아갔던 것이다. 본서에선 여러 수정주의 입장들을 일일이 자세하게 다루진 않을 것이며 단지 요약적으로만 소개한 후, 이 미완의 문제에 대한 필자의 견해 역시 짤막히 밝히는 정도로만 남겨두고자 한다.

화이트헤드의 신 개념을 수정한 노선에 속하는 대표적인 입장은 바로 찰스 하츠온Charles Hartshorne의 수정 입장인데, 그는 신을 〈단일한 현실적 존재〉로 보는 것이 아닌 〈인격적 질서를 갖는 사회〉로 수정한다.63) 따라서 화이트헤드가 말한 신 존재가 결국은 〈사회〉society라는 시간성의 존재로 수정된다는 점에서 시간적 계기들에게 여건으로 주어지는 것에도 별 문제가 없는 식으로 처리되는 것이다. 〈과정신학〉이라는 진영은 바로 이 하츠온의 영향을 많이 받은 신학 그룹에 속한다. 뿐만 아니라 화이트헤드 철학에서 아예 신 존재를 제거해버린 도날드 셔번D. W. Sherburne의 무신론적인 수정 입장도 분명한 수정파에 속한다고 볼 수 있다. 이는 어떤 면에서 그 수정의 폭이 가장 크다고 할 수 있겠는데, 이러한 셔번의 입장에서 보면, PR에서의 신 존재 관련 내용들은 죄다 들어내야만 할 뿐만 아니라 화이트헤드의 종교론 저작인 *Religion in the Making* 같은 책도 거의 불필요한 것으로 여겨질 수 있다. 그런데 신을 빼더라도 〈오캄의 면도날〉처럼 깔끔한 정리가 되었다면 모르지만 아직까지는 화이트헤드의 과정 형이상학이 갖는 체계 전반의 정합성 문제를 온전히 해결해내진 못한 것으로 평가되고 있어 이 역시 문제로 남아 있는 실정이다.64) 양상은 달라도 이들 모두 수정 입장에 속한다.

반면에 이 미완의 문제 해결에 있어 그 수정의 폭이 거의 없이 해결을 모색하고자 했던 입장은, 애초 과정신학 그룹에도 속해 있던 마조리 수하키Marjore H. Suchocki인데, 여기서는 신의 〈만족〉을 원초적인 것으로 간주하는 해결책을 취한다.65) 하츠온처럼 신을 굳이 〈사회〉로 간주할 필요도 없다는 것이다. 이는 화이트헤드가 PR에서 언급한 "모든 점에서 신과 세계는 그들의 과정과 관련하여 역으로 움직인다"(PR 349/659)에도 근거한 것으로, 합생의 완결이 만족 위상에서 끝나는 시간적인 계기들과는 정반대로 신의 경우는 그 만족의 위상을 원초적인 것으로 볼 수 있다는 점을 내세운 것이며, 그에 따라 시간적 계기들은 신의 만족을 여건으로 취할 수 있다고 본 것이다. 이러한 수하키의 입장은 〈수정 입장〉이라기보다 거의 〈보완 입장〉에 좀 더 가깝다고 여겨진다. 이들 외에 현재까지 다른 수정 입장에 대해선 아직 크게 잘 알려진 바가 없다(* 혹시 필자가 과문해서 잘 모를 가능성도 있음을 밝혀두지만, 적어도 지금까지 대표적으로 알려진 입장들은 이러했음을 말씀드린다). 더구나 이 문제는 상당히 〈사변적인 유신론〉에 관한 논의이기도 해서 매우 추상적인 신학적 문제 자체에 별 관심도 없는 화이트헤드 연구자들도 꽤 있는 편이다. 하지만 신을 중요하게 생각하는 서구의 종교 담론—주로 유럽보다는 미국—에서는 아무래도 관심을 갖지 않을 수 없었던 것 같다. 이를 간단히만 요약 정리해본다면 다음과 같다.

● **화이트헤드의 신 개념에 대한 〈수정〉 입장들**

☞ 유신론적 수정
- 찰스 하츠온 (신을 사회로 간주, 과정신학 진영 산파)
- 로버트 네빌 (존재론적 물음 해결을 위해 신과 창조성 수정)

☞ 무신론적 수정
- 도널드 셔번 (신을 아예 제거, 체계에서의 수정의 폭이 큼)

> ● 화이트헤드의 신 개념에 대한 <보완> 입장
> ☞ 마조리 수하키 (신과 세계는 역으로 작용하기에 만족을 원초적인 것으로, 따로 신 개념을 수정할 필요까진 없음)

<존재론적 물음>의 문제를 제기한 네빌의 수정 입장

그런데 앞서 말한 로버트 네빌$^{\text{R. C. Neville}}$의 수정 입장은, 애초 그의 수정 동기가 <존재론적 물음>$^{\text{Ontological Question}}$(왜 무엇이 없지 않고 조금이라도 존재하고 있는가 하는 존재 성격 자체에 대한 물음)에서 나온 것이어서 앞서 존슨과의 대화에서 제기된 문제와 직접적 관련성을 갖지는 않는다. 하지만 이 같은 네빌의 경우는 신을 모든 형이상학적 원리들까지도 창조한 <존재론적 창조자>$^{\text{Ontological Creator}}$로 보고 있기에, 앞서 언급한 과정신학 진영과는 또 다른 의미에서의 <수정 입장>으로 볼 수 있겠다. 네빌의 <수정 입장> 핵심은, 화이트헤드가 <궁극자의 범주>를 통해 <신>과 <창조성>을 예리하게 갈라놓은 지점에 문제가 있다고 봤었고, 적어도 <존재론적 문제>의 해결에 있어선 화이트헤드가 말한 <궁극자의 범주>에서 <창조성>을 끌어내리고 오히려 모든 형이상학적 원리들까지 창조한 <창조자로서의 신>을 등극시켜 이 같은 문제를 해결하고자 한 점에 있다. 따라서 네빌의 입장을 따르게 될 경우, 애초 화이트헤드가 설정해놓은 범주 도식의 체계에도 응당 수정이 가해질 뿐만 아니라, 네빌은 화이트헤드가 제시해놓은 <존재론적 원리> 또한 오해될 수 있는 명칭이라면서 그것은 우주의 특수성들의 구조를 취급할 뿐이라는 점에서 그 자신이 제안한 다른 명칭인, <우주론적 원리>$^{\text{cosmological principle}}$로 변경시켜야 한다는 주장까지도 펴고 있기 때문에[66] 아무래도 그 수정의 폭이 하츠온파 보다는 좀 더 클 것으로 보인다. 네빌이 평가하는, 화이트헤드의 〈궁극자의 범주〉라는 건 결국 〈경험적 일반화〉에 불과할 뿐이어서 비록 그것이 〈우주론적 창조성〉cosmological creativity에 대한 설명은 되겠지만, 애초 그가 문제 삼고 있는 존재론적 문제의 〈존재론적 창조성〉ontological creativity에 대한 만족스런 답변과 설명을 제공해주긴 매우 힘들다고 봤던 것이다. 따라서 이 문제에 대해 그 자신이 제시한 대안, 곧 〈존재론적 물음〉에 대한 해결을 위해 신 존재를 형이상학적 원리들까지도 창조한 〈존재론적 창조자〉로 부각시켜 기존의 과정신학을 대체하려는 전략으로도 나아가게 된다. 그가 보기에 과정신학 진영도 이 문제를 온전히 해결해내지 못한 것으로 봤었다. 네빌 자신이 이 문제에 대하여 가장 비판적으로 이의를 제기하면서 썼던 저작인 『창조성과 신』 Creativity and God (* 초판은 1980년 출간) 책의 부제부터가 〈과정신학에 대한 도전〉 A Challenge to Process Theology으로서 표방된 것이었다.

하지만 결과적으로 보면, 신을 〈존재론적 창조자〉로 보는 그의 해법은 오히려 기존의 하츠온파의 과정신학보다도 훨씬 더 절대적인 일자 중심의 철학 구도를 상정하는 입장 또는 그러한 도식과 친화적인 보수적 종교신학 쪽으로 기울어지는 점도 없잖아 있다. 적어도 네빌의 도식에선 〈신의 존재론적 창조성〉이 가장 궁극적인 것으로 자리한다. 이러한 네빌의 신 이해에서도 볼 수 있듯이, 그가 밝힌 생각은, 본질적으로 전체 사물에 대한 근거나 원리로서도 부족함이 없어야만 충분히 예배 받을 만한 지고의 존재로 보는 점이 있다.[67] 따라서 네빌의 관점에서 보면, 화이트헤드의 신은 예배 받을 자격이 없는 신으로 혹평될 수 있겠고, 오히려 그 자신이 제안한 수정 입장에서 밝힌 신 존재야말로 근본적인 〈존재론적 물음〉에도 책임을 지는 존재로서 자리한다는 점에서 아무래도 예배 받을 자격이 있는 신으로 간주될 것이다.

하지만 이 같은 네빌의 주장 역시 많은 이론적 허술함을 노출시키고 있는 터라 아무래도 비판을 받지 않을 수가 없었고, 대표적으로 과정신학자인 그리핀의 경우는 네빌의 전략이 그리 성공적이지 못한 것임을 여러 측면으로 반박하기도 했었다.68) 필자가 생각하기로는, 그리핀의 지적처럼 존재론적 물음에 대한 답변을 화이트헤드가 거부했다기보다 네빌이 추구한 방향과는 다른 대답을 제공했다고 보기 때문에 네빌의 비판적 전략은 어긋남 이상으로 과잉했을 뿐만 아니라 결국 허수아비의 오류를 범한 점도 있다고 생각된다. 무엇보다 네빌을 비판했던 또 다른 연구자들도 지적하고 있듯이, 네빌이 언급한 화이트헤드 철학의 신 이해에는 화이트헤드 철학에 대한 오해 또는 오독도 없지 않다.69) 네빌이 보는 화이트헤드의 신의 모습은 〈최초의 주체적 지향〉을 제공한다는 점에서, 즉 모든 가능성들을 구조화하고 자신의 자의적인 선택 가치들을 계속적으로 주장한다는 점에서 오히려 "질식시키는 어머니(smother-mother)"로도 비유되고 있다.70) 하지만 화이트헤드 철학에서 소개된 〈최초의 주체적 지향〉은 "막다른 골목에서의 최선의 것"일 뿐만 아니라 합생 계기한테도 "자기원인 작용의 출발점"으로 제공되는 것이어서(PR 244/484) 이것은 어디까지나 자유의 증가 방향이지 축소하는 방향이 아닌 것이다. 따라서 이 점에서도 오해 및 오독이 있다고 여겨지는데, 이에 대해선 이미 그리핀도 지적했던 것처럼, 화이트헤드의 신은 우리에게 최초의 지향을 제공할 때 우리의 선택을 축소시켜 우리의 자유를 제한하는 것이 아니라, 우리의 선택을 증가시켜 우리의 자유를 위해 필요한 조건을 제공한다.71) 이처럼 네빌의 수정주의 입장은, 화이트헤드의 〈신〉 이해와 궁극자의 범주에 속하는 〈창조성〉에 대한 비판 그리고 그와 연관된 수정 제안에 주로 집중된 점이 있다. 그렇다보니 애초 PR에서 정교하게 연결시켜 놓은 화이트헤드 철학의 범주 도식과도 분명하게 달라지는 점을 드러내게 된 것이다.

물론 필요하다면 〈수정의 길〉로도 얼마든지 나아갈 수 있다. 하지만 기본적으로는 정확한 이해와 비판에 근거한 수정이어야 함에도 그렇지 않다는 점에서 문제가 있다고 보는 것이다. 결과적으로 네빌이 추구한 존재론적 도식은 화이트헤드가 그토록 반대했던 서구 기독교 신학의 문제점들—이를 테면 모든 만물의 태초와 의미를 부여하는 신 존재를 끝끝내 형이상학적 지평의 궁극적인 통일성을 제공하는 〈존재론적 창조자〉로 내세워서 그로부터 〈존재론적 물음〉을 포함한 온갖 해답들을 구해보려는 식의, 또는 그동안 〈신〉이나 〈신성〉 중심의 구도를 갖는 종교와 철학사상에서 곧잘 볼 수 있었던 어떤 궁극적인 일자(一者) 중심으로 기울어지는 의존형 도식—까지 도로 다시 불러들인 것이라고 생각된다. 적어도 네빌에게서는 신의 〈존재론적 창조성〉이 〈우주론적 창조성〉보다 더 근원적이고 궁극적인 의미로 자리한다. 어쨌든 이외에 또 다른 수정 입장들이 나와 있는지는 모르겠지만 입문 수준에서 본다면 앞서 말한 내용들이 지금까지 대표적으로 많이 거론되는 화이트헤드 이후의 수정 입장들로 보면 될 것이다. 이미 잘 드러나고 있듯이, 이 같은 수정의 주된 초점은 주로 화이트헤드 철학에서의 신 존재와 그 지위 논란에 많이 집중되어 있다.

〈수정〉을 할 것인가? 〈보완〉을 할 것인가?

필자가 생각하기로는, 화이트헤드의 신 이해가 그때까지의 서구의 주요 종교 신학에서 나타났던 신 이해의 도식을 벗어날 만큼 낯선 것이기도 해서—동서양적으로 보더라도 PR에서 제안된 화이트헤드의 신과 세계에 대한 관계 도식은 매우 독창적이라고 생각된다— 한편으로 논란이 될 수 있다고는 보지만, 그렇다고 해서 화이트헤드 이후의 이들 해석자들의 수정 입장에는 동의하진 않는다는 점도 현재로선 분명하게 말씀드린다. 흥미롭게도 최근의 존 캅 입장도 새로 개정판을 낸 『기독교 자연신학』에선 오히려 하츠온의 수정 입장이 아닌 〈단일한 현실 존재로서의 신〉이라는 애초 화이트헤드의 신 이해 도식을 유지하는 입장으로 다시 선회한 것으로 보인다.[72] 그 역시 〈수정 입장〉보다는 수하키처럼 〈보완 입장〉 쪽으로 바꾼 것으로 생각된다. 반면에 같은 그룹의 과정신학자로 알려진 그리핀[David R. Griffin]의 경우는 여전히 하츠온의 수정 유신론 입장을 취하고 있는 것 같다. 따라서 그리핀은 무신론적 수정 입장의 셔번이나 유신론적 수정 입장의 네빌에 대해서도 매우 비판적인 견해를 표명하면서도 여전히 하츠온의 수정 입장에 대해서만큼은 가장 설득력이 있는 것으로 채택하는 편이다.

참고로 본서에서 명명해놓은 〈수정 입장〉과 〈보완 입장〉이라는 명칭은 필자가 임의적으로 붙인 것에 불과하다. 적어도 화이트헤드 철학에 대한 폐기 또는 반대의 입장이 아니라고 한다면 결국 연구자들 사이에서는 수정 또는 보완 강화의 입장을 띨 것으로 보인다.

본장에서 필자가 초점을 맞추고자 하는 논의는 이들 수정 입장들 간의 세부적인 논의가 아니며(어차피 그와 같은 논의들은 입문 단계를 넘어 오히려 연구 해석자들 간의 2차적 논의가 될 것이기에) 화이트헤드의 형이상학을 통해 찾아볼 수 있는 〈존재론적 물음〉에 대한 과정철학적 응답에 관한 것이다. 다만 이 〈존재론적 물음〉에 대한 문제가 화이트헤드 이후에 등장했던 네빌의 수정주의 입장에서도 제기된 바가 있었기에 그와 관련해서 겸사로 이들 대표적인 수정 입장들만을 간단히만 소개해본 것이다. 앞서 말한 〈미완의 문제〉도 이와 연관된 논의에 해당한다. 따라서 여기선 이 문제에 대한 현재 필자의 견해만 간략히 밝히고

[부록] 화이트헤드 이후의 수정 입장들 - 존재[과정]의 이유와 모험

〈존재론적 물음〉에 대한 응답으로 나아갈 것이다.

앞서 소개한 〈미완의 문제〉에 대한 현재 필자의 입장은 화이트헤드 신 개념의 〈수정 입장〉보다는 단지 화이트헤드가 미진하게 남겨놓은 점이 있다고 볼 뿐인 〈보완 입장〉에 좀 더 가깝다. 그렇기 때문에 아무래도 앞서 소개한 입장들 중에서는 수정의 폭이 가장 적다고 여겨지는 수하키의 입장에도 그나마 가까울 것으로 생각된다. 다만 세부적으로 들어가서는 다른 차이점도 있을 것으로 본다. 그럼에도 〈보완 입장〉에서 보는 〈수정 입장〉에 대해서만큼은 어느 정도 비판적인 위치로서 자리할 수밖에 없다. 하지만 분명하게 말씀드릴 점 하나는, 〈수정 입장〉이든 〈보완 입장〉이든 간에, 보다 중요한 관건은 구체적인 근거를 통해 정합성을 확보하는 가운데 미완의 퍼즐 그림을 온전히 맞추고자 해야 할 것으로 본다.

<신의 특수한 만족>이란 무엇인가?

화이트헤드가 남겨놓은 〈미완의 문제〉에 대한 필자의 보완적 구상은 그가 PR에서 미진하게 남긴 다음의 언급에서 출발해보고자 한다.

> "신의 〈초주체적 본성〉superjective nature은, 갖가지 시간적인 사례들 속에서 초월적 창조성을 규정하는 신의 특수한specific 만족이 가지는 실용적 가치의 성격을 말한다." (PR 88/206)

화이트헤드는 이미 PR에서 〈신의 초주체적 본성〉과 관련되어 있는 신의 〈특수한 만족〉specific satisfaction을 거론한 적이 있긴 하다. 그리고 이것은 〈실용적 가치〉pragmatic value의 성격을 갖는다고 분명하게 명시해놓고 있다. 그러나 여기서 언급된 〈신의 초주제적 본성〉이나 〈신의 특수

904

한 만족〉이 과연 무엇을 뜻한 것인지는 유감스럽게도 PR어디에도 상세한 설명을 추가한 바가 없어 결국은 〈미완의 문제〉로 남겨놓은 것이 되고 말았었다.

바로 이 지점에서 필자가 염두에 두고 있는 바는, 화이트헤드가 미완으로 남겨 놓은 〈신의 특수한 만족〉과 〈신의 초주체적 본성〉의 연관에 있다. 생각건대 단지 이에 대한 보완 설명들이 필요하다고 보는 입장일 뿐, 어떤 수정을 요구할 정도까지는 아니라고 생각된다. 물론 이때 〈보완 입장〉의 경우, 그 전거를 1차적으로는 화이트헤드가 명시해놓은 본문들 속에서 끌어낼 수 있어야만 한다. 그러한 가운데 화이트헤드 저작의 행간 속에는 담겨 있었으나 미처 그가 온전히 설명해내지 못한 점들을 다른 조각들과 함께 전체 그림을 맞춰보면서 이끌어내는 것이 필요하다고 여겨진다. 만약 화이트헤드의 텍스트가 아닌 데서 이를 가져온다면 그 해석적 정당성이나 정합적 설명력은 그 만큼 더 저하되거나 오히려 더 문제가 더 커질 것이다. 제대로 된 〈보완 입장〉이라면 1차적으로는 화이트헤드가 남겨놓은 본문을 통해 관련 의미들을 정합적으로 살려내는 일이 보다 더 중요할 것이며 그럼으로써 불필요한 수정 문제에 대해서도 이를 지적해보일 수 있는 것이다.

그렇다면 여기서 화이트헤드가 언급한 〈신의 특수한 만족〉은 과연 무엇이 특수하다는 것이며, 그것이 갖고 있는 〈실용적 가치〉의 성격이란 것은 또 무엇인가? 화이트헤드는 이러한 〈실용적 가치〉의 성격을 왜 〈신의 초주체적 본성〉이라고 했던 것인가? 비시간적인 현실 존재로서의 〈신의 특수한 만족〉은 다른 시간적인 〈현실 계기들의 만족〉과는 어떤 차이점을 갖는다는 것인가? 우선은 PR에서 소개된 〈만족〉이라는 위상을 다시 한 번 살펴보도록 하자.

<만족 위상>과 <시원적 위상>을 갖는 <이행>의 과정

화이트헤드 철학을 잘 들여다보면, <만족>이 소멸을 뜻하는 것이기도 하지만 흥미롭게도 화이트헤드는 <만족>이라는 위상이 마치 합생 밖의 국면인 것처럼 기술해놓은 묘한 구절도 있다. 이는 <만족>의 이중성 문제와도 연관된 것인데, 이 문제 자체는 필자가 새롭게 제기한 것도 못되며 이미 연구자들 사이에서도 나와 있는 논의에 속한다.[73)] 물론 쟁점이 되고 있는 그 전거들은 화이트헤드의 다음과 같은 언급들이다.

"어떠한 현실 존재도 그 자신의 <만족>을 의식하지 못한다. 왜냐하면 그럴 경우 그와 같은 인식은 그 과정의 구성요소가 될 것이고 또 그렇게 됨으로써 만족을 변경시키게 될 것이기 때문이다. 문제의 존재를 놓고 본다면, 지금 말한 <만족>은 그 존재를 넘어서 그 존재 자체를 객체화시키는 하나의 창조적 결정^{determination}으로서만 고찰될 수 있다. 달리 말하면, 한 존재의 <만족>은 그 존재의 유용성^{usefulness}의 견지에서만 논의될 수 있다는 것이다." (PR 85/200-201).

"만족의 달성^{attainment}과 함께 목적인$^{final\ causation}$의 직접성^{immediacy}은 상실되고, 이 계기는 그 객체적 불멸성으로 넘어가는데, 이로 말미암아 작용인$^{efficient\ causation}$이 구성된다." (PR 292-293/565).

화이트헤드가 밝힌 <만족>에 대한 이러한 언급들은 그것이 <현실태>임에도 <가능태>인 것으로 묘사되어 있다. 그 뿐만 아니라 필자로선 또 하나 주목하는 바는, PR에서 언급된 <시원적 위상>$^{primary\ phase}$에 대한 고찰이다.[74)] 이 <시원적 위상>도 <만족>과 마찬가지로 PR에서는 합생에 속하는 것인지 그렇지 않은 것인지 싶은 애매한 이중적 성격을 띠고 있다. 화이트헤드가 직접 언급한 대목들을 잠시 살펴보도록 하자.

"임의의 현실적 존재와 관련해서 볼 때, 정착된 현실적 존재들로 이루어진 <주어진> 세계와, 그 입각점을 넘어서는 창조성을 위한 여건인 <실재적> 가능태가 있게 된다. 이 여건은 현실적 존재를 구성하는 과정에서의 시원적 위상이지만, 느껴지는 과정을 위한 가능성이라는 성격을 띤 현실 세계 그 자체에 지나지 않는다." (PR 65/167).

"합생의 과정은 완전히 결정적인 <만족>의 달성으로 종결된다. 또한 그럼으로써 창조성은 다른 현실적 존재의 합생을 위해 <주어진> 시원적 위상으로 넘어간다. 이 초월은 선행하는 존재를 완결시키는 결정적인 <만족>이 달성될 때 확립된다. 완결은 직접성의 소멸이다. <그것은 참으로 존재하는 법이 없다.>" (PR 85/200).

보다시피 이 <시원적 위상>은 <만족>의 국면에서 곧바로 넘어온 것이면서 여전히 <여건>에도 속하고 있어 화이트헤드가 말한 합생의 <최초의 위상>intial phase과는 또 다르게 그야말로 합생 과정에 속하는지의 여부가 매우 애매한 국면으로 간주될 정도다. 물론 화이트헤드가 PR에서 밝힌 바들은, <시원적 위상>뿐만 아니라 여러 <포착들>에 관한 분석과 <합생의 위상들>에 관한 진술들을 담고 있는데, 이러한 내용들 역시 어차피 논리적이고 지성적인 분석을 위해 마련된 것들이긴 하다. 여기서 필자의 입장은, 이 <시원적 위상>이 <합생 밖>에 있다고 보든 <합생 안>에 있다고 보든 일단은 상관없이, 적어도 <만족>과 <시원적 위상>이라는 두 위상만큼은 화이트헤드가 PR에서 밝힌 〈이행〉^{transition}이라는 과정에 속한다고 보는 입장이라는 점을 말씀드린다. 화이트헤드는 PR에서 두 종류의 〈과정〉을 거론하는데, 〈합생〉과 〈이행〉이 바로 그것이다 (PR 210/423-424, 215/431). 여기서 이 두 과정 중에서도, 불멸하는 과거인 작용인을 수반하는 것은 〈이행〉 과정에 해당한다.

그런데 이때 말하는 〈이행〉이 궁극적으로는 〈합생〉에 속하는지 아니면 〈합생〉 밖에 속하는지 또한 아직 화이트헤드 연구자들 사이에서도 입장들이 조금씩 다르다.[75] 하지만 필자가 생각하기로는 한 가지 사항만 분명하다면 이 문제 역시 어느 쪽이든지 무방하다는 입장에 서 있는데, 그 한 가지 사항이란, PR이 주로 〈합생〉 중심의 기술을 담고 있다는 점을 말한 것이다. 그렇다면 결국은 〈이행〉도 〈합생〉 과정에 속하는 것으로 보는 것이 좀 더 적절하지 않은가 생각된다. 그러나 굳이 〈이행〉을 〈합생〉 밖의 별개의 과정으로 본다고 할 경우에도 그 같은 〈이행〉에 대한 〈존재론적 원리〉의 적용으로 그것에 기반한 현실 근거가 제시되어야 할 것인데, 이것이 정합적으로 확보된다면 얼마든지 〈이행〉을 〈합생〉 과정과 또 다른 별개의 과정으로 볼 수도 있겠다. 이 점에서 화이트헤드 철학의 해석가들 중 노보$^{Jorge\ Luis\ Nobo}$의 경우는 이행에 대한 존재론적 근거로서 〈완결된 현실태〉를 거론했다지만 필자의 경우는 그것과도 의견을 달리한다. 만일 별개의 과정으로 보는 경우라면 〈이행〉에 대한 〈존재론적 원리〉로서의 현실 근거를 필자는 〈'신'이라는 현실 존재〉에 있다고 보는 것이다. 다시 말하면 작용인을 갖는 〈이행〉 과정은 오히려 〈신의 합생〉에 의해 가능할 수 있는 것으로 본다.

그런데 결과적으로 보면 신 역시 〈현실 존재〉이기에 오직 〈현실 존재들의 합생 과정〉을 중심으로 기술될 수 있다는 점도 여전히 유효한 얘기가 된다. 단지 〈시간적인 현실 존재들의 합생〉과 〈비시간적인 현실 존재[신]의 합생〉이 상호 관계되어 있을 뿐이다. 이때 비시간적인 신의 영속적 합생에 의해 〈이행〉 과정 역시 온전히 마련된다는 점이다. 하지만 자칫 오해를 해선 안 될 점은, 이 〈이행〉의 과정은 불멸하는 과거를 뒤바꾸거나 하는 그런 과정이 전혀 못되며, 시간적 세계에서 볼 경우 오히려 그때까지의 과거 세계를 보존 상속받는 과정에 가까울 뿐만 아니라, 정작 신의 측면에서 보더라도, 이 이행의 과정은 물리적 세계로부터 신 자신 역시 제한을 받고 있는 과정이기도 한 것이다.

화이트헤드에 따르면, 이 〈이행〉의 과정은 〈현실적인 것들〉the actual로부터 〈단순히 실재적일 뿐인 것들〉the merely real로의 과정이라는 점을 이미 강조한 바 있다(PR 214/431). 그런데 앞서 살펴봤듯이, 신의 〈결과적 본성〉에서는 소멸되는 현실태들을 남김없이 보존하고 전달하는 점이 있는데, 신은 바로 이를 통해 〈이행〉의 과정에 관여하는 현실 존재라는 것이다. 이 과정은 화이트헤드가 언급한 것처럼, 〈성취된 현실태로부터 성취 중에 있는 현실태로 들어서기까지의 과정〉인 것이다. 그래서 앞서 필자는 〈만족〉과 〈시원적 위상〉을 결국 〈이행〉에도 속하는 것으로 봤던 것이다.

따라서 화이트헤드가 쓴 PR이 주로 현실 계기들의 합생 중심에 맞춘 분석적 내용의 기술이라는 점에서 정작 〈이행〉 및 비시간적인 현실 존재인 신의 〈영속적 합생〉 또는 〈신의 특수한 만족〉 및 〈신의 초주체적 본성〉에 대해서는 그만큼 미흡하게도 이를 미완으로 남겨놓은 것으로 생각된다. 하지만 그럼에도 그가 남겨놓은 이 미완의 조각은 이미 화이트헤드의 텍스트 곳곳에 산재해 있는 통찰의 내용들을 활용하면 얼마든지 그 〈미완의 퍼즐〉 또한 맞춰질 수 있다고 보기 때문에 결국은 필자의 방향 역시 〈보완 입장〉이라는 점을 말씀드린 것이다. 이미 앞의 논의들에서도 소개했었듯이, 적어도 화이트헤드의 신 이해는 계속적으로 업데이트하듯이 발전시키고 있었다. 하지만 끝내 이런 부분에 있어선 여전히 미완으로 남겨놓았던 지점도 있었던 것이다.

<신의 초주체적 본성>을 낳는 <신의 특수한 만족>

지금까지의 논의에서 필자는 화이트헤드 철학에 어떤 중대한 수정을 가하지는 않은 채, 그의 1차 문헌에서 끌어낸 가능한의 논의를 펼쳐보였다. 본격적인 설명은 이제부터인데, 필자로선 이에 대해서도 가능한 핵심적인 내용만 언급해보고자 한다. 필자가 보는 입장에선, 신이라는 현실 존재가 달성하고 있는 <만족>에는 궁극적으로 본다면 두 종류가 있다고 보는데, 시간적 세계와 무관하게 아무 제약 없이 마련된 <신의 원초적 본성>에 대해 이를 온전히 성취하는 <신의 만족>이 있는가 하면, 시간적 세계에 대한 신의 물리적 느낌인 <신의 결과적 본성>과 관련되어진 제한된 양상의 <신의 특수한 만족>이 있을 수 있다고 본다. 여기서 화이트헤드가 PR에서 언급한 <신의 특수한 만족>이란 바로 이 후자를 가리킨다고 보면 될 것이라는 점이다. 이 <신의 특수한 만족>은 특정한 시간적 계기들과 관련되고 있는 만족이면서 물론 여기에는 신 자신의 원초적 본성으로부터의 대비 느낌도 깃들어 있다. 이를 통해 세계 안에는 각각의 계기들한테 <최초의 주체적 지향>이 제공될 수 있었던 것이다. 따라서 <신의 특수한 만족>이란 시간적인 합생 계기들이 시작하는 <최초의 주체적 지향>으로 이어지는 완결로서, 그렇다면, <신의 특수한 완결>은 <현실 계기들의 개시>와 서로 맞물려 있는 셈이다.

따라서 합생을 개시하는 계기들한테는, 이러한 신의 작용이 우선은 <시원적 위상>이라는 여건으로부터 도입되고 있는 것이다. 계기들의 <만족>에서 넘어온 <시원적 위상>에는 신의 결과적 본성을 통한 과거 보존으로서의 현실 세계가 있는 것이며, 이것은 신에게도 굽힐 수 없는 엄연한 사실로서의 물리적 느낌이어서 신 역시 거부할 수 없다. 신 자신도 시간적인 현실 세계가 달성해놓은 만족들로부터 자유로울 수 없다. 신은 이를 온전히 그 자신의 본성 안으로 가져온다. 이것이 〈만족〉에서 넘어온 〈시원적 위상〉에 자리하는 것이라면 합생을 개시하는 계기들에게도 여건이 되는 거여서 얼마든지 포착 가능한 것으로 남게 된다. 하지만 신의 〈결과적 본성〉은 신 자신의 원초적 본성과의 대비를 통해 현실 세계에 대해서도 자신의 자유로운 결단을 행사한다. 바로 이 지점에서 신의 결과적 본성은 단지 과거를 보존하기만 하는 것에 그치는 것이 아니라 이를 활용하는 지혜의 심판으로도 나아가게 되는 것이다. 후자의 국면에선 신 안에서 부정적 포착도 행사된다고 본다. 합생을 개시하는 계기들에게는 아직 여건이 될 뿐인 국면들이 오히려 신에게는 적극적인 창조의 국면들이기도 한 것이다. 신의 원초적 본성은 단지 신 자신의 개념적인 본성일 뿐이지만, 바로 이 원초적 본성에서의 신 자신의 주체적 목적은 결국 신의 결과적 본성과의 대비로도 나아간다. 물론 이 점 역시 PR에서 이에 대한 전거들을 찾아볼 수 있다.

"원초적 본성은 개념적이며, 결과적 본성은 신의 물리적 느낌들이 신의 원초적 개념들 위에 짜여 들어간^{weaving} 것을 말한다." (PR 345/653)

"신의 원초적 본성의 완결성에서 유래하는 신의 주체적 지향의 완전성은 결국 신의 결과적 본성의 특성이 된다." (PR 345/654)

"신의 결과적 본성은 세계에 대한 신의 심판^{judgment}이다. 신은 세계가 신 자신의 삶의 직접성 속에 들어올 때, 세계를 구원한다.

<u>신의 결과적 본성은 구원될 수 있는 것은 그 어떤 것도 버리지 않는 애정tenderness의 심판이다. 그것은 또 시간적 세계 내의 단순한 잔해에 지나지 않는 것을 활용하는 지혜wisdom의 심판이다."</u>
(PR 346/654-655)

여기서 화이트헤드가 언급한 것처럼, 신의 결과적 본성에서는, 신의 물리적 느낌들이 신의 원초적 개념들 위에 짜여들어가긴 하지만, 그렇다고 해서 신의 원초적 본성에 대한 〈온전한 만족〉에까진 이르지 못한다. 따라서 신이라는 현실 존재 자체는 어디까지나 영속적인 합생 중에 있을 뿐이다. 유한한 세계와 관계 맺고 있는 신의 결과적 본성에서는, 단지 신 자신의 주체적 지향의 완전성도 그러한 본성의 특성이 되도록 할 따름이다. 이 점은 신도 예외 없이 〈주체적 지향〉이 합생에 있어서는 그 〈목적인〉이 되고 있음도 상기시켜주고 있는 대목이다. 따라서 신의 만족은 언제나 세계와의 관계상에서 부분적 성취로만 놓여 있기에 늘 특수할 수밖에 없다. 그렇지만 이러한 작용으로 인해 신은 불완전한 세계를 버리지 않고 사랑의 심판으로 구원해내고 있는 것이다.[76]

결국 우리는 세계와 연관된 신의 〈결과적 본성〉이 갖는 국면들을 크게 둘로 나누어 볼 수 있겠다. 과거 보존의 전달은 신의 결과적 본성이 갖는 소극적 측면이라면[이것은 세계에 대한 신의 순응적 국면], 이를 활용하는 지혜의 심판은 신의 결과적 본성이 갖는 적극적 측면[이것은 신의 개념적 느낌과의 비교 통합 국면]이라고 여겨진다. 세계에 대한 신의 물리적 느낌은 그 자신의 개념적 느낌과 비교 통합되기에 이르는 것이다. 필자는 신의 이 작용이, 시간적 계기들이 주체적 직접성을 갖는 합생 과정보다는 오히려 〈이행〉의 과정 곧 〈만족에서 시원적 위상의 과정〉에서 주도적으로 일어나는 것으로 보고 있다. 그럼으로써 신은 다시 세계 안에 <관련된 가치화[가치매김]의 등급화>를 제공할 수 있게 되는 것이다. 즉, 신은, 불완전하고 유한한 세계로부터 얻게 된 물리적 느낌들을 그 자신의 완전한 직시라는 원초적 본성과의 대비 느낌을 통해 각각의 시간적 계기들에 제공하는 <최초의 개념적 지향들>을 마련해줌으로써 <신의 특수한 만족>으로 종결되는 점도 갖는다는 것이다. 따라서 <신의 특수한 만족>이란, 시간적 세계와의 관계를 통해 마련된 작업으로서의 만족인 것이지, 신 자신의 원초적 본성을 온전히 실현해 놓은 <신 자신의 완전한 만족>은 아니라는 점이다. 이렇게 보면 신은 전적으로 소멸되어야 할 필요가 없다. 단지 시간적 계기들과 관련해서만 <신의 특수한 만족>이 있게 되기에 <신의 초주체적 본성> 역시 가능할 수 있다고 볼 뿐이다.

그렇기 때문에 간혹 화이트헤드 연구자들 중에서도 계기들이 갖는 <최초의 주체적 지향>이 신의 <원초적 본성>으로부터 파생된 것인지 혹은 신의 <초주체적 본성>으로부터 나온 것인지를 혼동하는 경우도 있긴 한데 이런 점에서 보면 정말 혼동이 될 만한 것이었고, 또 한편으로는 혼동이 되더라도 <실용적 가치>에서 보면 어느 쪽이든 무방한 것이기도 했다(* 잠시 뒤에 보겠지만, 필자는 화이트헤드 유신론을 <실용적 가치>로서 함께 하는 <실용적 유신론>으로 본다). 우리가 PR에서 미진하게 남겨놓은 점들을 보다 세부적으로 그리고 정합적으로 구분해서 본다면 <신의 특수한 만족>과 관련한 <신의 초주체적 본성>은 적어도 <신의 원초적 본성> 전체를 만족해서 나온 <신의 초주체적 본성>이 아닌 것이며, 이것은 시간적 세계와의 관계로 인해 <제한된 신의 초주체적 본성>으로 볼 필요가 있을 뿐이다. 이 같은 <신의 초주체적 본성>은 세계 속에 <육화>되는 신의 본성이어서 정작 <신의 주체적 직접성>은 결여된 것이다. 하지만 <원초적 본성>과 <결과적 본성>에 있어서의 신은 자신의 〈주체적 직접성〉을 발휘하고 있다. 신도 이 중간 단계를 통해 신 스스로를 만들어가는 중에 있을 뿐이다. 신이 세계로부터 받는 제약은, 신 자신을 제약하고 있긴 하지만, 또 한편으로 보면 그것은 신에게 〈새로운 경험〉을 선사해주는 통로이기도 하다. 신 역시 단조로운 무기력의 지평으로만 떨어지고 있는 것은 아닌 것이다. 그야말로 화이트헤드가 밝힌바 대로, "신과 세계는 각기 상대편에 있어서의 새로움을 위한 도구^{instrument}인 것이다."(PR 349/659).

화이트헤드가 미진하게 남겨놓은 퍼즐 한 조각, 〈신의 특수한 만족〉

그렇기 때문에 핵심적으로 보면, 화이트헤드가 PR에서 간과해놓은 대목은 결국 신^{God}이라는 현실 존재가 지닐 수 있는 〈만족〉에 대한 분석 곧 〈신의 특수한 만족〉이란 과연 어떤 것인지에 대한 설명들을 빠트려놓았을 뿐이다. 신은 〈무제약적인 개념적 가치화〉라는 신 자신의 원초적 본성을 온전히 실현하지 않은 한 소멸될 수가 없는 존재다. 결국 〈신의 특수한 만족〉이란 중간 단계로서의 만족인 것이며 〈신의 초주체적 본성〉 역시 시간적 계기들과 관련되는 〈'제약된' 신의 초주체적 본성〉인 것이다. 신은 시간적인 현실 세계에 없는 미실현의 영원한 객체들까지도 품고 있는 존재이기에 PR에서 말한 〈신의 초주체적 본성〉은 신이 목적하는 바의 〈온전한 실현〉이 아닌 〈부분적 실현〉에 의한 것이며 시간적 세계와 관련된 중간 단계의 과정에서 생겨나는 〈제한된 초주체적 본성〉을 일컫는 것이다. 이것은 신이 세계 안에 남겨놓고 있는 〈객체적 불멸성〉에 해당한다. 즉 이 지점에선 신의 〈주체적 직접성〉이 결여된 〈초주체적 본성〉인 것이다. 달리 말하면 이에 대한 처분만은 결국 〈시간적인 계기들의 몫〉으로 남겨놓고 있는 것이다. 따라서 우리가 다시 한 번 더 화이트헤드가 PR에 쓴 저 구절을 찬찬히 들여다보면 이제는 그 의미가 한층 더 분명해질 수 있다고 본다.

"신의 <초주체적 본성>superjective nature은, 갖가지 시간적인 사례들 속에서 초월적 창조성을 규정하는 신의 특수한specific 만족이 가지는 실용적 가치의 성격을 말한다." (PR 88/206)

그러므로 여기서 언급된 <신의 초주체적 본성>은 시간적 사례들과 연관해서만 고찰될 수 있을 뿐이다. 신 자신의 <온전한 만족>으로서의 소멸이 아닌 것이다. <신의 특수한 만족>은, 합생을 끝낸 시간적 계기들과 관련해서는 신의 결과적 본성의 순응적 국면을 통해선 이를 남김없이 걷어 들이고, 이를 다시 그 자신의 원초적 본성과의 적극적 대비를 통해서 계기들에게 제공할 더 나은 이상들을 등급화해서 마련해놓은 그 <초월적 창조성>transcendent creativity의 성격을 마감 짓고 있는 것이다. 그럼으로써 합생을 시작하는 계기들한테 <최초의 개념적 지향>을 공급해주고 있다. 여기까지는 합생을 시작하는 계기들에게도 여건으로부터의 <타자원인성>이 주도적으로 작용된 것으로 볼 수 있다. 즉, 이 과정은 기본적으로 <작용인>이 수반되는 <이행>의 과정인 셈이다.

하지만 계기들은 이러한 국면 이후로 그 합생 과정을 통해 자기 자신을 현실적으로 만들어간다. 따라서 합생 계기들의 생성 과정은 결국 <목적인>을 산출하는 과정이 되는 것이다. 그런데 시간적 계기들의 이 과정은, 비시간적인 현실 존재인 신으로부터는 초월된 영역에 속한다. 그렇기 때문에 신도 계기가 갖는 합생 과정의 결단에는 어떠한 간섭도 할 수가 없고 개입도 하지 못한다. 신은 계기들에게 <최초의 주체적 지향>이라는 목적인의 씨앗을 제공하긴 해도 그것의 결과적 산출만은 어디까지나 해당 합생 계기의 자율적 결단에 맡겨져 있을 뿐이다. 그저

[부록] 화이트헤드 이후의 수정 입장들 - 존재[과정]의 이유와 모험

가능성들로만 제시해놓되 그것의 구체적 실현이라는 〈현실성의 확정〉의 몫은 어디까지나 〈해당 계기들의 몫〉에 맡기고 있다. 달리 말해서 계기들의 〈주체적 직접성〉이 작용하는 합생 영역에서만큼은 신의 〈주체적 직접성〉이 탈각된 그의 〈초주체적 본성〉인 〈객체적 불멸성〉만 작용할 따름이다. 그리고서 합생 계기들이 성취해놓은[확정해놓은] 현실성을 신은 다시 또 거부하지 못하고 이를 전적으로 수용하고선 〈신 자신의 특수한 만족〉을 향한 과업을 개시한다.

결국 PR에서 말한 〈신의 초주체적 본성〉은 이 같은 〈신의 특수한 만족과 관련된 본성〉이 아닐 수 없다. 신은 시간적인 모든 계기들의 결단들을 존중하며 이를 끌어안고서 다시 자신이 추구하는 결단을 통해 이를 내어주며 함께 하는 그러한 〈공진화〉$^{co\text{-}evolution}$ 중에 있다. 이 둘의 작용은 상호 결부되어 있으면서 서로 맞서 있는 가운데 각기 상대편에게 새로움을 위한 수단^{instrument}이 되고 있음을 놓쳐선 안 된다. 이를 위해서 시간적인 현실 계기들은 〈현실적인 물리적 느낌〉을 주도적으로 신에게 공급해주고 있는 것이며, 비시간적인 현실 존재인 신은 〈이상적인 개념적 느낌〉을 주도적으로 세계 안에 공급해주고 있는 것이다. 이처럼 신과 세계의 상호 관계는 그야말로 서로 정반대로 상호 작용하는 대칭의 관계이자 역(逆)의 관계로 놓여 있다. 이로써 "모든 점에서 신과 세계는 그들의 과정과 관련하여 역으로 움직인다"(PR 349/659)는 화이트헤드의 주장 또한 한층 더 분명해질 수 있다고 본다.

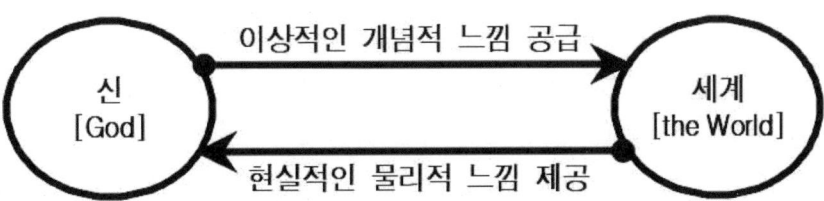

실용적 유신론 – 실용적 가치로서의 신 이해

그리고 우리가 화이트헤드의 유신론에서 한 가지 더 주목해 볼 지점은, 앞서 화이트헤드가 언급했던 "신의 특수한 만족이 가지는 실용적 가치의 성격"이라는 표현에 있어 그 〈실용적 가치〉pragmatic value에 대한 것이다. 필자가 생각하기로, 기독교 신 관념을 반대했었고 또한 불가지론자이기도 했던 화이트헤드가 말년의 후기 형이상학에 이르러선 결국 신 존재를 새롭게 구상한 〈유신론〉 입장을 표명한 연유에는 결국 그 속에 〈실용적 가치〉의 성격도 고려했었기 때문이라고 본다. 쉽게 말해서 화이트헤드의 유신론은 논리성과 정합성의 차원뿐만 아니라 그것이 경험 세계 안에서 갖는 〈실용적 가치〉의 성격도 있다고 봤기 때문에 이를 끌어들인 것이라는 얘기다. 물론 화이트헤드는 합리주의자에 속하지만 그의 철학적 입장은 거의 〈실용주의 노선에도 가까운 합리주의자〉로 생각된다. 여기서 실용주의[프래그머티즘] 철학을 펼쳤던 윌리엄 제임스의 영향까지 새삼 거론할 필요는 없을 것이다.77) 필시 화이트헤드는 신의 활동(여기선 특정 종교의 신을 말한 것이 아님)이 세계 안에 어떤 유익함[쓸모]을 제공하는 것으로 보고 있다. 물론 역으로 말해선, 오히려 삶에 〈무익한 해로움〉을 가져다준다면 그것은 신 존재가 아니라고 보는 셈이다. 〈삶에 유익한 도움이 된다〉는 점과 〈참되다〉는 점을 굳이 따로 별개의 것으로 봐야 할 이유는 없을 것이다.

화이트헤드 철학의 유신론 입장에서 본다면 이론적으로는 논리성과 정합성을 지향하되 그것이 우리의 실제적인 삶의 경험에 있어서는 〈어떤 쓸모〉로 이어져야 할 것으로 내다본다. 어쩌면 신 스스로도, 이 세계가 자신의 힘을 무서워해서 숭배하기보다는 오히려 적극적으로 자신의 본성을 활용해주길 원하고 있을 지도 모른다. 즉, 화이트헤드의 표현대로, 우리의 신이 세계와 함께 고통을 나누고 있는 진정한 〈동반자〉

의 의미를 갖는다면 그렇다는 얘기다. 이것은 화이트헤드가 『만들어가는 종교』 Religion in the Making 에서도 언급했던 것처럼, 신으로부터 보호받길 원하는 그러한 종교가 아니라 오히려 그 선한 본성을 닮기 위해 신을 연구하는 것이야말로 한층 더 진일보한 종교의 방향임을 표명한 점과도 무관하지 않다.

"공동체 종교에서는 신이 당신을 보전해주도록 신의 뜻을 연구하지만, 합리화된 세계개념world-concept의 영향 아래 순화된purified 종교에서의 당신은 신을 닮고 싶어서 그 선함goodness을 연구한다. 이것이야말로 당신이 달래려고 하는 적enemy과 당신이 닮으려 하는 동반자companion 사이의 차이점인 것이다." (RM 41)

화이트헤드 역시 종교에 대한 비판을 가하면서도 그가 끝내는 반(反)종교론자의 입장을 취하지 않은 연유에도, 역사적으로 종교야말로 인류 진화의 경험에도 깊게 뿌리 내렸을 만큼 크게 기여한 점도 있어왔다고 봤기 때문에 〈종교에 대한 희망〉을 거두지 않고 이를 표명한 것이라고 생각된다. 실제로 화이트헤드는 종교를, 인류의 근본적인 경험의 한 유형으로 봤을 뿐만 아니라(SMW 190) 개별 종교들 간의 흥망성쇠는 있더라도, 그가 보기에 종교 그 자체는 지속적인 확장일로의 역사를 보여왔다는 점에서 적어도 우리가 지녀볼 수 있는 낙관론을 위한 한 가지 근거는 될 수 있다고 전한다(SMW 192). 따라서 화이트헤드의 관점에서 보면, 유신론 혹은 종교들은 무조건 나쁘다고만 볼 게 아니라 〈어떤 유신론인가?〉 혹은 〈어떤 종교인가?〉 하는 점이 더 중요한 관건인 것이지 신 존재나 종교 자체의 폐기를 주장하고 있지는 않다. 우주의 창조적 전진의 과정에 있어 종교 역시 진화 과정에 있기 때문에 결국은 우리 모두가 〈어떤 종교를 만들어갈 것인가?〉 하는 점이 훨씬 더 중요하다고 볼 뿐이다.

필자가 앞서 유신론이냐 무신론이냐 하는 논쟁에 있어 〈탈신론적 몸론〉을 표방한다고 말한 연유에도, 우리의 신앙이나 믿음 신념들이 〈유신론〉이어야 한다거나 〈무신론〉이어야 한다거나 하는 대립 논쟁의 성격을 넘어서 신 또는 신에 관한 담론이 과연 무엇을 위한 것인지를 근본적으로 자문할 필요가 있다고 본 점에도 있다. 이 물음은 화이트헤드 역시 토론해볼 필요가 있다고 봤던, "〈신〉이란 과연 무엇을 의미하는 것인가?(What do you mean by 'God'?)"(RM 67)라는 물음과도 직결되는 논의에 속한다. 이러한 측면에서 볼 때 현재 필자의 경우는 1차적인 몸의 현실에 있어서의 실용적 성격으로서의 유신론을 받아들이는 것이 좀 더 낫다고 보는 것이다. 따라서 필자가 언급한 〈탈신론적 몸론〉도 현재로선 〈실용적 유신론〉이기도 한 것이다. 즉, 현재는 화이트헤드가 표방한 새로운 유신론 입장을 채택하는 것이 우리의 몸삶에 좀 더 유용하다 보고 있다.[78] 유신론이냐 무신론이냐 하는 신에 관한 담론은 사실상 사변적 성격이 매우 높고 자칫 공허한 언술의 나열들만 즐비해질 수 있다. 신에 관한 담론은 자칫 무기력한 관념 또는 해로운 관념으로 빠져들 가능성도 큰 것이어서 필히 실제적인 삶의 유용성과 연관해서 보는 〈실용적 가치〉를 고려할 필요가 있는 것이다.

따라서 실용주의 관점에서 본다면, 기본적으로는 〈유용한 유신론〉과 〈해로운 유신론〉 그리고 〈유용한 무신론〉과 〈해로운 무신론〉 정도 이렇게 나누어볼 수도 있을 것 같다. 그러나 엄밀히 말해 〈절대적인 쓸모없음〉이란 없다고 보기에 그 과정상에 있어서는 단지 〈유용성〉과 〈해로움〉의 차원으로만 나누어 볼 따름이다. 또한 이 양자를 가늠하는 기준선은 몸의 현실과 관련된 그 상황과 맥락에 따라 다양하게 접근되어야 하겠지만, 일단 가장 기본적인 기준선으로 본다면, 필자로선 유신론 자든 무신론자든 〈근본주의〉 입장만 아니라면 얼마든지 유용한 가치로 나아갈 수 있다고 생각된다. 반면에 근본주의 입장을 갖는다면 유용성 보다 해로움이 훨씬 더 클 것으로 본다. 그런데 알고 보면, 근본주의 유신론자들도 자신들의 지옥 심판을 면하기 위한 〈사후 천국 보장 성격〉도 있음을 감안해본다면 이 역시 실용적 용도로서 신을 믿는 행태가 아니고 무엇이겠는가. 그러나 이 경우의 실용성은, 지엽적이고 배타적인 성격으로 인해 그 보편적 가치를 획득하기 힘들다는 점에서 광범위한 중요성을 띠기 힘든, 그래서 전체에서 보면 결국 〈사소함〉^{triviality}으로 전락될 여지가 더 큰 것이다. 화이트헤드가 보는 〈악〉^{Evil}의 특성 중 하나는, 단편적인 목적에 대한 맹목적인 힘의 성격을 드러내는 점도 있다(SMW 192). 그 목적의 적용 범위는 지나치게 자기 본위에 한정되거나 협소하며, 따라서 다양성을 용인하지 않을 만큼 배타적이기도 하다. 역사적으로 볼 때 〈근본주의〉가 지녀왔던 성격 역시 이러한 악의 특성에도 잘 어울린다고 본다.

하지만 우리가 앞서 살펴봤던 〈강도적 관련성의 원리〉를 염두에 둔다면 신과의 관계로부터 얻게 되는 〈실용성〉이란 결국 그 자신을 포함해 세계 전체에 대한 상향적 진보의 성격을 띠는 최고의 비전을 깨닫는 것이 될 것이며, 이를 파악할 수 있는 그러한 습행[의례]^{ritual}의 개발과 〈사유의 양식〉$^{modes\ of\ thought}$을 갖추는 방향으로 나아감이 훨씬 더 필요해 보인다. 적어도 그와 같은 〈실용적 가치〉의 비전은 나와 이웃한 타자의 몸의 현실까지 모두 고려해서 나올만한, 질적으로도 고양된 보다 건강한 몸삶으로의 방향일 것으로 생각된다. 복음서에서 "네 이웃을 네 몸과 같이 사랑하라"(마가복음 12장 31절)는 말씀이 그냥 나온 표현은 아닐 것으로 본다. 이 계명을 전파한 예수는 살아 있는 신[abba]의 말씀으로 여겼던 갈릴리 사람이었다.

　화이트헤드가 보는 〈합리주의〉는 희망으로서 신념으로서 존재한다고 봤듯이 적어도 그가 말년에 〈새로운 유신론〉을 구상할 때의 화이트헤드의 생각 속에는, 만일 신이 존재한다면 그 같은 신 존재가 합리성을 무시하는 존재는 아닐 것으로 봤었고, 오히려 세계 안에 더 유익한 실용적 가치의 열매로서 드러날 것으로 봤던, 그러한 〈희망과 신념의 실용적 유신론〉을 폈을 걸로 본다. 악한 나무가 선한 열매를 맺을 수 없기에 우리는 그 열매를 통해 해당 나무에 접근할 수밖에 없는 불가피한 사정의 맥락도 고려해본다면 〈실용적 유신론〉의 입장이 불신앙이 되거나 하는 건 아니라고 생각된다.

　다행인지 몰라도 유익한 종교 신앙의 형성에 도움이 될 만한 〈형이상학적 지원〉이 화이트헤드로부터 도착된 점이 있다. 이것은 화이트헤드가 이상적인 사변철학을 찾고자 제안했던 방법이기도 했던 것으로, ① 논리적 일관성, ② 정합성, ③ 적용가능성, ④ 충분성에 대한 끊임없는 대차대조를 통해 이를 실마리로 해서 〈최고의 비전〉을 찾아가는 모험을 해볼 수 있다고 여겨진다. 따라서 진정한 종교 신앙의 구조는, 우리가 모든 사물의 진화를 기본적으로 철저하게 인정한다면, 결국 확고 불변함에 기반하는 〈믿음 모델〉의 구조일 수 없고, 오히려 합리주의의 모험처럼 〈모험 모델〉의 구조여야 한다고 본다. 이 모험은 타자와의 합리적 소통을 증대시키는 확장의 모험이며, 이를 통해 우리는 타자로부터 얻는 〈신뢰도〉 역시 계속적으로 키워나갈 수 있는 것이다.

　타자와의 관계에 있어서도 이론의 지평의 한계를 뛰어넘는 합리성의 척도를 구해보려는 지점은 결국 실질적인 경험 현장에서의 그 〈실용적 가치〉에 대한 체험들을 통해 그나마 접근될 수 있다고 여겨진다. 즉, 이론적 차원의 요소인 논리적 일관성과 정합성에서도 아무런 문제가 없어 보인다고 하더라도 결국 그것만으로 불변의 진리 또는 합리성의 완결을 확정할 수 있다고 볼 순 없겠고, 어디까지나 실천적 지평에서의 정당성 곧 적용가능성과 충분성에 대한 온전한 실현도 함께 구해야 할 것이기에 바로 이 지점에선 실용성의 가치 역시 늘 염두에 두어야 할 것으로 본다. 화이트헤드는 자신의 저작에서, <정당화>^{justification} 및 그 선택의 공평성을 가늠하는 시금석으로 결국은 실용주의적인^{pragmatic} 것이어야 한다는 점을 누차 피력한 바가 있다(PR 181/371, 337/637).

<존재론적 물음>의 문제로 화이트헤드 철학이 수정되어야 한다고 봤던 네빌과의 입장 차이

이제 우리는 네빌이 문제로서 제기했던 그 <존재론적 물음> 곧 <왜 무엇이 없지 않고 존재하는가>에 대한 화이트헤드 철학에서의 응답을 논의해 볼 것이다. 네빌은 이 물음에 대한 답변을 화이트헤드 철학의 도식에서는 전혀 이끌어낼 수 없다고 봤었지만, 반면에 필자가 보기에는 화이트헤드 저작 곳곳에 그런 <존재론적 물음>에 대한 응답 역시 이미 마련해놓았다고 본다. 다만 그것이 네빌이 원하는 답변의 방향이 아니었을 따름이다.

우선 앞서 밝힌 바 있듯이, 필자의 입장은 네빌의 <수정 입장>과 달리 화이트헤드 철학에 대한 <보완 입장>이라는 점에서, 네빌처럼 화이트헤드가 제안한 <궁극자의 범주>를 수정해야 한다고 보질 않는다. 필자가 보기에는 수정할 필요도 없다고 볼 뿐만 아니라 이 범주적 장치가 갖는 의미야말로 훨씬 더 큰 것으로 보고 있다. 사실 네빌 외에도 일부 신학자들도 화이트헤드가 제시한 <궁극자의 범주>에 대한 범주 장치를 애써 축소시키려 한 점도 있긴 한데, 아마도 그 결정적 이유에는 필시 이 <궁극자의 범주>에 정작 신 존재가 빠져 있는 것에 대한

922

불만 때문일 것으로 본다. 하지만 필자의 입장은, 네빌과 일부 기독교 신학자들이 불만으로 여겼던 화이트헤드의 〈궁극자의 범주〉야말로 오히려 〈존재론적 물음〉에 대한 화이트헤드식의 응답을 이끌어낼 아주 결정적인 범주 장치로 봐야한다는 점에서 그 입장이 갈라진다고 볼 수 있겠다. 만약에 〈궁극자의 범주〉에 다른 현실 존재[계기]들과 다르게 신 존재만이 어떤 특별성을 띠고 그 안에 포함되어 있었다면 오히려 그런 화이트헤드 철학의 체계야말로 낡은 범주 도식의 체계로 전락되었을 가능성이 훨씬 더 컸다고 본다. 화이트헤드가 애초 표방한 대로, 〈궁극자의 범주〉에서 신을 제외시킨 점이 필자가 보기에도 논리성과 정합성의 차원뿐만 아니라 이 문제를 해결함에 있어서도 화이트헤드 철학의 독창성까지 돋보이게 할 만큼 훨씬 더 나은 이론적 선택의 방향이었다고 생각된다.

뿐만 아니라 필자는, 네빌이 화이트헤드를 비판함에 있어, 〈우주론적 원리〉cosmological principle로 수정되어야 한다고 봤던 화이트헤드의 〈존재론적 원리〉에 대해서도 이를 변경시켜야 할 것으로 보질 않는다. 오히려 그 반대로 화이트헤드의 〈존재론적 원리〉 역시 〈존재론적 물음〉에 대한 답변을 모색함에 있어 더욱 중요한 개념으로서 〈궁극자의 범주〉와 함께 고찰되어야 할 지점이라고 생각한다. 반면에 네빌의 입장은 화이트헤드의 〈존재론적 원리〉를 그 자신이 제안한 〈우주론적 원리〉로 수정시켜야 한다고 봤었지만, 필자가 보기에는 네빌이야말로 〈존재론적 물음〉에 대한 응답으로서의 또 다른 방안이 있음을 간과했을 뿐이라고 여겨진다. 이 점 역시 화이트헤드가 표명한 대로, 〈존재론적 원리〉는 그때까지의 주요 서구 철학사상의 도식에서는 발견하기 힘든, 화이트헤드의 유기체 철학이 제안한 창의적 발상이라고 생각된다. 따라서 필자의 입장은, 화이트헤드 철학을 굳이 수정할 필요도 없이 그의 〈궁극자의 범주>와 <존재론적 원리>를 중심으로 살펴본다면 네빌이 문제로서 제기한 <존재론적 물음>에 대해서도 화이트헤드식의 답변 역시 얼마든지 가능하다고 보는 것이다. 여기선 이 점을 밝히는 것이 중요할 것으로 본다.

<존재론적 물음>에 대한 답변을 찾아가는 두 가지 길

동서고금 지금까지의 모든 인류 사상들을 통틀어 네빌이 제기한 것과 같은 그런 <존재론적 물음>에 대해 그 응답으로서 제안된 것들은 크게 두 가지 방안으로 나누어 볼 수 있겠다. 이 두 가지 방안의 차이에는 얼마간 <일원론적 우주>와 <다원론적 우주>라는 차이점 역시 그 배경으로 드리워져 있다. 참고로 네빌의 경우 일원론적 형이상학이 아닌 <일의성>─義性, univocity의 구도로 보는 점도 있겠으나 그의 도식에서의 신과 피조물 관계는 그가 고안해낸 네빌식의 <무(無)로부터의 창조>라는 점을 고려해볼 때 양자 간에는 현격한 차이를 갖는 점이 있어 <일의성>의 구도로 보긴 힘들다고 여겨지며, 결과적으로도 그의 전반적 구도는 <일(一)에서 다(多)로의 양상>을 드러낸 것으로 볼 수 있겠다. 이 것은 마치 신비주의적인 <신플라톤주의>에서도 엿볼 수 있었던, 일자(一者) 중심으로부터 다자(多者)가 유출되어진 양상을 띠고 있는 것과도 유사하다고 볼 수 있다. 반면에 <다원론적 우주>에서는 적어도 존재론적 물음의 궁극적인 이유나 출처를 구함에 있어 어떤 모든 것들의 근원이 될 만한 지위를 갖는 일자(一者) 중심에 놓여있다고 보진 않는다.

<왜 무엇이 없지 않고 존재하는가>에 대한 첫 번째 방안은 이 문제를 아리스토텔레스식의 해법으로 해결하는 방식인데, 곧 <특별한 제1원인자>를 상정함으로써 이를 구하는 것이다. 그것은 만물의 근원인 <아르케>arche의 지위로 등극된다. 이때의 <특별한 제1원인자>는 생멸하는

시간적 존재자일 수 없기에 대체로 시간적 한계를 넘어선 어떤 특별한 외부 존재자로 설정되는 경우가 많다. 사실상 이 물음에 대해 네빌이 제안한 해법도 바로 이 첫 번째 방안에 속한다. 그는 결국 〈창조주로서의 신 존재〉를 상정한 것이다. 그에게서 신은 〈존재론적 창조성〉을 지닌 영원자로서 모든 형이상학적 원리들까지 창조한 〈창조주〉로 자리한다. 그야말로 모든 존재들을 존재토록 해주고 있는 〈가장 근원적인 제1원인자〉인 셈이다. 이 같은 식의 해법은 사실상 서구 문화권에서는 매우 익숙한 방식이었다. 여기에는 신플라톤주의에서도 볼 수 있는 〈근원으로서의 일자〉를 상정하는 것도 포함될 수 있을 것이다. 여기서도 모든 만물이 하나[일자]로부터 유출되어 나온 것으로 설정된다.

그런데 우리가 아리스토텔레스가 말한 〈제1원인자〉를 어떤 인격성을 갖는 〈신적 존재자〉로만 봐야할 필연적 이유도 없다는 점에서 이 〈특별한 제1원인자〉를 신 존재가 아닌 어떤 비인격적인 것들 〈절대 정신〉이나 〈우주 원리〉로 상정될 수도 있다고 여겨진다. 그렇게 되면 이것은 동양 문화권에서도 엿볼 수 있는 지점에 속한다. 예를 들면, 도(道) 또는 무(無) 같은 개념들이 〈유(有)로서의 만물을 낳는 근원적 개념들〉로 자리하고 있는 점에서도 엿볼 수 있다. 〈무극〉無極 또는 〈태극〉太極을 상정하고 여기에서 만물이 그로부터 나온다고 보는 우주생성론의 유교 형이상학 역시 크게 보면 이러한 식에 해법에 속한다(* 그러나 동양철학사의 논쟁에서도 보듯이 텍스트와 개념 해석 여하에 따라 이 구도가 첫 번째 방안에 속하지 않고 상당히 달라질 수 있는 점도 있다). 물론 여기서도 여전히 도(道)가 무엇인지 무(無)가 무엇인지 그리고 무극(無極)과 태극(太極)의 관계에 대해서도 저마다의 해석 논쟁들이 분분할 수 있고 앞으로도 얼마든지 창조적 해석의 여지들은 가능할 수 있다고 본다. 또한 불교 형이상학의 존재론에서도 존재하는 모든 것들이 식(識) 또는 아뢰야식

(阿賴耶識) 또는 일심(一心) 또는 그 밖의 어떤 것으로 불리든지 간에 그 것들이 만물의 근본 중심이 될 만한 궁극적 원인자로서 설정되고 있는 것이라면 이 요건에 부합될 수 있다고 본다. 물론 이 역시 불교 안에서 조차도 다른 해석들이 분분할 수도 있겠다. 다만 여기서 필자가 강조하는 바는, 동서양의 많은 종교와 철학들에서 언급된 그 요인들이 존재하는 모든 것들의 궁극적인 출처나 이유가 될 만한 〈특별한 제1원인자〉로서의 역할 즉, 어떤 중심 본체로서의 역할을 하는 것이라면 그것이 인격적인 것이든 비인격적인 것이든 간에 결국은 첫 번째 방안에 속한다고 본 점에 있을 뿐이다. 그리하여 이를 통해서 〈우리의 우주에는 왜 무엇이 없지 않고 존재하는가?〉라는 〈존재론적 물음〉에 대한 답변이 마련될 수 있다고 보는 것이다.

또한 앞서의 경우와 또 다르게 보다 〈특별한 제1원인자〉를 상정하는 방안으로서 인류의 오랜 〈존재론적 물음〉을 해결하고 있는 보다 독특한 방법에는, 초고도의 외계지성체를 상정함으로써 해결하는 경우도 있을 수 있겠다. 현재의 존재들은 우리보다 더 뛰어난 외계문명이 낳은 씨앗을 통해서 오늘에까지 이르렀다고 봄으로써 〈존재 또는 존재함의 의미〉를 찾아간다. 그 경우 그렇다면 우리보다 뛰어난 그 외계지성체는 왜 있는가 하고 다시 한 번 더 질문해볼 수도 있겠지만, 그때는 그러한 외계지성체를 오히려 〈스스로 존재하는 신적 존재〉로 간주하게 되면 더 이상의 물음은 가능하지 않을 것이다. 애초 이런 그룹에 속해 있지 않은 외부자들이 이를 들여다 볼 때는 정말 황당하게 여길는지는 몰라도 이들 진영 안에도 나름의 서사epic가 있고 이야기stories가 있기 때문에 인간으로서는 이 같은 입장에도 충분히 현혹될 만한 것으로 자리매김 하는 것이다(* 앞서 화이트헤드 철학에서 보는 〈명제〉의 기본적 역할이 논리적 판단 이전에 흥미 또는 유혹을 불러일으키는 점에 있다는 사실을 우리는 여전히 기억해 둘 필요가 있겠다).

물론 이외에도 더 있을 수 있겠지만, 여하튼 대략적으로 정리해보자면, 〈특별한 제1원인자〉를 상정하고 있는 점이 가장 공통적인 것이 되고, 그러한 가운데서 〈신〉이든 〈절대 정신〉이든 〈우주 원리〉든 도(道)이든 무(無)이든, 혹은 식(識) 또는 아뢰야식(阿賴耶識), 또는 일심(一心)이든, 신적 능력의 외계지성체든 여러 유형에 의한 방안들로 나누어질 수 있다고 본다. 어찌되었든 그것들이 모든 존재들의 근본적인 출처 또는 궁극적인 원인을 설명해주고 있는 〈제1원인자〉의 역할을 담당하고 있다면 이에 속한다. 그럼으로써 〈존재론적 물음〉에 대한 각자 나름의 답변들을 제공하고 있는 것이다.

〈왜 무엇이 없지 않고 존재하는가〉에 대한 또 다른 두 번째 방안은 앞서 말한 아리스토텔레스식의 〈특별한 제1원인자〉를 상정하지 않거나 또는 모든 존재자들이 지닌다는 보는 〈스스로 그러함〉에서 찾는 해법이다. 그래서 이 방안에서는 우주의 태초나 원리를 있게 만든 어떤 특별한 근원적 존재가 필요하지 않다. 오히려 모든 존재자들이 스스로에 대한 〈자기원인〉을 갖는 창조자이기도 한 것이다. 이는 서구 문화권에서는 찾기 힘든, 그렇지만 〈자연주의〉를 띤 동양 문화권에서는 볼 수 있었던 그러한 방안에 속한다. 여기서 〈스스로 그러함〉이란 〈자연〉自然 곧 〈자기원인성〉을 함축한 개념이다. 여기에선 〈전적인 태초〉를 상정하지 않기에 시작과 끝이 없는 〈과정만이 있는 세계〉라는 점과 그럼으로써 존재 또는 존재함의 이유를 〈시간을 초월한 외적 존재자〉나 〈궁극적인 제1원인자〉에서 찾지 않고 오히려 〈자기원인성〉을 갖는 지점에서 구하고 있다. 이를 달리 말하면 〈자기창조〉$^{\text{self-creation}}$라고 할 수 있겠다. 화이트헤드 철학에서 이 〈자기창조〉는 오직 신만 갖고 있는 특별한 고유능력이나 성질이 아니라 모든 〈현실 존재〉가 공통적으로 지니고 있는 성격에 속한다. 따라서 모든 현실 존재들은 자기창조적인self-creative 결단을 행사한다. 각각의 모든 현실 존재들은 저마다 자신을 만들어가고 있는, 고유 존재로서의 활동자들인 것이다. 화이트헤드 철학이 다원론적 우주의 성격을 띨 수밖에 없는 맥락도 바로 이와 관련한다. 혹자는 화이트헤드가 말한 〈창조성〉을 〈특별한 제1원인자〉로 봐서 첫 번째 방안에 속한 것으로 볼 지도 모르겠지만, 화이트헤드 철학에서는 이 〈창조성〉을 규정짓는 규정자가 엄연히 설정되어 있음도 간과해선 안 될 것이며, 여기에는 신을 포함한 모든 현실 존재[계기]들이 해당되고 있다. 화이트헤드가 말하는 〈창조성〉에는 특별함 또는 특수한 성격이라는 것이 내포되어 있지 않다. 네빌이 〈존재론적 창조성〉과 〈우주론적 창조성〉으로 나누었다면 그것부터가 창조성에 어떤 특별한 성격을 부여하고 있는 것이다. 화이트헤드의 경우는 〈창조성〉이 어떤 특별한 성격을 갖지 않으며 중성적인데다 오히려 모든 현실 존재들로부터 제약을 받기도 한다는 점에서 다른 것이다. 게다가 현실 존재들만이 근거가 된다고 본 〈존재론적 원리〉까지 고려해본다면 그야말로 다원론적 우주를 분명하게 드러낸 것으로 볼 수 있겠다.

창조성의 성격을 규정하는 모든 현실 존재들은 〈자기창조적〉이다!

화이트헤드 철학에서는 〈신〉이 아닌 〈창조성〉이 〈궁극자의 범주〉로 설정된다. 이렇게 보는 이유에는, 이미 화이트헤드 자신이 밝힌 대로, 무릇 철학 이론에는 〈우발성들〉accidents에 힘입어 현실적인 것이 되는, 〈어떤 궁극자〉an ultimate가 존재한다고 본 점과 관련하는데, 바로 이 지점에서 말한 이 〈궁극자〉를 화이트헤드는 〈신〉이 아닌 〈창조성〉에 둔 것이다. 그리하여 〈신〉은 〈창조성의 원초적인 우발성〉이라고 표현된다. 이 표현의 뜻은, 신 자신이 행사하는 자유로운 결단의 작용이라는 점을 우리는 이미 앞의 논의에서 살펴본 바가 있다. 즉, 〈신은 창조성의 피조물〉이라는 점을 달리 표현하자면, 〈신은 곧 자기창조적 존재〉라는 것이다. 그러나 앞서 말했듯이, 이 같은 성격은 〈신〉이라는 현실 존재만 보유하고 있는, 어떤 특별한 개별적 성질이 전혀 못 된다. 시간적이든 비시간적이든 모든 현실 존재들은 창조성의 성격을 규정하는 존재자들이어서, 하나같이 예외 없이 자기창조적 성격을 지니고 있다. 게다가 화이트헤드 철학에서는 모든 현실 존재들이 관계적이기 때문에 그러한 〈자기창조의 성격〉은 관계적 현실로 말미암아 타자창조에 대해서도 그 구성에 참여된다는 점에서 결국 〈타자창조의 성격〉과 같이 맞물려 있다고 봐야 한다. 따라서 모든 현실 존재들은 기본적으로 〈타자원인성〉과 〈자기원인성〉을 함께 갖는 것이 된다.

또한 화이트헤드의 과정철학은 〈과정의 원리〉를 표방함에 있어 〈존재는 곧 과정〉으로 간주된다. 그럴 경우 〈왜 '존재'하는가?〉 하는 물음은 〈왜 '과정'인가?〉 하는 물음으로 다시 바꿔서 물어볼 수도 있을 것이다. 그런데 화이트헤드가 말하는 〈과정〉은 〈다에서 일로의 과정〉이지 〈일에서 다로의 과정〉이 아니다. 앞서 말한 〈이행〉의 과정 역시 궁극적으로는 〈합생〉 과정에 포함된다고 본다면 결국 〈현실 존재〉를 존립케 하는 〈다에서 일로의 합생 과정〉만이 있을 뿐이다. 여기서 화이트헤드는 우리의 〈경험적 일반성〉을 고려해볼 때 결국 모든 경험의 계기들은 〈다에서 일로의 과정〉이라는 성격을 드러내는 것으로 보고 있다. 반면에 〈일에서 다로의 과정〉을 주장할 경우 그것은 오히려 경험이 아닌 일원론적인 존재 구도 또는 실체 철학으로 가게 되거나 적어도 그와 친화적인 관념의 구도로 접근될 수 있다. 바로 이 지점에서 화이트헤드는 크게 보면, 창조적 전진의 과정이라는 우주의 궁극적 양상은 〈일에서 다로의 양상〉과 〈다에서 일로의 양상〉이라는 두 유형으로 구분해

[부록] 화이트헤드 이후의 수정 입장들 - 존재[과정]의 이유와 모험

볼 수 있을 것이다. 앞서 말한 〈특별한 제1원인자〉를 상정하는 건 화이트헤드 입장에서 보면 결국 〈일에서 다로의 양상〉을 드러낸 관념적 입장에 속할 뿐이다. 여기에선 모든 존재의 이유와 근거를 말해줄 수 있는 〈근원적 중심의 일자^{one}〉가 반드시 있어야만 〈존재론적 물음〉의 문제 해결로 접근될 수 있다고 보는 것이다.

그렇다면 화이트헤드 철학에서 말하는 〈다에서 일로의 과정은 왜 있는가?〉라고 했을 때 이에 대한 범주적 차원에서 제공된 것이 바로 〈궁극자의 범주〉라고 여겨지지만, 이는 보다 근본적인 관점에서 엄밀하게 본다면 결국 〈창조성[창조력]은 왜 있는가?〉라는 물음과 어차피 같은 의미의 물음일 뿐이다. 왜냐하면 이미 화이트헤드 철학에서의 〈창조성〉이라는 개념부터가 〈제1원인자〉나 〈어떤 존재자〉가 아닌 거였고, 〈다에서 일로의 과정〉으로부터 새로움이 산출되는 〈새로움의 원리〉로 설정되어 있기 때문이다. 그렇기에 화이트헤드 철학에선 〈다에서 일로의 과정은 왜 있는가?〉라는 물음은 〈창조성은 왜 있는가?〉 하는 물음과 모두 그 의미하는 바가 같은 물음에 속한다. 그리고 이 같은 창조성[창조력]의 성격은 기본적으로 모든 현실 존재들이 갖는 〈자기창조적 성격〉을 가리킨 것이어서, 〈왜 없지 않고 존재하는가?〉 또는 〈왜 다에서 일로의 과정으로서 존재하는가?〉라는 이들 물음에 대한 답변을 언급해본다면, 결국 〈모든 존재들의 '스스로 그러함'에 있다〉고 볼 수 있겠다. 물론 여기서의 〈스스로 그러함〉이란 〈자기창조적 성격〉을 말한 것이다.

반면에 네빌의 존재론적 도식에서는 〈창조성〉이 궁극자의 범주에서 상실됨으로 인해 그의 존재론적 물음에 대한 해법에서는 〈스스로 그러함〉의 성격을 창조주인 신의 〈존재론적 창조성〉이 담당하고 있다. 적어도 그의 도식에선 〈우주론적 창조성〉과도 구분시켜 놓고 있다. 아마도

네빌이 보기에는 <자기창조적 성격>이라는 <스스로 그러함> 자체가 어떤 특별한 것으로 간주되지 않는 한 <존재론적 물음>에 대한 답변으로 제공되긴 힘들다고 봤던 것 같다. 그러다보니 <존재론적 물음>의 문제를 해결하고자 했던 네빌의 방안은 결국 <신이라는 창조주가 모든 형이상학적 원리들까지 창조해냈다>고 본 점에 있었다. 결과적으로 볼 때 네빌은 화이트헤드가 존재론적 물음의 문제에 대한 답변을 제공하지 않는다고 불만을 터트렸지만, 필자가 보기에는 오히려 그가 원하는 답변을 제공하지 않았을 뿐이라고 생각된다.

화이트헤드 철학을 잘못 이해했던 네빌의 오독

필자가 생각하기로는 이 문제 있어 네빌이 결정적으로 간과한 지점은, 화이트헤드 철학에서의 창조성[창조력]과 현실 존재의 관계가 상호 제약적 관계라는 점을 제대로 이해 못했거나 애써 무시했다는 점을 들 수 있을 것 같다. 그 결정적 증거로서 네빌은 화이트헤드의 다음과 같은 진술을 인용하면서 이를 양립 불가능한 모순으로 본 점이 있다.

"신의 개념적 현실성은 범주적 조건을 예증하는 동시에 확립시킨다." (PR 344/651)

네빌은 화이트헤드가 말한 이 진술을 지지할 수 없다고 주장할 뿐만 아니라 화이트헤드가 잘못 알고 있는 것이 두렵다고까지 말한다.[79] 네빌이 이 진술을 모순적으로 본 연유는, 최종 만족 전에는 어떤 범주적 조건이 예증될 수가 없다는 것이며, 그렇기에 형이상학적 원리나 범주 조건들이 규범적인 구속력을 갖는다고 볼 수 없다고 본 점에 있는데다, 또한 달리 설명할 경우, 신이라는 현실 존재의 결단 이전에 형이상학적

[부록] 화이트헤드 이후의 수정 입장들 - 존재[과정]의 이유와 모험

원리가 이미 범주 조건으로 놓여 있다면 신의 원초적 본성에서의 그 결단은 그 범주 조건에 대한 예증이 될 뿐이지 이를 확립시키는 것이 될 수 없다고 본 점이 있고, 또 그 반대로 신의 원초적 결단이 범주 조건을 확립시키는 것이라면 신의 그 같은 결단은 범주 조건을 예증시키는 것으로 볼 수 없다고 본 점에도 있다.[80] 따라서 네빌이 보기에는 화이트헤드가 어느 쪽을 택하든 모순적이게 된다는 것이다. 그렇지만 이 같은 난점들은 네빌 스스로도 고백하고 있듯이, 신의 원초적 결단이 한 번으로 달성되었는지 객관적 불멸성 이후인지 아니면 영속적으로 합생할 뿐, 결코 완결되지 않는 것인지를 말하는 건 이론적 어려움이 있다고 말한 점에서도 엿볼 수 있겠는데, 물론 화이트헤드는 둘 다를 말했었지만 결국 네빌 자신도 화이트헤드가 남겨놓은 〈미완의 문제〉를 온전히 해결해놓진 않은 채로 아예 과정신학 진영과 또 다르게 이 이론적 난점을 취급하는 〈다른 방식의 수정 입장〉을 채택했다고 볼 수 있겠다. 그리고 이에 대한 네빌의 해법은 화이트헤드의 도식을 수정하여 신 존재만은 모든 범주 조건을 포함한 형이상학적 원리들까지 창조해놓은 창조자로서 보는 방식을 제안한 것이다.

하지만 필자가 보기에 네빌은 화이트헤드가 왜 둘 다를 말했었는지 ―또는 화이트헤드가 왜 그렇게 언급할 수밖에 없었는지를― 온전히 이해하진 못했기에 또 다른 수정 방향으로 나아간 게 아닌가 생각된다. 물론 이 문제에도 신의 원초적 본성에 대한 만족과 신의 특수한 만족에 대한 이해의 문제가 걸려 있긴 하지만, 또 하나는 근본적으로 궁극자의 범주를 비롯한 모든 형이상학적 원리와 현실 존재 간의 상호 제약 관계로서의 성격을 네빌 역시 간과하고 있는 점을 들 수 있겠다. 네빌은 화이트헤드가 말한 〈궁극자의 범주〉라는 것이 〈경험적 일반화〉를 표현한 것으로 보면서도 창조성[창조력]이 현실 존재와 상호 제약 관계

라는 화이트헤드의 주장을 적어도 앞서 말한 문제와 관련해서는 깜빡한 것으로 보인다. 다시 말하면, 모든 현실 존재가 창조성의 성격을 구성한다는 점이 알려주는 바는 그것들이 형이상학적 원리들의 확립에 있어서도 같이 관여된다는 사실이다. 쉽게 말해 어떤 형이상학적 원리가 먼저 선재하고 그것들이 합생 과정에 적용되는 방식이 결코 아니라는 얘기다. 그렇다고 그것이 범주 조건으로서 부재하다는 것도 아니다. 그 역시 현실 존재들의 합생들과 더불어 계속해서 진화적으로 그러면서도 영구적으로 존속될 뿐이라는 얘기다. 그렇기에 현실 존재들의 결단이 수행되는 합생 과정은 언제나 범주 조건을 예증하면서 동시에 확립시키는 성격을 띠고 있는 것이며, 이 과정 자체는 굳이 신 존재만 꼭 그러한 것도 아닌 모든 현실 존재가 기본적으로 이 같은 성격을 지닌 것으로 보고 있다. 오직 신만이 그렇게 할 수 있다고 봐야 할 필연적 이유가 없음에도 결국 네빌은 신이라는 존재만이 〈존재론적 창조성〉으로 형이상학적 원리들까지 창조해낼 수 있는 것으로 본 것이다.

어쩌면 네빌의 인식에 있어서는 애초 그 전제부터가 화이트헤드와 서로 다른 것 같다는 생각도 든다. 즉, 네빌의 입장에선 신이라는 현실 존재의 결단과 그리고 창조성을 포함한 궁극자의 범주를 동떨어진 별개로 봐야 한다는 관점이 그 시작부터 지극히 당연시되고 있는 것 같다는 얘기다. 하지만 그런 식의 접근은 이미 화이트헤드 철학의 체계를 벗어나 있는 관점에서 화이트헤드를 다룰 뿐이어서 제대로 초점이 맞지 않은 채로 부당한 평가와 이해를 보일 여지도 큰 것이다. 실제로 또 다른 연구자들이 지적한 것처럼, 네빌의 오독의 이유가 화이트헤드를 비판함에 있어 결정적으로는 정작 또 다른 과정사상가인 루이스 포드 Lewis S. Ford의 렌즈를 통해서였기 때문일 수 있다는 점이다.[81] 아닌 게 아니라 앞서 네빌이 화이트헤드를 비판하면서 지적한 내용들 역시 잘 살펴보면 정작 포드의 진술을 따라 수행되고 있는 점도 분명하게 엿볼 수 있다. 물론 과정신학을 비판하는 네빌의 비평들에도 보다 세부적으로 살필 경우 거기에도 얼마든지 동의할 만한 점들도 있겠지만 결국은 애초에 화이트헤드가 구상해놓은 형이상학적 그림에 대해선 이를 여전히 못보고 마는 점도 있는 것이다. 결과적으로 어떤 전제를 가져오는 것이 좀 더 나은 것인지는, 결국 전체 우주의 다양한 경험들을 놓고 봤을 때 과연 어느 쪽이 더 나은 설명력을 확보하는 관점인지에 따라서 가늠해볼 수밖에 없겠지만, 이 지점에서 화이트헤드 철학은 창조성[창조력]과 현실 존재를 서로 떨어질 수 없는 상호 제약 관계로 봤었고 필자 역시 이렇게 보는 것이 좀 더 우리 전반의 경험 양상들을 훨씬 더 잘 설명해주는 더 큰 설득력을 갖는 것으로 본다.

창조성을 비롯한 범주 조건과 현실 존재의 결단이 상호 제약적이라는 사실은 앞서 말한 내용인, 모든 현실 존재들은 자기창조적 결단을 한다는 점과도 관련한다. 즉, 현실 존재들의 결단들은 범주 원리의 틀을 결정짓는데도 모두 참여하고 있다. 또한 그 결단의 실현으로 인해 범주 원리의 틀은 다시금 또 예증되고 있는 것이다. 여기에는 신이라는 현실 존재만 특별한 예외적 존재로 봐야 할 이유는 없다. 이미 화이트헤드 철학에선 창조성[창조력]이라는 새로움의 원리는 모든 현실 존재들의 생성 사건을 통해 예증되고 있는 것이면서 그 실현의 성격으로 말미암아 계속적으로 또한 확립되고 있음을 분명하게 언급해놓고 있으며 그러한 설명이 훨씬 더 잘 들어맞는다고 본다. 화이트헤드 철학의 도식이, 마치 범주 원리들 자체를 어떤 확고 불변한 성격의 규범적인 조건이나 틀로 놓여 있는 것 같으나 그러한 규범조차도 형성하는 결정자는 범주 도식의 원리나 규범 그 자체가 아니라 어디까지나 경험의 주체자로 상정된 〈현실 존재들의 직접적 결단〉에 달려있을 뿐이다. 이때 경험의 주체자인 현실 존재의 직접적 결단에 달려 있다는 바로 이 점이 화이트헤드 철학에선 〈존재론적 원리〉라는 경험론의 원칙을 예증하고 있으면서 또한 확립시키고 있는 것이다. 그렇기 때문에 이 같은 〈존재론적 원리〉를 네빌처럼 신을 제외한 현실 계기들한테만 적용할 뿐인 〈우주론적 원리〉로 다시금 수정시켜야 한다고 볼 만한 하등의 이유가 없다. 오히려 한층 더 적극적으로 고려해본다면, 보다 실질적 의미의 궁극자의 범주에 속할 만한 형이상학적 원리는 〈존재론적 원리〉라고 여겨진다. 왜냐하면 궁극자의 범주에 속하는 창조성도 그것 없이 성립될 순 없다고 보기 때문이다. 네빌의 주장처럼 〈존재론적 원리〉가 〈우주론적 원리〉로 축소될 것이 아니라 실은 그 반대로서 훨씬 더 확장되어야 할 것으로 본다. 이렇게 보면 화이트헤드의 철학은 그야말로 〈근원적 경험론〉Radical Empiricism이 아닐 수 없다.

생각건대, 화이트헤드가 그 자신의 철학에서 창조성과 현실 존재들의 관계를 상호 제약적인 관계로 본 점도 결국은 현실 존재들이 확립시키고 있는 〈경험론적 사태〉를 〈존재론적 원리〉로 일반화해놓은 것이라고 생각된다. 따라서 〈존재론적 원리〉를 〈우주론적 원리〉로 수정해야 한다고 주장했던 네빌이야말로 신의 역할을 특별한 예외자로 상정해버리는 〈탈(脫)경험적 관념〉을 끌어들인 것으로 볼 수 있겠다. 창조성을 비롯한 화이트헤드가 말한 〈궁극자의 범주〉가 네빌의 언급대로 〈경험적 일반화〉라고 한다면, 정작 네빌 자신이 제안한 〈신의 존재론적 창조성〉은 오히려 〈탈(脫)경험적 일반화〉로서 등극되고 있는 셈이다. 이것이 〈모든 존재와 원리들의 궁극적인 이유〉를 애써 구해보고자 했던 네빌이 제시한 방식이었다. 하지만 그의 도식에서도 그 자신이 찾고자 했던 근본적인 존재론적 물음의 이유는 여전히 불가해한 것으로 남아 있기에 실패된다. 왜냐하면 네빌의 제안한 도식에서도 어차피 〈신의 창조 동기〉를

[부록] 화이트헤드 이후의 수정 입장들 - 존재[과정]의 이유와 모험

알 길은 없기 때문이다.

 네빌의 종교철학에서도 신은 왜 그런 식의 〈존재론적 창조성〉을 행사했는지는 아무도 알 수도 없고 알 길도 없다. 〈우발성의 구현〉이 네빌의 도식에선 오직 〈존재론적 창조성〉을 지닌 신 존재에게는 여전히 허용되는 것으로도 볼 수 있다는 것이다. 신의 본성 곧 신 자신의 〈스스로 그러함〉으로 간주될 수밖에 없는 불가피성이 네빌의 도식에서도 여전히 남아있게 되는 것이다. 따라서 창조성이 행사되는 〈스스로 그러함〉의 사태를 우리는 어떤 〈제1원인자〉를 마련해서 거기에만 적용되는 것으로 해둘 것인가? 아니면 모든 현실 존재들이라는 존재 일반으로 적용해 둘 것인가? 하는 차이들이 있다. 그렇기에 네빌로선 〈존재론적 창조성〉과 〈우주론적 창조성〉의 구분 역시 불가피했을 것이다. 하지만 필자가 보는 화이트헤드 해석에서는 그와 같은 네빌의 구분 작업은 불필요한 것이었음을 표명하지 않을 수 없다.

 필자의 해석으로는, 창조성과 현실 존재들이 상호 제약적인 관계를 갖는다는 점에서나 그리고 〈범주적 제약〉을 포함해 그 어떤 범주들보다도 가장 근본적인 기초 전제로서 〈궁극자의 범주〉가 자리한다는 점을 감안해본다면, 결국 현실 존재들이 행사하는 직접적인 자기창조적 결단들에 의해서 존재를 규정하는 범주 원리의 틀까지도 함께 만들어가는 점 또한 내포되는 것으로 본다. 물론 필자의 이 같은 해석에 대해서도 어차피 모든 화이트헤드 연구 해석자들이 동의하지 않을 수도 있겠지만, 여기서는 화이트헤드가 말한 〈궁극자의 범주〉가 〈범주들 중의 범주〉라는 점을 우리가 최대한으로까지 밀고나간다고 했을 때 모든 현실 존재들은 형이상학적 원리들까지도 확립해가는 것으로 볼 수 있다는 것이다. 굳이 신 존재만 예외적인 것으로 봐야할 이유는 없다. 물론 필자가 여기서 말한 〈원리들의 확립〉은 영원한 객체들에 대한 직접적

창조를 말한 것이 아닌, 정확히는 그것들의 〈실현을 통한 확립〉을 말한 것이다. 그 실현에 합생 계기들의 결단이 있다. 〈스스로 그러함〉의 사태에서는 〈영원한 객체들〉과 〈창조성〉이 따로 별개로서 존재되고 있는 게 아니다. 현실 존재[계기]들이란 바로 그러한 것들의 〈우발적인 구현들〉인 것이다.

〈존재의 이유〉를 〈함께 만들어감〉에서 찾는다는 것!

정리하자면, 네빌처럼 신이라는 존재를 굳이 〈존재론적 창조자〉로 설정해야만 그가 제기한 〈존재론적 물음〉에 대한 답변이 가능해질 수 있다고는 보질 않는다. 이 같은 얘기는, 네빌의 입장에서 표명된 〈신의 존재론적 창조성〉을 사실상 필자의 입장에서는 〈모든 현실 존재들의 존재론적 창조성〉으로 대체해서 보려는 점도 있다. 애초 화이트헤드가 설정해놓고 있는 우주의 창조적 전진은 〈공동 창조〉로 인한 것이며, 여기에는 〈자기창조적 성격〉도 모두 함께 공통 성격으로서 내포된 것이었다.

따라서 〈왜 무(無)가 아니가 유(有)가 존재하는가?〉 하는 물음을 고찰함에 있어, 우선 화이트헤드에게서는 경험론적으로 〈존재론적 원리〉에 의거해 절대적 무(無) 개념은 가능할 수 없다는—설령 어딘가에 있다고 하더라도 전적으로 무관할 수밖에 없는— 점을 고려해야 한다고 보며, 그럴 경우 〈왜 존재하는가?〉 하는 물음은 결국 〈왜 과정으로서, 그것도 다에서 일로의 과정으로서 존재하는가?〉 하는 물음이 되겠지만, 이것은 화이트헤드 철학에선 창조성을 비롯한 〈궁극자의 범주〉에 의해 현실적인 것으로 가능해질 수 있다고 보는 문맥으로 자리한다. 이때 〈궁극자의 범주에 의해 현실적인 것으로 가능해진다〉는 이 표현의 뜻은 신을 포함한 모든 현실 존재들이 갖고 있는 〈스스로 그러함〉이라는 〈자기창조적 성격〉을 의미한 점에 있다. 이것은 모든 현실 존재들이 행사하는 〈자유로운 결단에 의한 자기창조〉를 말한 것이다. 따라서 화이트헤드 철학에서는, 존재의 이유 또는 존재함에 대한 궁극적인 이유를 〈제1원인자〉 같은 어떤 궁극적 근거와 기반을 제공하는 중심 일자[하나]에서 찾을 것이 아니라 오히려 〈스스로 만들어감에서 찾는다〉는 응답이 될 수 있겠다. 화이트헤드에게서는 모든 현실 존재들이 창조성에 대한 예증과 확립으로서 존재하고 있는 것이다. 그래서 〈스스로 만들어감〉이면서 동시에 〈타자 구성에의 참여함〉이기도 한 것이다. 결국 존재의 궁극적인 이유나 근거 역시 〈함께 만들어감〉에 있을 뿐이다. 그래서 또한 〈과정〉인 것이다.

〈함께 만들어감〉에서는, 〈자기창조의 주체적 결단〉과 함께 그러한 자기창조가 그 자신만의 예외적 사태가 아니라는 점에서 〈타자의 결단〉도 함께 결부될 수밖에 없는 관계적 현실까지 상기해준다. 창조성[창조력]에 의해 신과 세계 모두 주체적 결단을 수행하고 있는 것이며 그럼으로써 창조성[창조력] 역시 예증되고 있는 것이다. 필자는 이를 〈자기실현〉과 〈자기초월적 실현〉의 의미를 모두 담아서 좀 더 간명하게 〈자타실현〉(自他實現)이라는 표현을 쓰기도 한다. 여기서 만일 신이 자기^{self}에 해당된다면 신을 제외한 나머지 현실 계기들이 타자^{Others}가 될 것이며, 하나의 시간적인 계기가 자기에 해당한다면 신을 포함해 다른 시간적인 계기들이 타자로 자리매김 될 수 있겠다.

따라서 신도 세계도 그 어떤 누구라도 함께 연루되고 있는 가운데서 〈존재의 이유〉를 〈함께 만들어감〉이 자리한다는 것이며, 여기에선 존재론적 규칙도 원리도 함께 정해가면서 〈함께 정했기 때문에 함께 규정되어진다〉고 볼 수 있는 것이다. 화이트헤드의 〈다원론적 우주〉에 있어서는 현실 존재들 간에 어떤 〈완전한 일방관계〉란 가능하지 않다. 신과의 관계도 넘사벽 관계가 아니다. 현실 존재들 간에도 중요성에서의 등급과 기능에서의 차이는 있어도 상호 관계맺음에 있어 그 관계라는 형식 자체는 언제나 상호 의존된 것으로 맺어져 있다. 〈관계성의 구체적 사실〉로서 표명된 화이트헤드의 〈포착prehension의 이론〉과 그리고 〈시원적인 관계성〉을 논했던 〈연장extension의 이론〉은 바로 그러한 점에 대한 세부적 고찰에 속한다.

다원론자로서 〈우발성〉을 허용하는 〈열린 합리주의〉

물론 혹자는 이 답변이 마음에 들지 않아 여전히 궁극적인 이유 또는 〈제1원인자〉될 만한 절대 중심의 일자[하나]를 어떤 식으로든 구해보고자 할지도 모르겠다. 하지만 필자가 생각하기로는 오히려 〈만들어감〉에서 존재의 궁극적 이유를 찾는 것이 좀 더 큰 의미를 지닐 수 있다고 생각된다. 그리고 바로 이 지점에서 화이트헤드가 〈궁극자〉에는 〈우발성들〉accidents이 있다는 점을 간파한 것이 필자로선 그의 체계 전반을 매우 특별하게 만들고 있는 중요한 핵심이라 여겨진다. 왜냐하면 화이트헤드의 입장은, 무릇 철학 이론에는 그 〈우발성들〉의 덕택으로 현실적인 것이 되는, 〈창조성〉이라는 〈어떤 궁극자〉an ultimate가 존재하는데, 그것은 오직 〈우발적인 구체화들〉accidental embodiments를 통해서만 〈특성화〉characterization가 가능할 수 있고, 만일 그 〈우발성들〉로부터 단절되면 〈현실성〉도 없게 된다고 봤었기 때문이다(PR 7/58-59). 알다시피 영어의 'embodiment'는 뭔가가 스며들어 구체화된다는 점을 표현한 것이다. 다시 말하면 모든 현실태는 〈우발성의 체화〉를 통해서만 비로소 〈현실성의 존재〉가 될 수 있다는 점을 분명하게 선언한다. 물론 화이트헤드가 언급한 〈우발적인 구체화〉란 다름 아닌 모든 현실 존재들이 예외 없이 수행하고 있는 〈자유로운 결단의 행사〉다. 이것은 〈자기

창조의 성격〉을 갖고 있을 뿐만 아니라 앞서 말했듯이 〈타자구성의 관여〉에도 이르는 그러한 성격을 드러내준다. 하지만 화이트헤드의 〈궁극자의 범주〉를 거절하는 네빌로선 이 〈우발적인 구체화들〉의 의미를 그 자신이 제기한 〈존재론적 물음〉의 문제와 고찰하고 있지 않다. 화이트헤드가 보기에, 일원론적 도식에 있어서는 궁극자 속에, 〈우발성들〉에 돌려야 할 것을 초월하는 최종적인 어떤 〈탁월한〉^{eminent} 실재성이 부당하게^{illegitimately} 허용되어 있다고 봤었기에(PR 7/59) 만약에 그가 살아서 네빌의 비판과 도식을 알았다고 해도 여전히 그의 입장에선 동의하진 않았을 것으로 생각된다.

화이트헤드는 모든 현실 존재들의 자유로운 결단의 행사만큼은 〈우발성의 체화〉로서 특성화가 가능할 수 있고, 이를 통해서 〈현실성의 존재〉가 되고 있다는 점을 분명하게 언급해놓고 있다. 화이트헤드는 바로 이러한 사태의 궁극자를 창조성[창조력]으로 명명해놓은 것뿐이다. 모든 **현실 존재[계기]들**은 그러한 창조성이 포함된 궁극자의 범주에 대한 구현이며 예증인 것이다. 이 창조성 자체는 모든 현실 존재들이 행사하는 〈자기창조적 결단〉을 통해 드러날 뿐, 그 어디에서도 특화될 수 없는, 중성적 성격의 것이다.

앞서의 논의에서 화이트헤드가 말한 〈결단〉^{decision}의 행사는 〈비합리주의〉 영역으로 볼 수 있다는 점을 간단히 표명했었지만, 화이트헤드는 우주에 있어서의 모든 요소가 〈이론〉으로 설명될 수 있다는 주장에는 한계가 있어야 한다면서 플라톤 역시 이러한 한계를 인정한 것으로 보고 있다(PR 42/123-124). 물론 이것은 화이트헤드가, 『티마이오스』에 관한 테일러$^{A.\,E.\,Taylor}$ 교수의 언급을 빌어서 표명된 것이다. 화이트헤드에 따르면 〈결단〉은 〈소여성〉$^{所與性,\,givenness}$의 관념—즉, 〈주어져 있음〉이라는 관념—과도 긴밀한 연관성을 갖는 것으로 언급된다.

"합리주의적 사고에 있어서 <소여성>의 관념은 문제의 단순한 여건을 넘어서는 관계를 함의하고 있다. 그것은 어떤 <결단>과 관계된다. 이 결단에 의해서, <주어진> 것은 그 계기에 있어 <주어져 있지 않은 것>으로부터 분리된다. 사물에 있어서의 이러한 <소여성>의 요소는 한계를 끌어들이는 어떤 활동성을 함의하고 있다." (PR 42-43/124)

이처럼 화이트헤드는 합리주의적 사고를 추구하면서도 그것이 갖는 한계에 대해서도 고려해야 한다는 점을 분명하게 피력하고 있다. 사실상 화이트헤드가 이렇게 봤던 이유에는 애초 그가 추구한 <합리주의>에 대한 성격과도 긴밀히 연관된 것이기도 하다. 화이트헤드가 추구하는 합리주의는 머물러 <자족하고 있는 합리주의>가 아니다. 그런 합리주의는 오히려 그의 도식에선 <반(反)합리주의>에 속한다. 진정한 합리주의는 자기초월의 성격을 갖는 것이며 언제나 실험적 지위로서 모험으로서 있는 합리주의로 보고 있다. 이러한 성격의 합리주의야말로 화이트헤드가 채택한 합리주의였던 것이다. 그가 채택한 <실험 합리주의>는 어떤 의미에서 기존의 <합리주의>를 새롭게 수정시킨 것으로 볼 수 있다. 마치 <개선된 주관주의적 원리>처럼 일종의 <개선된 합리주의> 곧 <합리주의에 대한 개정판 버전>을 제시해놓은 것으로 생각될 정도다. 화이트헤드는 <자기완결적 합리주의>가 아닌 실험과 모험으로서의 <열린 합리주의>를 채택함으로써 다양성을 통한 성장적 진화를 추구하려는 점이 있다. 이것은 일원론적 도식의 합리주의가 아닌 <타자의 결단들>에도 열려 있는 합리주의다. 이때 <우발성들에 힘입어서 현실적인 것이 된다>는 점을 자신의 체계 안으로 수용한 연유에는 그것이 어떤 새로운 성장의 계기로—물론 퇴행이 될 수도 있겠지만— 또는 적어도 기회가 될 수 있다는 점도 같이 고려해놓은 것이라고 생각된다. 그럼으로써 타자의 결단에도 열려 있는 가운데 〈함께 만들어가는 합리주의〉를 추구한 것이라는 얘기다. 필자가 생각하기로는 이것이야말로 결국 다원론자가 채택할 수 있는 〈열린 합리주의〉, 다시 말해서 기존 합리주의에 대한 성찰적 재고를 촉구하는 지점이라고 여겨진다.

열린 합리주의의 모험이 갖는 기본 핵심 패턴 - 신비주의, 명확화, 행동

더 놀라운 점은, 화이트헤드가 추구하는 바가 〈모험으로서의 합리주의〉인데 이는 〈신비주의〉mysticism와도 맞닿아 있다는 점이다. 이 〈신비주의〉는 우리가 그때까지 전혀 알고 있지 않은 〈미지의 합리주의〉인 것이며, 새로움이 끊임없이 나올 수 있는 세계 안의 진원으로서, 미실현의 가능태들이 자리한 무진장한 바다인 것이다. 세계 안에서의 〈합리주의〉의 성취를 위한 모험의 성격은 바로 이 같은 미지의 영역에 대한 탐사와 맞물려 있다. 지성의 임무는 이를 명확한 형식들로 또는 소통 가능한 표현들로 이끌어내는 데에 있으며, 이것은 또한 여러 행동의 형식들로 다시 나아간다. 하지만 실행되어진 행동들에서는 다시 또 경험상의 한계와 반성에 직면하게 되면서 여전히 끝 모를 미지의 영역들을 계속적으로 새삼 느끼게 되는 것이다. 그리하여 화이트헤드는 이 같은 형식의 패턴을 다음과 같은 진술로 표현한 바가 있다.

"신비적 경험을 구하기 위한 노력들 가운데, 우리 자신과 어쩌면 타자를 위한 경험을 보존하려는 어떤 형식을 창조하는 희망 속에서, 명확화clarification가 생겨나게 됩니다. 어떤 사상 또는 아마도 어떤 예술적 형식 속에서도 명확화는 도래합니다. 그리고 그 명확화는 행동action의 어떤 형식으로 바뀝니다……. 신비주의, 명확화, 행동, 나는 지금까지 단 한 번도 그런 식으로 쓴 적이 없지만, 그 점이 내가 진술하려는 순서입니다." (D 164)

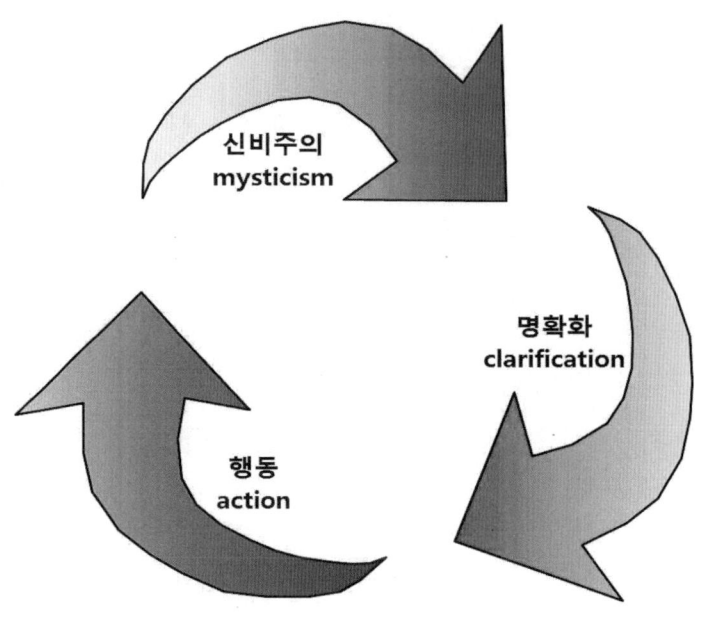

물론 세계 안에는 〈신비주의〉 자체를 숭상하는 그룹도 있겠는데, 이들로선 신비는 신비로 남겨두어야 한다거나 〈지성에 의한 해명〉이라는 명확화 작업을 신비에 대한 분석적 환원으로 간주하기도 해서 이 같은 작업을 오히려 반대하는 점이 있다. 하지만 지성이, 신비를 캐낸다고 해서 고갈되고 마는 그런 신비란 없다.

또한 보다 냉철하게 본다면, 명확화를 드러낸 지식이 반드시 행동으로 전부 다 이어지는 것도 아닐 것이며, 설령 행동으로 이어지더라도 그것들 모두가 경험의 한계와 반성은커녕 여전히 자족적인 세계 안의 한계 내에 머물기도 해서 그 또한 반드시 〈신비주의〉로 이어지는 것도 아닐 것이다. 따라서 여기서 화이트헤드가 강조하려는 바는, 개별 상황들의 미시적 사태로서가 아니라 지금까지 인류의 지적 모험이 시간 속에서 겪어온 복잡 다난한 과정들을 가장 간명한 패턴의 형식으로 압축시켜 보려 한 점에 있지 않은가 생각된다. 요컨대 이것은 〈합리주의적 모험의 과정을 갖는 삶이라고 했을 때의 가장 기본적인 과정의 형식이 될 만한 핵심 패턴〉이라는 것이다. 〈신비주의〉가 진정으로 〈신비주의〉일 수 있는 이유는, 그것이 명확성을 추구하는 지성에게 얼마든지 그 자신을 먹잇감으로 내어줄지라도 정작 그 끝을 도무지 알 수 없는 〈형언불능의 무진장함〉도 항상 자리하고 있는 점에 있다.

〈합리주의의 모험〉은 본래적인 〈모호한 총체성〉$^{\text{vague totality}}$으로 있는 영역들을 보다 분명한 진술로서의 해명이라는 그 명확성을 부과하는 다양한 시도들 및 그러한 노력의 과정 속에 놓여 있다. 우리는 과정으로서 성장하며 과정으로서 존립할 따름이다. 화이트헤드는, 〈합리주의의 모험〉을 위해서는, 철저히 경험으로부터의 반성과 성찰을 구하면서도 그때까지의 사변적인 개념 사전들의 적용과 확장을 지속적으로 도모하는, 부단한 창조적 시도와 실험들을 결코 멈추지 말 것을 주문하고 있다. 다만 여기에는 한 가지 희망이 있겠는데, 그것은 바로 우리 자신과 타자의 경험을 함께 보존하는 어떤 공존의 형식을 창조하고자 하는 희망이다. 인류는 공감과 공존의 중요성을 보다 명확한 형식으로 구현하려는 중에 있다. 여기서는 타자의 경험을 배제하거나 파괴하는 것으로서의 형식들은 그 중요성에 있어 사소한 것으로 밀려나게 될 것이다. 궁극적으로 본다면 〈타자의 자유로운 결단들〉이야말로 세계 안에서 일컫는 〈신비주의〉의 기본 진원이라고 생각된다. 시간적 계기들의 자유로운 창조 결단이 일어나는 영역만큼은 신마저도 초월해 있어 그 역시 신비라고 생각된다. 어떤 선택적 결단을 행사할 지는 신조차도 모르며 해당 계기가 자기창조의 완결이라는 그 만족에 이르러서야 비로소 신도 이를 접할 뿐이다. <창조성>은 결국 현실 존재[계기]들이 수행하는 자유로운 결단의 행사 곧 <자기창조>의 순간만큼은 신이든 현실 계기든 동일하게 보장해주고 있는 셈이다.

새로운 유신론자인 화이트헤드가 말하는 <예배>란?

화이트헤드가 네빌과는 다르게 <무(無)로부터의 창조>나 모든 존재 이유의 근원이 되는 <존재론적 창조자> 개념을 거절하는 것은 존재론적 물음에 대한 답변을 못하기 때문이 아니라 오히려 존재론적 물음의 대한 답변을 그와 같은 방향에서 찾지 않고 <신을 포함한 모든 현실 존재들의 창조적 모험>에서 찾겠다는 것이었다. 이 모험의 과정은 우발성과 신비주의가 언제나 함께 맞물려 있는 모험의 과정이다. 존재론적 물음에 대한 궁극적인 이유가 이미 완결적으로 선재되어 있는 것이 아니라 그 자신과 함께 이유를 계속적으로 만들어가는 쪽을 선택하겠다는 점이 화이트헤드가 채택한 방향이라는 얘기다. 이 모험의 과정에는 신도 마찬가지로 구성원으로 참여하고 있다. 따라서 네빌의 관점에서 보면 화이트헤드가 말한 신 존재는 정말 예배 받기에는 부적격하다고 그렇게 판정내리는 것이 보다 자연스러운 행보일 것이다. 또한 지금까지의 전통적인 유신론적 이해에서 보더라도 화이트헤드가 말한 신 존재는 전적인 창조자가 아니어서 예배의 대상으로서는 자격 미달이 아닐 수 없다.

하지만 화이트헤드의 입장에서 보는, <예배>^{worship}라는 종교의 습행[의례]^{ritual}은 더 이상 신 존재에 대한 찬양 숭배적 습행[의례]이어선 곧

[부록] 화이트헤드 이후의 수정 입장들 - 존재[과정]의 이유와 모험

란한 것이며, 오히려 신의 본성을 체득하기 위한 〈영혼의 모험〉adventure of the spirit을 위한 예배여야 한다고 봤었다. 그는 분명하게 말하기를, 신에 대한 예배는 무사안전에 대한 규범rule이 아닌 영혼의 모험이며, 도달하기 어려운 것을 향해 솟구치는 비상으로서, 종교의 사망은 모험의 고귀한 소망을 억압함으로써 찾아온다고 했었다(SMW 192). 이것은 지금까지 서구 유신론적 전통에서 자주 해왔던 종교 예배에 대한 일대 전환의 성격을 내포한다.

습행[의례] 자체는 화이트헤드가 심지어 종교 진화 과정에 있어 〈감정〉보다도 더 선재했다고 볼 정도로 이전의 생물학적 진화에까지 거슬러 올라갈 만큼 대다수 신체 활동들에 매우 깊숙이 뿌리박혀 있다고 본다. 종교도 어디까지나 그 진화 과정에서 점차로 누적적 형성으로서 출현한 것이다. 화이트헤드에게서 〈습행〉ritual과 〈감정〉emotion은 생물학적 진화의 과정과도 중첩되고 있는 종교 형성의 구성 요소들에 속한다. 〈종교〉의 역사적 출현은 그때까지의 생물학적 진화로부터 전적으로 독립된 채로 뚝딱 만들어진 채로 나온 것이 아니다. 이제 이 종교가 예배에 있어서도 다시 한 번 진화적 도약을 해야 할 때가 도래했다고 본다. 그것은 다름 아닌 〈숭배하는 예배〉에서 〈닮으려는 예배〉로 가야한다는 것이며, 이는 〈믿음 모델의 신앙〉에서 〈모험 모델의 신앙〉의 전환과도 함께 맞물려 있다. 이것은 또한 〈예전 중심〉보다 〈몸수행 중심〉으로 가는 입장이기도 하다. 다행인지 몰라도 동양 문화권의 종교들은 몸수행 중심의 습행[의례]들이 많이 개발되어 있어 이는 현재 널리 전파되고 있는 중에 있다. 반면에 신에 대한 숭배적 예배를 보이는 서양의 예전들은 매우 화려하고 위압적일 만큼 압도적인데, 정서적으로 이 같은 예배 형식을 더 선호하여 이를 통해 자신의 존재 불안을 잠재우는 〈안정감〉을 얻기도 하겠지만, 필자가 생각하기로는 그러한 점들은 여전히

〈동반자〉^{companion}가 아닌 〈적〉^{enemy}으로서의 신의 단계를 밟고 있는 중에 나온 것으로 생각된다(RM 16-17, 41). 오히려 화이트헤드가 보는 신에 대한 진정한 복종 또는 순종의 의미도, 결국은 화이트헤드가 내다본 예배의 의미와도 크게 다르지 않을 것이다. 그가 보기에, 예배란 상호간의 사랑의 힘이 동기화되어 촉진된, 〈동일화(同一化)를 위한 요구〉$^{claim\ for\ assimilation}$에 굴복하는 것을 말한다(SMW 192). 이것은 〈힘에 대한 굴복〉이 아닌 〈사랑에 대한 감화〉를 내포하며, 그러한 〈신의 본성을 몸화하는 습행[의례]〉인 것이다.

반면에 화이트헤드는 묘하게도 〈힘의 복음〉$^{The\ Gospel\ of\ Force}$에 대해서만큼은 종종 강한 거부반응을 드러낸 점이 있다. 〈힘에 대한 숭배와 동경〉은 필자가 생각하는 〈가장 뿌리 깊은 근원적 종교〉라고 여겨진다.

"힘의 복음은 사회적인 생활과 양립할 수 없다. 〈힘〉^{force}이란, 가장 일반적인 의미에서 〈적대〉^{antagonism}를 뜻한다." (SMW 290)

이때 말하는 힘은 다양한 타자에 대한 존중이 없는 일방적 강권이며, 자신이 믿는 바에 대한 확신과 함께 그 확신과 결부된 배타성이 함축되어 있다. 따라서 〈적대〉는 일방 관계가 낳고 있는 결과적 표징에 속한다.

결국 종교도 계속 만들어가야만 한다. 설득이 되지 않는 내용들을 종교 신앙의 이름으로 강제하듯 계속 〈정당화〉할 수만은 없다. 이는 오히려 소통과 진보의 기회마저 쓰레기통에 처넣는 일이다. 화이트헤드가 종교에 있어서 명심할 점으로 본 것 중의 하나는, 통상적으로 과학에서의 진일보가 있게 되면 다양한 종교 신앙의 진술들에 있어서도 일종의 수정을 필요로 함을 보여주는 점이 있는데, 이는 종교에 있어서도 이득

gain이 된다는 사실이다(SMW 188). 종교가 수정될 수 있다는 생각을 우리가 거부하는 건 어쩌면 〈진화〉라는 더 큰 우주의 진리를 거부하는 것일 지도 모른다. 종교의 진화를 거부한다면 결국은 자족적 집단으로 퇴행될 것이다. 따라서 "과학의 진보는 종교 사상의 끊임없는 체계화[집대성]codification에 있어 종교의 커다란 이점advantage이 될 수 있어야만 한다(SMW 188-189)"는 화이트헤드 주장에 대해서도 필자 역시 적극 공감하는 바다. 종교인들이 과학의 발전을 통해서 얻게 될 수 있는 이 같은 장점을 굳이 거부해야 할 합리적 이유는 없다고 생각된다. 그렇다! 종교도 얼마든지 수정될 수 있다. 역사 속의 종교인들이 공식화해놓은 〈교리〉dogma라고 해서 어떤 순수 진리나 절대불변의 진리로 반드시 간주되어야만 하는 것도 아니다. 불통스런 그런 종교일수록 더 해로울 수 있다. 결국 〈절대자 또는 절대적인 진리〉를 믿는다는 것들(여기엔 종교, 철학, 과학 또는 그 무엇이든) 역시 계속해서 만들어가야만 하는 것이다.

〈존재의 이유〉를 만들어가는 〈자타실현의 모험〉

인간의 경우, 그 인격성의 형성 역시 비록 파생적이고 역사적인 존속의 한계를 갖지만, 그것이 단순한 유한성으로 종식되기만 하는 건 아니며, 이미 모든 현실 존재의 경험 속에도 무한성과 유한성이 함께 맞물려 있다. 신과 세계는 서로 맞서 있는 가운데 함께 하면서 새로움을 겪는 중에 있는 것이다. 그러나 〈고독〉solitariness을 갖는 나 홀로라는 단독자의 입장에서 보면 신이라는 존재뿐만 아니라 시간적인 현실 세계의 타자성도 무한으로서 경험될 수 있다. 실제로 개별적인 나 자신은, 매 순간마다 나를 형성하도록 이끌며 내게 육박해 들어오는 우주 전체의 타자성에 대해선 거의 잘 알지 못한 채로 그 압도적인 힘을 피할 수도 없는 채로 살아가고 있다. 그렇기에 이 세계는 여전히 불명료하고 불안정하며 그 끝을 짐작할 수 없는 불확실성의 세계로 늘 남게 된다.

자연세계가 새로움을 구현하는 과정은 불안을 일으키는 것이기도 해서 늘 안정감을 준다고만 볼 수도 없다. 자연에 대한 낭만적 이해나 그런 믿음에 머무는 것이 오히려 더 그 자신을 위험스럽게 만드는 것일 수 있다. 화이트헤드의 우주론은, 우주의 질서만이 아닌 혼돈 즉 어떤 불안정성과 함께 가는 과정으로서의 우주론이기도 하다. 어떤 안정된 질서가 갖는 장점도 있겠지만 그것이 더 이상 새로움을 질식시키고 있는 틀로서 작동하고 있다면 그것은 생명력을 상실해가고 있는 점도 있게 된다. 살아 있는 것들이 시들어지는 〈피로〉로 떨어질 것이다. 따라서 신선함을 공급해주는 새로움에도 열려 있으면서 또 한편으로 불필요한 소모전을 완화하면서 이를 성장의 발판으로 이끄는 안정성의 질서로의 우주 진화가 함께 요구된다. 순전한 무질서는 경험의 무가치함nothingness을 뜻할 뿐이어서 결국은 현재의 질서보다 더 나은 상향적인 질서로 나아갈 필요가 있다(FR 33). 제한된 이상들을 넘어서는 진보로 가기 위해서는 혼돈의 경계선을 따르는 모험이 필요하다. 실제로 화이트헤드가 바라보는 합리적 종교의 역사도 직접적인 사회적 관례routine를 이탈하는 〈해방의 이야기들〉tales of disengagement로 가득 차 있음을 전하고 있다(RM 40). 이 역시 보장할 수 없는 미래를 개척하는 〈모험의 길〉이었던 것이다.

> "제한된 이상ideals을 넘어서는 진보가 있을 수 있으려면, 탈출의 길로 가는 역사의 진로가, 보다 낮은 유형의 질서를 보다 높은 유형의 질서로 대체하는 혼돈chaos의 경계선을 따르는, 모험을 해야만 한다." (PR 111/246)

[부록] 화이트헤드 이후의 수정 입장들 - 존재[과정]의 이유와 모험

인간은 늘 질서를 좋아하고 혼돈을 싫어한다는 말은 어쩌면 거짓일지도 모른다. 인간은 종종 불확실함에도 불구하고 배팅을 건다. 죽음의 그림자가 드리워진 망망대해조차도 오히려 그 너머를 향한 맹렬한 관심의 열정을 끊어내지 못하며, 결국 이해의 정복을 향한 대장정의 모험의 닻을 올린다. ⟨호기심⟩curiosity이라는 용어는 인간을 추동시키는 내면의 동기를 다소 하찮은 것으로 전락시킨다(AI 141). 오히려 ⟨호기심⟩이란, 경험에서 식별된 사실에 대해선 이해될 것으로 보는 ⟨이성에 대한 갈망⟩craving of reason이 아닐 수 없다(AI 141). 모든 모험이 주는 매혹적인 설레임 속에는 미지의 불확실성으로부터 비롯되는 혼돈의 색조가 함께 녹아있다. 성취의 기쁨은 그것에 대한 이해의 정복감과 결부되어 있는 것이다. 살아있음의 느낌도 결국은 질서와 혼돈 간의 대비에서 오는 것이지 그것은 ⟨전적인 질서⟩나 ⟨전적인 혼돈⟩일 수 없다. ⟨이전보다 더 나은 질서⟩로의 이 여정에 ⟨모험⟩이 자리한다.

화이트헤드 철학에서는 ⟨모험⟩이 갖는 의미가 대단히 중요하다. 이것은 그가 평생의 강조로서 내세울 만큼 이른바 ⟨인생 단어⟩에 해당한다. 결국 삶[생명]의 의미란 다름 아닌 ⟨모험⟩이라는 것이다.

"사상의 생명력vitality은 모험 속에 있습니다. 그것이 내가 평생 해 온 말이고, 그 외에는 거의 말할 게 없습니다. 관념은 오래 유지되지 않습니다. 그것에 대해선 뭔가가 행해져야만 합니다. 관념은 끊임없이 어떤 새로운 측면에서 볼 수 있어야만 하는 것입니다. 어떤 새로움의 요소를 때때로 가져와야만 하며, 그것을 중단하게 되면 그것도 멈추고 맙니다. 삶[생명]이 의미하는 것은 모험입니다(The meaning of life is adventure)." (D 254)

그리고 이 모험은 〈가치〉를 세계 안에 불러들이고 있는 창조의 모험이면서도 우리의 창조가 보다 더 나은 가치를 위한 것이 되도록 하는, 그리하여 궁극적으로는 〈불멸의 가치〉를 그 목표로서 추구하고 있는, 모험의 과정인 것이다.

"기원^{Origination}은 창조^{creation}인 반면에, 가치^{Value}는 창조 행위의 수정^{modification}을 창출시킨다. 창조는 가치를 목표로 지향하지만, 가치는 창조의 과정에 영향을 끼침으로써 추상의 무(無)가치함$^{futility\ of\ abstraction}$을 구제한다. 그러나 가치는, 이러한 융합^{fusion} 속에서 그 자신의 불멸성^{immortality}을 유지해간다." (ESP 81-82)

여기서도 보듯이 〈불멸성〉의 가치 구현도 어떤 정태적 상태로의 완결에 이르는 것이 아니며, 언제나 창조와 융합되는 가운데서, 즉 그 덧없음을 계속적으로 극복해내고자 하는 〈창조의 모험〉과 부단히 융합되는 가운데서 보존되고 있는 성질인 것이다. 이른바 영원한 챔피언이라는 불멸의 타이틀은 숱한 도전들을 극복해가는 부단한 과정들 속에서 그 진정한 가치를 드러내고 있는 것과도 유사하게 느껴진다. 현실적으로 볼 때 우리에겐 진리(眞理)가 있다기보다 진리(進理)가 있는 것이고 그 진리(進理)를 통해서만 진리(眞理)에 접근해 들어갈 뿐이다. 시공초월 영원불변의 절대 진리(眞理)보다 우리의 몸삶을 더 나은 상향적 진보로 이끄는 이치들, 즉 〈모험의 과정〉을 통해 취득되고 있는 진리(進理)가 더 큰 의미를 갖는다. 오히려 절대 진리를 자처하는 종교의 낡은 교리들은 〈모험〉보다는 〈믿음〉과 〈변증〉을 더 선호한다. 영원불변의 순수 진리(眞理)로 포장되어 있지만 정작 시대를 퇴행시키고 있는 퇴리(退理)들은 모험의 과정을 멈춘 것이다. 〈과정〉을 궁극자로 보는 입장에서는

[부록] 화이트헤드 이후의 수정 입장들 - 존재[과정]의 이유와 모험

최종 상태로서의 〈완결〉이란 곧 생명력의 죽음에 불과한 것이다. 〈굽힐 수 없는 엄연한 사실〉stubborn fact로서의 자연은 〈창조적 전진〉을 멈추지 않을 것이기에 최종 상태란 없다. 그러한 과정에서 〈문명화된 우주〉가 신선함을 불러일으키는 창조의 작업을 멈춘다면 결국은 존재의 이유든, 삶의 이유든 모든 것은 생명력을 잃고 퇴화될 것으로 본다. 〈문명〉이 야만으로 떨어지지 않으려면 〈모험〉은 반드시 필요한 것이다.

이 모험은 〈자기창조적 모험〉이면서도 〈타자의 창조〉에도 객체적으로 관여되고 있는 모험이라는 점에서 궁극적으로는 〈자타실현의 모험〉으로 표현해본다면, 우리는 모든 활동들은, 〈나〉 스스로에 대해서도, 신을 포함한 〈타자〉에 대해서도, 서로가 서로에게도 이유가 되고 있으며, 함께 〈존재의 이유〉를 계속적으로 창조해나간다고 볼 수 있겠다. 모든 것들이 창조되고 있기에 우리의 우주는 매순간들이 늘 새롭게 다가오곤 한다. 경험들 속에는 〈차이들〉이 불러일으키는 신선함에 대한 향유들이 있는 것이다.

하지만 이 같은 화이트헤드 철학의 입장과 다르게 〈과정〉을 궁극자로 보질 않는 입장에서는 존재의 근본적 이유를 성립시키는 어떤 궁극자로서의—그것이 인격적인 것이든 비인격적인 것이든 간에— 특별한 제1원인자를 자꾸만 요청할 것으로 보인다. 그러나 필자로선 네빌 류와 같은 그러한 입장이 솔직히 더 갑갑하게만 여겨질 뿐이다. 오히려 내게 있어서는, 매순간마다 〈모든 창조에 대한 기회〉를 맞이하며 〈새로움〉을 창출하고 있는 〈신과 나와 타자가 한 데 얽힌 관계〉로서의 전체 우주의 창조적 전진인 점이 훨씬 더 경이롭게 다가온다. 다시 한 번, 모두 함께 만들어가는 〈신과 나와 타자의 공동 창조〉를 보다 분명하게 강조해두고 싶다. 함께 살자! 이 우주여!

후기

- 화이트헤드에게도 레닌이 필요하다?!

"철학은 이제 그 마지막 봉사를 해야 한다. 그것은 동물적 향유 이상의 가치에 예민한 한 생물계의 종족이 <광범위한 파멸>을 벗어나기 위한 통찰을, 비록 그것이 희미한 것일지라도, 이를 찾아내야만 한다는 것이다."

— A. N. 화이트헤드

화이트헤드 철학 공부와 함께 하면서 들었던 고민들

지금까지 필자 나름으로는 화이트헤드가 PR에서 소개해놓은 유기체 철학의 기본 개념들과 논의들을 가능하면 어렵지 않게끔 입문 정도의 수준에서 애서 설명하고자 노력하긴 했지만, 이 또한 매우 어렵게 여기실 분도 적잖이 계실 것으로 생각된다. 애초 난해한 화이트헤드 철학의 개념들과 체계를 쉽게 소개하겠다는 것부터가 가당치 않은 목표에 대한 시도로 느껴지기도 한다. 그러나 이 같은 시도들은 꼭 필자가 아니더라도 앞으로도 어느 누군가에서도 계속적으로 이어지기만을 바랄 뿐이다.

필자가 화이트헤드 철학을 처음에 어떻게 접하게 된 것인지는 이미 예전에 쓴 졸저인 『화이트헤드와 새로운 민중신학』에서 밝힌 바가 있다. 지금까지 거의 27년을 넘도록 그동안 계속 화이트헤드 저작들과 여러 연구서들을 읽고 또 읽고 했었지만 정말 나 자신이 화이트헤드를 잘 알고 있는가 라고 다시 자문해본다면 나는 여전히 "아직 잘 모른다"고 답해야 할 것 같다. 솔직히 말하면, 내게는 큰 산 정도가 아니라 광대무변(廣大無邊)한 지형의 산맥과 같아서, 이 정도 산을 넘고 안다고 싶으면 정작 그 이상으로 더 모를 더 큰 산이 다시 또 펼쳐지는 경험들을 지금까지 한두 번 겪은 게 아니다.

철학사의 뛰어난 명저들이 그러하듯이, 저자의 책들을 한두 번 읽었다고 해서 그냥 이해가 되는 게 아니라 계속 읽을 때마다 마치 새롭게 뻗쳐있는 광맥을 발견하는 경험을 선사해주는 점이 있겠는데, 내게는 화이트헤드의 저작들이 그런 쪽에 속했다. 최근에는 〈종교〉에 대한 이해 역시 다시 새롭게 펼쳐져서 처음부터 다시 종교 신앙 전반을 재고하도록 이끌었고, 또 한편으로 그의 기하학에 대한 이해도 그러했었다. 화이트헤드를 mereotopology[메레오토폴로지, 부분전체위상학] 연구의 선구자라고 하는데 필자가 이 사실을 알게 된 건 거의 1-2년도 안 되지만 마치 수학과 철학과 과학과 종교가 어떤 접점에서 만나지는 기묘한 느낌마저 받았을 정도다. 그에 따라 "신은 기하학(측정)을 한다"고 했던 플라톤 저작에 대한 이해도 다시 보이게 되는 경험도 할 수 있었다. 그러나 이는 필자만의 생각일 수 있고, 다른 해석자나 연구자들은 별로 중요치 않게 볼 수 있다는 점도 덧붙여 둔다. 어차피 연구들은 다양한 방식으로 진행될 수 있다. 행크 키튼은 화이트헤드에 대해 철저하게 연구 검토하는 작업들은 거의 한평생을 바쳐할 정도의 시간이 필요하다고 하였는데 특히 그 결정적 이유로는 초기 저작들의 수학에 대한 이해부터 온전히 추적해 들어가야만 그의 학문 전체가 좀 더 분명하게 보이게 되는 점들도 있는 데에 연유한 걸로 보인다.

그럼에도 정작 필자가 고민하는 지점은 또 다른 곳에 있다. 이렇게 화이트헤드를 연구하는 작업이 또 한편으로 무기력해지는 방향으로 가는 것은 아닌가 하는 고민도 들었기 때문이다. 행여 오해가 없기 위해서 다시금 언급하자면, 이것은 〈화이트헤드 철학의 무기력성〉을 말한 것이 아니라 〈화이트헤드 철학에 대한 '연구 방식'의 무기력성〉을 말한 것이다. 필자로선, 화이트헤드 철학의 대중성 자체가 근본적인 목적은 아니지만, 그렇다고 아예 대중화의 길을 닫아놓고 있거나 별로 고려하지 않은 채로 그저 상아탑의 학술 현장 안에서만 고고하게 소비되는 화이트헤드 철학 연구에 있어서도 가능하면 〈그들만의 리그〉로 전락되지 않도록 다양한 삶의 현장들에 대한 새로운 적용과 확장의 모색도 함께 필요하다고 여겨진다. 다행스런 소식은 해외의 화이트헤드 연구들은 매우 활발한 점이 있는 것 같다. 물론 어떤 식이 되던 간에 적어도 무기력한 사변들의 담론장이 되어간다면 화이트헤드 철학의 효과적 실용성은 그만큼 더 요원해질 것이다.

화이트헤드는 무슨 암호 코드처럼 들리는 자신만의 새로운 개념어들을 고안해냈는데, 이것의 단점은 그 이해가 단번에 쉽지 않을 만큼 매우 까다롭고 어렵다는 점이 있지만, 역설적으로 보면 어렵더라도 점차로 이해가 된 이후에는 예전의 과거 체계의 언어와 개념들로 다시 되돌아가기도 매우 힘들게 만들어놓았다는 점을 새로운 장점으로 꼽기도 한다. 그러다보니 화이트헤드 철학 논의들은 주로 화이트헤드가 고안해낸 새로운 개념어들을 어느 정도 들어봤거나 이를 이해한 일부 연구자들의 논의에 한정되거나 이들 진영 안에서만 맴돌거나 해왔던 점도 없잖아 있어 왔다.

물론 학자적 권위의 군림을 위한 목적으로 쉽게 해도 될 말을 일부러 어렵게 쓴 것이라면 문제가 된다고 보지만, 화이트헤드 철학의 경우는 분명 그때까지의 〈사전 안〉에는 없고 오히려 〈사전 밖〉에 어딘가에 있을 새로운 통찰의 관념들을 불러오는 것이 기존의 언어 표현들을 쉽게 쓰느냐 아니냐 하는 고민보다도 훨씬 더 우선적인 관심사여서 불가피하게 〈새로운 사전〉으로서의 신조어들로 마련할 수밖에 없었던 사정이 있었다. 하지만 이후의 계승자들은, 화이트헤드가 마련해놓은 〈새 사전〉을 다시금 다양한 삶의 현장들 속으로 계속 확장해가는 적용 실험의 모험도 분명 필요한 일이 될 것이다. 어려운 학술적 개념어들만을 토의하면서 지탱하는 학술 집단은 그저 자기들만의 개념과 언어로만 통용되는 방벽세계를 쌓는 것이 될 수 있다. 우리는 화이트헤드를 소화해야 하면서도 소화시킨 것들은 다시 또 거름으로 쓰일 수 있도록 밖으로 토해내야만 하는 점도 있다. 물론 이때 말하는 거름은 화이트헤드 담론장의 바깥에서도 쓰일 만한 범경험적 활용성을 말한 것이다.

다행인지 아닌지 몰라도 최근 존 캅의 방한 보고에 따르면 현재 중국의 대학과 학술기관들에 21세기 대안적인 생태교육사상으로 화이트헤드의 과정사상이 많이 유입되고 있는 중이라는 소식을 접했었는데, 필자의 개인적 느낌인지는 몰라도 예전에 비하면 기독교 종교 신학에 대한 사변적인 학술적 관심보다는 오히려 과정철학의 실용적 전파에 좀 더 집중하는 모습인 듯해서 한편으로 반갑게 느껴지기도 했다.

그런데 여기에는 화이트헤드의 과정사상 전파에 매우 주도적으로 그리고 아주 헌신적으로 활동해온 중국의 지예 왕$^{Zhihe\ Wang}$이라는 인물의 많은 노력과 뒷받침이 있다는 점도 알게 되었다. 필자로선 그가 마치 바울이나 레닌의 역할을 맡고 있는 느낌도 받았었다. 다시 말해, 예수에게는 바울이 있었고 마르크스에게는 레닌이 있었듯이, 필자가 보기에도 화이트헤드 철학의 전파에 있어 그런 정치 사회활동과 결합된 실천적 이론가 또는 주도적인 헌신적 인물이 필요하다는 생각이 들었던 것이다.

예수에게는 바울이, 마르크스에게는 레닌이, 그렇다면 화이트헤드에게도?

최근 일부 철학 진영에서도 바울이나 레닌에 대한 재해석과 조명이 많이 일어나고 있는 듯하다. 지금까지 철학자들은 세계에 대한 해석을 해왔지만 이제는 세계를 변혁해야 한다고 했던 마르크스의 공감되는 언급도 이미 잘 알려져 있는 얘기에 속한다. 한 개인의 힘이라는 것이 무기력한 점도 있긴 하지만, 대표적으로 바울에 의해 기독교가 전파되고, 또한 레닌에 의해 20세기 현대사가 어떻게 요동치게 되었는지에 대해서만큼은 그와 같은 개인 역량의 헌신적 노력들을 경이롭게 볼 이유 또한 충분한 것이다. 다만 예수에게서 바울로, 마르크스에게서 레닌으로 흘러들어간 과정에서도 본류에 대한 어떤 굴절 또는 왜곡, 이를 좋은 식으로 표현하자면 각자의 주체적 소화가 있었다는 점도 있겠지만,

어떤 의미로 왜곡과 굴절이란 것도 불가피하게(물론 이는 면책을 위한 얘기 아님) 느껴지는 점도 없잖아 있다. 그럼에도 초기 그리스도교 형성에 있어 바울의 역할이 없었다면 이후의 기독교가 세계사에 뿌리를 내릴 수 있었을까? 만일 레닌의 역할이 없었다면 마르크스의 사상은 세계사에 어떻게 뿌리를 내릴 수 있었을까 싶은 의구심도 없잖아 있는 것이다. 마찬가지로 화이트헤드에게도 그에 상응될 만한 바울이나 레닌의 역할도 필요할지 어떤지 하는 생각도 들었었다. 가끔은 화이트헤드 철학에서 제안된 내용들이 (물론 그 이해부터가 쉽지 않은 현실이긴 하지만) 〈문명화된 우주〉에서의 여러 다양한 분야들로 그 실질적인 실험 적용들을 통해 온전히 시도되어진다면 과연 실제상에서는 어떤 열매들이 맺어질까를 종종 그려보곤 한다. 여기에는 지구상의 온갖 다양성들을 존중하면서도 그러한 가운데서 어떻게 하면 효과적인 통일성으로 그 생산성을 확보해낼 것인가 하는 문제도 함께 걸려 있을 것이다.

행여 필자의 지금 언급들이 〈화이트헤드에게도 레닌이 필요하다!〉는 주장으로 비춰졌더라도 이는 어떤 특정 공산주의 이론의 주장을 말하고자 함에 있진 않기에 불필요한 오해는 없었으면 한다. 사실 필자는 바울이나 레닌의 주장들에 대해서도 비판적인 점도 함께 있어 온전히 동의하는 입장까진 못 된다. 여기선 이들 이름의 기표 정도만 빌려서 언급한 것에 더 가깝다. 그럼에도 이들의 신념적 삶에는 분명 경이로운 놀라움이 있다. 그 점은 부인할 수가 없다. 그들은 자신들의 존재 가치를 훌륭하게 증명해낸 인물들이다. 마찬가지로 때로는 화이트헤드 철학에 대한 문명적 적용의 전파를 위한 신념적 삶을 사는 이들도 필요하다는 생각이 드는 것이다. 중국의 지예 왕의 사례처럼 —물론 그 사례가 과연 이상적으로 적합한 지에 대해선 여러 얘기가 또 나올 수도 있겠지만— 적어도 그런 〈운동〉^{movement}이 있어야 한다는 생각은 들고 있다. 그는 중국 문화권의 〈도〉道, Tao 개념을 '길'이라는 〈과정〉으로 해석하며 여기에 화이트헤드 철학의 통찰들을 가져와서 자신들의 문화권에서의 교육 현장 및 생태운동에 적극 활용하고 있다.

언젠가 국내에서 칸트 연구의 권위자로도 알려진 어떤 학자 분의 말씀에 따르면, 독일 철학자 칸트의 철학은 더 이상 독일 것이 아니라 우리나라 것이라고 했었다. 즉, 그 옛날 유교 형이상학의 주자학을 우리나라에 들여와 소개해왔던 이황, 이이 등 많은 성리학자들도 우리 문화의 것이라고 한다면 칸트 역시 우리 문화로 봐야 한다는 주장이었다(* 이 출처는 필자가 그 분의 칸트 강연에서 직접 들은 것임을 말씀드린다). 일견 공감을 표하면서도 또 한편으로 여전히 부족함을 느끼는 이유에는, 비록 철학일지라도 이론적 사유에서만 그쳐야 할 것은 아니어서 분명 다양한 문화권에서 그 나라의 어떤 사회적 운동이라는 응용의 지평도 함께 필요하다는 생각까지 함께 들어서일 것이다. 조선 성리학의 토착화와 비교해볼 때 칸트가 그것만큼 우리 것으로 〈사회화〉 또는 〈몸화〉된 사례가 있었는지는 의문도 든다. 즉, 필자가 이런 얘길 하는 이유에는 〈사상의 사회화〉 차원에도 있는 것이다.

게다가 우리가 이론의 탐색에서 전혀 발견하지 못했던 빈틈이 뜻밖에 실제적인 응용의 현장에서 발견될 가능성도 있다고 본다면, 그리하여 우리가 화이트헤드의 철학의 빈틈과 그 이후까지도 내다보고자 한다면, 이런 방향에서도 얼마든지 적극적으로 접근될 수 있다고 본다. 솔직히 필자에게는 이 방법이 현재의 화이트헤드 철학의 빈틈이나 그 이후를 넘보고자 하는 방식이기도 한 것이다. 다소 역설적인 얘기지만, 확장된 대중성을 지니게 될수록 그만큼 더 많은 빈틈의 가능성을 함께 드러낼 확률도 커진다고 생각한다. 철학적 사유들은 그야말로 다양한 방식들로 실험되고 활용되어야 할 필요가 있다. 이는 화이트헤드 자신도 원하고 있는 바였다. 따라서 이것은 기독교 신학이나 유교나 불교와 같은 종교 사상의 분야뿐만 아니라 정치, 경제, 사회, 교육, 생태, 조직 경영, 심리학 등 여러 다양한 방면들로 거의 전(全)방위적으로 응용 실험된다면 여러 모로 화이트헤드를 새롭게 뜯어볼 호기로운 창구들도 생기게 되는 것이다. 그렇다면 〈화이트헤드 철학사상의 사회화〉는 과연 의미를 지닐 만한 것인가?

그렇지만 이 실험 응용들은 우리 사회의 근간을 움직이도록 하지 않으면 그리 큰 실제 효과를 못 볼 것이라는 점도 있긴 하다. 우리 사회의 근간이라는 것은 다름 아닌 전체 사회의 〈하부 구조〉를 이루는 일반 대중들로서, 이들은 지적인 전문 직업의 종사자라기보다 화려하지 않지만 일반적으로 필요한 임무를 담당하는 여러 분야의 사회 서비스 종사자들을 일컫는다. 흥미롭게도 언젠가 화이트헤드는 〈진정한 혁명의 파괴력〉도 바로 이들의 움직임에서 나온다는 얘길 전한 바가 있다.

"혁명의 진정한 파괴성은 지배계급의 타도나 제왕적 군주의 처형 같은 것이 아닙니다. … (중략) … 혁명의 진정한 파괴성은 주류가 아닌 마이너minor에서 사회 서비스에 종사하는 사람들, 즉 문명화된 삶의 정상적인 과정들을 앞으로 실어나르고 있는 일용 노동자들의 이동에서 비롯됩니다. 내가 말하는 그들은 소위 지적인 전문직, 법률, 의학, 성직에 종사하는 사람들이 아닙니다. 그들은 오히려 교사라든가, 말단 공무원, 기술직공 같이 화려하지는 않지만 필요한 임무를 수행할 줄 아는 그런 사람들을 말한 것입니다. 그러나 그들은 나무껍질의 형성층形成層, cambium layer을 이루고 있는데, 만약에 그 형성층이 잘라진다면 그 나무는 죽습니다." (D 340-341)

화이트헤드가 보기에 진정한 사회적 혁명의 힘은, 메이저^{major}보다는 오히려 비주류인 마이너에 속한 이들로부터 나오는 것으로 간주된다. 가공할 혁명의 잠재력은 그들에게 있다는 것이다. 하지만 현실상에서 대부분의 사람들이 갖는 삶의 목적들은 1차적으로 생존을 위한 과업들에 지나치게 몰입되어 있어, 정작 이들이 지닐만한 상당한 역량들은 기회를 얻지 못해 가려지게 되거나 늘 잠재된 형태로 있게 되는 점도 전적으로 부인할 수 없다. 만일 그들도 공정한 정보수혜의 기회, 대표적으로는 교육의 기회를 얻었더라면 어쩌면 훨씬 더 뛰어나게 우리 삶 가운데서의 활력들을 다양한 분야들에서 불어넣고 있는 신전한 자극제이자 놀라운 창조자였을 수 있다. 이들 역시 〈철학함〉의 삶을 수행한다면 그야말로 세상의 많은 것들이 달라질 수도 있는 것이기에 〈철학의 힘〉은 이들에도 분명 미칠 수 있어야 한다고 생각된다.

널리 알려져 있듯이, 플라톤은 자신의 대화편인 『국가』에서 철학자들이 국가를 다스리는 철인 통치를 꿈꿨었다. 하지만 확실히 철학은 어느 정도 귀족층적인 여유가 있을 때 먹고 사는 생존 고민을 넘어서는 또 다른 의미 가치의 문제를 고려하게 되는 것 같다. 따라서 철인 통치 이전에 가능하면 보다 많은 사람들이 예술 활동으로서의 철학함을 수행할 수 있는, 삶의 여유가 있는―소위 '저녁이 있는 삶'으로 표현되는― 생활환경, 그러한 여러 창조적 활동의 실험들을 향유해볼 수 있는 〈기본 여건 시스템〉을 확립하는 것이 좀 더 우선적이라는 생각이 든다.

어떤 면에서 우리의 삶이 지나치게 먹고 사는 생업에만 빠지도록 이끄는 그런 각자도생(各自圖生)의 각박한 삶의 환경 및 국가사회 시스템이 아니라, 앞서 언급된 종교, 철학, 과학이 탐색하는 인류 공통의 물음들과 함께 그 자신의 생존 목적의 가치보다는 좀 더 흥미로운 가치의

〈미적 동기〉aesthetic motive를 추구할 수 있도록, 기본적인 시공간의 향유라도 마련되는, 그와 같은 기본 여건으로서의 〈기본 사회〉Basic Society를 우선은 꿈꿔볼 수도 있는 것이다. 즉 저마다의 창조적 예술 활동을 비롯한 철학을 할 만한 기본 여건—예컨대 오늘날 〈기본 소득〉basic income 진영에서도 주장하는 바의, 최소한의 기본 생활의 여건—을 만들어가는 〈기본 사회〉의 구축이 필요한 시대라는 얘기다. 여기서 〈미적 동기〉라 함은 〈기본 사회〉의 실현을 통해 형성될 수 있는, 보다 고양된 질적 삶을 위한 동기를 말한다. 사실 화이트헤드가 먹고 사는 일로서의 〈경제적 동기〉economic motive를 하찮게 여긴 것은 아니었지만, 적어도 그보다는 〈미(美的) 동기〉를 사회경제적 체제 실현에 있어서도 보다 더 중요한 것으로 강조되어야 한다고 봤었다. 이미 화이트헤드는 경제학의 아담 스미스Adam Smith가 산업을 비인간적인 것으로 만들었다는 점에서 득보다 해악이 더 컸었다는 점을 예전에도 거론한 적이 있었지만(SMW 200), 이후의 『대화록』에서도 이러한 점을 계속 지적할 만큼 비판적이었다.

> "알다시피 자본주의 체제는 매우 오래된 것이 아닙니다. 기껏해야 3백 년 정도입니다. 그리고 저는 아담 스미스가 경제적 동기를 강조한 것이 통탄스러울 정도의 해악을 끼쳤다고 봅니다. 물론 경제적 동기는 중요합니다. 먹고 살아야 하니까요. 그러나 그것이 그렇게까지 중요하진 않습니다. 만약에 그가 미적 동기aesthetic motive를 강조했다면 무엇이 가능했을지에 대해서도 생각해 보십시오." (D 87)

흥미롭게도 화이트헤드는 우리가 먹고 사는 생존이 더 이상 1차적 고민이 아닌 방향으로 가게 된다면 현재보다 더 놀라운 미적 창조의 삶들로 얼마든지 나아갈 수 있는 잠재력의 존재라는 점을 설파한 것이다. 물론 먹고 사는 생존 문제는 중요하다. 그러나 우리의 존재 의미와 가치는 그 이상이다.

철학의 힘

위대한 지성의 역사는 가장 가치 있는 선택의 삶을 끊임없이 모색해 가며 찾아가는 그러한 여정이기도 하다. 그리하여 지구상의 호모 사피엔스는 이제 "어떤 삶을 살 것인가?"를 놓고서 고뇌와 번민에 빠지기도 하는 유일한 생물 종이 된 것이다. 인간이라는 생물 종은 앞에 놓인 여러 명제를 놓고 고민한다. 생물학적 생존의 빵도 중요하지만 그보다 더 중요한 가치와 의미 추구에 대해서도 함께 고민하며 탐색해보는 그런 특유의 생물종이기도 한 것이다. 그 중 한 명이었던 소크라테스는 "네 자신의 영혼을 돌보라"고 했다. 먹고 사는 기술로서 보면 당대 최고 현자들이었던 소피스트들에 맞서 그는 진리와 영혼의 가치를 더 높게 평가했던 자였다. 다시 말해 마침내 행성 지구의 삶에 영혼(soul)을 사유하는 특별한 생물 종이 출현한 것이다. 어쩌면 그것은 무기력하고 무용한 허상 또는 환상들에 대한 집착이라고 말할 수도 있다.

그런데 만약에 생물학적 인간의 삶에 아직 〈철학〉이 전혀 출현하지 않았다고 해보자. 〈철학이 없는 인류의 삶〉과 〈철학을 하는 인류의 삶〉은 과연 아무런 차이가 없겠는가. 〈철학〉은 138억 년 우주 역사에 있어서도 〈의식〉의 가장 강력한 발명품 중 하나로 자리하고 있다. 그것은 인류의 문명 건설에 있어 그 유형을 결정짓는 데에도 깊이 관여할 만큼 지금도 우리의 무의식에까지 스며들 정도로 뿌리 깊은 영향력을 발휘하고 있는 추상들인 것이다. 화이트헤드는 이 지구상에 철학사상이 끼친 그 영향력에 대해 다음과 같이 언급한 바 있다.

"[왕] 알렉산더에서 시저^{Caesar}로, 시저에서 나폴레옹에 이르기까지 위대한 정복자들은 후대의 삶에 깊숙한 영향을 끼쳤다. 그러나 이 영향의 총체적 효과는, [철학자] 탈레스로부터 현재 오늘에 이르기까지 오랫동안 수놓은 사상가들에 의해 생산된 인간의 습관과 정신의 전반적인 탈바꿈^{transformation}과 비교해본다면 대수롭지 않은 것으로 전락되고 만다. 이 사상가들은 그들 개개인으로서는 힘없는 자들이었으나 궁극적으로는 세계를 지배해 온 것이다." (SMW 208)

필자는 이 같은 〈철학의 힘〉이 갖는 특징 중의 하나가, 후기 플라톤의 통찰에서 보여준 바 있는 〈힘에 대한 설득의 승리〉라고 생각한다. 정치 경제 사회적 권력의 힘도 분명 무시할 수 없다. 그러나 사상의 힘이 갖는 지배의 효과들은 인류 문명의 틀을 형성할 정도로 그 이상의 것이었다. 게다가 〈철학의 힘〉이 행사하는 이 지배는 강권적인 힘의 지배가 아닌 부단한 사유가 지닌 그 〈설득력에 의해 감화되는 지배〉이다. 역사상에는 플라톤, 아리스토텔레스뿐만 아니라 동서고금의 기라성 같은 위대한 철학자들이 있다. 그들이 보여준 사유와 실천들은 개인의 힘으로 보면 매우 초라한 것에 불과할 수 있지만 그들이 남긴 자취들은 오늘날까지도 우리를 지배한다. 그들이 어떤 물리적 역량의 힘이 있어 우리의 뇌리를 지배하고 있는 것이 아니라 많은 사람들은 그들에게서 나온 정보들이 여전히 현재에도 〈중대한 가치〉를 지닐 만큼 옳은 것으로 인정하고 있기 때문에 우리는 이들의 지배를 허용하고 있는 것이다. 그것들은 현재 우리의 교육 안으로도 끌어들여 권장될 정도다.

하지만 그럼에도 〈철학의 힘〉을 가로막고 있는 우리 자신의 한계들도 계속 깨어 있으면서 이를 들여다볼 수 있어야 한다는 점도 명약관화한 얘기다. 우리가 철학함에 있어 분명한 장애물로서 가로막고 있는 것은 〈언어의 결함〉deficiencies of language과 〈통찰의 허약함〉weakness of insight 이다(PR 4/57). 화이트헤드는 철학에 걸려 있는 저주스런 재앙에 대해 다음과 얘기한다. 조금은 긴 인용이지만 매우 인상적인 언급이 아닐 수 없기에 빌려온다.

"나는, 우리의 의식적 사유를 표현함에 있어서의 언어의 불충분성과, 우리의 잠재의식을 표현함에 있어서의 의식적 사유의 불충분성에 깊은 인상을 받고 있습니다.

철학의 재앙curse은 언어가 정확한 매개체medium라는 가정에 있습니다. 철학자들은 언어로 표현하고서 그 아이디어idea가 모든 시대에 진술될 것으로 가정합니다. 설령 그것이 진술되더라도 모든 세기, 아마도 모든 세대에 걸쳐 재작성되어야 할 필요가 있을 것입니다.

플라톤은 이 함정에 빠지지 않고, 이를 잘 알고 있던 유일한 인물입니다. 그가 통상적 방법들로는 실패했을 때, 그는 우리에게 신화myth를 물려주었는데, 그것은 정확성exactitude에 도전하는 것이 아니라 몽상revery을 불러일으키게 하는 것이었습니다. 수학은 거의 좀 더 정밀하고 진실에 가깝습니다. 천 년 안에 그것은 오늘날의 말처럼 흔하게 사용되는 언어가 될 수 있습니다. 우리의 의식적인 정신minds과 화법speech으로 생각하고 말하는 것의 거의 대부분은 얄팍하고shallow 피상적인superficial 것들입니다.

오직 드문 순간에만 더 깊고 광대한^{vast} 세계가 우리의 의식적인 사유나 표현 속으로 들어옵니다. 그것들은, 기억될만한 순간들로, 우리는 우리 자신보다 더 크고 더 넓은 목적을 위해, 우리 자신보다 더 위대한 힘의 도구로서 사용되는 존재임을 –우리가 알 때 – 우리가 느낄 때입니다. 천재들한테는 그런 순간이 자주 찾아오지만 거의 모든 사람들도 그런 광명의 순간들을 몇 번은 갖습니다.

여기서 시인들이 중요한데, 왜냐하면 그들은, 대체로 철학자들보다도 더 자주 이 광대한 직관들을 말로 표현해놓기 때문입니다. 설령 불충분한 말이라고 하더라도 그럼에도 시인들은 독자나 청취자에게 어떤 식으로든 경험이나 느낌이나 생각의 그 무한성에 상응하는 어떤 감각을 유발시킨다는 것입니다. 물론 나는 가장 위대한 시인들만을 말한 것입니다." (D 368-369)

글에서도 보듯이, 화이트헤드는 우리 자신이 갖고 있는 통찰력의 허약함과 언어의 결함을 명시적으로 염두고 있다. 플라톤은 체계화를 남겨놓지 않았지만 그 속에는 우리의 사유를 계속해서 매혹시키고 있는 어떤 몽상적 추동이 있다. 정확성에 대한 분명한 도전은 아리스토텔레스의 체계화에서 엿볼 수 있다. 화이트헤드도 그러한 아리스토텔레스를 대체할 만한 체계화를 보였었다. 하지만 PR서문의 마지막에 남긴 다음의 글은 가장 인상적이면서도 (솔직히 필자로선 처음엔 잘 이해가 되지 않았던) 화이트헤드의 언급이기도 했다.

"마지막으로 남는 반성은 사물의 본성의 깊이를 타진하려는 노력이 참으로 천박하고 미약하며 불완전한 것일 수밖에 없다는 것이다. 철학적 논의에서는 어떤 진술을 궁극적인 것으로 보려는 독단적인 확실성을 암시하는 것만으로도 어리석음의 징표가 된다."
(PR xiv/47)

필자가 보기에는 화이트헤드가 그토록 치밀한 체계화 작업들을 해놓고선 너무 지나친 겸손을 떨고 있는 게 아닌가 생각되었던 것이다. 그러나 돌이켜보면 그가 왜 아리스토텔레스보다 결국은 플라톤에 손을 들어준 것인지와 맞물려 조금씩은 이해해볼 수 있었다. 철학에서의 진술들은 결코 궁극적으로 자명한 진술일 수 없는 한계선 안에 놓여 있기에 〈철학의 힘〉만큼이나 우리는 〈철학이 갖는 한계점 또는 이를 궁극적인 진술로 간주하려는 독단의 폐해〉에 대해서도 분명하게 깨어있지 않으면 안 된다고 봤기 때문이다. 우리가 사용하는 거의 대부분의 의식적 사유와 말들은 피상적인 것들이다. 우리의 상징들은 비본질적인 것들이며(S 1), 우리의 〈표상적 직접성〉에서의 지각이 갖는 성격 이를 잘 설명해주고 있다(* 제9장 화이트헤드의 지각 이론 참조).

그런데 앞서의 인용문에서도 보듯이 여기서 화이트헤드는 시인들을 소환한다. 화이트헤드는 다른 곳에서도 철학은 시와 유사하다는 언급을 종종 하곤 했었는데(MT 174) 우리가 평생을 살아가는 동안에도 우리 자신의 통찰과 언어를 넘어서 있는 그 〈광대한 세계〉가 우리를 찾아들어오는 순간들이 있다는 사실에 주목할 필요가 있어서다. 이 기억될만한 순간들은 다소 차이가 있을 지라도 거의 모든 사람들이 경험하지만, 특별히 위대한 시인들일수록 바로 이 순간들을 언어로 붙잡아 놓을 줄 아는 이들이기 때문이다. 그럼으로써 세계 안에서는 〈명확화〉에 기여하고 있는 것이다. 시인들의 이러한 습관은 철학자들보다 더 자주 행해지는 습관이라는 점에서 주목할 필요가 있다. 따라서 시인의 감수성으로 철학의 역량을 키워나가는 점도 매우 중요하지 않을 수 없다.

제3천년기의 새로운 문명으로 향해가는 과정

그리고 화이트헤드가 언급한 것처럼, 과연 천 년 안에 수학이 오늘날의 언어처럼 흔하게 사용되는 일상 언어가 될 것인가? 논리적인 지성의 느낌으로 연장된 합생의 진화적 과정을 염두에 둔다면 그리고 우리 생활 속에서의 불필요한 오차나 소모적인 사소한 것들을 보다 완화하려 하거나 이를 좀 더 줄여나가는 방향이라고 한다면 어쩌면 그런 방향으로 가게 될 가능성도 없잖아 있다. 그때는 뇌 신경세포들 간의 직접적 소통 장치가 현재의 언어들을 거의 무용지물로 만들고 좀 더 쾌적한 상호 방향의 커뮤니케이션 진화가 자리하게 될 가능성이 클 것으로 본다. 그럴 경우 수학적 연산들은 이미 무의식화된 목록들로 자리하여 그때는 매우 손쉽게 활용되거나 할 것이다. 어쩌면 그때는 하나의 개별자가 자기만의 세계로서 시뮬레이션으로 창조해놓은 〈문명화된 우주〉를 마치 〈게임〉^{game}처럼 향유하면서 서로 교류하고 있을 수 있다. 〈게임〉은 〈이야기〉보다 훨씬 더 강렬하게 유혹과 흥미의 명제적 느낌을 내뿜는 것에 속하는데 가히 〈이야기의 진화된 버전〉이라 할 만하다. 그때는 자신들의 생각들을 좀 더 손쉽게 다루며, 게임하듯 실험하게 되는 세상으로 갈 수 있다. 그때는 누구나 자신들의 우주를 보유하며 그 속에서 살아가면서도 타자와 더불어 이를 새롭게 창조해가는 전체 세계를 만들어가는 것이 될 것이다. 그때가 되면 우리가 주목하고 관심하는 경험들은 현재 우리의 상상들을 거의 초월한 것들일 여지가 크다.

그럼에도 한 가지 말할 수 있는 점은, 그것들은 적어도 우리의 〈몸〉에 대한 것일 거라는 점이다. 필자가 여기서 말한 〈몸〉이란, 신체^{body}와 마음^{mid}이 분리될 수 없을 만큼 이미 통합된 관계결합체로서의 우리말의 〈몸〉^{momm}이다. 몸 없는 경험이란 없다. 설령 탈신체화된 정신[마음]의 업로딩이 가능하다고 해도 거기에도 여전히 전기적 작용이 있고 물리적 연관성이 늘 자리할 것으로 본다. 몸이 진화될지언정 몸이 빠진, 몸 없는 연구란 없다. 모든 학문들도 결국은 〈몸에 의한 몸을 위한 몸의 학문들〉이다. 붙박이 〈몸〉을 완전히 벗어난 철학이란 이전에도 없었고 앞으로도 없을 것이다.

〈우리의 세계를 개척해나간다〉는 것과 〈우리의 몸을 만들어간다〉는 것은 함께 맞물려 있다. 〈신과 나와 타자의 얽힘 관계〉에 있어서도 어디까지가 〈나〉이고 어디까지가 나를 넘어선 〈타자〉인지의 정확한 경계를 구분해놓는다는 거의 불가능하다. 세부적으로 들어가면 저마다 강조된 것들에 대한 정도의 차이가 있을 뿐이다. 심지어 순수한 정신의 존재라고 생각되는 〈신〉조차도 물리적인 현실 세계를 신체로 삼고 있는 그런 존재라고 여겨진다. 그만큼 서로가 분리불가능하리만치 얽혀 있으며, 그런 식으로 〈신과 나와 타자〉가 모두 한데 얽힌 관계들 속에서 저마다의 몸들로 진화되고 있는 중일뿐이다. 그리고 이들 상호 간의 커뮤니케이션의 진화 역시 몸의 진화로 보고 있다.

나는 제3천년기[제3밀레니움]$^{the\ third\ millennium}$라는 앞으로의 천 년을 지배할 철학이 지구행성권의 문명과 함께 훗날의 새로운 태양계문명의 건설로도 견인할 것으로 본다. 서서히 그리고 새롭게 떠오르고 있는 이 제3천년기 문명의 비전은 현재로선 다소 불분명한 것일 수도 있겠지만 적어도 〈지구적 소통성〉의 과정을 거치면서 〈종교-철학-과학의 3자 소통 관계〉를 증진시키는 제3밀레니움을 지배할 것으로 생각한다. 이 새로운 비전의 형성 흐름은, 대개 기원 전 8세기에서 3세기 사이에 일어나서 이후 지금까지 인류 정신사의 축을 이룬 〈축의 시대〉의 성과들을 내포하고 있으면서도, 다시 거대한 <두 번째 축의 시대>가 진행되고 있음을 말한 것이다. 이것은, 세계상의 교류 없이 세계 내의 각 지역들에서 발생하여 진행된 첫 번째의 축의 시대의 성격과 또 다르게 서로의 정보 교류가 지역적 한계를 벗어나 <세계-지역-뇌인지>로서 진행되는 가운데 형성되는 흐름이라고 생각된다. 필자가 생각하는 이 <두 번째 축의 시대>는 본격적으로는 19세기로부터 현재 21세기에도 계속 진행 중이라고 생각되며, 이 진행은 어쩌면 백 년을 더 넘도록 좀 더 진행되어야할 지도 모른다.

현재까지도 많은 것들이 새롭게 발아되면서 새로운 이력들을 쌓아가며 다시 또 새롭게 자극을 주고받는 중에 있는데, 이를 테면 감각 물질적이고 신체적인 것들의 중요성, 성소수자 및 젠더와 민주주의라는 관념의 정착, 여기에는 아인슈타인의 상대성 이론과 양자물리학에서의 과학 혁명도 포함한다. 뿐만 아니라 다양한 문화권의 체험들 및 동서양 간의 차이와 융합의 성격, 그리고 인공지능과 포스트 휴먼에 대한 성찰 등 그야말로 굽이치는 시대들이 층층이 쌓이면서 마침내 전체 세계가 이제 우리 뇌의 <의식> 안으로 들어오면서 깨어나게 되는 경험들이 <새로운 문명 패러다임의 전환>을 구축하는 중에 있다고 본다. 이 점에선 현재 유행하는 <4차 산업혁명>이라는 것도 국지적 요인으로 자리할 뿐이다. 화이트헤드는 전체 세계가 인간의 의식 안으로 들어온 것을 <세계 의식>이라고 일컬었다.

"인간의 사유는 한 사회 구조의 제한된 범위를 돌파해왔었다. 전체로서의 세계가 명시적인 의식 속으로 유입되었던 것이다." (RM 39)

"모든 사람이 여행을 하였고 신선하고 새로운 세계를 발견했었다. 일종의 세계 의식$^{world\text{-}consciousness}$이 생겨난 것이다." (RM 40)

이는 국지적인 사회 차원에서의 〈사교 의식〉$^{social\ consciousness}$과는 또 다르게 훨씬 더 넓고 다양한 차원의 세계를 여행하게 되면서 얻는 새로운 각성의 차원인 것이다. 여기서 말하는 여행이란 세계 안의 다양한 가치들 및 여러 공존적 체험들을 겪은 여정이다. 그러한 세계가 나의 의식 속으로 들어온 것이다. 누군가는 이를 〈인지 혁명〉이라고 부를 지도 모르겠다. 〈세계화〉 역시 〈인지화〉라는 것이다. 어떤 식으로든 우리는 항상 〈세계-지역-뇌인지〉 모두 공진화적으로 함께 묶여 있다. 그런데 이것이 〈세계 의식〉이라는 각성 차원에서 상호 연관되는 가운데 전개되고 있다는 사실이다. 이제는 인류가, 사건들 또는 사물들에 대한 〈본질적인 정당성〉$^{essential\ rightness}$을 구하고자 함에 있어서는 더 이상 자기들이 믿어왔던 공동체적 사회라는 그 국지적 한계 안에만 계속 머물기보다는 확장된 세계로의 흐름에도 각성되고 있는 것이다.

대부분의 현재 인류가, 적어도 〈지동설〉 이후로는 과거 〈천동설〉의 우주 이해나 그때의 세계관으로 다시는 돌아가지 않으려 하듯이, 마찬가지로 필자는 머잖아 〈양자 중력〉을 통해 습득되는 존재 및 세계에 대한 새로운 이해도 더 이상 그 이전의 과거 세계관으로 자꾸 돌아가려 하진 않을 것으로 내다본다. 거의 백 년 전만 해도 노예제도를 지극히 당연한 것처럼 취급한 경우들도 많았었지만 〈민주주의〉라는 관념은 더 이상 그것이 상식적이지 않다는 점을 계속적으로 예증시키고 있다. 마찬가지로 필자는 21세기 종교에 있어서도 앞으로 〈초자연주의〉를 신봉하는 종교는 패퇴할 것으로 보면서도 인류는 이전에 없던, 즉 근대 자본주의적 삶의 문제와 과학 기술의 문제에 대한 성철적인 대안의 비전이 될 만한 새로운 형태의 종교로 적어도 그것은 〈자연주의 종교의 시대〉로 나아가는 중에 있다고 본다. 물론 이 과정에도 종교들끼리의 진통 역시 있을 수 있고, 종교와 과학 간의 관계에서 일어나는 진통 역시 있을 수 있다. 굽힐 수 없는 엄염한 사실 하나는 〈종교 역시 진화 중에 있다〉는 점이다. 누군가의 말처럼, 어쩌면 인류의 미래는 과학과 종교의 관계가 도대체 어떤 관계를 맺는가에 달려 있을 가능성도 큰 것이다.

나는 이들 새로운 문명 전환의 시대에 나타나는 사유의 진척된 성과들이 결과적으로 어떤 식으로든 〈제3천년기 지구적 형이상학〉으로 정착을 하게 된다면 또 한편으로 이것은 이후로 매우 오랫동안 자리를 잡아갈 것으로 내다본다. 여기에 과학기술과 정보의 수혜자들이 기득권 동맹으로 계급사회를 형성하며 온갖 차별적 관행들을 일삼지 않도록 맞서는 〈건강한 몸삶의 양식〉이 지구적으로, 지역적으로, 기업적으로, 주거적으로, 개별적으로 여러 측면에서 요구될 수 있다. 앞서 말한 전환의 시대에서 종교의 진화 또한 제대로만 작동한다면 기업 또는 회사라는 교회도 새롭게 변모할 가능성 역시 있다고 본다.

〈자본주의〉라는 종교, 곧 〈자본교〉는 현재 우리의 온갖 생활양식들을 매우 뿌리 깊게 지배하고 있는 근대 이후의 가장 강력한 종교다. 오늘날엔 기독교, 불교, 유교, 이슬람교, 힌두교, 무신론자 및 무종교 등 이런 것들은 단지 자신의 종교 표기란에 기입하는 표면적 형식과 양식에 불과할 수 있고, 보다 실질적인 삶의 종교로 작동하는 것은 다름 아닌 〈자본교〉일 가능성이 훨씬 큰 것이다. 따라서 이 압도적인 거대한 현실을 생각해볼 때, 경제적 동기를 넘어 〈미적 동기〉가 강조되는 〈지구적 네트워크로서의 기본사회〉라는 것도 아직까진 낭만적 이상에 그칠 가능성도 크다. 그렇더라도 앞으로는 우리 삶에 기업 또는 회사라는 교회 조직을 제대로 바꿔놓지 않는다면 실질적인 몸삶의 구원은 요원해질 것이라는 점도 분명한 얘기다.

"인류의 사회사는 진보를 위한 조건들과 인간성을 저해하는 책략들이 교호적으로 작용$^{alternating\ functions}$하고 있는 가운데 거대한 조직을 드러내 보여주고 있다." (PR 339/640-641)

그런데 인류의 사회사에는, 세상과의 온갖 인연들을 아예 끊고 초월해탈할 방법을 택하거나 이를 종용하는 그룹들도 있다. 어차피 〈세상이라는 환영〉은 지나갈 뿐이며 수행을 통해 신비스런 평정심을 찾게 되면 그와 같은 환영을 마침내 완전히 벗어나거나 끝낼 수 있다는 것이다. 이런 요소는 불교 같은 종교에서도 엿볼 수 있는 부분이다. 그러나 화이트헤드가 지향하는 종교 진화의 방향은 세상과의 인연들을 폐기하는 쪽으로 가기보다는 오히려 더 나은 삶의 방향을 추구하려는 〈개혁의 프로그램〉을 좀 더 선호하는 것으로 보인다(AI 33 ; D 189). 그리하여 그는 위험을 무릅쓰고 다음과 같은 예언을 남겨놓았다.

"내가 위험을 무릅쓰고 예언을 하자면, 세속적인^{temporal} 사실의 지나감^{passage} 속에서 구현한^{incarnate} 어떤 영원한 위대성^{greatness}을 민중[대중]^{popular}이 이해할 정도로 분명하게 만들어놓은 그러한 종교가 정복할 것이라는 점이다." (AI 33)

다시 말하면 이것은 진화하는 중에 있는 여러 종교들 속에서도 마침내 최종(물론 '최종'이란 없는 것이지만) 승리를 거두고 있는 종교의 성격인 셈이다. 앞서 말한 진정한 혁명의 가공할 힘을 지닌 마이너들이 이같은 양식의 종교와 결합하게 된다면 소위 말하는 〈개벽〉開闢이라는 것이 일어나게 되는 셈이다.

개인적으로도 나는 『페다고지』 Pedagogy of the Oppressed (1970년)의 저자인 파울로 프레이리[Paulo Freire, 1921-1997]의 〈약자 우선성〉을 위한 그의 창조적 변혁의 민중 교육론이나 20세기를 살았던 비범한 현자로 생각되는 이반 일리치[Ivan Illich, 1926-2002]의 급진적인 문명 비판 및 그의 깊고 예리한 관점들에 대해선 상당한 옹호자라는 점도 굳이 숨기고 싶지 않다. 또한 우리나라 역사에서 태동한 동학(東學)이나 류영모[1890-1981], 함석헌[1901-1989]의 사상 또한 매우 소중한 자산이라고 생각한다. 그것들이 갖고 있는 〈가치 강도intensity〉는 여전히 파워풀한 것이다. 어쨌든 이 같은 연구들에 있어서도 〈형이상학의 존재론과 우주론〉이 어떤 식으로 결합되어야 할지는 계속 연구되어야 할 테지만, 적어도 철학이 인간 생물종을 위한 그 마지막 봉사에 화이트헤드의 철학도 함께 참여되기를 희망하면서 이 글을 맺고자 할 따름이다. 물론 이는 필자의 희망사항에 불과하다는 점도 부인하지 않는다. 하지만 그런 신념에 찬 활동가들의 출현 및 화이트헤드 철학의 다양한 문명사적 실험 운동들 역시 세계 지역 곳곳에서 있어주길 기대하는 심정은 해당 철학이 갖는 한계선을 다른 한편으로 직면하기 위해서라도 필요할 것으로 본다. 이것이 필자가 염두에 두고 있는 〈화이트헤드의 레닌〉이다.

그렇다면 새로운 전환의 시대에 누가 과연 화이트헤드 철학운동의 실험자 레닌의 역할을 자임하거나 담당할 것인가? 〈미적 동기〉가 강조되는 사회경제 체제의 마련은 가능한 것인가? 결국 흥미를 갖는 자가 열정에 사로잡힐 것이리라! 우리네 삶의 〈무분별한 맹목적 충동들 혹은 욕구들〉을 보다 적재적소로 안내해줄 만한 〈자각된 열망들〉이 필요한 때가 아닐 수 없다. "때가 차오르매, 그 나라가 가까이 왔다!"

주[註]   • 참조 문헌

1) 도널드 W. 셔번 편저, 오영환·박상태 옮김, 『화이트헤드의 과정과 실재 입문』 (서울: 서광사, 2010), p.340.

2) 현재의 PR국역판에선 '현시적(顯示的)'으로 번역되어 있지만 기존의 칸트 철학 사전에도 나온 <현시>(顯示, Darstellung) 개념과 혼동되지 않을 필요도 있다고 생각되어 여기선 '표상적(表象的)'으로 옮겼음을 말씀드린다. 물론 필자는 <현시>라는 표현도 타당한 뜻이라고 생각한다. 다행인지 몰라도 같은 역자가 번역한 국역판 도널드 W. 셔번의 책엔 '현시적 직접성'과 함께 '표상적 직접성'도 같이 표기되어 있다. 도널드 W. 셔번 편저, 오영환·박상태 옮김, 『화이트헤드의 과정과 실재 입문』(서울: 서광사, 2010), 참조. 또한 그 밖에 '제시적(提示的)'이라는 역어도 있는데 뜻에서 보면 모두 큰 차이는 없을 것 같다.

3) Judith A. Jones, *Intensity: An Essay in Whiteheadian Ontology* (Nashville and London : Vanderbilt University Press, 1998), p.28.

4) 아닐 아난타스와미 지음, 변지영 옮김, 『나는 죽었다고 말하는 남자』 (서울: 더퀘스트, 2017), 참조. 이 책에선 BIID환자뿐만 아니라 훨씬 더 다양한 신경심리학적 질환 사례들을 탐색하고 있다.

5) 여기서 지성과 화해가능한 공간화에 대한 화이트헤드의 주된 설명들은 바로 이 단락의 앞부분과 뒷부분에 나와 있다. 즉, 이것은 자연에 대한 탐구에 있어 그것이 자연의 인과성을 표현하고 있다고 볼 만한 여지가 있음을 밝힌 것인데, 적어도 화이트헤드는 존속하는 물체가 갖는 정지, 속도, 가속도에 대한 물리의 역학이 신뢰 가능할 수 있다는 점을 그 자신의 형이상학적 존재론을 통해서 제시해놓은 것이다. 이 입장에선 모든 공간화를 지성의 필연적인 왜곡 탓으로만 볼 필요는 없다는 점이다. 적어도 이것은 존속하는 물리적 객체와 관련되고 있는 <현재화된 지속>presented duration을, 그 존속물을 구성하는 계기의 <변형의 장소>strain-locus가 되고 있는 지속과 동일시한 점에 기인한다(PR 321/613-614).

6) 화이트헤드와 베르그송의 비교 연구에 대해선, 오영환, 『화이트헤드와 인간의 시간경험』(서울: 통나무, 1997), 참조.

7) 문창옥, 『화이트헤드 과정철학의 이해』(서울: 통나무, 1999), p.230.

8) 오늘날 인문학 진영에서도 꽤 히트를 친 개념 용어에 속하는 <시뮬라크르>는 이제 더 이상 원본성의 상실을 놓고 두려워할 필요가 없는, 오히려 그러한 점을 훨씬 더 적극적으로 옹호하는 개념에 해당한다. 이미 널리 알려져 있듯이 이것은 특히 프랑스 철학자인 장 보드리야르(J. Baudrillard)와 질 들뢰즈(G. Deleuze)를 통해 적극 해석되고 있는데 이를 통해 플라톤주의에 대한 타파 또는 전복을 시도하는 개념으로 평가되기도 한다. 장 보드리야르 지음, 하태환 옮김, 『시뮬라시옹』(서울: 민음사, 2001) ; 질 들뢰즈 지음, 이정우 옮김, 『의미의 논리』(서울: 한길사, 2000), 참조. 그렇지만 '시뮬라크르'라는 용어의 원출처자로 알려진 플라톤 역시 언급하지 않을 수 없다. 그럴 경우 <반플라톤주의>를 표방한 현대철학은 <'플라톤 철학'이라는 원본>을 제대로 독해하고서 이를 넘어서고 있는 것인가 아니면 플라톤에 대한 타파와 전복 자체가 철학의 목적이 되어버린 것인가를 직접 알아보는 작업도 매우 흥미진진한 점이 될 지도 모를 일이다. 왜냐하면 플라톤의 『소피스테스』에서는 마치 그 자신을 전복하고 있는(물론 이 균열은 자신의 이데아 개념에 대해서도 비판을 가한 『파르메니데스』 대화편에서도 볼 수 있었던) 또 다른 플라톤의 모습을 발견할 수 있기 때문이다. 플라톤 지음, 김태경 옮김, 『소피스테스』(서울: 한길사, 2000), 참조. 플라톤은, 존재(있음)를 힘 이외에 다른 어떤 것이 아니라고 할 뿐만 아니라 비존재 역시 존재로서 포섭하고 있으며 파르메니데스의 일자 개념이 모순적이라는 점도 폭로한다. 플라톤은 파르메니데스의 영향을 많이 받았었지만 그의 일자(하나) 개념을 부정하고 다자(여럿)로서 받아들인다. 어쨌든 플라톤의 후기 대화편들은 철학 전공자라면 적어도 플라톤 철학에 관심하는(반대하든 지지하든) 이들이라면 특히 꼭 읽어봐야 할 매우 흥미로운 저술이라고 본다. 들뢰즈조차도 이 『소피스테스』 저술을 놓고선 "플라톤이야말로 플라톤주의의 전복을 처음으로 시도한 사람이 아닌가?"하는 <플라톤의 놀라운 모험>이라는 표현을 쓰기도 했었다. 필자가 생각하기로는, 현대 철학의 양상들이 플라톤을 지지하든 왜곡하든 반대하든 해체하든 상관없이 철학사는 기본적으로 플라톤이 깔아놓은 사유의 놀이터 자체를 완전하게 벗어나는 것은 아무래도 힘들지 않나 생각되며, 플라톤에게서 아예 멀리 벗어나려는 작업도 의미 있다고 보면서도 한편으로 이를 꼭 벗어나야만 한다는 생각도 어쩌면 또 다른 의미의 강박일 수도 있다고 여겨진다. 서구사상사에서 보듯이 진리/이성/보편성/합리성/중심화 등 이 계열이 지녀왔던 폭력성도 문제였지만, 그렇다고 전복/탈주/도주/일탈/분열/해체/차이화/탈중심화 등 이것들 자체가 꼭 목적이 되어야만 하는 것도 아닐 것이다. 물론 친(親)플라톤이든 반(反)플라톤이든 탈(脫)플라톤이든 그것이 낳고 있는 폐해나 폭력성의 요소들은 계속 극복되어야 할 지점이

다. 분명한 사실은 서양철학사가 플라톤 이후로도 새로운 개념과 가능성들의 증대를 계속 일궈나갔었다는 점이다. 철학은 기본적으로 온갖 개념들과 사유 실험의 장(場)이다. 따라서 그러한 온갖 실험의 장에 쏟아내는 다양한 사유와 개념들은 오류를 낳기도 하고 거짓과 허상으로 간주되기도 한다. 그럼에도 그것들조차도 다양한 가능성들의 증대에 기여하고 있는 것이며, 어쩌면 나중에 새로운 발견자나 해석자에 의해 그동안엔 오류와 거짓과 허상으로만 치부해왔던 것이 생각지 못했던 더 크고 깊은 의미의 발견으로도 창출될 수 있다. 마치 들뢰즈가, 애초 플라톤이 돌아보지 않았다는 시뮬라크르 개념을 세련된 현대적 의미로 새롭게 끌어올린 것처럼. 즉, 철학에서도 시뮬라크르가 계속 올라오게 해야 하는 자리도 분명 필요한 것이다. 철학도 크게 보면 일종의 '개념창조 예술'에 속한다. 다만 그것이 어떤 사유의 유희에만 머물기보다는 오히려 다양한 경험들에 대한 해명과 실용성에도 기여하는 방향일 때 보다 건설적일 것이다.

9) Edward C. Halper, *Aristotle's 'Metaphysics': A Reader's Guide* (New York: Continuum, 2012), p.1.

10) Eric J. Chaisson (Author) & Lola Judith Chaisson (Illustrator), *Epic of Evolution: Seven Ages of the Cosmos* (New York: Columbia University Press, 2005), p.xii.

11) 그림의 원본 출처는, 토마스 아키나리 지음, 오근영 옮김, 『하룻밤에 읽는 서양 사상』(서울: 중앙M&B출판, 2003), p.44.

12) http://openlectures.naver.com/contents?contentsId=79128&rid=2888&lectureType=classic [열린연단, 강연일: 2015.03.21.] 참조. 서구사상사에서 아리스토텔레스의 권세와 영향력의 한 예로 아리스토텔레스가 끼친 플라톤 해석을 들 수 있겠는데, 플라톤 철학의 전문 연구자로 알려진 박종현 교수는 자신의 강연에서 플라톤의 이데아설을 비난했던 아리스토텔레스야말로 자기 주장을 대척적으로 부각시키기 위해 오히려 플라톤에 대한 과장되고 오도하는 확대 해석을 가했었고 이제서야 20세기 플라톤 연구자들에 의해 그 같은 아리스토텔레스의 철학사적 스캔들의 진상이 새롭게 밝혀지면서 점차로 바로잡아가고 있다는 얘길 전한 바 있었다. 그에 따르면, 애초 플라톤의 이데아나 형상은 분명히 <지성에 의해서 알 수 있는 것>(to noēton)으로 명확히 표명했었음에도 아리스토텔레스는 플라톤의 이데아나 형상을 그 어디에서도 'to noēton'으로 소개한 적이 없었고 보편적인 것(to katholou)으로서 개별적인 존재들에서 분리(chōrizein)했다며 비난만 해댔다는 것이다. 여기서 이 '분리'를 말한 '코리제인(chōrizein)'이라는 말은 '논리적인 구별'을 뜻하기도 하지만 아리스토

텔레스는 오로지 '공간적인 분리'의 뜻만 적용했다고 폭로한다. 결과적으로 이러한 점은 아리스토텔레스가 그 자신의 견해를 부각시키고자 일부러 플라톤의 진의에 대해선 의도적인 침묵과 배제를 가한 것일 수 있다는 얘기였다. 따라서 애초에 플라톤이 썼던 대로 제대로 소개되었더라면 아리스토텔레스는 이데아 논쟁을 벌일 수가 없었다는 것이다. 심지어 아리스토텔레스 사상의 상당 부분(대체로 형이상학과 윤리설 부분)은 거의 4분의 3은 해소되거나 없어졌을 수 있고 나머지 자연과학과 논리학 정도만 살아남았을 수 있다고까지 전한다. 어쨌든 이를 놓고 강연자인 박종현 선생은, 아리스토텔레스가 일으킨 <철학사적 스캔들>이라는 표현을 쓸 정도로 유감을 표명하였으며 이 철학사적 스캔들이 그나마 20세기 들어와서 고전학자들, 플라톤 원전을 보는 연구자들을 통해 차츰 바로잡아가고 있다고 했다. 물론 이에 대해서도 보다 상세한 논의와 여러 평가들 역시 있을 수 있겠지만, 적어도 필자가 생각하기로는 아리스토텔레스가 플라톤의 유산을 제대로 계승 극복하지 못했었다는 점만은 또 다른 경로로서 확인해볼 수 있었던 강연 내용이었다.

13) 화이트헤드가 언급한 <주관주의적 원리>에 대한 설명과 더불어 어쩌면 <감각주의적 원리>sensationalist principle에 대한 설명도 함께 필요할 수 있겠지만 여기서는 다루지 않았음을 말씀드린다. 왜냐하면 이 부분까지 다루게 될 경우 흄과 로크와 칸트까지 끌어들여야 해서 논의가 간명해지지 못하고 훨씬 더 복잡해지고 커질 수 있다고 봤기 때문이다. 그렇기에 여기선 <주관주의적 원리>와 화이트헤드가 그 대안으로 제시한 <개선된 주관주의 원리>에만 집중했음을 밝힌다. 참고로 이 <감각주의적 원리>에 대한 짧막한 소개는 다음과 같다. 화이트헤드에 따르면 "감각주의적 원리란, 경험 행위에서의 시원적인 활동성은, 수용의 어떠한 주체적 형식도 없이, 여건을 있는 그대로 주관적으로 영입한다(entertainment)는 것이다(PR 157/330)." 여기선 수용의 주체적 형식이 없기 때문에 경험의 여건은 있는 그대로(생짜로) 주체에 영입되고 있다. 그렇기에 이 역시 화이트헤드가 거부하는 <공허한 현실태>에 해당된다. 그런데 이것이 <주관주의적 원리>와 함께 거론되는 이유는 주관주의적 원리가 갖는 경직된 귀결 즉 <유아론>의 한계를 이런 방식으로 극복할 수 있다고 봤던 점에도 있었기 때문이다. 즉, 여건을 있는 그대로 수용함으로 인해 객관을 확보할 수 있다고 본 것이다. 물론 이에 대한 논증들은 보다 정교하고 세심한 이론적 설명들을 요구하는 작업에 해당된다. 그 점에서 흄과 로크와 칸트를 비롯한 근대 철학자들은 나름 대단한 작업들을 해낸 것이다. 하지만 이들 흄과 로크와 칸트의 대응들은 조금씩 달랐다. 이에 대해 결론적으로 화이트헤드가 보는 평가는 다음과 같다. 흄은 주관주의적 원리와 감각주의적 원리의 두 측면이 있지만 흄의 귀결은 결국

유아론(唯我論, Solipsism)의 모순에 빠질 수밖에 없다고 봤으며(PR 152/319-320), 로크의 경우는 감각주의적 원리를 받아들였지만 주관주의적 원리에 대해선 일관성을 갖지 못했다고 평가한다(PR 157/330). 흄을 넘어서고자 했던 칸트는 주관주의적 원리는 받아들이는 한편 감각주의적 원리는 거부했다고 보고 있다(PR 157/330). 알다시피 칸트는 객관적 세계를 주관적 경험의 구성물로 보는 입장이다(PR 156/326). 화이트헤드의 입장은 칸트의 도식과 반대로 <실재론>에 기반하며 개념적 사유 중심이 아니다. 반면에 칸트가 말한 경험의 행위는 본질적으로 <인식>knowledge이며 적어도 그것이 중심에 있다(PR 155/324). 그리하여 결과적으로 보는 화이트헤드 철학의 입장은 <감각주의적 원리>도 거부하지만 <유아론적 주관주의>solipsist subjectivism도 거부한다. 오히려 다른 차원의 주관주의적 학설 곧 <개선된 (개정된) 주관주의적 원리>를 표방할 뿐이다. 어쨌든 대략적인 애기만 추려도 이러한데 굳이 입문 단계에서 이들 철학들과의 상세한 비교 논의까지 펼쳐놓는 건 아무래도 과도한 분량이라 여겨져 여기선 논의를 진척시키지 않았음을 말씀드린다. 게다가 본서는 화이트헤드 철학의 소개에 주로 맞춰야 했기에 이러한 내용들까지 비중 있게 다룰 부분은 아닌 듯했다. 그러나 이들 철학과의 섬세한 비교 연구 작업이 서구 근대 철학사 공부에 있어서도 유익하고 흥미진진한, 그것도 매우 중요한 논의가 될 수 있다는 점도 분명한 애기다.

14) 도널드 W. 셔번 편저, 앞의 책, pp.135-135.

15) Ibid, pp.135-136.

16) <연장적 결합>이라고도 하지만, 영어의 'connection'을 여기선 <연결>로 쓴 이유는 기존 수학 진영의 번역과도 맞추고자 한 점에 있다. 예컨대 '사영 기하학'이라는 용어에서도 볼 수 있듯이, 이미 번역되어 기존 수학 분야에서 널리 통용되고 있는 용어처럼 그런 식으로 함께 맞추고자 한 것뿐이다. 위상수학(topology)에서는 <연결>connection과 <연속성>continuity을 중요한 것으로 본다.

17) 후기 플라톤의 형이상학적 <우주론>을 제시한 『티마이오스』 Timaeus에는 <수용자>receptacle 개념이 나오는데 화이트헤드의 <연장적 연속체>는 바로 이 플라톤의 <수용자> 개념의 계승인 점이 있다(PR 역 175-176쪽 각주 내용 참조). 실제로 플라톤은 자신의 <수용자> 개념을 <모든 생성의 양어머니>fostermother of all becoming와 그리고 <모든 사물들에 대한 자연의 모체>a natural matrix for all things로 소개했었음을 화이트헤드는 지적한다(AI 134). 또한 화이트헤드는 다음과 같이도 언급했었다.

"플라톤의 후기 대화편들은 일곱 개의 개념인, 이데아(The Ideas), 물리적 요소들(The Physical Elements), 프시케(The Psyche), 에로스(The Eros), 조화(The Harmony), 수학적 관계들(The Mathematical Relations), 수용자(The Receptacle)를 둘러싸고 전개된다. 나는 모든 철학이 사실상 이들 개념을 얼마간 수정해서 정합적인 체계를 확보하려는 시도라고 보기 때문에 그것들을 언급한 것이다. … (중략) … 수용자가 난해한 개념임을 플라톤은 명시적으로 진술한 바 있다. 그래서 우리는 안전하게 그것에 대한 쉬운 설명들을 무시해야 할는지도 모른다. 나는 그것을 현실태로서 이해된 우주(Universe)에 대한 본질적 통일성(essential unity)이라는 개념으로, 그리고 모든 현실태들이 참여하지 않으면 안 될 <생명과 운동>life and motion으로부터의 추상(abstraction)으로 설명한다. 만약 우리가 프시케와 에로스를 빼놓는다면, 우리는 정태적인 세계를 얻게 될 것이다. 플라톤의 후기 사상에서의 본질인 <생명과 운동>은 이들 두 요소의 작용에서 비롯된 것이다. 그러나 플라톤은 아무런 형이상학적 체계도 남겨놓지 않았었다." (AI 275).

18) 화이트헤드 이후 현재 국제표준단위로 쓰는 길이의 ′미터(m)′는 빛이 진공에서 1/299,792,458초 동안 진행한 경로의 길이로 정해놓고 있다. 이처럼 오늘날 과학 분야에서 쓰는 표준적인 측정법은 인공물로 쓰는 방식을 줄여나가면서 과학기술이 발전함에 따라 그 측정의 단위를 보다 정밀하게 구현할 수 있게 되었고, 마침내 다른 측정의 단위들—킬로그램(kg), 암페어(A), 켈빈(K), 몰(mol)—도 자연의 법칙에서 나온다고 보는 기본물리상수(플랑크 상수, 기본전하, 볼츠만 상수, 아보가드로 상수)를 기반으로 정의할 수 있게 되었다(2018년 11월16일 제26차 국제도량형총회[CGPM]에서 최종 결정, 2019년 5월20일부터 발효됨). 결국 그 측정의 단위가 보다 정밀해지고 안정화되면서 그 신뢰성을 더해간다고 볼 수 있다. 그럼에도 알 수 있듯이 여기에도 동일성과 반복 재현의 특성을 근본적으로 전제한 가운데서 근사적으로 보다 정밀한 방향으로 나아가려는 것일 뿐이다. 따라서 과학자들이 정량화된 물질 개념에 대해 동일성을 갖는 불변의 <실체>로 받아들이는 건 어찌 보면 매우 자연스러운 행보로도 보인다. 이와 관련해 국제단위계에서 언급된 'amount of substance'을 '물질의 양'으로 통용하는 점도 이채롭게 다가온다. 'substance(실체)'를 곧 '물질'과 동일시해놓은 것이다. 아무래도 측정을 중시할 수밖에 없는 과학자들에겐 변치 않는 실체로서의 물질 개념을 추구하는 일이 불명확한 차이들의 바다 속에서는 좀 더 나은 명확한 안정적 단순성을 꾀하는 방안들로서 필요했을 것 같다. 이처럼 과학자들의 인식 속에 통용되는 그 <물질> 개념에는 변치 않는다고 여겨지는 혹은 변치 않아야만 한다고 생각되는 <실체>라는 관념이 암암리에 작동된다고 볼 수 있겠으며, 한편

으로 그러한 관념의 정당성은 그에 대한 <실용성>에서 평가될 수 있다고 생각된다. 만일 1미터 길이가 국가마다 지역마다 개인마다 저마다 그야말로 들쭉날쭉인 세상을 떠올려본다면 우리는 매우 끔찍스러운 혼동과 우려를 표할 것이기에 현재로선 지금까지의 과학의 효과적인 실용성에 대해서도 분명한 만족을 표시할 수밖에 없는 것이다.

19) 수학의 역사에서 <사영 기하학>의 등장은 기하학을 두 가지 범주 즉, <계량적 성질>metric properties과 <묘사적 성질>descriptive properties로 분류되도록 만들었는데, <사영 기하학>은 기하학의 <묘사적 성질>에 관한 연구에 해당한다. Howard Eves 지음, 허민·오혜영 옮김, 『수학의 기초와 기본 개념』(서울: 경문사, 1995), pp.174-176.

20) 이 용어는 의미관계, 중요성, 중대성, 의미관련 등으로 번역되어 있는데, 영어의 'significance'는, 일반적 의미의 중요성을 뜻하는 'importance'와 달리 그것이 좀 더 특별한 의미의 중요성을 함축한 용어로 알려져 있다. 참고로 다른 학문 분야에서는 '유의성(有意性)'으로 번역해서 통용하기도 한다.

21) 여기서 <과학적 탐구 대상에 대한 측정>이라고 하면 측정의 주체를 인간으로 설정하는 경우가 될 것이다. 아직까지 우리는 과학을 인간만이 하는 활동으로 보고 있다. 고양이가 과학을 수행한다고 말하진 않는다. 하지만 <측정> 개념을 인간이 자연에 관여하는 관계 활동만이 아니라 고양이가 자연과 맺는 관계 활동으로도 볼 수 있다면 그 측정의 주체가 꼭 인간이어야 할 필요는 없어 보인다. 따라서 이 문제는 근본적으로 <측정>이라는 개념 자체의 설정 문제와도 연관된 것이다. 만일 <측정>을 자연과 관계를 맺는 <존재론적 활동>으로 본다면 측정의 주체가 꼭 인간이어야 할 필요가 없는 것이지만, 측정이라는 개념을 <인간 존재의 활동>으로 제한시켜 설정한다면 결국 인간을 끌어들일 수밖에 없다. 하지만 화이트헤드의 형이상학적 원자론에서 보면, 자연과의 관계 활동에 있어 꼭 인간만이 그 미확정성들을 줄여나가는 절차를 수행한다고 볼 이유는 없을 것 같다. 화이트헤드는 분명한 실재론자다.

22) 토마스 E. 호진스키, 앞의 책, p.237.

23) 솔직히 필자로서는 화이트헤드의 이러한 내용이 스튜어트 카우프만(Stuart A. Kauffman)의 글을 많이 떠올리게도 해주었다. 그에 따르면 어떤 복잡한 비평형계(non-equilibrium system)에서는 그 구성요소들이 연합된 집단이 되면서 자기촉매적 성질이 일어나 스스로도 새로운 산물을 만들어낼 수 있게 되는데 지구상에 생명체가 시작된 현상도 이러한 식의 창발이 아니었을까를 전하고 있다. 보다 상세한 내용들은, 스튜어트 카우프만 지음, 국형태 옮김,

『혼돈의 가장자리』(서울: 사이언스북스, 2002) 참조.

24) 도널드 셔번 저, 오영환·박상태 역, 『화이트헤드의 과정과 실재 입문』(서울: 서광사, 2010), p.331.

25) 로렌스 콜버그 지음, 김민남 외 공역, 『도덕발달의 철학』(서울: 교육과학사, 2000), p.479-484.

26) 존 B. 캅 Jr 지음, 이경호 옮김, 『화이트헤드 철학과 기독교 자연신학』(서울: 동과서, 2015), p.80.

27) 이들의 직접적인 입장을 손쉽게 알 수 있도록 소개한 국내 EBS 다큐 방송을 권해드린다. 이들이 직접 밝힌 인터뷰 내용과 함께 그 반대 견해를 가진 학자들의 주장도 같이 소개되어 있어 볼만하다. EBS다큐프라임 『데스 2부-비탐 애테르남(Vitam aeternam) 영원한 삶 사후세계 편』(방영일자 2014년 11월4일), EBS교육방송 홈페이지(www.ebs.co.kr)에서 해당 동영상 검색 가능(2018년 6월23일 검색 확인).

28) 세부적인 개념 용어들의 차이는 있겠지만, 거친 스케치로 보면 이것은 마치 필자에게는 뒤에서 소개할 신의 결과적 본성(화이트헤드에게 있어 이것은 '의식적'인 것임) 또는 유식불교에서도 말하는 경험된 모든 정보들이 저장된다고 언급되는 아뢰야식 같은 개념을 떠올리게 해주었다. 사실 펜로즈와 해머로프의 주장이 논란이 많다는 것도 분명하고 현재로선 이를 과학적으로 밝히려는 작업에 한계가 있다는 사실도 분명한 얘기다. 그럼에도 과학 역시 실험 검증의 모험을 멈추진 않을 것이다. 어찌되었든 세계적으로도 유명한 거의 일급의 이론 물리학자로 존경받는 펜로즈조차도 물리적 신체의 죽음이 끝은 아닐 수 있다면서(물론 자신들의 주장이 여전히 논란이 될 수 있다는 사실도 잘 알고 있으면서도) 조심스럽게 사후세계의 가능성을 열어놓고 있는 점은 솔직히 필자에게도 꽤 신선하게 다가왔다. 또한 이런 논란들과는 상관없이 세계 안에는 <임사 체험>에 대한 경험 사례들 자체는 계속적으로도 많이 보고되고 있다는 점도 덧붙여 두고자 한다.

29) 로저 펜로즈·스티븐 호킹·에브너 시모니·낸시 카트라이트 지음, 최경희·김성원 옮김, 『우주 양자 마음』(서울: 사이언스북스, 2002) 참조. 펜로즈와 해머로프의 양자 의식 이론은 <조율된 객체 환원>(Oorchestrated Objective Reduction, 줄여서 Orch OR) 이론으로 불리는데, 이 두 사람은 이후 연구에선 자신들의 이론이 그러한 화이트헤드의 철학을 더욱 구체화하는 작업인 것으로 보고 있다. Stuart Hameroff & Roger Penrose, "Consciousness in the universe A review of the 'Orch OR' theory",

Physics of Life Reviews 11 (2014) 39 - 78. 참조. 물론 이들 견해에 비판적인 과학자들도 많다. 그 한 예로는, 짐 알칼릴리・존조 맥페든 지음, 김정은 옮김, 『생명, 경계에 서다』(서울: 글항아리 사이언스, 2017) [원서는 Life On The Edge 2014년 출간] 참조. 이 책은 미세소관에 대해선 부정적이며 오히려 뇌 속 양자 현상이 일어날 만한 후보로 뉴런의 세포막에 있는 이온통로를 제안한다. 하지만 아쉽게도 이 책은 2014년 이후에 알려진 미세소관 연구들에 대해선 부득이 반영되어 있지 않은 상태다. 그리고 한 가지 더 언급할 점은, 펜로즈-해머로프와는 또 다르게 양자-뇌 가설을 주장하는 물리학자인 헨리 스탭(Henry P. Stapp)의 이론 역시 여기에도 화이트헤드 철학이 함께 뒷받침된 것임을 명시적으로 표명하고 있다는 사실이다. Henry P. Stapp, "Whiteheadian Process and Quantum Theory", [Edited] Timothy E. Eastman & Hank Keeton, *Physics and Whitehead: Quantum, Process, and Experience* (Albany: State University of New York Press, 2003), pp.92-102. ; Henry P. Stapp, *Mindful Universe: Quantum Mechanics and the Participating Observer* [2E] (Berlin, Heidelberg, New York: Springer, 2011), 참조. 이처럼 현재 <양자-뇌의식> 이론을 주장하는 학자들이 화이트헤드 철학으로부터 많은 도움을 받고 있음을 고백한 지점만은 상당히 주목을 끄는 부분이 아닐 수 없다.

30) 아서 케슬러 지음, 최효선 옮김, 『야누스: 혁명적 홀론 이론』(서울: 범양사, 1993), pp.47-48.

31) Lee Smolin, *The Life of the Cosmos* (New York: Oxford University Press, 1997), p.159.

32) 출처 http://www.particleadventure.org/history-universe.html [검색일 2018년 10월17일]. 여기선 확대된 이미지의 원본 파일을 누구나 다운로드 받아볼 수 있다.

33) 윌리엄 제임스 지음, 김혜련 옮김, 『다원주의자의 우주』 (서울: 아카넷, 2018) 참조.

34) "Whitehead Without God." The Christian Scholar, 40 (3) (1967): 251-272; revised and expanded in, *Process Philosophy and Christian Thought*. Eds. Delwin Brown, Ralph E. James, Jr., & Gene Reeves. (Indianapolis: Bobbs-Merrill, 1971), pp.305-328. ; "The 'Whitehead without God' Debate: The Rejoinder." *Process Studies* 1/2 (1971), pp.10-13. ; "Decentering Whitehead." *Process Studies* 15/2 (Summer 1986), pp.83-94. 그러나 많은 화이트헤드 연구자들은 셔번의 그런 주장이 오히려 화이트헤드 철학 전체에

서 보면 더 많은 체계 정합성을 훼손하는 것으로 보고 있기에 이를 받아들이진 않는 편이다. 실제로 PR의 같은 공동편집자였던 데이비드 그리핀은, 셔번의 '신 없는 화이트헤드' 입장을 거론하면서 유신론을 제대로 날려버릴 만한 화이트헤드 철학의 전면적인 재구성 저술을 왜 아직까지도 못내고 있 냐는 식으로 지적하기도 했었다. 다시 말하면, 그리핀이 보기에 셔번한테서는 앞으로도 그런 작업을 결코 기대할 수 없다고 봤던 것이다. 그리핀은 화이트헤드 철학 체계에서 신을 제거하는 이론적 논증이 그 자신의 자연주의 유신론과 대비시켜볼 때 그것은 원천적으로 불가능한 것으로 보고 있다. David Ray Griffin, *Whitehead's Radically Different Postmodern Philosophy: An Argument for Its Contemporary Relevance* (Albany: State University of New York Press, 2007), pp.266-267.

35) 정강길, "<믿음 모델>에서 <모험 모델>로의 신앙 구조 전환: 화이트헤드의 종교론에서 본 21세기 종교 변혁의 방향", 한국화이트헤드학회 2018년 춘계 학술제 발표 원고, 『화이트헤드 연구』 36집 (서울: 동과서, 2018) 참조.

36) 사실상 전통적인 기독교 진영 안으로 좀 더 파고들어가고자 했던 <과정신학>의 경우 애초 화이트헤드 형이상학이 지니고 있던 날카로운 문제의식들을 신학의 온건한 유화적 언술로 포장해놓은 점도 없잖아 있다. 그러다보니 화이트헤드 저작 곳곳에 산재해 있던 기독교 비판에 대한 껄끄러운 발언과 내용에 대해서도 이를 직설적으로 고찰하기보다는 아무래도 조금이나마 희석시켜서 교회 안에서도 쓰일 수 있도록 시도한 것이라 생각된다. 그런 점에서 보면, 기존 기독교 신학에 대해 화이트헤드가 지녔던 본래의 날선 이빨들이 <과정신학>을 거치면서 너무 뭉툭해져버린 건 아닌가 하는 생각도 든다. 비교적으로 볼 경우, 적어도 같은 유대교 문화권 안에서도 이천 년 전 갈릴리 예수운동이 보여줬던 유대 바리새인 진영과의 첨예한 전선만큼은 형성되지 못했었다고 생각된다. 즉, 이와 마찬가지로 같은 기독교 문화권에 놓여 있을지라도 분명한 차이점들도 뚜렷하게 부각시키는 첨예한 전선의 형성도 필요한 것인데 그동안의 <과정신학> 전략은 전통 기독교에 대해 상당히 온건하고 유화적인 접근이어서 그 분명한 차이점들이 어느 정도 희석되거나 가려지는 점도 있었기 때문에 일말의 아쉬움도 없잖아 있음을 말씀드리는 것이다. 필자의 입장은 <과정신학>의 전략이 전통 기독교에 대항적이면서도 대안적인 성격을 보다 더 뚜렷하게 하는 그러한 방향으로서 <새로운 기독교 운동>이라는 모험의 길로 가야한다고 생각한다.

37) 이에 대해 솔직하게 고백하자면 필자가 보는 화이트헤드의 신 개념에 대한 작은 불만도 실은 기존의 신 개념과 뒤섞이는 혼동 문제와 관련된 문제이다.

화이트헤드가 자신의 유기체 철학을 펼쳤을 때, 합생, 영원한 객체, 만족 같은 용어들에서도 볼 수 있듯이 좀 더 오해를 덜어내고자 하여 기존의 개념 용어가 아닌 나름의 신중한 고려 속에서 표현하고자 하는 바의 내용에 부합되는 용어 또는 거기에 걸맞는 새로운 용어들을 채택했던 것임은 분명해 보인다. 그런 그가 신에 대해서는 기존 뜻으로 오해될 수 있는 'God(신)'이라는 용어를 여전히 그대로 끌어와 쓴 점만은 필자로선 작은 불만이라고 해둬야 할 것 같다. 앞서 명제(proposition)의 경우는 그 용어 자체가 '제안'이라는 뜻도 함축한 데서 보듯이 애초 화이트헤드가 주지시키고자 하는 바의 내용에는 부합된 용어였던 점은 있었지만, 이 신(God)이라는 용어는 그런 경우와도 다를 뿐더러 화이트헤드가 '형상'이나 '이데아'를 피했던 그 이유와 마찬가지로 많은 오해를 불러일으킬 수 있는 용어라고 생각된다. 물론 화이트헤드가 기존의 신(God) 용어를 그대로 채택한 데에도 나름의 신중한 고려와 이유 역시 있었다고 본다(PR 32/103 내용 참조). 그러나 이 지점에서도 필자로선 'God'이라는 용어 대신에 조금은 다른 신조어를 새롭게 만들어냈으면 어땠을까 싶은 것이다. 왜냐하면 서구 사상사에서 'God[신]'이라는 용어가 다른 그 어떤 개념 용어들보다도 매우 강력하게 영향을 끼쳐왔고 상당히 중요시됐다는 점을 십분 고려한다면 가능한 혼동의 오해를 걷어내는 방향으로 새롭게 도입할 필요도 있다고 봤기 때문이다. 예를 들면, 기존의 God 대신에 'Gio(=God+I+Others)'로 새로 표기하는 방법을 현재 필자는 생각하는 편이다. 이 'Gio'라는 단어는, 신(God)이라는 존재도 나(I)와 타자(Others)와 떨어질 수 없는 <상호 관계적 존재>라는 점을 새롭게 표기해 본 것인데 이를 통해 <God에서 Gio로의 진화>가 필요하다는 점도 함께 담고 있다. 그러나 같은 단어를 사용함으로써 빚어지는 혼동의 혼란들을 아주 사소하다고 보는 입장이라면 그냥 그대로 '신(God)'이라는 용어를 계속 쓸 수도 있겠다. 그리고 그렇게 하는 것이 화이트헤드의 본래 의도라는 점도 분명한 얘기다. 단지 여기선 화이트헤드가 기존의 '신(God)'이라는 용어를 여전히 쓰면서도 신 존재에 대한 일반적인 의미와는 다른 점들이 많기 때문에 부득이 신 존재에 대한 개념 혼동을 느끼는 사람들도 계속 나오고 있다는 점만은 염두에 뒀으면 한다는 얘기다. 품고 있는 의미가 다른 이상 그리고 그것이 계속적인 혼동을 낳고 있는 것이라면 우리가 '신'이라는 낡은 기표에 계속적으로 집착해야 할 이유도 없어 보인다. 물론 앞서 언급한 Gio 표기 외에도 더 나은 의미로 부합되는 적절한 표기들이 있다면 얼마든지 제안될 수 있다. 단지 필자로선 '신'이라는 용어도 "새 술은 새 부대에!" 담는 것이 좀 더 낫다고 보는 것뿐이다. 그러나 필자의 이 같은 견해 역시 그 이유가 어떻든지 간에 화이트헤드의 본래 의도에서 좀 더 나간 것으로도 볼 수 있다. 그 점에 대해선 굳이 부인하진 않는다. 어쩌면 대중의 인식도 언젠가는 전환될 수 있다는 그 역량을 믿고 현재의 이 문제를 사소한 문제로 간주해버릴 수도 있을 것이다. 그러나 Gio라는 새로운 용어 표기 제안도 바로 그러한 새로운 인식 전환에 동참하고자 하는 또 다른 하나의 접근법일 수 있다는 점도 함께 덧붙여 두는 바이다.

38) 리처드 도킨스 지음, 이한음 옮김, 『만들어진 신』(서울: 김영사, 2007), p.36.

39) William E. Hocking, "Whitehead as I Knew Him", in George L. Kline, ed., *Alfred North Whitehead: Essays on His Philosophy* (Englewood Cliffs, NJ.: Prentice-Hall, 1963), p.16. 토마스 호진스키, 앞의 책, p.305. 재인용.

40) 버트란트 러셀의 증언에 따르면, 자신과 공동 작업을 하던 수학 시절(1898-1912년)의 화이트헤드는 불가지론자(an agnostic)였다고 했으며 또한 나중에 1차 세계 대전에서 전사한 아들 에릭(Eric)의 죽음(1918년)이 화이트헤드의 종교관에도 영향을 주었을 걸로 짐작했었다. 토마스 호진스키, 앞의 책, p.305. 재인용.

41) 하지만 또 다른 구약성서 연구자에 따르면 그 히브리 성서 구절의 경우 "야훼는 존재하는 것을 존재케 하는 자"라고 사역형 동사로서 읽어야 본래의 히브리어 원문 의미에 더 타당하다고 보는 입장도 있다. 김이곤, 『출애굽기의 신학』(서울: 한국신학연구소, 1994), pp.52-56. 만일 이러한 뜻이라면 화이트헤드의 유신론 입장과도 크게 상치되지 않아 보인다. 결국 성서를 읽고 풀이한다는 것도 어떤 형이상학적 맥락 혹은 어떤 해석학적 세계관에 의거해 읽느냐에 따라 그 뜻과 이해가 많이 달라지기도 하는 것을 엿볼 수 있다. 기독교 신학과 관련된 내용에 대해서는 필자의 졸저, 『기독교 대전환』(서울: 대장간, 2012), 참조.

42) 데이비드 그리핀, 앞의 책, pp.238-239. 성서의 창세기 1장1절 이하를 잘 읽어보면 <무(無)로부터의 창조>라는 해석보다 오히려 <혼돈으로부터의 창조>라는 해석이 좀 더 적절해 보인다. 뿐만 아니라 기존의 기독교 세계관이 <무(無)로부터의 창조>가 나온 우주의 <태초>와 그리고 심판이 찾아온 우주의 <종말>을 상정함에 있어서도 이것은 화이트헤드 철학과 맞지 않다는 점도 인지해볼 필요가 있다.

43) 루트비히 포이어바흐 지음, 강대석 옮김, 『기독교의 본질』(서울: 한길사, 2008), p.77.

44) 포이어바흐에게서는 인간의 인식능력이라고 할 수 있는 오성(悟性)이 바로 그러한 역할을 맡고 있다. 그에 따르면, 오성은 "원본적·원초적 본질"이며 "오성의 통일성은 신의 통일성"이고, "오성은 무한한 본질"로 자리한다(같은 책, pp.108-113). 나중에 보겠지만, 여기서 원본적·원초적 본질이며 신의 통일성이자 무한한 본질로 간주되는 오성의 이 역할이 화이트헤드에게서는 신의 <원초적 본성>primordial nature에 상응될 수 있지 않은가 생각된다. 가장 큰 차이는, 화이트헤드는 이것의 궁극적 출처만큼은 시간적인 현실세계 안에 있지 않다고 본 점에 있다.

45) 도널드 W 셔번, 앞의 책, p.348.

46) Ibid.

47) 토마스 호진스키, 앞의 책, p.355.

48) 실제로 화이트헤드 연구자 사이에서도 어쩌면 강력한 신학적 동기인지는 몰라도 이런 불만이 있었으며, 그에 따라 화이트헤드가 말한 창조성은 궁극자의 범주가 될 수 없고 오히려 신에게 속한 것으로 봐야한다는 주장도 나와 있다. Langdon Gilkey, *Reaping the Whirlwind: A Christian Interpretation of History* (New York: The Seabury Press, 1976), 참조. 크게 보면 본서의 [부록]편에서 논의하게 될 내용인 로버트 네빌(Robert C. Neville,)의 경우도 이와 유사한 입장을 보이는데, 그의 경우는 과정신학을 대체할 야심으로 화이트헤드 철학의 범주 체계까지 아예 수정시키는, 다분히 지나친 과잉 전략을 품고서 접근된 점이 있다(* 본서의 [부록]편 참조).

49) 화이트헤드에 따르면, "합생은 주체적 지향의 전개이며 이것은 이념의 헤겔적 전개"라고도 표현했었다(PR 167/348). 다만 이 의미는 화이트헤드의 철학과 헤겔 철학의 체계 전반이 유사하다는 의미라기보다, 합생을 관장하는 그 <목적인>의 요소가 그 과정에 작용한다는 점에 대한 유사성을 피력한 언명으로 생각된다. 완결을 갖는 합생의 과정은 결국 <목적인>을 산출하는 과정이 된다는 점에서 볼 때, 그러한 합생 과정들의 우주를 어쩌면 헤겔적인 우주로 볼 수도 있을 것이다. 헤겔은 자신의 체계 안에 <목적인>의 전개를 상정해놓은 대표적인 근대 형이상학자이기도 하다. 하지만 하나의 시간적 합생은 완결이 있지만 화이트헤드가 보는 신과 세계의 창조적 전진 자체는 어떤 완결을 갖고 있지 않다. 이러한 우주의 창조적 전진의 과정은 헤겔적인 변증법적 과정이나 진보의 과정도 못 된다. 흥미롭게도 화이트헤드의 대표작인 『과정과 실재』에는 '변증법'이라는 용어가 단 한 번도 등장하지 않는데, 필자가 보기에 하나의 합생이 갖는 완결 과정 역시 (비록 그것이 목적인의 산출 과정이긴 해도) 이를 변증법적 과정으로 볼 수 있는지는 의문이다. 합생

의 과정은 분명 <다(多)에서 일(一)로의 과정>이다. 이는 시간적 과정이 아니라는 점에서도 그 이유를 들 수 있을 것 같다. 합생 과정 자체는 <변화>를 겪는 과정이 아니다. 그것은 <운동>의 과정도 아니다. 합생이라는 느낌의 생성 과정 자체는 획기적 과정으로서, 그 생성의 내적 현존은 비시간적 영역에 속한다. 헤겔의 철학 체계에서는 <변화>와 <운동>이 근본적인 것일지는 모르나 적어도 화이트헤드 철학에서는 <변화>와 <운동>도 파생적인 것에 속한다. 오히려 화이트헤드의 "유기체 철학은 사유의 범주들의 헤겔적 계층 체계에서 눈을 돌려, 느낌의 범주들의 계층 체계에 주목한다." (PR 166/345).

50) 화이트헤드 철학의 <강도>intensity 개념을 매우 중점적으로 고찰한 저작을 펴냈던 주디스 존스(Judith A. Jones)는 이러한 주체의 사태를 <탈아적[몰아적] 현존>Ecstatic Existence으로 표현한 바가 있다. Judith A. Jones, *Intensity : An Essay in Whiteheadian Ontology* (Nashville and London : Vanderbilt University Press, 1998), pp.71-74.

51) 아이보르 레클레어 지음, 안형관·이태호 옮김, 『화이트헤드 형이상학 이해의 길잡이』 (대구: 이문출판사, 2003), p.277.

52) 도널드 W 셔번, 앞의 책, p.349.

53) 문창옥, 앞의 책, pp.171-172.

54) 토마스 호진스키, 앞의 책, p.296.

55) 도널드 W. 셔번, 앞의 책, p.347.

56) 이 점에서 한국의 1세대 민중신학자인 안병무의 다음과 같은 언급도 매우 주목할 만한 것이다. "하나님의 뜻은 홀로 성립되는 것이 아니라 역사적 상황과 인간의 결단과 더불어 이루어진다." 안병무, 『역사와 해석』(서울: 대한기독교서회, 1979), p.71. 여기서 안병무 선생이 주장한, <하나님의 뜻>과 <역사적 상황> 그리고 <인간의 결단>이 더불어 이루어진다는 그의 관점 역시 결국은 신God-나I-타자Others 얽힘 관계에서 보고 있는 것이다. 그의 민중신학은 체계화되어 있진 않으나 곳곳에 매우 번뜩이는 중요한 통찰들을 많이 품고 있다. 필자는 기존의 민중신학과 관련해 이미 이에 대해 화이트헤드 철학의 입장에서 고찰한 바가 있다. 정강길, 『화이트헤드와 새로운 민중신학』(서울: 한국기독교연구소, 2006), pp.215-238. 하지만 1세대 이후의 대다수 민중신학자들은 아무래도 정치사회 맥락과 동시대의 역사에 대한 분석들에 주로 치우치다보니 정작 <형이상학 문제>의 중대성에 대해선 별로 중요하지 않게 여기거나 이를 간과한 편이었다. 사실상 그동안의 진보 기독교

진영의 주된 분위기는, 정치사회문제에 대해선 예민한 감수성과 예리한 분석력을 지녀왔지만 정작 <형이상학>이나 <세계관>의 문제와 관련해서는 기존 보수 기독교 진영이나 중간 복음주의보다도 그 감수성이 떨어지거나 둔감한 경우가 매우 많은 편이었다. 오늘날 보수 기독교인들이 형이상학의 유신론이나 그 세계관의 문제와 관련해선 왜 그토록 민감하고 까다롭게 구는 것인지를 깊이 있게 제대로 이해하고 있진 않다. 저들이 진화론이나 심지어 진화유신론 입장까지 반대하는 이유에도 실은 과학 문제보다도 형이상학의 문제가 더 뿌리 깊게 작용한 점이 있다. <자연주의>를 모두 유물론적이고 무신론적인 것으로 치부하는 보수 기독교인들의 시각도 바로 이와 관련된 것이다. 보수 기독교인들의 신앙이 갖는 형이상학적 관점에서 보면, 자연의 인과적 법칙마저도 좌지우지 할 수 있는 창조주로서의 초월자인 신 존재가 필히 존재해야만 하는 것이었기에 진화론의 <자연주의>와는 자신들과 결코 양립 가능하지 않다고 볼 뿐이다. 다소 이상하게 들릴 수도 있겠지만, 만에 하나 자신들의 <초자연주의> 입장을 채택하지 않고 <자연주의> 입장을 채택한다면 결국 보수 기독교인들의 반(反)동성애 입장도 상당부분 완화되거나 뒤바뀔 것으로 필자는 생각한다. 왜냐하면 이 문제는 결국 성서의 내용들을 수용하는 그 해석적 관점도 함께 결부되면서 적어도 현재의 경직된 성서읽기보다는 좀 더 유연한 입장들을 띨 수 있다고 보기 때문이다. 많은 보수 기독교 진영의 교회들이 자연의 인과 법칙을 무시하는 <초자연주의> 신앙관을 갖고 있다 보니 <반지성주의> 행태들로 드러나는 경우들도 다반사였다. 주술과 미신들이 신의 이름을 달고 여전히 횡행하고 있는 것이다. 이에 대해선 정강길, "초자연주의 신앙에 대한 재고찰과 대안적 신앙모델 모색", 『종교문화연구』 25집 2015, 12, (오산: 한신대학교 종교문화연구소, 2015), pp.69-102. 참조. 필자로선 보수 기독교인들의 정치사회적 맥락에서의 수구 보수적이고 반동적인 그 입장까지도 그 심층에는 형이상학의 문제와도 매우 밀접하게 관련되어 있다고 본다. 같은 종교에 속하고 같은 경전을 채택하고 있지만, 불통의 균열은 이미 심층적인 형이상학 층위에서부터 어긋난 점이 있어왔다는 것이다. 따라서 형이상학의 문제는 여전히 중요하며, 민중신학이든 해방신학이든 기본적으로도 형이상학의 문제를 도외시할 수 없다는 점을 거듭 강조해두고 싶다. 우주의 본성이 관계적이고 과정적인 것이라면, 순수를 주장하는 보수주의자일수록 오히려 우주의 본성에 역행해서 싸우고 있는 것이 될 것이다.

57) 이천 년 전의 갈릴리 예수에 대한 연구를 현재의 기독교 진영에선 <역사적 예수>historical jesus로 일컫기도 한다. 필자는 우리나라 민중신학의 <약자 우선성>의 관점과 <희생양 이론>을 펼쳤던 인류학자인 르네 지라르(Rene

Girard)의 관점도 유의미하다고 보며, 또한 <구원하는 폭력>에 대한 신화를 비판적으로 다룬 월터 윙크(Walter Wink)의 성서신학적 관점도 새로운 기독교 정식화에 매우 유의미하게 결합될 수 있다고 보고 있다. 혹시 <새로운 기독교 운동>에 관심하는 분들이라면 이들의 주요 저작들은 국내에도 나와 있기에 꼭 참조해보길 권해드린다. 앞서 언급했던 신약학자 안병무의 대표작인 『갈릴래아의 예수』(서울: 한국신학연구소, 1998) 역시 꼭 추천 드리고 싶다. 특히 그의 역사적 예수 연구에서의 부활사건 해석은 지금까지의 기독교 신학을 통틀어 가장 설득력 있는 예수의 부활사건 해석으로서 내게 남아 있다. 종교 신앙에 <초자연주의>를 받아들이지 않더라도 성서의 사건들 역시 여전히 놀랍고 얼마든지 새롭게 이해 가능하다는 점을 여실히 일깨워줬었다. <갈릴리 예수의 의한 새로운 기독교 정식화>가 필요하다는 점은, 필자의 졸저인 『화이트헤드의 새로운 민중신학』(2004)와 그리고 『기독교 대전환』(2012)에서도 언급한 적이 있긴 하지만, 어차피 낡은 기독교가 아닌 <새로운 기독교>를 위한 작업들은 이후에도 계속적으로 진행될 필요가 있겠다. 그럼에도 역사적으로 계속 반복되고 있는 종교 비극의 경험적 한계와 실패들을 온전히 극복하기 위해서는 가장 근원적인 형이상학적 반성과 성찰에까지 이르러야 할 뿐만 아니라 그럼으로써 <새로운 형이상학의 수혈> 역시 가장 시급하고도 근본적으로 마련될 수 있어야 한다는 점은 말할 나위 없겠다. 물론 기존의 보수 기독교 진영이나 기독교 박멸을 외치는 반기독교 진영에선 별로 달가워하지 않을 수 있겠지만 말이다. 하지만 오늘날의 종교가 여전히 과거의 낡은 형이상학의 틀 속에 계속적으로 머물고 있어야 할 필연적 이유는 없다. 이 점은 굳이 기독교뿐만 아니라 불교, 유교 등 다른 종교들도 마찬가지인 것이며 종교가 아닌 다른 분야들 역시 세계를 이해함에 있어 어떤 더 나은 철학적인 패러다임이 있다면 당연히 이를 새롭게 활용할 필요 역시 있다고 생각한다. 결국 "새 술은 새 부대에!" 담아낼 필요가 있는 것이다.

58) 아우구스티누스(어거스틴)의 자연철학자에 대한 평가에 대해선, 어거스틴 지음, 추인해·추적현 옮김, 『신국론 1』(서울: 동서문화동판사, 2016), pp. 431-433. 참조. 반면에 오늘날의 자연과학 진영의 연구자들한테는 최초의 철학자인 탈레스를 고대의 최초의 과학자로 보는 이들도 있고 그의 제자인 아낙시만드로스를 최초의 과학자로 평가하는 이들도 있을 만큼 매우 높이 평가하는 편이다. 적어도 밀레토스 학파의 자연철학은 만물의 근원에 대한 설명을 초자연이 아닌 자연 안에서 찾고자 했던 점이 높이 평가된 것으로 볼 수 있겠다. 철학의 태동을 알리는 고대 자연철학을 놓고서도 종교와 과학 양 진영의 이러한 학문적 평가의 성향을 살펴볼 때 서로 간의 어떤 충돌 반목

의 조짐을 미리 짐작해볼 수 있는 것이기도 했다. 다시 말해서 서구 기독교가 보여준 과학 진영과의 주된 충돌 대립 양상들은 이미 근본적으로 뿌리 깊게 노정된 것이 아니었나 생각된다. 근대 과학의 본격적인 태동을 알렸던 갈릴레오가 오히려 당시의 종교재판으로 인해 마찰을 빚게 된 것도 이러한 점을 분명하게 노출시킨 징후적 사건이었던 것이다.

59) <만무>(滿無, full naught) 개념에 대해선 필자의 졸저 『화이트헤드와 새로운 민중신학』(서울: 한국기독교연구소, 2004)에서 이미 다룬 바가 있다 (pp.254-258. 참조).

60) Robert Cummings Neville, *Creativity and God: A Challenge to Process Theology* (New York: State University of New York Press, 1995) pp.38-39. 이 책의 초판은 1980년에 나왔는데, 필자가 참조한 것은 새판으로 나온 1995년 출간본이다.

61) Ibid, pp.42-43.

62) A. H. Johnson, "Some Conversation with Whitehead Concerning God and Creativity", in Lewis S. Ford & George L. Kline, eds. *Explorations in Whitehead's Philosophy* (New York: Fordham University Press, 1983), pp.9-10.

63) Charles Hartshorne, *The Logic of Perfection and Other Essays in Neoclassical Metaphysics* (La Salle: Open Court, 1962), pp.64-67. and "Whitehead's Idea of God", *Whitehead's Philosophy* (Lincoln: University of Nebraska Press, 1972). pp.513-560.

64) 국내에서는 박상태 박사가 학위 논문에서 셔번의 입장처럼 <신 없는 화이트헤드>를 다룬 바가 있다. 박상태, 「화이트헤드 형이상학의 자연주의적 해석」 (연세대학교 철학과 박사학위 논문, 2002) 참조. 이러한 신 없는 무신론적 화이트헤드에선 <미실현된 영원한 객체들의 장소> 문제를 화이트헤드의 <객체적 불멸성>과 <영원한 객체의 연대성>을 통해 처리하려 한 점은 있으나, 소멸된 계기들의 잔존에도 <존재론적 원리>로서의 현실 근거는 여전히 필요하다고 볼뿐더러, 연대성의 경우는, 영원한 객체들 중에서도 <객관적 종의 영원한 객체들>은 가능할는지 몰라도 <주관적 종의 영원한 객체들>은 가능하지 않다고 본다. 적어도 그러한 틀에서는 <새로움>의 출현도 그 연대성에 속해 있던 가능태에 대한 실현으로서만 취급될 수밖에 없다. 결국 <신 없는 화이트헤드>의 입장 역시 여전히 미완의 문제점들이 남아 있음에도 지금까지는 여전히 침묵하는 쪽에 있는 것이다. 앞서도 말했듯이 셔번의 무신

론 입장에 반대하는 그리핀은, 셔번에게 유신론 진영을 날려버릴 만한 정합적인 무신론 저작을 펴내라고 종용하면서도 결국은 앞으로도 침묵할 수밖에 없을 걸로 보고 있다. David Ray Griffin, *Whitehead's Radically Different Postmodern Philosophy: An Argument for Its Contemporary Relevance* (Albany: State University of New York Press, 2007), pp.266-267.

65) Marjorie Hewitt Suchoki, "The Metaphysical Ground of the Whiteheadian God", *Process Studies* 5 (1975) pp.237-46. ; *The End Of Evil: Process Eschatolgy in Historical Context* (Albany: State University of New York Press, 1988) Chapter 7 and 8 참조.

66) Robert Cummings Neville, 앞의 책, p.38.

67) Ibid. p.14.

68) David Ray Griffin, *Whitehead's Radically Different Postmodern Philosophy: An Argument for Its Contemporary Relevance* (Albany: State University of New York Press, 2007), pp.186-214. 하지만 필자는 보는 그리핀의 네빌 비판은 다소 불충분한 것으로 보며 몇 가지는 동의하지 않는 점도 있음을 말씀드린다. 물론 동의하는 점도 있긴 하지만 굳이 그것에까지 복잡한 설전을 펼쳐야 할 정도까진 아니라고 보는데, 어차피 필자의 논지는 그리핀과 또 다르게 본장에서 다루는 내용이 될 것이기 때문이다. 그리핀은 분명 그 자신의 과정신학 입장에서 그러한 네빌의 입장에 대해 충실한 비판과 반박을 가한 것일 뿐이다.

69) Randall E. Auxier and Gary L. Herstein, *The Quantum of Explanation: Whitehead's Radical Empiricism* (New York: Routledge Taylor & Francis, 2017), p.243.

70) Robert Cummings Neville, 앞의 책, p.9.

71) David Ray Griffin, 앞의 책, p.200.

72) 존 B. 캅 Jr 지음, 이경호 옮김, 『화이트헤드 철학과 기독교 자연신학』(서울: 동과서, 2015), 제5장 참조.

73) 문창옥, 앞의 책, p.82-83.

74) 현재의 국역판에서는 primary phase(시원적 위상)과 initial phase(최초의 위상) 간의 구분이 명확히 되어 있진 않고 때로는 둘 다 <최초의 위상>으로 번역되기도 했다. 아마도 역자의 입장은 의미상 둘은 다르지 않다고 봐서 그렇게 쓴 것일 수도 있겠는데, 어쨌든 필자의 경우는 앞서 말한 두 위상을 구분해서 표기한 것임을 말씀드린다. 또한 본서에서는 primary(시원적)와

primordial(원초적) 이 역시 구분해서 표기한 것이라는 점도 함께 밝혀둔다.

75) 예컨대, 이행을 분석할 때 합생과 별개의 과정으로 보는 화이트헤드안이 있는가 하면(노보), 이행을 합생 과정에 귀속되는 것으로 보는 학자도 있다. 혹은 합생이라는 과정을 달리 볼 경우 이행으로 보는 견해도 있다(셔번).

76) 우리가 신에 대해 보다 솔직하고 냉정하게 들여다본다면, 사실상 인간적으로 투사해서 보는 것이기에 결국 '사랑과 지혜의 심판'으로서 표현되겠지만 어쩌면 신 자신의 입장, 즉 신의 주체적 목적에서 보면, 유한한 세계로부터 한시도 벗어나고파 할지도 그래서 골칫거리를 그 중간 과정에서 불가피하게 떠맡고 있는 것인지도 모를 일이다. 냉철함을 요구하는 철학적 사고의 지평에 은혜로운 신학의 따스한 수사적 표현들을 꼭 끌어들여야 할 필연적 이유도 없다고 본다면 우리는, 세계로부터 자유롭고 싶어하는 보다 <냉정한[냉담한] 신의 본성>을 떠올려 볼 수도 있는 일이다. 궁극적으로 본다면 신 존재 자체는 인간들의 집사에 안주하고파 하는 존재도 아닐 것으로 보며, 오히려 세계와 무관하게 자유로운 영혼으로서 그 자신이 목적하는 바를 갖고 있는 존재일 뿐이다. 신의 원초적 본성만큼은 현실 세계의 제약 속에 놓여 있지 않다. 알고 보면 신은 우리한테 기계적으로 봉사하고 있는 그런 존재가 아니다. 세계와 관계된 신의 결과적 본성은 이 세계의 입장에서 보면 매우 기쁜 소식의 구원이지만, 신 자신에게는 어쩌면 고달픈 고역일 지도 모른다. 그렇다면 신이라는 <위대한 동반자>를 좀 더 냉정함을 가미해서 표현해본다면 아마도 최근 유행하는 용어인 <츤데레> 정도가 될 듯싶다. 이 같은 애긴 인간중심의 관점보다는 좀 더 <냉정한 신의 본성>으로서 한 번 언급해 본 시도이기도 한 것이다. 누군가, 그동안 기독교 신학이 매우 중요시해왔던 <삼위일체>를 가리켜 '그것은 우주에 대한 거대한 농담'이라고 말한 것처럼, 우리는 또 하나의 형이상학적 소설을 쓰고 있는 것인지도 모를 일이다. 다만 여기서 필자가 강조해두고픈 점은, 적어도 철학적 고찰에 있어서는 어떤 특정 신학의 입장에 얽매이지 않고 모든 문제(여기에는 신학 외의 다른 분야들까지 모두 포함하기에)를 보다 냉철하고 자유롭게 고찰할 수 있어야만 한다는 사실이다. 역사적으로 보면 불경스런 신성모독으로 간주되는 사상들이 오히려 진보된 사상의 개척적 여정을 함축하고 있는 경우도 많았었다. 예수도 신성모독이라는 소릴 들었었고, 스피노자도 그러했다. 가능하면 자유로운 상상력의 날개에 어떤 제한을 가해선 곤란할 것이다.

77) 윌리엄 제임스는, <실용주의> 입장에서의 신 존재 수용에 대해선 다음과 같이 언급한 바 있다. "진리에 관해 실용주의가 내세우는 유일한 근거는 그것이 우리 삶을 가장 잘 인도해 주느냐 아니냐 하는 점, 즉 삶의 여러 부분

에 적합하냐 또 우리 경험의 여러 가지 요구를 하나도 빼놓지 않고 총체적으로 잘 결합시켜 주느냐 하는 점입니다. 신학적 관념, 특히 신이란 관념에 그런 기능이 있다면 실용주의는 신의 존재를 부인하지 않습니다. 그처럼 실용주의적이게 성공적인 관념을 '진리가 아니다'라고 주장한다는 것은 실용주의로선 넌센스라고 밖에 보지 않습니다. 구체적 실재와의 이런 일치 이외에는 다른 아무 진리도 없다고 실용주의에선 보고 있는 겁니다." 윌리엄 제임스 지음, 박경화 옮김, 『프래그머티즘』(서울: 미네르바, 1971), p.59. [정원규, "제임스 <실용주의>", 『철학사상』 별책 제3권 19호 (서울대학교 철학사상연구소, 2004), p.138. 재인용].

78) 행여 이에 대해 종교의 성립이 가능한가를 다시 따져 묻는 것은 또 다른 논의의 차원으로 이어질 뿐임을 말씀드린다. 어차피 종교가 무엇인지에 대해선 종교학자들 사이에서도 합의되어 있지 않으며, 역사적으로 보더라도 천차만별의 종교들이 있어왔고 명멸했었으며 이는 앞으로도 계속 그러할 것으로 본다. 그럼에도 인류가 존재하는 한 종교가 사라질 것으로는 보질 않는다. 거듭 강조하지만 오히려 <어떤 종교를 만들어가느냐>가 훨씬 더 중요한 문제일 뿐이다. 따라서 이상하게 들릴는지 모르지만 필자는 21세기야말로 종교의 소멸은커녕 바야흐로 <종교 2.0의 시대>가 될 것으로 전망하고 있다.

79) Robert Cummings Neville, 앞의 책, p.12.

80) Ibid, pp.12-13.

81) Randall E. Auxier and Gary L. Herstein,, 앞의 책, p.243.

찾아보기 [Index] 제1권+제2권

4차원 534, 541, 543, 656, 719, 723, 724
333차원 639

가추법 [귀추법] 161, 162, 488
감정 [정서] 146, 339, 340, 411, 419, 420, 434, 461-463, 468-475, 479, 544, 564. 565, 567, 824, 943
강도 192, 251, 273, 300, 414, 415, 422, 437, 461, 462, 477, 511, 531, 706, 710, 822, 827-838, 841, 851, 853, 856, 859, 860, 920
강도적 관련성의 원리 836, 837, 860, 920
개념적 가치화[가치매김]의 범주 192, 363-366, 370, 381, 405, 462, 507, 783, 789, 792, 806, 810, 818, 830, 835-836, 842, 914
개념적 느낌 [개념적 포착] 270, 295, 343-351, 354, 358-361, 363-366, 370, 371, 378, 379-381, 394, 402-406, 411, 412-414, 431, 432, 435, 438, 462, 469, 507, 508, 541, 694, 700, 784, 788, 789, 792, 796-798, 811, 816-819, 824, 827, 828, 834, 836, 842, 843, 912, 916
개념적 역전의 범주 192, 363-367, 370, 371, 405, 507, 689, 690, 696, 697, 818
개선된[개정된] 주관주의적 원리 252, 590, 604-606, 608, 610-613, 941, 978, 979
객체적 불멸성 210, 211, 214, 253, 274, 602, 698, 772, 776, 880, 882, 906, 914, 916, 992
객체화 298, 512-516, 528, 529, 532, 536, 548, 607, 613, 625, 634, 641, 700, 836, 858, 906

겐첸, 게르하르트 64
결과적 본성 712, 787, 788, 792-800, 810-812, 823, 860, 909-913, 915, 982
결정성과 자유 [자유와 결정성] 192, 278-280, 839
결합체 192, 196, 197, 209, 218, 263, 264, 299, 301, 302, 312, 361, 364, 372-374, 391, 392, 394, 396-398, 400, 436, 437, 440, 441, 443, 448, 450, 451, 458, 649, 651, 656, 665-667, 671, 672, 674, 675, 677-679, 682-688, 695, 698, 699, 703, 714, 717, 719, 720, 968
경험론 [경험주의] 11, 161, 166, 290, 291, 294, 309, 375, 376, 458, 580, 610, 611, 741, 751, 767, 768, 935, 937
공간화 33, 224-226, 231, 233, 235, 253, 534-540, 542, 543, 545, 551, 639-640, 720, 842
공리주의 860
과학적 유물론 122-124
관념론 17, 18, 81, 188, 259, 294, 575-578, 739-741, 768, 803
관찰의 이론 의존성[탑재성] 125.
괴델, 쿠르트 63, 64
구조를 갖는 사회 681-688, 719, 720
궁극자의 범주 82, 191-196, 305-307, 311, 492, 764, 803-805, 808, 825, 892, 893, 899-901, 922, 923, 928, 930, 932, 933, 935-937, 940, 987
균일성 653, 736
그리핀, 데이비드 36, 42, 81, 484, 747, 756, 901, 903, 984, 987, 992
근본주의 759, 760, 920
기독교 57, 65, 66, 95, 113, 141, 256, 293, 419, 578, 664, 746-748, 750, 751, 752, 754, 757, 759, 762, 768, 772, 826,

862, 863-868, 870-874, 893, 902, 903, 917, 923, 957, 958, 960, 971, 982, 984-987, 989, 991, 993
기하학 12, 41, 63, 64, 67, 229, 536, 538-547, 552-554, 617, 638, 639, 643-652, 654-656, 718-721, 954, 955, 979,
기하학적 사회 553, 643, 646, 649, 650, 652, 655, 656, 718, 719-721

내포 위계 717, 718, 720, 722, 723. 725-727
네빌, 로버트 893, 894, 898-903, 922-925, 928, 930-937, 940, 945, 951, 987
논리실증주의 11, 174, 489
논리학 2, 37-40, 56, 58, 64, 65, 70, 76, 77, 149, 384, 386-390, 393, 399, 414, 415, 419, 455, 463, 484, 594, 739, 742, 978
뇌과학 [신경과학] 28, 120, 430, 465, 494, 702,
뉴턴 11, 12, 16, 27, 33, 65, 67, 68, 75, 121, 122, 124, 134, 225, 226, 813
니체 240, 513, 746

다원론 576, 924, 928, 938, 939, 942
다중우주(론) 21, 22, 482, 720, 721
단순 위치의 오류 122, 226,
단자론 243, 510
데모크리토스 201, 203, 204, 210, 215,
데카르트, 르네 111, 158, 242, 292, 504, 511, 579-585, 587-590, 594, 595, 597, 603, 606-608, 613, 629, 633, 739
독단주의 [독단론] 160, 375, 376
동양 형이상학 232, 282

495

듀이, 존 11, 13
들뢰즈, 질 13, 35, 78, 976, 977

라이프니츠 242, 243, 315, 510,
라투르, 브뤼노 13, 14, 78
러셀, 버트란트 7, 8, 11, 57, 58,
  63-65, 173, 986
레닌 953, 957, 958, 974
로크, 존 236, 237, 355, 458, 513,
  580, 595-597, 978, 979
로벨리, 카를로 32, 33
류영모 974
르메트르, 조르주 15, 481

만족 (위상)
  251, 272-274, 354-356, 358,
  359, 371, 453, 458, 463, 478,
  479, 502, 550, 556, 749, 771,
  819, 833, 834, 859, 861, 876,
  895-900, 904-907, 909-917,
  931, 932, 945, 984
명제 37-40, 64, 65, 100, 108,
  115, 116, 118, 119, 126, 149,
  150, 172, 174, 175, 191, 192,
  230, 270, 292, 349-352, 354,
  360, 361, 371, 377-380,
  382-422, 424-429, 431-445,
  447-459, 461, 463, 469-471,
  473, 479, 480, 489, 493, 570,
  582, 590, 597, 598, 612, 767,
  790, 804, 926, 963, 968, 985
명제적 느낌 270, 361, 377-380,
  382, 383, 385, 386, 394,
  399-418, 420, 426, 427, 429,
  432-435, 437-439, 444, 445,
  447-449, 451, 452, 455, 459,
  463, 469-471, 473, 479, 480,
  493, 597, 968
모험 20, 34, 35, 48, 51, 53, 56,
  71, 74, 75, 92, 93, 130, 137,
  143, 155, 167-170, 172-176,
  180, 324, 460, 467, 597, 635,
  669, 709, 714, 737, 739, 749,

  759-761, 768, 791, 804, 813,
  826, 860, 868, 869, 874, 878,
  882, 891, 921, 941, 942,
  944-946, 948-951, 956, 982,
  984
목적인[목적적 인과] 253-259, 289,
  290, 320, 339, 468-470, 602,
  689, 769, 790, 817-819, 821,
  822, 824, 906, 912, 915, 920
무(無)로부터의 창조 247, 293, 482,
  368, 663, 664, 756, 768, 772,
  773, 816, 821, 862, 894, 924,
  945, 986,
무신론 42, 577, 744, 746, 747,
  751, 753, 754, 756-762, 782,
  883, 897, 898, 903, 919, 920,
  972, 989, 991, 992
무질서 627, 658-661, 663, 664,
  717, 735, 949
문창옥 112, 249, 491, 494
물리적 느낌[포착] 345-348, 350,
  351, 353, 362-366, 378-381,
  394, 403-409, 411, 412, 435,
  437, 438, 440, 446, 448, 449,
  459, 462, 469, 507-511, 517,
  518, 606, 608, 700, 792, 793,
  794-796, 799, 810-812, 842,
  910-913, 916,
물리적 목적 377-383, 394, 403,
  409-415, 428, 432, 433, 437,
  444, 451, 462, 468, 469, 473,
  478, 480, 538, 542, 543, 613,
  614, 696

바울 957, 958
반감 [혐오] 339, 353, 380, 381,
  414, 434
반쪽 진리 121,
베르그송, 앙리 11, 13, 35, 78, 82,
  123, 382, 410, 493, 534-538,
  551
베이컨, 프랜시스 161, 580
벡터 331-335, 352, 362

변형의 느낌 538, 540-543, 613,
  614
변형의 장소 534, 541-543, 547,
  975
변환된 느낌 506, 508, 509, 511,
  512
변환의 범주 506, 507, 509-512,
  522, 528-530, 541-543
부동의 동자 578, 765, 766 864,
  866-869, 871, 872
분석철학 11, 173, 174
불교 46, 95, 113, 137, 204, 822,
  876, 882, 925, 926, 960, 972,
  973, 982 990
비교적 느낌 358-360, 363, 370,
  371, 377-379, 382, 409, 414,
  432, 444, 445, 448, 449, 457,
  480, 796

사변철학 11, 65, 91, 97-100, 112,
  133, 144-1419, 151-156, 158,
  159, 161-163, 167, 170, 171,
  173-176, 502, 753, 779, 921
사변학파 11
사영 기하학 63, 545, 650, 979,
  981,
사회적 질서 621, 622, 628, 665,
  667, 668, 672, 673, 675, 676,
  684, 687, 699,
살아있는 인격 [영혼] 680, 681,
  697-701, 703, 704, 707, 710,
  713-714, 717, 720, 723
상상적 일반화 28, 92, 97, 98, 106,
  134, 164, 166, 175, 299,
상징작용 72, 479, 559, 560, 564,
  566, 567, 856,
상징적 연관 501, 560, 561,
  563-569, 571, 613, 614
새로움의 기관 704-707, 832, 833,
  835,
생명 25, 26, 102, 115, 118, 119,
  185, 186, 216, 245, 318, 345,
  385, 426, 433, 460, 464, 465,

469, 479, 486, 490, 555, 556, 575, 625, 658, 664, 681, 687-700, 704-707, 712, 717, 719, 720, 722, 728, 833-835, 842, 852, 856, 857, 882, 891, 949-951, 980, 981, 983
설득적 작인 867, 869
세이건, 칼 248, 726
셔번, 도널드 45, 47, 243, 338, 485, 631, 718, 747, 794, 847, 894, 897, 898, 903, 975, 983, 984, 991, 993
수하키, 마조리 747, 897-899, 903, 904
순수한 연장(성)의 사회 632, 639, 643, 654, 655, 718-720
스몰린, 리 31, 482, 483, 722
스탕제, 이자벨 78
스피노자 35, 258, 595, 596, 629, 740, 754, 757, 993
습행 [의례] 417, 920, 945-947,
시간화 224-226, 231, 233, 235, 253, 640, 720, 722, 725, 842,
시뮬라크르 567, 569, 976, 977
시원적[원초적] 관계성 299, 302, 633, 639, 640, 723
시원적 위상 906, 907, 909-912
신비주의 94, 168, 865, 877, 924, 942-945
신플라톤주의 95, 924, 925
실용주의 564, 570, 917, 919, 921, 922, 993, 994
실용적 유신론 917
실재론 18, 68, 79, 107, 122, 229, 244, 259, 260, 318, 334, 335, 492, 555, 576, 577, 979, 981
실재적 가능태 296-299, 303, 552, 553, 614, 633, 634, 637, 638, 641, 656
실체 23, 25, 29, 30, 47, 48, 49, 51, 82, 117, 188, 194, 206, 207, 208, 209, 212, 213, 215, 242, 292, , 309, 310, 325, 373, 376, 431, 487, 494, 506, 582,

583-599, 602, 604, 605, 607, 608, 611, 612, 623, 625, 626, 671, 729,732, 737, 738, 739, 740, 742, 771, 929, 980
실체론 29, 30, 47, 48, 50, 207, 242, 589, 607, 626, 740
실체-성질 589, 590, 593-596, 599, 605, 608, 612
스미스, 아담 962

아리스토텔레스 37-39, 88, 89, 91, 95, 111, 132, 137, 185, 188, 195, 206, 212, 213, 237-241, 254-256, 298, 307, 325, 489, 490, 492, 578, 582, 584-587, 591, 594, 598-600, 602, 604, 605, 626, 739, 765-767, 809, 818, 842, 864, 866-869, 872, 924, 925, 927, 964, 966, 967, 977, 978
아우구스티누스[어거스틴] 95, 748, 864, 873, 991
아퀴나스, 토마스 95, 256, 705, 748, 864
양자 중력 30-34, 228, 229, 483, 489, 970
양자역학 19, 20, 30-32, 269, 481, 488
에포크 222, 223 ('획기성' 참조)
연장의 사회 632, 640, 643, 649, 655, 719, 720
연장적 연결 302, 633-635, 637, 639-641, 647, 649, 721, 723, 734
연장적 연속체 299, 310, 516, 534, 614, 629, 631-634, 637-642, 647, 649, 654-656, 719, 734, 980
영원한 객체 192, 264, 267, 270, 280-288, 290, 291, 294-297, 299-304, 308, 310, 311, 337, 338, 344, 346, 349, 350, 352, 354, 361, 363-364, 366-368,

377, 379, 380, 383, 390, 391-398, 400, 403, 404-406, 412-415, 432, 453, 469, 508, 515, 553, 606, 633, 767, 771, 773, 774, 727, 778, 779, 783, 785, 786, 788-793, 795, 810, 811, 818, 830, 832, 836, 838, 843, 860, 893, 914, 936, 937, 985, 992
영혼 78, 243, 244, 446, 559, 707-717, 743, 761, 946 ('살아 있는 인격' 참조)
예배 752, 761, 809, 823, 858, 900, 901, 945, 946, 752, 761, 809, 823, 858, 900, 901, 945, 946
예수 [갈릴리인] 748, 824, 862, 870-872, 920, 957, 984, 990, 994
오강남 114
오영환 51, 976
완벽한 사전의 오류 172, 173
욕구 96, 345, 346, 349, 380, 385, 413, 414, 415, 417, 418, 433, 460, 468, 468, 469, 470, 474, 478, 689, 690, 694, 720, 794, 827-830, 874, 875, 973
우발성 801-805, 928, 936, 939-941, 945
우연성 278, 279, 802
우주론 15-17, 18, 21-23, 30, 68, 75, 91, 92, 215, 217, 226, 263, 482, 510, 615, 636, 720, 857, 866, 879, 888, 899, 900, 902, 923, 928, 930, 935, 936, 949, 973, 979
유물론 17, 18, 24, 25, 42, 81, 82, 122, 123, 124, 201, 203, 204, 213, 215, 241, 244, 259, 260, 334, 490, 575-578, 739, 740, 746, 756, 989
유심론 81, 259, 260, 577
원자론 36, 65, 173, 199, 218, 263, 315, 317, 350, 492, 502,

510, 719, 981
원초적 본성 787-797, 799-801, 806, 810-812, 816, 817, 820, 827-834, 836, 837, 860, 882, 910-915, 932 987, 993
위상학, 위상수학 40, 41, 62, 484
유교 925, 959, 960, 971, 990
유동과 영속성 850, 853, 856
유신론 66, 744, 746, 747, 749, 751, 754-762, 764, 765, 800, 813, 862, 866, 869, 870, 871, 873, 892, 894, 898, 903, 913, 917-921, 945, 946, 984, 986, 989, 992
유클리드 647, 648
의미관련성 652
의식 28, 114, 115, 125, 127, 145, 218, 225, 244-247, 252, 262, 264, 274, 278, 329, 339, 340, 344, 345, 346, 353, 363, 371, 377, 382-386, 410-412, 415-418, 420, 425, 427-452, 454-456, 459, 461-467, 469, 470, 472, 473, 475-478, 481, 488, 489, 493, 494, 503, 509, 510, 514, 515, 517-520, 523, 527, 534, 545, 557, 563, 564, 568, 569, 582, 677, 679, 680, 681, 692, 701, 711, 715, 732, 733, 768, 781, 799, 811, 906, 963, 965, 967, 970, 982, 983
이성 9, 59, 74, 93, 236, 251, 325, 411, 420, 463, 471, 474, 522, 556, 580, 835, 872, 873, 935, 950, 977
이원론 242, 739
인격적 질서
    665-669, 671, 675-677, 679, 698, 699, 703, 897
인격적 사회 709
인공지능 473, 474, 478, 570, 713, 969
인과적 객체화 512-516, 532, 536, 548, 607, 613

인과적 효과성 52, 501, 516-524, 532-535, 544, 551, 560-563, 571, 613, 614, 749
인류세 27
인식론 252, 315, 326, 327, 329, 330, 390, 502, 574, 579, 580, 581, 585, 588, 589, 611-613
일리치, 이반 973
일원론 593, 738-742, 803, 879, 894, 924, 929, 940, 941
일자 중심 900
입자적 사회 672-676, 685, 695, 719, 729

자본주의 [자본교] 962, 971
자기원인 247-250, 253, 257-259, 280, 289, 361, 735, 753, 769, 771, 802, 807, 817, 822, 823, 826, 838, 839, 864, 901, 927, 929, 735, 753, 769, 771, 802, 807, 817, 822, 823, 826, 838, 839, 864, 901, 927, 929
자기창조적
    278, 327, 802, 928-931, 934, 936, 937, 940, 952
자연의 이분화 [분기화] 68, 430, 531, 532, 535, 571, 573, 579
자연의 계층구조 [내포 위계]
    299, 466, 615, 617, 654, 685, 705, 717-723, 727
자연주의 42, 484, 748, 749, 755, 756, 873, 927, 971, 984, 989, 991
자연학 28, 68, 88
자타실현 938, 948, 951
작용인 [작용적 인과]
    253-259, 279, 289, 290, 469, 470, 551, 601, 602, 689, 769, 819, 906, 908, 915
잘못된 구체성의 오류 373
재디자인 140-142, 144, 174
적용가능성 147, 148, 152-154, 176, 193, 921, 922

전문화 128, 184, 464
전자 17, 262, 276, 298, 466, 527, 552, 555, 564, 630, 636-638, 656-659, 663, 669, 670, 672, 678, 679, 684, 685, 693, 719, 723, 729, 730-736
전자기적 사회 656, 657
전지전능 293, 753, 756, 757, 772, 808, 824, 863, 865, 866, 878
절대자 293, 576, 577, 753, 803, 805, 808, 826, 849, 894, 948
정당화 4, 10, 21, 95, 96, 158, 171, 291, 292, 375, 471, 563, 564, 578, 691, 692, 753, 765, 768, 810, 824, 922, 947
정보물리학 39, 40
정합성 92, 147, 148, 149, 150, 151, 152, 153, 161, 166, 176, 218, 369, 595, 733, 736, 765, 778, 779, 786, 791, 804, 808, 809, 862, 897, 904, 917, 921, 923, 984
제1실체[으뜸 실체] 195, 584-587, 591, 594, 598, 599, 602, 604, 605
제1원인자 578, 924-928, 930, 936, 938, 939
제논 220, 221, 222, 223, 481
제임스, 윌리엄 11, 220, 223, 741, 917, 983, 994
존속하는 객체 [존속물들]
    665-681, 700, 702-704, 719, 729, 737
존재론 2, 22, 30, 40, 62, 63, 68, 75, 78, 91, 196, 197, 215, 224-227, 234, 235, 252, 259, 285, 287-294, 296, 304, 306, 308, 309, 311, 316, 322, 326, 327, 329, 330, 344, 367, 373, 374, 387, 392, 393, 397, 406, 418, 469, 480, 491, 492, 502, 503, 514, 516, 544, 592, 593, 597, 602, 603, 605, 610-612, 628, 641, 649, 716, 717, 725,

498

751, 766, 767-774, 776, 780, 786, 790, 793, 794, 807, 819, 821, 862, 866, 888, 892-894, 898-904, 908, 922-928, 930, 931, 933, 935-938, 940, 945, 973, 975, 981, 992

존재론적 물음 892-894, 898-904, 922-924, 926, 927, 930, 931, 935, 937, 940, 945

존재론적 원리 196, 197, 285, 287, 288, 289, 290, 291, 292, 293, 294, 296, 304, 306, 308, 309, 311, 367, 373, 374, 392, 397, 406, 492, 592, 593, 605, 610, 611, 649, 716, 717, 751, 766-770, 772-774, 780, 786, 790, 807, 899, 908, 923, 924, 928, 935, 937, 992

주관주의적 원리 252, 590, 604-606, 608, 610-613, 941, 978, 979 ['개선된 주관주의적 원리' 참조]

주어-술어 형식 429, 586, 587, 593, 595-597, 599, 601, 612, 740,

주체적 지향 258, 320, 339, 689, 791, 795, 812, 813, 817-822, 825, 826, 828, 831-833, 836, 838, 839, 842, 901, 910-913, 915, 987

주체적 형식 258, 320, 339, 502, 509, 784, 978

주체-초주체 213, 214, 600-604, 822, 839, 840

지성적 느낌 270, 361, 363, 377, 379, 382, 409, 410, 411, 418, 426, 427, 432, 437, 438, 442, 444, 445, 447, 448, 450-452, 455, 459, 461-463, 465, 470, 471, 473-475, 479, 480, 510, 524, 570, 704

지능 411, 473, 474, 411, 473, 474, 411, 473, 574

지예 왕 957, 958

직관적 판단 447, 448, 450-452, 456-459, 494

직선 62, 230, 541, 545, 643-649, 651, 652, 655, 719, 734

유보된[유예된] 판단 458, 459, 460, 461

진화론 23-25, 479, 989

차이화 226, 227, 231, 233, 234, 277, 725, 977

창발 227, 245, 367, 368, 369, 659, 697, 779, 786, 810, 982

창조성 264, 267, 278, 304-311, 492, 602, 698, 771, 772, 800-808, 812, 815-817, 825, 829, 840, 842, 843, 879, 892, 893, 898-902, 904, 907, 915, 925, 928-940, 945, 987

초자연주의 42, 748, 749, 754, 755, 756, 873, 971, 989, 990

초주체[자기초월체] 213, 214, 251, 600-604, 822, 839, 840, 896, 904, 905, 909, 910, 913-916

초주체적 본성 896, 904, 905, 909, 910, 913-916

최초의 주체적 지향 791, 812, 817, 818, 820-822, 831, 832, 836, 838, 839, 901, 910, 913, 915

추상물 372, 373, 374, 375, 466, 606, 608, 618, 679, 729-733, 736, 737

충분성 142, 147, 148, 152-154, 164, 176, 193, 921, 922

측정 92, 298, 299, 466, 534, 550-554, 615, 617, 637, 638, 643-647, 649, 650, 653-655, 718, 719, 733, 734, 736, 955, 980, 981

칸트, 임마누엘 16, 35, 59, 68, 132, 185, 188, 250-252, 580, 581, 959, 978, 979

캅, 존 36, 81

크로포트킨 660

키튼, 행크 37, 484, 486

탈레스 755, 963, 991

탈신론 757, 919

테오리아 428, 430, 431

퇴리退理 804, 951(진리進理 참조)

투사[투영] 542, 543-545, 547-549, 552, 652, 823, 824, 993

틈새 45, 676, 695, 696, 697, 705, 706, 715, 835

티마이오스 236, 237, 489, 490, 636, 664, 873, 940

파르메니데스 601, 976

파인먼, 리처드 199, 201, 260, 483

페르소나 677, 680, 681

펜로즈, 로즈 481, 482, 715, 716, 982, 983

포이어바흐 782, 783, 987

포착 [파악] 192, 196, 205, 234, 270, 312-316, 318-326, 329-356, 359, 361-363, 371-374, 379, 380, 391, 392, 394, 395, 400, 401, 404, 406, 407, 412-416, 421, 432, 434, 436, 453, 493, 507-513, 522, 528, 554, 595, 618, 621-623, 634, 651, 673, 694, 700, 703, 707, 725, 727, 731, 789, 791-793, 799, 811, 825, 837, 856, 907, 911, 939

표상적[현시적] 객체화 512, 515, 532, 607

표상적[현시적] 직접성 501, 516, 519, 520-524, 527, 532-535, 538, 542-563, 571, 573, 574, 583, 613, 614, 646, 650, 967, 975,

프레이리, 파울로 973

프리드만, 알렉산드르 15

플랑크 30, 227, 229, 230, 980

하이데거, 마르틴 79, 82, 492, 893
하츠온, 찰스 81, 747, 826, 894, 897, 898, 900, 903
한정 특성 305, 621-626, 628, 632-635, 637, 639, 642, 660, 663, 665-668, 670, 671, 673-675, 677, 679, 688, 689, 699, 700, 703, 707, 717, 719, 720, 727, 731, 737
한정성 284, 295, 300-302, 337, 364, 380, 398, 404, 405, 412, 414, 421, 468, 469, 606, 621, 633, 731, 735, 736, 737
한정의 형식 281, 283, 284, 295, 302, 303, 337, 338, 391, 394, 417, 469
함석헌 973
합리주의 749, 759, 761, 802, 804, 813, 882, 917, 921, 939-942, 944
 - 반합리주의 167, 168
 - 비합리주의 168, 279, 491, 802, 804, 940
 - 실험 합리주의 11, 169, 170, 376, 461, 941
합생 83, 222, 232, 261, 264, 268-274, 279, 289, 295, 312, 313, 319, 320, 322, 323, 328-331, 339, 349, 351, 354-362, 365, 366, 370, 371, 378-380, 382, 405, 408, 409, 412, 415, 433, 437, 444, 452, 454, 455, 480, 511, 512, 514, 515, 517, 518, 595, 606-608, 670, 689, 698, 720, 723, 725, 728, 777-779, 785, 788, 790, 791, 793, 796, 812, 815, 818-822, 824-826, 831-833, 836, 838-844, 896, 898, 901, 906-912, 915, 916, 929, 932, 933, 937, 945, 968, 985, 987, 988, 993
해머로프, 스튜어트

481, 715, 716, 982, 983
핸슨, 노우드 러셀 125, 488, 489
허블, 에드윈 15, 16, 481
헤겔 35, 59, 68, 132, 739, 741, 819, 987, 988
헤라클레이토스 215, 224, 334, 335, 601, 851, 852
헨리 스탭 481, 482,
현실태 83, 202, 204, 208, 210, 215, 219, 271, 274, 275, 278, 280, 287, 288, 290-292, 294, 298, 308-311, 319, 320, 349, 350, 391-394, 396, 397, 399-403, 405, 406, 411, 416, 417, 436-440, 446, 447, 491, 492, 509, 510, 514, 545, 549, 552, 587, 589, 592, 593, 595, 596, 599-612, 626, 640, 641, 649, 698, 767-769, 774, 781, 785, 786, 790, 792-797, 822, 825, 836, 857, 858, 874, 877, 880-882, 906, 908, 909, 939, 978, 980
현실 계기 51, 201, 202, 205, 215-217, 219, 225, 233-235, 242-244, 246, 252, 259, 261-264, 271, 277, 305, 315, 328, 347, 355, 357, 390, 401, 503, 534, 537, 618, 622, 662, 667, 668, 671, 673, 680, 694, 698, 704, 705, 714, 720, 722, 723, 725, 729, 737, 738, 772, 775-777, 786, 787, 791, 794, 803, 816-820, 822, 825, 830, 832, 833, 843-846, 849, 853, 896, 905, 909, 910, 916, 935, 938, 945
현실 존재 33, 34, 39, 51, 115, 192, 196, 197, 199-220, 222-227, 229, 231-236, 241-244, 246-250, 252, 253, 257-259, 261-264, 267-269, 271-274, 277-282, 284-295, 296, 297, 300-303, 306-313,

318-327, 329-331, 333-336, 338, 341, 343-348, 351, 352, 354, 355, 357, 361, 363-365, 367, 369, 370-374, 377, 383, 390, 392-398, 400, 401, 403, 405, 406, 412, 413, 415, 432, 433, 436, 437, 444, 445, 448, 453, 468, 492, 502, 503, 507, 510, 513, 514, 528, 538, 571, 578, 583, 584, 588, 594, 595, 597, 600, 601, 605-607, 610, 613, 618-622, 625, 627-630, 632, 634, 640, 649, 658, 662, 663, 670, 678, 680, 684, 713, 714, 728, 729, 737, 739, 740-743, 763, 764, 766-780, 783, 785-792, 794, 795, 800-803, 806-810, 817-820, 822, 827, 828, 830-832, 836, 837, 839, 842-845, 847, 864, 893, 895, 896, 903, 905, 906, 908-910, 912, 914-916, 923, 927-940, 945, 948
호감 [애착] 300, 339, 353, 380, 381, 414, 434, 491, 492, 705
호진스키, 토마스 42, 45, 47, 165, 450, 452, 484, 485, 488-490, 494, 668, 981, 986-988
홀라키 722, 727
환각 465, 546, 733
획기성 222-224
획기적 219, 222, 223, 224, 234, 253, 268, 355, 358, 482, 725, 776, 876, 988
후성유전학 25, 26, 482, 483
혼성적 느낌[포착] 348, 351, 836
환원론 [환원주의] 42, 367, 369, 370, 488,
휠러, 존 아치볼드 40, 482, 483
흄, 데이비드 579, 580, 581, 610, 978, 979

500